新时代汉俄会话
КИТАЙСКО-РУССКИЙ РАЗГОВОРНИК НА НОВОМ ЭТАПЕ

徐来娣　刘璧予 编
〔俄〕Юн Л. Г. 俄文审阅

商务印书馆
2011年·北京

图书在版编目(CIP)数据

新时代汉俄会话/徐来娣,刘璧予编.—北京:商务印书馆,2011
ISBN 978-7-100-06838-3

I.①新… II.①徐… ②刘… III.①俄语—口语 IV.①H359.9

中国版本图书馆 CIP 数据核字(2009)第 201026 号

所有权利保留。
未经许可,不得以任何方式使用。

XĪNSHÍDÀIHÀNÉHUÌHUÀ
新时代汉俄会话
КИТАЙСКО-РУССКИЙ РАЗГОВОРНИК
НА НОВОМ ЭТАПЕ

徐来娣 刘璧予 编

〔俄〕Юн Л. Г. 俄文审阅

商务印书馆出版
(北京王府井大街36号 邮政编码 100710)
商务印书馆发行
北京瑞古冠中印刷厂印刷
ISBN 978-7-100-06838-3

| 2011年3月第1版 | 开本 850×1168 1/32 |
| 2011年3月北京第1次印刷 | 印张 22¼ |

定价:60.00元

前　言

中俄两国互为最大邻国和主要战略伙伴,两国友好关系在新世纪取得了长足进展。双方签署《中俄睦邻友好合作条约》、彻底解决历史遗留的边界问题、成功举办"国家年",可谓是新世纪两国关系发展的"三大里程碑",标志着中俄关系达到了前所未有的高水平。"中国热"和"俄罗斯热"在两国持续高涨。作为中国的俄语工作者,我们不仅应该在中国传播俄语语言和文化,同时,我们还肩负着向俄罗斯推广汉语语言和文化的重要使命。这就是我们编写《新时代汉俄会话》的宗旨所在。

《新时代汉俄会话》是一本涵盖面广泛、实用性突出、时代感强烈的汉俄双语会话教材。本教材可以供已有一定汉语基础知识的俄罗斯经济、科技、文化、教育界人士、汉语学习者、来华留学生、旅游者使用,以帮助他们进一步了解现阶段中国国情和中国传统习俗,提高汉语会话交际能力。与此同时,本教材还可以供具有一定俄语基础知识的中国读者使用,以帮助他们提高用俄语与俄罗斯人交往、向俄罗斯人介绍现阶段中国国情和中国传统文化的口语会话能力。

商务印书馆2000年出版的《汉俄会话》(刘璧予、范彬、张敏编),于2000年第一次印刷,于2007年又得以第二次印刷,说明该书的编写获得了成功,在市场上受到了读者的欢迎。但是,该书编写于20世纪90年代。十几年以来,中国的社会、政治和经济发展迅猛,因此,从当今中国社会现实来看,该书部分内容已经陈旧,需要作相应调整。另外,跨入21世纪以来,中国较之于20世纪末又产生了很多新事物、新现象,例如,电脑、网络、手机在中国已经极为普及,而《汉俄会话》,囿于编写时代的局限,并没有相关内容,也需要作相应增补。《新时代汉俄会话》一方面吸收《汉俄会话》的成功经验,保留其编写风格和主要内容,另一方面力求反映当今中国社会、政治和经济的时代风貌。

较之《汉俄会话》,本教材增辟的会话专题有:"电脑、网络"、"中国传统习俗"、"中国节日"。其他会话专题,也依据当今中国现实,在内容上作了较大范围的调整和补充。

另外,本教材充分考虑到现阶段中国国情,收入了大量的反映新时期中国社会现实中各种新事物、新现象的汉、俄语最新词汇及短语,其中有很大一部分在现有的国内外同类教材以及工具书中极少涉及,尤其是大量电脑、网络、手机方面的用语,我们相信,所有这些,必定会使本教材受到俄罗斯和中国读者的普遍欢迎。

本教材共包括二十二个专题和四个附录。其中,每个专题相对独立,分常用语和会话两个部分。可替换词均用下划线标出,而括号中的词语则供替换使用。

考虑到俄国读者汉语读音上的困难,本教材的汉语部分均已加注了汉语拼音。

本教材汉语部分的编写及其俄语翻译均由南京大学外国语学院俄语系徐来娣、刘璧予负责。

本教材编写过程中,主要参考了《汉俄会话》,同时还利用了国内外许多汉语类、俄语类工具书、教材以及大量的网上资源,我们在此一并致以深深的谢意!在编写过程中,我们还得到了俄罗斯专家、圣彼得堡国立大学对外俄语及教学法教研室 Юн Л. Г. 的大力支持,感谢她为本教材作了认真细致的审校工作。

教材中疏漏之处,敬请各位读者不吝批评、指正,以便日后修订完善。

编 者

2010 年

Предисловие

Китай и Россия являются крупнейшими соседями и важнейшими стратегическими партнёрами. Дружественные отношения между двумя странами в новом веке значительно продвинулись вперёд. Подписание 《Договора о добрососедстве, дружбе и сотрудничестве между РФ и КНР》, окончательное урегулирование оставленных историей вопросов о границах, удачное проведение 《Года России в Китае》 и 《Года Китая в России》 обеими сторонами—все эти события можно назвать 《Тремя верстовыми столбами》 развития отношений между обеими странами в новом веке, которые знаменуют небывалый в истории высокий уровень развития российско-китайских отношений. 《Бум Китая》 и 《Бум России》 непрерывно поднимаются в обеих странах. В качестве китайских русистов, мы не только должны распространять русский язык и культуру в Китае, мы ещё обязаны выполнять важную миссию распространения китайского языка и культуры в России, в чём и заключается основная цель создания 《Китайско-русского разговорника на новом этапе》.

《Китайско-русский разговорник на новом этапе》 представляет собой учебное пособие для развития устной китайской и русской речи, обладающее богатым содержанием, большим практическим значением и яркими специфическими особенностями эпохи.

Настоящее пособие, с одной стороны, предназначено для российских специалистов в области экономики, науки и техники, культуры, образования, для студентов-китаистов, для российских стажёров и туристов в Китае с базовым уровнем знания китайского языка, с целью помочь им глубже ознакомиться с современным Китаем, с китайскими традициями и обычаями, развить их навыки общения на китайском языке. С другой стороны, пособие рассчитано также на китайских читателей, владеющих русским языком на базовом уровне, с целью помочь им повысить навыки в общении с русскими, ознакомить русских с современным Китаем и китайской традиционной культурой на русском языке.

《Китайско-русский разговорник》(Лю Биюй, Фань Бинь, Чжан Минь), выпущенный издательством Шанъу Иньшугуань в 2000 году, печатался дважды: в 2000 году и в 2007 году. Это свидетельствует о том, что книга была составлена удачно и пользовалась успехом у читателей. Однако данная книга была составлена в конце 90-х годов 20 века. За десять с лишним лет общество, политика и экономика Китая бурно развивались, и с точки зрения современной китайской действительности, содержание отдельных частей данной книги является устаревшим и нуждается в обновлении. Кроме того, Китай, вступивший в 21 век, по сравнению с Китаем конца 20 века, кардинально изменился. В Китае появилось множество новых реалий и явлений, например, компьютер, Интернет и мобильный телефон уже стали пользоваться большой популярностью в Китае, а 《Китайско-русский разговорник》, ограничиваясь временем составления, не затрагивает соответствующих тем и требует дополнения. 《Китайско-русский разговорник на новом этапе》, с одной стороны, перенимая опыт составления 《Китайско-русского разговорника》, сохраняет его стиль и главное содержание, а с другой стороны, стремится отразить новый облик общества, политики и экономики современного Китая.

По сравнению с 《Китайско-русским разговорником》, настоящее пособие дополнено разговорными темами: 《Компьютер. Интернет》, 《Китайские традиции и обычаи》, 《Китайские праздники》, а в остальные разговорные темы внесены многочисленные изменения и дополнения в соответствии с реалиями современного Китая.

Кроме того, с полным учётом общеполитической обстановки в Китае, в настоящее пособие включено много новых китайских и русских слов и выражений, отражающих различные новые реалии и явления в общественной действительности Китая на новом этапе. Многие слова и выражения, в частности, неологизмы, связанные с компьютером, Интернетом и мобильным телефоном, очень редко встречаются в существующих подобных пособиях и словарях китайских и зарубежных авторов, что даёт нам уверенность предполагать, что настоящее пособие обязательно будет пользоваться большим успехом у российских и китайских читателей.

Настоящее пособие содержит 22 разговорные темы и 4 приложения. Среди них каждая тема относительно самостоятельна, включая 1) общеупотребительные выражения и фразы, 2) диалоги. Все заменяемые слова подчёркнуты линией внизу, а их варианты приводятся в круглых скобках.

Учитывая трудности при чтении китайских иероглифов российскими читателями, китайский иероглифический текст настоящего пособия снабжён китайской буквенной транскрипцией 《пиньинь》.

Составление китайского текста настоящего пособия и его перевод на русский язык были осуществлены преподавателями Факультета русского языка Института иностранных языков Нанкинского университета Сюй Лайди и Лю Бийой.

При создании настоящего пособия, мы использовали 《Китайско-русский разговорник》 в качестве главной справочной литературы, а также прибегали ко многим китайским и русским словарям и пособиям китайских и зарубежных авторов, к многочисленной информации в Интернете. Всем авторам используемой нами литературы мы искренно признательны! В составлении настоящего пособия нам оказала большую поддержку русский специалист, преподаватель кафедры русского языка как иностранного и методики его преподавания Санкт-Петербургского государственного университета Юн Л. Г. Мы от всей души благодарим её за серьёзное редактирование русского текста настоящего пособия!

Будем крайне признательны читателям за отзывы на данное пособие, которые мы учтём в дальнейшей работе.

Авторы

2010 г.

Mùlù
目录

Yī、Jiéshí 一、结识	2
Èr、Lǚguǎn 二、旅馆	20
Sān、Yòngcān 三、用餐	50
Sì、Shìnèi Jiāotōng 四、市内 交通	80
Wǔ、Yóuzhèng、diànhuà、yínháng 五、邮政、电话、银行	98
Liù、Gòuwù 六、购物	138
Qī、Lǐfà、měiróng 七、理发、美容	170
Bā、Zuòkè 八、做客	192
Jiǔ、Qìhòu、tiānqì 九、气候、天气	216
Shí、Lǚyóu 十、旅游	240
Shíyī、Wényú 十一、文娱	290
Shí'èr、Tǐyù yùndòng 十二、体育 运动	318
Shísān、Kànbìng 十三、看病	344
Shísì、Bówùguǎn、zhǎnlǎnhuì 十四、博物馆、展览会	370

Shíwǔ、Qǐyè、nóngcūn 396
十五、企业、农村

Shíliù、Jiàoyù 434
十六、教育

Shíqī、Huìyì 470
十七、会议

Shíbā、Màoyì 492
十八、贸易

Shíjiǔ、Diànnǎo、wǎngluò 514
十九、电脑、网络

Èrshí、Zhōngguó chuántǒng xísú 552
二十、中国 传统 习俗

Èrshíyī、Zhōngguó jiérì 600
二十一、中国 节日

Èrshí'èr、Gàobié 646
二十二、告别

Fùlù 656
附录

Yī、Rìcháng jiāojì yòngyǔ 656
一、日常 交际 用语

（Yī）Wènhòu、yíngsòng、gàobié 656
（一）问候、迎送、告别

（Èr）Xúnwèn、qǐngqiú 659
（二）询问、请求

（Sān）Yāoqǐng 661
（三）邀请

（Sì）Zhùhè 662
（四）祝贺

（Wǔ）Gǎnxiè 664
（五）感谢

（Liù）Kěndìng、tóngyì 665
（六）肯定、同意

（Qī) Fǒudìng、jùjué
（七）否定、拒绝 666

（Bā) Zhìqiàn、yíhàn
（八）致歉、遗憾 668

（Jiǔ) Tíxǐng、quàngào
（九）提醒、劝告 669

（Shí) Ānwèi、tóngqíng
（十）安慰、同情 670

（Shíyī) Gūjì、yùliào
（十一）估计、预料 672

（Shí'èr) Zànshǎng
（十二）赞赏 673

（Shísān) Bú zànchéng、yànwù
（十三）不赞成、厌恶 674

Èr、Chēngwèi
二、称谓 676

（Yī) Yìbān guānxì
（一）一般关系 676

（Èr) Jiātíng guānxì
（二）家庭关系 680

（Sān) Qīnqi guānxì
（三）亲戚关系 682

Sān、Shíjiān、shùliàng
三、时间、数量 684

（Yī) Shíjiān
（一）时间 684

（Èr) Shùliàng
（二）数量 690

Sì、Yánsè
四、颜色 692

3

Содержание

1. Знакомство ... 3
2. Гостиница ... 21
3. Питание ... 51
4. Городской транспорт ... 81
5. Почта. Телефон. Банк ... 99
6. Покупки ... 139
7. В парикмахерской. В салоне красоты ... 171
8. В гостях ... 193
9. Климат. Погода ... 217
10. Туристическая поездка ... 241
11. Культурные развлечения ... 291
12. Спорт ... 319
13. У врача ... 345
14. Музеи. Выставки ... 371
15. На предприятии. В деревне ... 397
16. Образование ... 435
17. Конференции ... 471
18. Торговля ... 493
19. Компьютер. Интернет ... 515
20. Китайские традиции и обычаи ... 553
21. Китайские праздники ... 601

22. Прощание ... 647

Приложение ... 656
1. Обиходные этикетные выражения ... 656
   А. Приветствие, встреча и проводы, прощание ... 656
   Б. Вопрос, просьба ... 659
   В. Приглашение ... 661
   Г. Поздравление ... 662
   Д. Благодарность ... 664
   Е. Утверждение, согласие ... 665
   Ё. Отрицание, отказ ... 666
   Ж. Извинение, сожаление ... 668
   З. Напоминание, совет ... 669
   И. Утешение, сочувствие ... 670
   Й. Предположение, предварительное суждение ... 672
   К. Восхищение ... 673
   Л. Неодобрение, резко отрицательная оценка ... 674
2. Обращение ... 676
   А. Общие отношения ... 676
   Б. Семейные отношения ... 680
   В. Родственные отношения ... 682
3. Время, числительные ... 684
   А. Время ... 684
   Б. Числительные ... 690
4. Цвета ... 692

新时代汉俄会话

КИТАЙСКО-РУССКИЙ
РАЗГОВОРНИК
НА НОВОМ ЭТАПЕ

Yī、Jiéshí
一、结识

(Yī) Chángyòngyǔ
(一) 常用语

Ràng wǒ lái jièshào yíxià, zhè wèi shì……
让 我 来 介绍 一下，这 位 是……

Wǒ hěn róngxìng de xiàng dàjiā jièshào, zhè wèi jiùshì wǒmen xīn lái
我 很 荣幸 地 向 大家 介绍， 这 位 就是 我们 新来

de xiàozhǎng (dǒngshìzhǎng、zǒngjīnglǐ、jīnglǐ、chǎngzhǎng、cáiwù
的 校长 （董事长、 总经理、经理、 厂长、 财务

zǒngguǎn、xiāoshòubù zhǔrèn、tóngshì、wàiguó zhuānjiā). Qǐng
总管、 销售部 主任、同事、 外国 专家）。请

duōduō guānzhào.
多多 关照。

Qǐng wèn, nǐmen nǎ yí wèi shì ……?
请 问，你们 哪 一 位 是 ……？

Duìbuqǐ, nín shì ……?
对不起，您 是 ……？

Nín guì (zūn) xìng?
您 贵（尊）姓？

Nín hǎo, rènshi nín hěn gāoxìng.
您 好，认识 您 很 高兴。

Qǐng yǔnxǔ wǒ zìwǒ jièshào yíxià, wǒ jiào ……, shì Nánjīng Dàxué de.
请 允许 我 自我 介绍 一下，我 叫 ……，是 南京 大学 的。

Jiāo ge péngyou ba, wǒ jiào ……, shì Guǎngzhōu lái de, jiù zhù zài
交 个 朋友 吧，我 叫 ……，是 广州 来的，就 住 在

1. Знакомство

(А) *Общеупотребительные выражения и фразы*

Позвольте мне представить, это...

Имею честь представить всем нашего нового ректора (председателя правления, гендиректора, директора, директора завода/фабрики, заведующего финансовым отделом, заведующего отделом продажи, коллегу, иностранного специалиста).
Прошу любить и жаловать.

Скажите, пожалуйста, кто из вас...?

Извините, вы (не)...?

Как ваша фамилия?

Здравствуйте! Очень приятно с вами познакомиться.

Разрешите мне представиться. Меня зовут... Я из Нанкинского университета.

Давайте познакомимся. Меня зовут... Я приехал из Гуанчжоу,

nín(nǐ) gébì fángjiān.
您(你) 隔壁 房间。

Wǒ jiànyì měi rén zìwǒ jièshào yíxià, wǒ xiān lái. Wǒ jiào……
我 建议 每 人 自我 介绍 一下，我 先 来。我 叫……

.Wǒ shì…… gōngsī de fùzǒngjīnglǐ, tā shì wǒmen de lǎozǒng.
我 是…… 公司 的 副总经理，他 是 我们 的 老总。

Qǐng jièshào wǒ hé nǐ de péngyou rènshi yíxià.
请 介绍 我 和 你 的 朋友 认识 一下。

Lái, rènshi yíxià ba, zhè wèi shì……, zhè wèi shì……
来，认识 一下 吧，这 位 是……，这 位 是……

Zhè jiùshì wǒ gēn nǐ shuōqǐguo de……
这 就是 我 跟 你 说起过 的……

Wǒmen rènshi.
我们 认识。

Jiǔ wén dàmíng.
久 闻 大名。

Zǎo jiù xiǎng rènshi nín, xiǎngbudào jīntiān zhōngyú néng rènshi nín,
早 就 想 认识 您，想不到 今天 终于 能 认识 您,
　　zhēn shì sānshēngyǒuxìng.
　　真 是 三生有幸。

Wǒ juéde nín hěn miànshú, wǒmen hǎoxiàng zài nǎr jiànguomiàn.
我 觉得 您 很 面熟，我们 好像 在 哪儿 见过面。

Wǒ gēn tā bù shú, zhǐshì diǎntóuzhījiāo.
我 跟 他 不 熟，只是 点头之交。

Wǒ hé tā zhǐyǒu yímiànzhījiāo.
我 和 他 只有 一面之交。

Hǎo cháng shíjiān méi jiàndào nǐ le, zěnmeyàng, hái hǎo ba?
好 长 时间 没 见到 你 了，怎么样，还 好 吧？

Duō rì bújiàn le, jìnlái hǎo ma? Gōngkè máng ma? Shēntǐ
多 日 不见 了，近来 好 吗？功课 忙 吗？身体
　　zěnmeyàng? Jiāli dōu hǎo ba?
　　怎么样？家里 都 好 吧？

живу в соседнем номере.

Я предлагаю каждому представиться. Начнём с меня. Меня зовут...

Я заместитель гендиректора ... компании, он наш гендиректор.

Пожалуйста, представь меня своему другу.

Познакомьтесь, пожалуйста. Это..., а это...

Это и есть ..., о котором(-ой) я тебе говорил(-ла).

Мы знакомы.

Давно о вас наслышан(-а).

Давно хотел(-ла) с вами познакомиться и никак не ожидал(-ла), что сегодня мне наконец-то удалось. Как я счастлив(-а)!

Ваше лицо мне как будто знакомо, мы, кажется, где-то встречались.

Мы с ним мало знакомы, у нас только шапочное знакомство.

Мы с ним встречались только однажды.

Давно тебя не видел(-ла). Как дела? Всё в порядке?

Сколько дней тебя не видел(-ла)! Как живёшь? Много занимаешься? Как здоровье? Как твоя семья?

Jiǔwéi le, zhè jǐ nián nǐ shàng nǎr qù le? Zěnme yìdiǎnr xiāoxi
久违了，这几年你上哪儿去了？怎么一点儿消息

dōu méiyǒu?
都没有？

Zhè bú shì Xiǎo Yáng ma? Shì shénme fēng bǎ nǐ gěi chuīlái la?
这不是小杨吗？是什么风把你给吹来啦？

Yìzhǎyǎn shí nián méi jiànmiàn le, zhēn méi xiǎngdào huì zài zhèr
一眨眼十年没见面了，真没想到会在这儿

jiàndào nǐ.
见到你。

Duō nián bújiàn, wǒ kuài rènbuchū nǐ le, nǐ pàng (shòu、lǎo、biàn
多年不见，我快认不出你了，你胖（瘦、老、变

niánqīng、biànde gèng piàoliang) le.
年轻、变得更漂亮）了。

Nǐ méi biàn, háishi lǎoyàngzi.
你没变，还是老样子。

Yí rì bú jiàn, rú gé sān qiū, wǒ zhēn xiǎng nǐ ya!
一日不见，如隔三秋，我真想你呀！

Shuō Cáo Cāo, Cáo Cāo dào. Wǒmen zhèng shuō nǐ ne.
说曹操，曹操到。我们正说你呢。

Méi xiǎngdào, zài zhèr yùdào nǐ, wǒ yíxiàzi jiù rènchū nǐ le.
没想到，在这儿遇到你，我一下子就认出你了。

Nǐ shì gǎo shénme gōngzuò de?
你是搞什么工作的？

Nǐ shì jiàoshī (yīshēng、xuésheng、gōngrén、jīxièshī、ruǎnjiàn
你是教师（医生、学生、工人、机械师、软件

gōngchéngshī、yèwùyuán) ma?
工程师、业务员）吗？

Nín zài nǎge dānwèi gōngzuò (zài nǎr gāojiù)?
您在哪个单位工作（在哪儿高就）？

Давно не виделись. Где ты пропадал(-ла) все эти годы? Почему о тебе ничего не было слышно?

Сяо Ян, это ты? Какими судьбами ты здесь?

Как быстро время летит! Мы не виделись уже целых десять лет! Никак не ожидал(-ла) встретить тебя здесь.

Сколько лет, сколько зим! Я тебя с трудом узнал (-ла), ты <u>пополнел(-ла)</u> (похудел(-ла), постарел(-ла), помолодел (-ла), похорошел(-ла)).

Ты не изменился(-лась), всё такой(-ая) же.

Время в разлуке тянется всегда очень медленно, вчерашний день показался мне целой вечностью! Я так соскучился(-лась) по тебе!

Ты лёгок/легка на помине, мы как раз говорим о тебе.

Не ожидал(-ла) тебя встретить здесь, но я узнал(-ла) тебя сразу.

Кем ты работаешь?

Ты <u>учитель</u> (врач, студент/ученик, рабочий, механик, инженер-программист, коммерческий работник)?

Где вы работаете?

Nín huì jiǎng É (Yīng、Fǎ、Dé、Rì、Hàn) yǔ ma?
您 会 讲 俄（英、法、德、日、汉）语 吗？

Nín jiéhūn (chéngjiā) le ma?
您 结婚 （成家） 了 吗？

Nín àiren (zhàngfu、xiānsheng / qīzi、fūren、tàitai) zài nǎr gōngzuò?
您 爱人 （丈夫、 先生 /妻子、夫人、太太）在 哪儿 工作？

Nín jiāli yǒu jǐ kǒu (gè) rén?
您 家里 有 几 口（个）人？

Nín fùmǔ hé nǐmen yìqǐ zhù ma?
您 父母 和 你们 一起 住 吗？

Nǐmen yǒu háizi ma? Nánhái'r háishi nǚhái'r?
你们 有 孩子 吗？男孩儿 还是 女孩儿？

Nín érzi (nǚ'ér) jǐ suì le?
您 儿子（女儿）几 岁 了？

Wǒ érzi (nǚ'ér) yí suì (liǎng suì bàn、shí suì).
我 儿子（女儿）1 岁 （2 岁 半、10 岁）。

Xiǎopéngyǒu, nǐ (jīnnián) jǐ suì la?
小朋友， 你（今年）几 岁 啦？

Lǎoxiānsheng (lǎotàitai), qǐng wèn nín (jīnnián) duō dà suìshu le
老先生 （老太太），请 问 您 （今年） 多 大 岁数 了
(gāoshòu)?
（高寿）？

Nín nǎ yì nián shēng de?
您 哪 一 年 生 的？

Tā hái bù mǎn (bú dào) èrshí suì.
她 还 不 满 （不 到） 二十 岁。

Wǒ jīnnián gāng mǎn (dào) wǔshí.
我 今年 刚 满 （到） 五十。

Wǒ yǐjīng liùshí chūtóu (kāiwài) le.
我 已经 六十 出头 （开外）了。

Tā dàgài sìshí suì zuǒyòu.
他 大概 四十 岁 左右。

Вы говорите по-русски (по-английски, по-французски, по-немецки, по-японски, по-китайски)?

Вы женаты/замужем?

Где работает ваш муж/супруг (ваша жена/супруга)?

Сколько человек в вашей семье?

Ваши родители живут вместе с вами?

У вас есть ребёнок? Мальчик или девочка?

Сколько лет вашему сыну (вашей дочери)?

Моему сыну (моей дочери) один год (два с половиной года, десять лет).

Мальчик (девочка), сколько тебе лет?

Дедушка (бабушка), вы не скажете, сколько вам лет?

В каком году вы родились?

Ей ещё нет двадцати.

В этом году мне исполнилось только пятьдесят лет.

Мне уже за шестьдесят.

Ему, пожалуй, лет сорок.

Wǒ shí'èr yuè jiù yào sìshíwǔ suì le.
我 12 月 就 要 45 岁 了。

Wǒ hé tā tóngsuì.
我 和 他 同岁。

Wǒ míngnián jiù dào tuìxiū niánlíng le.
我 明年 就 到 退休 年龄 了。

(Èr) Huìhuà
(二) 会话

1

Wàibàn gōngzuò rényuán: Qǐng wèn, nǐmen shì Éluósī zuòjiā dàibiǎotuán ma?
外办 工作 人员： 请 问， 你们 是 俄罗斯 作家 代表团 吗？

Lìpàtuōfū: Shì de. Nín hǎo. Wǒ shì dàibiǎotuán tuánzhǎng Nígǔlā·Xiè'ěrgàiyēwéiqí·Lìpàtuōfū.
利帕托夫：是 的。您 好。我 是 代表团 团长 尼古拉·谢尔盖耶维奇·利帕托夫。

Wàibàn gōngzuò rényuán: Nín hǎo, Lìpàtuōfū xiānsheng, huānyíng nǐmen dào Nánjīng lái zuòkè. Qǐng yǔnxǔ wǒ xiàng nín jièshào yíxià, zhè wèi shì Jiāngsū Shěng Zuòxié zhǔxí……xiānsheng, zhè wèi shì Jiāngsū Shěng Wàishì Bàngōngshì fùzhǔrèn……nǚshì.
外办 工作 人员： 您 好， 利帕托夫 先生， 欢迎 你们 到 南京 来 做客。请 允许 我 向 您 介绍 一下，这 位 是 江苏 省 作协 主席……先生， 这 位 是 江苏 省 外事 办公室 副主任……女士。

Zuòxié zhǔxí: Nǚshìmen, xiānshengmen, lùshang xīnkǔ la. Wǒ dàibiǎo Jiāngsū Shěng hé Nánjīng Shì de zuòjiā xiàng nǐmen
作协 主席： 女士们， 先生们， 路上 辛苦 啦。我 代表 江苏 省 和 南京 市 的 作家 向 你们

В декабре мне будет уже сорок пять.

Мы с ним одногодки.

В следующем году я достигну пенсионного возраста.

(Б) *Диалоги*

1

Сотрудник канцелярии по иностранным делам: Скажите, пожалуйста, вы не из делегации российских писателей?

Липатов: Да, здравствуйте! Я руководитель делегации Николай Сергеевич Липатов.

Сотрудник канцелярии по иностранным делам: Здравствуйте, господин Липатов! Добро пожаловать в Нанкин! Разрешите представить вам председателя Союза писателей провинции Цзянсу господина... А это заместитель начальника Канцелярии по иностранным делам провинции Цзянсу госпожа...

Председатель союза писателей: Дамы и господа! Вы, вероятно, утомились в пути. Я от имени писателей провинции Цзянсу и города Нанкина выражаю вам горячее приветствие.

biǎoshì rèliè de huānyíng.
表示 热烈 的 欢迎。

Lìpàtuōfū: Zhǔxí xiānsheng, zhè cì wǒmen néng yǒu jīhuì dào
利帕托夫：主席 先生， 这 次 我们 能 有 机会 到

Nánjīng, huìjiàn Jiāngsū Shěng hé Nánjīng Shì de zuòjiā, néng
南京， 会见 江苏 省 和 南京 市 的 作家， 能

qīnyǎn kànkan nǐmen měilì de chéngshì, wǒmen gǎndào fēicháng
亲眼 看看 你们 美丽 的 城市， 我们 感到 非常

gāoxìng.
高兴。

Zuòxié zhǔxí: Tóngyàng, wǒmen néng zài jiāxiāng jiēdài Éluósī
作协 主席： 同样， 我们 能 在 家乡 接待 俄罗斯

kèrén, nénggòu jiéshí Lìpàtuōfū tuánzhǎng jí dàibiǎotuán quántǐ
客人， 能够 结识 利帕托夫 团长 及 代表团 全体

tóngrén, wǒmen yě gǎndào hěn róngxìng. Xīwàng nǐmen zài
同仁， 我们 也 感到 很 荣幸。 希望 你们 在

Nánjīng guòde yúkuài. Lìpàtuōfū xiānsheng, tiānqì lěng, qǐng
南京 过得 愉快。 利帕托夫 先生， 天气 冷， 请

shàngchē ba.
上车 吧。

Lìpàtuōfū: Xièxie!
利帕托夫：谢谢！

2

Tuánzhǎng: Nín hǎo! Wǒ shì Éluósī lǚxíngtuán tuánzhǎng, wǒmen
团长： 您 好！我 是 俄罗斯 旅行团 团长， 我们

dào Zhōngguó lái zuò wéiqī liǎng zhōu de lǚyóu guānguāng.
到 中国 来 作 为期 两 周 的 旅游 观光。

Jīntiān dào Nánjīng, wánr liǎngtiān, hòutiān qù Shànghǎi.
今天 到 南京， 玩儿 两天， 后天 去 上海。

Липатов: Господин председатель, мы чрезвычайно рады возможности приехать в Нанкин, встретиться с писателями провинции Цзянсу и города Нанкина и собственными глазами увидеть ваш прекрасный город.

Председатель Союза писателей: Для нас тоже большая честь принимать у себя на родине российских гостей и познакомиться с руководителем делегации господином Липатовым и всеми членами делегации. Надеемся, что ваше пребывание в Нанкине будет приятным. Господин Липатов, погода холодная, прошу в машину.

Липатов: Спасибо!

2

Руководитель группы: Здравствуйте! Я руководитель группы российских туристов. У нас двухнедельный тур по Китаю. Сегодня мы прибыли в Нанкин, здесь мы пробудем два дня, а послезавтра отправимся в Шанхай.

Xiǎo Liú: Péngyoumen, nǐmen hǎo! Huānyíng nǐmen dào Nánjīng lái.
小 刘： 朋友们， 你们 好！ 欢迎 你们 到 南京 来。

Qǐng yǔnxǔ wǒ zìwǒ jièshào yíxià, wǒ shì Jiāngsū Shěng Guójì
请 允许 我 自我 介绍 一下， 我 是 江苏 省 国际

Lǚxíngshè de dǎoyóu, wǒ xìng Liú, nǐmen jiù jiào wǒ Xiǎo Liú
旅行社 的 导游， 我 姓 刘， 你们 就 叫 我 小 刘

hǎo le.
好 了。

Tuánzhǎng: Ò, Liú xiǎojiě, rènshi nín hěn gāoxìng.
团长： 哦， 刘 小姐， 认识 您 很 高兴。

Xiǎo Liú: Rènshi nín wǒ yě hěn gāoxìng. Zhè wèi shì fānyì Huáng
小 刘： 认识 您 我 也 很 高兴。 这 位 是 翻译 黄

xiǎojiě. Yǐhòu yǒu shì kěyǐ zhǎo wǒmen liǎng ge.
小姐。 以后 有 事 可以 找 我们 两 个。

Tuánzhǎng: Nín hǎo, Huáng xiǎojiě!
团长： 您 好， 黄 小姐！

Xiǎo Liú: Fángjiān yǐjīng yùdìng hǎo le, xiān qǐng nǐmen dào lǚguǎn
小 刘： 房间 已经 预订 好 了， 先 请 你们 到 旅馆

xiūxi yíxià, ránhòu wǒmen zài tán lǚyóu shìyí. Xiànzài qǐng
休息 一下， 然后 我们 再 谈 旅游 事宜。 现在 请

dàjiā shàngchē.
大家 上车。

3

Xìzhǔrèn: Qǐng yǔnxǔ wǒ gěi dàjiā jièshào yíxià wǒmen xīn lái de
系主任： 请 允许 我 给 大家 介绍 一下 我们 新 来 的

tóngshì Yèliánnà·Pàfūluòfūnà·Xièmiáonuòwá. Tā shì cóng
同事 叶连娜·帕夫洛夫娜·谢苗诺娃。 她 是 从

Mòsīkē lái de.
莫斯科 来 的。

Сяо Лю: Здравствуйте, друзья! Добро пожаловать в Нанкин! Разрешите мне представиться, я гид из Интуриста провинции Цзянсу. Моя фамилия Лю, а вы можете звать меня Сяо Лю.

Руководитель группы: Очень рад с вами познакомиться, мисс Лю.

Сяо Лю: Мне тоже очень приятно. А это переводчица мисс Хуан. По всем вопросам вы можете обращаться к нам обеим.

Руководитель группы: Здравствуйте, мисс Хуан!

Сяо Лю: Номера уже заказаны. Предлагаю вам сначала отдохнуть в гостинице, а потом мы договоримся об экскурсии. А сейчас прошу всех в автобус.

3

Декан: Разрешите представить вам нашу новую коллегу Елену Павловну Семёнову. Она приехала из Москвы.

Xièmiáonuòwá: Nǐmen hǎo, néng hé nǐmen rènshi, yìqǐ gòngshì, wǒ
谢苗诺娃：你们好，能和你们认识，一起共事，我
gǎndào hěn gāoxìng.
感到很高兴。

Wáng lǎoshī: Nín hǎo, Yèliánnà · Pàfūluòfūnà! Nín shénme shíhou dào
王老师：您好，叶连娜·帕夫洛夫娜！您什么时候到
de? Āndùn hǎole ma? Zhù zài shénme dìfang?
的？安顿好了吗？住在什么地方？

Xièmiáonuòwá: Zuótiān xiàwǔ gāng dào, zhù zài xuéxiào zhuānjiālóu.
谢苗诺娃：昨天下午刚到，住在学校专家楼。

Xú lǎoshī: Shēnghuó bù xíguàn ba? Xūyào bāngmáng ma?
徐老师：生活不习惯吧？需要帮忙吗？

Xièmiáonuòwá: Xièxie, bù máfan nǐmen le, wǒ xiǎng wǒ hěn kuài huì
谢苗诺娃：谢谢，不麻烦你们了，我想我很快会
xíguàn de.
习惯的。

4

Āndéliè: Lǎodàye, wǒ jīngcháng zài zhèr pèngjiàn nín, nín tiāntiān
安德烈：老大爷，我经常在这儿碰见您，您天天
shàng zhèr lái duànliàn ma?
上这儿来锻炼吗？

Dàye: Shì de, wǒ měi tiān dōu lái. Duìbuqǐ, nǐ shì……
大爷：是的，我每天都来。对不起，你是……

Āndéliè: Wǒ shì Nánjīng Dàxué de liúxuéshēng, Éluósī lái de, wǒ
安德烈：我是南京大学的留学生，俄罗斯来的，我
jiào Āndéliè.
叫安德烈。

Dàye: Ò, lái liúxué de. Wǒ kàn nǐ niánjì hái hěn xiǎo, jīnnián duō
大爷：哦，来留学的。我看你年纪还很小，今年多
dà la? Xiǎng jiā ma? Jiālǐ hái yǒu shénme rén ya?
大啦？想家吗？家里还有什么人呀？

Семёнова: Здравствуйте! Я очень рада познакомиться с вами и быть вашей коллегой.

Преподаватель Ван: Здравствуйте, Елена Павловна! Когда вы приехали? Уже устроились? Где вы живёте?

Семёнова: Я приехала только вчера после обеда. Живу в доме для специалистов.

Преподаватель Сюй: К новой жизни вы, вероятно, ещё не привыкли? Не нужна ли вам какая-нибудь помощь?

Семёнова: Спасибо! Не буду вас беспокоить. Думаю, что скоро привыкну.

4

Андрей: Дедушка, я часто вас здесь встречаю. Вы каждый день приходите сюда заниматься спортом?

Старик: Да, я прихожу каждый день. А ты, извини...

Андрей: Я иностранный студент Нанкинского университета. Приехал из России. Меня зовут Андрей.

Старик: А, приехал на учёбу. По-моему, ты ещё очень маленький. Сколько тебе лет? По дому-то не скучаешь? Кто у тебя

Āndéliè: Wǒ jīnnián èrshí la. Jiāli hái yǒu bàba、māma、dìdi hé
安德烈：我今年二十啦。家里还有爸爸、妈妈、弟弟和
  mèimei. Gāng lái de shíhou yǒu diǎn xiǎng jiā, xiànzài xíguàn
  妹妹。刚来的时候有点想家，现在习惯
  le. Lǎodàye, nín guìxìng? Duō dà niánjì le?
  了。老大爷，您贵姓？多大年纪了？

Dàye: Wǒ xìng Fāng. Nǐ cāi wǒ yǒu duō dà le?
大爷：我姓方。你猜我有多大了？

Āndéliè: Wǒ kàn nín zuìduō liùshí suì.
安德烈：我看您最多六十岁。

Dàye: Hà, wǒ yǐjīng qīshí'èr la.
大爷：哈，我已经七十二啦。

Āndéliè: Qīshí'èr? Yìdiǎnr yě kànbuchū. Fāng dàye, nín dǎ de shì
安德烈：七十二？一点儿也看不出。方大爷，您打的是
  shénme quán?
  什么拳？

Dàye: Tàijíquán.
大爷：太极拳。

Āndéliè: Tài—jí—quán? Nán xué ma? Wǒ yě xiǎng xué, nín néng jiāo
安德烈：太—极—拳？难学吗？我也想学，您能教
  wǒ ma?
  我吗？

Dàye: Xíng a. Míngtiān zǎoshang nǐ lái, wǒ kāishǐ jiāo nǐ.
大爷：行啊。明天早上你来，我开始教你。

остался дома?

Андрей: В этом году мне уже исполнилось двадцать. У меня дома остались папа, мама, младший брат и младшая сестра. Когда я приехал сюда, сначала немного скучал по дому, а сейчас привык. А как ваша фамилия, дедушка? Сколько вам лет?

Старик: Моя фамилия Фан. А сколько лет ты мне дашь?

Андрей: Я бы дал вам не больше шестидесяти.

Старик: Хэ, мне уже семьдесят два.

Андрей: Семьдесят два! Ни за что не скажешь! Дедушка Фан, а что это за гимнастика, которой вы занимаетесь?

Старик: Тайцзицюань.

Андрей: Тай-цзи-цюань? Трудная? Мне тоже хотелось бы научиться. Можете ли вы научить меня этой гимнастике?

Старик: Ладно. Приходи завтра утром, начнём заниматься вместе.

Èr、Lǚguǎn
二、旅馆

(Yī) Chángyòngyǔ
(一) 常用语

Wǒmen zhù nǎge bīnguǎn (lǚguǎn) hǎo ne?
我们 住 哪个 宾馆 （旅馆） 好 呢？

Nín tuījiàn nǎ jiā bīnguǎn?
您 推荐 哪 家 宾馆？

Zhège lǚguǎn zài nǎr?
这个 旅馆 在 哪儿？

Dào zhège lǚguǎn zěnme zǒu?
到 这个 旅馆 怎么 走？

Zhè shì jǐ xīngjí bīnguǎn (fàndiàn、jiǔjiā、jiǔlóu、jiǔdiàn)?
这 是 几 星级 宾馆 （饭店、酒家、酒楼、酒店）？

Zhè shì wǒmen chéngshì zuì xiàndàihuà de bīnguǎn zhī yī.
这 是 我们 城市 最 现代化 的 宾馆 之 一。

Zhè shì zhōngwài hézī xīngjiàn de fàndiàn, tā de jiànzhù、nèibù
这 是 中外 合资 兴建 的 饭店，它 的 建筑、内部
　　zhuānghuáng、shèbèi hé fúwù shuǐpíng dōu shì guójì yīliú de.
　　装潢、 设备 和 服务 水平 都 是 国际 一流 的。

Zhè shì xīngjí (wǔxīngjí、sìxīngjí、sānxīngjí) bīnguǎn.
这 是 星级 （五星级、四星级、三星级） 宾馆。

Fàndiàn shè yǒu jiànshēnfáng、yóuyǒngchí、měifàtīng、měiróngtīng.
饭店 设 有 健身房、 游泳池、 美发厅、 美容厅。

2. Гостиница

(А) *Общеупотребительные выражения и фразы*

В какой гостинице нам лучше остановиться?

Какую гостиницу вы рекомендуете?

Где находится эта гостиница?

Как проехать/пройти в эту гостиницу?

<u>Сколько звёзд у этой гостиницы</u> (какой категории этот ресторан)?

Это одна из самых современных гостиниц в нашем городе.

Это гостиница, которая построена благодаря совместным китайским и иностранным инвестициям. Её строительство, внутренняя отделка помещения, удобства и уровень обслуживания являются первоклассными в мире.

Это <u>отель со звёздами</u> (пятизвёздочный отель, четырёхзвёздочный отель, трёхзвёздочный отель).

При гостинице есть спортивный зал, бассейн, парикмахерская, салон красоты. Горячо приветствуем!

Huānyíng guānglín!
欢迎　　光临！

Fàndiàn lǐ fùshè shāngdiàn, chūshòu Zhōngguó de gōngyìpǐn hé gè
饭店　里　附设　　商店，　　出售　　中国　　的　工艺品　和　各

dì tǔtèchǎn. Kěyǐ rènyì tiāoxuǎn.
地　土特产。可以　任意　挑选。

Fàndiàn yǒu zhuānmén de dǎoyóu, kěyǐ péitóng cānguān běn shì
饭店　有　　专门　　的　导游，可以　陪同　　参观　　本　市

fēngguāng.
风光。

Huānyíng nín dào wǒmen bīnguǎn(lǚguǎn、fàndiàn、jiǔjiā、jiǔlóu、
欢迎　　您　到　我们　　宾馆（旅馆、饭店、　酒家、酒楼、

jiǔdiàn) xiàtà （rùzhù）!
酒店）下榻（入住）！

Wǒ xiǎng zài nǐmen zhèr zhùsù.
我　想　　在　你们　这儿　住宿。

Wǒmen shì…… lǚxíngtuán, zài zhèr yùdìngle fángjiān.
我们　是……　旅行团，　在　这儿　预订了　　房间。

Wǒ jiào…… sān tiān qián cóng Běijīng dǎ diànhuà zài nǐmen zhèr
我　叫……　三　天　前　从　　北京　　打　电话　　在　你们　这儿

dìngle fángjiān.
订了　房间。

Wǒ yào dēngjì zhùsù.
我　要　登记　住宿。

Qǐng zài zhèbiān fúwùtái dēngjì zhùsù.
请　在　这边　　服务台　登记　住宿。

Qǐng wèn, nín yào shénme guīgé de fángjiān?
请　问，您　要　什么　　规格　的　房间？

Wǒmen zhèr yǒu biāozhǔnjiān kèfáng hé dài tàojiān de kèfáng.
我们　这儿　有　　标准间　　客房　和　带　套间　的　客房。

Wǒmen bīnguǎn suǒyǒu fángjiān dōu kěyǐ èrshísì xiǎoshí miǎnfèi
我们　宾馆　　所有　　房间　　都　可以　24　小时　免费

При гостинице есть магазин, в котором продают китайские художественные изделия, а также местные продукты разных районов. Можно выбрать на любой вкус.

В гостинице есть специальные экскурсоводы, которые могут сопровождать вас во время экскурсии по достопримечательностям нашего города.

Добро пожаловать в <u>нашу гостиницу</u> (наш ресторан)!

Я хотел (-ла) бы у вас остановиться.

Мы тургруппа... , здесь мы заказали номера.

Меня зовут... Три дня назад я из Пекина по телефону забронировал у вас номер.

Я хочу оформиться в гостиницу.

Пожалуйста, проходите сюда на рецепшен для оформления.

Скажите, пожалуйста, какой номер вы хотите?

У нас есть стандартные номера и номера квартирного типа.

Все номера нашей гостиницы с бесплатным круглосуточным выходом в интернет.

shàngwǎng.
上网。

Biāozhǔnjiān kèfáng měi tiān fángfèi (fángzū) wéi bāshí、jiǔshí、yìbǎi
标准间　客房　每　天　房费　（房租）为　80、90、100

měiyuán sān zhǒng, dài tàojiān de shì liǎngbǎi měiyuán.
美元　三　种，带　套间　的　是　200　美元。

Qǐng wèn, zhèr yǒu kòngfángjiān ma?
请　问，这儿　有　空房间　吗？

Zhèr yǒu shuāngrén (dānrén、sānrén) fángjiān ma?
这儿　有　双人　（单人、三人）房间　吗？

Wǒ xūyào yí gè biāozhǔnjiān (tàojiān、háohuá tàojiān、zǒngtǒngfáng).
我　需要　一　个　标准间　（套间、豪华　套间、总统房）。

Zhè shì nín yùdìng de fángjiān.
这　是　您　预订　的　房间。

Nín dìng de fángjiān hàomǎ shì èrlíngsān, zài èr lóu.
您　订　的　房间　号码　是　203，在　二　楼。

Zhège fángjiān yòu kuānchang、yòu míngliàng、yòu kěyǐ guānjǐng, wǒ
这个　房间　又　宽敞、又　明亮，又　可以　观景，我

hěn xǐhuan.
很　喜欢。

Zhège fángjiān línjiē, shìbushì hěn chǎo?
这个　房间　临街，是不是　很　吵？

Wǒ xīwàng yào yì jiān bǐjiào ānjìng de fángjiān. Wǒ xūyào zài zhèr
我　希望　要　一　间　比较　安静　的　房间。我　需要　在　这儿

gōngzuò.
工作。

Zhège fángjiān bǐjiào àn, néngbunéng gěi wǒ tiáo yì jiān xiàngyáng
这个　房间　比较　暗，能不能　给　我　调　一　间　向阳

(cháonán) de fángjiān?
（朝南）的　房间？

Zhège wèishēngjiān tǐng hǎo, kěyǐ pàozǎo (xǐ wēnquányù), yě kěyǐ
这个　卫生间　挺　好，可以　泡澡　（洗　温泉浴），也　可以

Стандартные номера стоят 80, 90, 100 долларов в сутки, а номера квартирного типа—200 долларов.

Скажите, пожалуйста, у вас есть свободные номера?

У вас есть <u>двухместные</u> (одноместные, трёхместные) номера?

Мне нужен <u>стандартный номер</u> (номер квартирного типа, люкс, президентский люкс).

Вот забронированный вами номер.

Вы забронировали номер 203, на 2 этаже.

Этот номер и просторный и светлый, отсюда ещё можно полюбоваться прекрасным пейзажем, он мне очень нравится.

Этот номер выходит на улицу, в нём не шумно?

Я хотел(-ла) бы более тихий номер, мне нужно здесь работать.

В этом номере темновато, вы можете подобрать мне номер на <u>солнечной</u> (южной) стороне?

Эта ванная очень удобная, здесь можно принимать <u>ванну</u> (тёплую термальную ванну) и душ.

xǐ línyù.
洗 淋浴。

Zhège fángjiān nín mǎnyì ma? Rúguǒ bù xíng, wǒmen kěyǐ gěi nín
这个 房间 您 满意 吗？如果 不 行， 我们 可以 给 您

tígōng biéde fángjiān.
提供 别的 房间。

Rúguǒ nín (nǐmen) juédìng yào, qǐng dào zǒngtái qù bàn shǒuxù.
如果 您（你们） 决定 要， 请 到 总台 去 办 手续。

Qǐng zài zhè zhāng dēngjìkǎ shang tiánshang nín de xìngmíng、
请 在 这 张 登记卡 上 填上 您 的 姓名、

niánlíng、guójí、hùzhào hàomǎ. Yòng Zhōngwén huò Yīngwén
年龄、 国籍、 护照 号码。 用 中文 或 英文

tiánxiě dōu kěyǐ.
填写 都 可以。

Qǐng nín bǎ hùzhào gěi wǒ kànkan.
请 您 把 护照 给 我 看看。

Zhè shì fángkǎ (fángmén yàoshi).
这 是 房卡 （房门 钥匙）。

Xíngli mǎshàng sòng dào fángjiān.
行李 马上 送 到 房间。

Nín xūyào shénme, kěyǐ dǎ diànhuà gěi zǒngtái, fángjiān zhuō shang
您 需要 什么， 可以 打 电话 给 总台， 房间 桌 上

yǒu diànhuà hàomǎ.
有 电话 号码。

Zhè shì nǐmen de miǎnfèi zǎocānquàn.
这 是 你们 的 免费 早餐券。

Lǚguǎn (fàndiàn) li yǒu cāntīng ma?
旅馆 （饭店） 里 有 餐厅 吗？

Nǐmen lǚguǎn li néng duìhuàn wàibì (dǎ guójì chángtú, pāi
你们 旅馆 里 能 兑换 外币 （打 国际 长途、 拍

diànchuán、dìnggòu huǒchēpiào) ma?
电传、 订购 火车票） 吗？

Вас устраивает этот номер? Если нет, можем предложить вам другой номер.

Если вы решили взять этот номер, то, пожалуйста, проходите на рецепшен для оформления.

Пожалуйста, заполните анкету, напишите ваше имя и фамилию, возраст, гражданство, номер паспорта. Писать можно по-китайски или по-английски.

Покажите мне, пожалуйста, ваш паспорт.

Вот карта-ключ (ключ) от вашего номера.

Багаж сейчас будет доставлен в номер.

Если вам что-нибудь понадобится, вы можете позвонить на рецепшен, на столе в вашей комнате есть номер телефона.

Вот ваши талончики на бесплатный завтрак.

В гостинице есть ресторан?

В вашей гостинице можно обменять иностранную валюту (позвонить за рубеж, воспользоваться телефаксом, заказать билеты на поезд)?

Wǒmen de cāntīng zài èr lóu, kèrén yǒu miǎnfèi zǎocān.
我们 的 餐厅 在 二 楼，客人 有 免费 早餐。

Èr lóu shì zhōngcāntīng, yǒu Zhōngguó gè dì míngcài; sān lóu shì
二 楼 是 中餐厅， 有 中国 各 地 名菜； 三 楼 是

xīcāntīng, kěyǐ pǐncháng dào Fǎguó、Déguó、Mòxīgē、Yìdàlì
西餐厅， 可以 品尝 到 法国、德国、墨西哥、意大利

děng guó de míngcài.
等 国 的 名菜。

Wǒmen fàndiàn kěyǐ wèi lǚkè tígōng gè zhǒng fúwù: fāsòng
我们 饭店 可以 为 旅客 提供 各 种 服务： 发送

diànbào diànchuán、duìhuàn wàibì、yùdìng fēijīpiào (huǒchēpiào、
电报 电传、 兑换 外币、预订 飞机票 （火车票、

chuánpiào、chūzūchē……).
船票、 出租车……）。

(Zǒng)fúwùtái (lóucéng fúwùtái) rìyè yǒu rén zhíbān, yǒu shìqing
（总）服务台 （楼层 服务台）日夜 有 人 （值班），有 事情

suíshí kěyǐ qù zhǎo tā (tā), yě kěyǐ dǎ diànhuà.
随时 可以 去 找 他（她），也 可以 打 电话。

Qǐng wèn, diàntī zài nǎr?
请 问，电梯 在 哪儿？

Wǒ yào shàng jiǔ lóu.
我 要 上 九 楼。

Wǒ shì zhè céng lóu de fúwùyuán, yǒu shì kěyǐ zhǎo wǒ, wǒ suíshí
我 是 这 层 楼 的 服务员， 有 事 可以 找 我，我 随时

yuànyì wèi nín fúwù.
愿意 为 您 服务。

Fúwùyuán měi tiān shàngwǔ shí diǎnzhōng dǎsǎo fángjiān, qǐng nín bǎ
服务员 每 天 上午 10 点钟 打扫 房间， 请 您 把

yào xǐ de yīfu fàng zài mén hòu de kǒudai li, xǐ hǎo de
要 洗 的 衣服 放 在 门 后 的 口袋 里，洗 好 的

Наш ресторан находится на втором этаже, там предоставляется гостям бесплатный завтрак.

На втором этаже ресторан китайской кухни, где вам могут предложить фирменные блюда разных районов Китая. На третьем этаже ресторан европейской кухни, там можно попробовать широко известные блюда французской, немецкой, мексиканской, итальянской кухни и т. д.

Наша гостиница предоставляет проживающим следующие услуги: отправку телеграмм и телефаксов, обмен иностранной валюты, заказ <u>авиабилетов</u> (билетов на поезд, билетов на пароход, такси...).

На <u>рецепшене</u> (на каждом этаже) круглосуточно работает дежурный(-ая), если вам что-нибудь понадобится, вы можете обратиться к <u>нему</u> (ней) в любое время или позвонить <u>ему</u> (ей) по телефону.

Скажите, пожалуйста, где лифт?

Мне нужно подняться на девятый этаж.

Я дежурная по этому этажу. Если вам что-нибудь понадобится, вы можете обратиться ко мне. Я всегда к вашим услугам.

Каждое утро в 10 часов горничная убирает номер. Если вам нужно что-нибудь постирать, кладите бельё, пожалуйста, в мешок за дверью, в 6 часов вечера чистая одежда будет доставлена обратно.

yīfu, xiàwǔ liù diǎn sònghuí.
衣服，下午 6 点 送回。

Nín duì wǒmen de fúwù yǒu shénme yìjiàn, kěyǐ zhíjiē xiàng wǒmen
您 对 我们 的 服务 有 什么 意见，可以 直接 向 我们

tí, yě kěyǐ xiě zài zhè běn yìjiànbù shàng.
提，也 可以 写 在 这 本 意见簿 上。

Qǐng bǎ zhè jiàn chènshān (zhèxiē dōngxi) sòng qù xǐ yíxià.
请 把 这 件 衬衫 （这些 东西） 送 去 洗 一下。

Rúguǒ kěyǐ (de huà), qǐng bǎ zǎocān (wǔcān、wǎncān) sòngdào
如果 可以（的话），请 把 早餐 （午餐、晚餐） 送到

fángjiān li lái.
房间 里 来。

Zhège fángjiān de kōngtiáo (diànhuà、dēngpào) huài le, qǐng xiūlǐ
这个 房间 的 空调 （电话、 灯泡） 坏 了，请 修理

yíxià.
一下。

Wǒ wǎnshang yǒudiǎnr lěng, néngbunéng gěi jiā yì chuáng tǎnzi?
我 晚上 有点儿 冷， 能不能 给 加 一 床 毯子？

Duìbuqǐ, wǒ bǎ yàoshi wàng (là) zài fángjiān li le, máfan nín tì
对不起，我 把 钥匙 忘（落）在 房间 里了，麻烦 您 替

wǒ kāi yíxià mén.
我 开 一下 门。

Míngtiān wǒ yào qù wàidì lǚyóu, zhège fángjiān qǐng gěi wǒ bǎoliú
明天 我 要 去 外地 旅游，这个 房间 请 给 我 保留

sān tiān.
三 天。

Míngtiān zǎochen liù diǎnzhōng qǐng jiàoxǐng wǒ.
明天 早晨 六 点钟 请 叫醒 我。

Yǒu rén zhǎoguo wǒ ma?
有 人 找过 我 吗？

Wǒ míngtiān zhōngwǔ zǒu, qǐng jiézhàng. Wǒ gāi fù duōshao qián?
我 明天 中午 走，请 结账。我 该 付 多少 钱？

Если у вас есть какие-нибудь замечания по нашему обслуживанию, вы можете высказать их непосредственно нам или записать в книгу отзывов.

Отдайте, пожалуйста, в стирку <u>эту рубашку</u> (эти вещи).

Если можно, принесите, пожалуйста, в комнату <u>завтрак</u> (обед, ужин).

В этом номере <u>сломался кондиционер</u> (не работает телефон, перегорела лампочка), почините, пожалуйста.

По вечерам в комнате мне холодновато. Не можете ли вы дать мне ещё одно шерстяное одеяло?

Извините, я забыл(-ла) ключ в номере. Откройте мне дверь, пожалуйста.

Завтра я уезжаю в другой город на экскурсию. Сохраните, пожалуйста, этот номер за мной на 3 дня.

Разбудите меня, пожалуйста, завтра в шесть часов утра.

Ко мне кто-нибудь приходил?

Завтра в полдень я уезжаю. Приготовьте счёт, пожалуйста. Сколько с меня?

Nín zǒu zhīqián lái zǒngtái jiézhàng jiù kěyǐ le.
您 走 之前 来 总台 结账 就 可以 了。

Zhōngwǔ shí'èr diǎn yǐqián líkāi, zhè yì tiān kěyǐ bú suàn, xiàwǔ
中午 12 点 以前 离开，这 一 天 可以 不 算，下午

liù diǎn yǐqián líkāi, suàn bàntiānr.
6 点 以前 离开，算 半天儿。

Qǐng nín zhīfù rénmínbì, méiyǒu rénmínbì, àn huìlǜ bǐjià zhīfù wàihuì
请 您 支付 人民币，没有 人民币，按 汇率 比价 支付 外汇

(wàibì) yě xíng.
（外币）也 行。

Nǐmen zhèr néng yòng xìnyòngkǎ ma?
你们 这儿 能 用 信用卡 吗？

Nǐmen de fúwù zhōudào rèqíng.
你们 的 服务 周到 热情。

Wǒmen xīwàng yǐhòu yǒu jīhuì zài lái.
我们 希望 以后 有 机会 再 来。

Xièxie nín de guānglín, huānyíng nín xià cì zài lái.
谢谢 您 的 光临， 欢迎 您 下 次 再 来。

(Èr) Huìhuà
（二） 会话

1

Fúwùtái gōngzuò rényuán: Nín hǎo!
服务台 工作 人员： 您 好！

Tuánzhǎng: Nín hǎo! Qǐng wèn, zhèr yǒu kòngfángjiān ma? Wǒmen
团长： 您 好！请 问，这儿 有 空房间 吗？我们

shì cóng Éluósī lái de lǚyóutuán, yígòng shí'èr gè rén.
是 从 俄罗斯 来 的 旅游团，一共 12 个 人。

Перед отъездом подойдите на рецепшен, оплатите счёт и всё.

Если вы уезжаете до 12 часов дня, то этот день не учитывается, если до 6 часов вечера, то считается за полдня.

Пожалуйста, заплатите китайскими юанями. Если у вас их нет, то можно заплатить иностранной валютой по курсу.

Вы принимаете кредитные карточки?

У вас прекрасное обслуживание.

Мы надеемся ещё раз приехать к вам.

Благодарим вас за то, что вы выбрали нашу гостиницу, ждём вас в следующий раз.

(Б) *Диалоги*

1

Администратор на рецепшене: Здравствуйте!

Руководитель группы: Здравствуйте! Вы не скажете, у вас есть свободные номера? Наша туристическая группа приехала из России, нас всего 12 человек.

Fúwùtái gōngzuò rényuán: Huānyíng, huānyíng! Qǐng wèn, nǐmen
服务台 工作 人员： 欢迎， 欢迎！ 请 问， 你们
xiǎng yào shénme guīgé de fángjiān? Wǒmen zhèr yǒu bùtóng
想 要 什么 规格 的 房间？ 我们 这儿 有 不同
guīgé de biāozhǔnjiān, yě yǒu tàojiān, gè zhǒng kèfáng dōu yǒu
规格 的 标准间， 也 有 套间， 各 种 客房 都 有
yùshì hé kōngtiáo.
浴室 和 空调。

Tuánzhǎng: Wǒmen yào sì gè biāozhǔnjiān, liǎng gè tàojiān. Qǐng
团长： 我们 要 四 个 标准间， 两 个 套间。 请
nín jièshào yíxià měi zhǒng fángjiān de jiàgé, hǎo ma?
您 介绍 一下 每 种 房间 的 价格，好 吗？

Fúwùtái gōngzuò rényuán: Biāozhǔnjiān měi tiān fángzū fēn bāshí、
服务台 工作 人员： 标准间 每 天 房租 分 80、
jiǔshí、yìbǎi měiyuán sān zhǒng, shuāngrén tàojiān měi tiān shì
90、100 美元 三 种， 双人 套间 每 天 是
liǎngbǎi měiyuán.
200 美元。

Tuánzhǎng: Míngbai le. Xiànzài nǎ céng lóu shang yǒu kòng
团长： 明白 了。 现在 哪 层 楼 上 有 空
fángjiān?
房间？

Fúwùtái gōngzuò rényuán: Wǔ céng、bā céng、jiǔ céng、shíqī céng hái
服务台 工作 人员： 5 层、8 层、9 层、17 层还
yǒu kòngfángjiān, nǐmen xiǎng yào nǎ yì céng de?
有 空房间， 你们 想 要 哪 一 层 的？

Tuánzhǎng: Jiù yào bā céng de ba.
团长： 就 要 8 层 的 吧。

Fúwùtái gōngzuò rényuán: Hǎo, wǒ ānpái yíxià. Èn, bā céng yǒu sì
服务台 工作 人员： 好， 我 安排 一下。 嗯，8 层 有 4
gè biāozhǔnjiān, dàn shuāngrén tàojiān zhǐyǒu yì jiān le. Nín
个 标准间， 但 双人 套间 只有 一 间 了。您

Администратор на рецепшене: Добро пожаловать! Скажите, пожалуйста, какие номера вы хотите? У нас есть стандартные номера различных категорий и номера квартирного типа. В каждом номере есть ванная и кондиционер.

Руководитель группы: Нам нужно 4 стандартных номера и 2 номера квартирного типа. Скажите, пожалуйста, сколько стоят такие номера?

Администратор на рецепшене: Стандартные номера стоят 80, 90, 100 долларов в сутки, двухместные номера квартирного типа—200 долларов.

Руководитель группы: Понятно. Сейчас на каком этаже есть свободные номера?

Администратор на рецепшене: На 5-ом, 8-ом, 9-ом и 17-ом. На каком этаже вы хотите?

Руководитель группы: Давайте на 8-ом.

Администратор на рецепшене: Хорошо, я сейчас посмотрю... Так, на 8-ом этаже есть 4 стандартных номера, но двухместный номер квартирного типа остался только один. Вас устроит, если двухместные номера квартирного типа будут на 9-

kàn, bǎ shuāngrén tàojiān dōu ānpái zài jiǔ céng, zěnmeyàng?
看，把 双人 套间 都 安排 在 9 层， 怎么样？

Tuánzhǎng: Kěyǐ.
团长： 可以。

Fúwùtái gōngzuò rényuán: Nǐmen shìbushì xiān qù kànkan fángjiān,
服务台 工作 人员： 你们 是不是 先 去 看看 房间，

rúguǒ mǎnyì, zài dào fúwùtái lái bàn shǒuxù. Wǒmen de
如果 满意， 再 到 服务台 来 办 手续。 我们 的

fúwùyuán Lǐ xiǎojiě kěyǐ dài nǐmen qù kàn. Diàntī jiù zài
服务员 李 小姐 可以 带 你们 去 看。 电梯 就 在

zuǒbiānr, qǐng zǒuhǎo.
左边儿， 请 走好。

Tuánzhǎng: Máfan nín le.
团长： 麻烦 您 了。

2

Lǐ xiǎojiě: Zhè shì biāozhǔnjiān, liǎng zhāng chuáng, měi tiān fángzū
李 小姐： 这 是 标准间， 两 张 床， 每 天 房租

jiǔshí měiyuán.
90 美元。

Yīwàn: Zhè fángjiān búcuò, yòu kuānchang, yòu míngliàng, wǒ hěn
伊万： 这 房间 不错， 又 宽敞， 又 明亮， 我 很

xǐhuan. Nínà, nǐ kàn zěnmeyàng? Zánmen jiùyào zhè jiān ba.
喜欢。尼娜，你 看 怎么样？ 咱们 就要 这 间 吧。

Nínà: Hǎo de. Kě wǒmen de érzi zěnmebàn? Lǐ xiǎojiě, wǒ xiǎng
尼娜： 好 的。可 我们 的 儿子 怎么办？ 李 小姐， 我 想

wèn yíxià, wǒmen de érzi hái xiǎo, nín kàn, néngbunéng ràng
问 一下，我们 的 儿子 还 小， 您 看， 能不能 让

tā hé wǒmen zhù zài yìqǐ?
他 和 我们 住 在 一起？

Lǐ xiǎojiě: Zhème xiǎo de háizi shì kěyǐ de.
李 小姐： 这么 小 的 孩子 是 可以 的。

ом этаже?

Руководитель группы: Хорошо.

Администратор на рецепшене: Вам лучше сначала посмотреть эти номера. Если они вас устроят, то спускайтесь на рецепшен для оформления. Наша горничная мисс Ли проводит вас. Лифт слева, пожалуйста, проходите.

Руководитель группы: Благодарю вас.

2

Мисс Ли: Это стандартный номер, две кровати, стоит 90 долларов в сутки.

Иван: Этот номер неплохой, и просторный и светлый, мне очень нравится. А как он тебе, Нина? Давай возьмём его.

Нина: Хорошо. Но как быть с нашим сынишкой? Мисс Ли, у меня к вам вопрос. Как вы думаете, можно ли ему жить вместе с нами? Он ещё маленький.

Мисс Ли: Такому маленькому ребёнку можно.

尼娜：那太好了，就让他睡在沙发上吧！您能给他加一套卧具吗？

李小姐：好的，我一会儿就送来。

3

伊万：请问，餐厅在哪儿？

李小姐：三楼是西餐厅，二楼是中餐厅，你们可以随意在哪儿用餐。顶楼是旋宫，坐在那里，可以俯瞰全市的风景。

小米莎：妈妈，妈妈，我要去旋宫，我要去旋宫！

尼娜：好，好。我们马上就去办手续，安顿下来以后，咱们再去旋宫。谢谢您了！

李小姐：不必客气。我这就把你们的行李送到房间来。

4

伊万：房间已经看过了，我们决定要8楼的

Нина: Ну и прекрасно! Он будет спать на диване. Можете ли вы дать ему ещё один комплект белья?

Мисс Ли: Хорошо, сейчас принесу.

3

Иван: Скажите, пожалуйста, а где ресторан?

Мисс Ли: Ресторан западной кухни на 3-ем этаже, а ресторан китайской кухни—на 2-ом. Вы можете обедать где угодно. На самом верху имеется вращающийся зал, оттуда можно осматривать панораму города.

Миша: Мама, мама, я хочу во вращающийся зал, я хочу во вращающийся зал!

Нина: Хорошо, хорошо. Мы сначала оформимся и разместимся, а потом пойдём во вращающийся зал. Спасибо вам!

Мисс Ли: Не стоит. Я сейчас принесу ваши вещи в номер.

4

Иван: Номер мы уже посмотрели. Мы решили взять 810-ый но-

bāyāolíng hào fángjiān.
810 号 房间。

Fúwùtái gōngzuò rényuán: Hǎo, Qǐng zài dēngjìkǎ shang tiánshang
服务台 工作 人员： 好， 请 在 登记卡 上 填上

xìngmíng、niánlíng、guójí、hùzhào hàomǎ. Yòng Zhōngwén huòzhě
姓名、 年龄、 国籍、护照 号码。 用 中文 或者

Yīngwén tiánxiě dōu kěyǐ.
英文 填写 都 可以。

Yīwàn: Nín kàn, wǒ zhèyàng xiě kěyǐ ma?
伊万：您 看， 我 这样 写 可以 吗？

Fúwùtái gōngzuò rényuán: Kěyǐ. Qǐng bǎ nǐmen de hùzhào gěi wǒ
服务台 工作 人员： 可以。 请 把 你们 的 护照 给 我

kànkan. Nǐmen dǎsuan zhù jǐ tiān?
看看。 你们 打算 住 几 天？

Yīwàn: Sì tiān. Yàobuyào xiān fùkuǎn?
伊万：4 天。 要不要 先 付款？

Fúwùtái gōngzuò rényuán: Búyòng. Nǐmen zǒu zhīqián lái fúwùtái
服务台 工作 人员： 不用。 你们 走 之前 来 服务台

jiézhàng jiù xíng le.
结账 就 行 了。

Yīwàn: Kěyǐ fù wàibì ma?
伊万：可以 付 外币 吗？

Fúwùtái gōngzuò rényuán: Zuì hǎo fù rénmínbì. Wàihuì duìhuànchù zài
服务台 工作 人员： 最 好 付 人民币。 外汇 兑换处 在

yīlóu, jiù zài nàr.
一楼， 就 在 那儿。

Yīwàn: Dǎting yíxià, cǐdì yǒu shénme hǎowánr de míngshèng gǔjì?
伊万：打听 一下，此地 有 什么 好玩儿 的 名胜 古迹？

Fúwùtái gōngzuò rényuán: Nánjīng shì Zhōngguó yǒumíng de wénhuà
服务台 工作 人员： 南京 是 中国 有名 的 文化

gǔchéng, kě yóulǎn de dìfang duōzhe ne! Zhèr yǒu yóulǎn
古城， 可 游览 的 地方 多着 呢！这儿 有 游览

zhǐnán, nín kěyǐ dú yíxià.
指南， 您 可以 读 一下。

мер на 8-ом этаже.

Администратор на рецепшене: Хорошо. Пожалуйста, заполните анкеты, напишите ваше имя и фамилию, возраст, гражданство, номер паспорта. Писать можно по-китайски или по-английски.

Иван: Посмотрите, я правильно написал?

Администратор на рецепшене: Да, правильно. Разрешите мне посмотреть ваши паспорта. На сколько дней вы хотите остановиться у нас?

Иван: На 4 дня. Нужно ли заплатить сразу?

Администратор на рецепшене: Не надо. Перед отъездом подойдите сюда, оплатите счёт и всё.

Иван: Можно платить в иностранной валюте?

Администратор на рецепшене: Лучше китайскими юанями. Обменный пункт находится на первом этаже, вон там.

Иван: Вы не скажете, какие интересные достопримечательности есть в вашем городе?

Администратор на рецепшене: Нанкин—один из древних городов Китая, он славится своими памятниками культуры, здесь так много мест, которые стоит посмотреть! У нас есть путеводители, вы можете почитать.

Yīwàn: Wǒ de Zhōngwén bú tài hǎo, bù zhī néng kàn dǒng bu?
伊万：我的中文不太好，不知能看懂不？

Fúwùtái gōngzuò rényuán: Méi guānxi. Zhè shàngmiàn yǒu Yīngwén、
服务台 工作 人员：没关系。这上面有英文、
Rìwén、Éwén de yìwén. Lìngwài, wǒmen fàndiàn yǒu zhuānmén
日文、俄文的译文。另外，我们饭店有专门
de dǎoyóu rényuán, rúguǒ xūyào, tāmen kěyǐ péi nǐmen qù
的导游人员，如果需要，他们可以陪你们去
cānguān.
参观。

Yīwàn: Nǐmen xiǎngde tài zhōudào le! Dùibuqǐ, wǒ háiyǒu
伊万：你们想得太周到了！对不起，我还有
ge wèntí, wǒ xiǎng dǎ ge diànhuà huí Éluósī, zěnme ge
个问题，我想打个电话回俄罗斯，怎么个
dǎfǎ?
打法？

Fúwùtái gōngzuò rényuán: Hěn jiǎndān. Nín zài fángjiān li jiù kěyǐ
服务台 工作 人员：很简单。您在房间里就可以
dǎ, zhǐyào bō ge líng gàosu zǒngjī jiù xíng le.
打，只要拨个零告诉总机就行了。

Yīwàn: Xièxie nín.
伊万：谢谢您。

5

Fúwùyuán A: (Qiāomén.) Dùibuqǐ, wǒ lái dǎsǎo fángjiān.
服务员 A：（敲门。）对不起，我来打扫房间。

Nínà: Qǐng jìn.
尼娜：请进。

Fúwùyuán A: Nǐmen xiūxi de hǎo ma?
服务员 A：你们休息得好吗？

Nínà: Hěn hǎo. Xièxie!
尼娜：很好。谢谢！

Иван: Китайский язык я знаю не очень хорошо, смогу ли я понять?

Администратор на рецепшене: Ничего страшного, в путеводителях даётся перевод на английский, японский и русский язык. Кроме того, у нас есть специальные экскурсоводы, которые могут сопровождать вас во время экскурсии, если вам понадобится.

Иван: У вас всё так хорошо продумано! Прошу прощения, у меня ещё один вопрос. Я хотел бы позвонить в Россию. Как это сделать?

Администратор на рецепшене: Очень просто. Вы можете сделать это прямо в номере. Достаточно лишь набрать 0 и сказать телефонистке.

Иван: Благодарю вас.

5

Горничная А: (Стучит в дверь.) Прошу прощения, я пришла сделать уборку номера.

Нина: Входите.

Горничная А: Как вы отдохнули?

Нина: Очень хорошо, спасибо!

Fúwùyuán A: Nǐmen yǒu yīfu yào xǐ ma?
服务员 A：你们 有 衣服 要 洗 吗？

Nínà: Ò, yǒu. Wǒ wàngle fàng zài kǒudai li le. Qǐng wèn, zhèr
尼娜：哦，有。我 忘了 放 在 口袋 里 了。请 问，这儿

fùjìn yǒu lǐfàguǎn ma? Wǒ xiǎng zuòzuo tóufa.
附近 有 理发馆 吗？我 想 做做 头发。

Fúwùyuán A: Fàndiàn dǐcéng jiù yǒu měifàtīng, cóng shàngwǔ shí
服务员 A：饭店 底层 就 有 美发厅， 从 上午 10

diǎn yìzhí yíngyè dào wǎnshang jiǔ diǎn, nàr lǐfàshī de
点 一直 营业 到 晚上 9 点， 那儿 理发师 的

shǒuyì hái búcuò.
手艺 还 不错。

Nínà: Zhēn de? Nà tài hǎo le, shěngde wǒ huā shíjiān dào wàimian
尼娜：真 的？那 太 好 了， 省得 我 花 时间 到 外面

qù xiāpǎo le.
去 瞎跑 了。

6

Fúwùtái gōngzuò rényuán: Yīwànnuòfū xiānsheng, nín dìng de fēijīpiào
服务台 工作 人员：伊万诺夫 先生， 您 订 的 飞机票

yǐjīng dào le.
已经 到 了。

Yīwàn: Tài hǎo le. Wǒ zhèng yào wèn zhè jiàn shìr ne.
伊万：太 好 了。我 正 要 问 这 件 事儿 呢。

Fúwùtái gōngzuò rényuán: Wánquán àn nín de yāoqiú, fēijīpiào shì
服务台 工作 人员：完全 按 您 的 要求， 飞机票 是

míngtiān xiàwǔ sān diǎn sānshí fēn fēi Guǎngzhōu de.
明天 下午 3 点 30 分 飞 广州 的。

Yīwàn: Duōshao qián yì zhāng?
伊万：多少 钱 一 张？

Горничная А: Вам нужно что-нибудь постирать?

Нина: Да. Я забыла положить в мешок. Скажите, пожалуйста, здесь поблизости есть парикмахерская? Я хочу сделать причёску.

Горничная А: На первом этаже гостиницы есть парикмахерская, работает с 10 утра до 9 вечера, там неплохие мастера.

Нина: Правда? Ну и прекрасно, тогда мне не надо тратить время и идти неизвестно куда.

6

Администратор на рецепшене: Господин Иванов, авиабилеты, которые вы заказали, уже доставлены.

Иван: Отлично. А я как раз собирался об этом спросить.

Администратор на рецепшене: Всё как вы просили: авиабилеты на завтра на 15:30 в Гуанчжоу.

Иван: Сколько стоит один билет?

Fúwùtái gōngzuò rényuán: Rénmínbì jiǔbǎi wǔshí yuán(kuài) yì zhāng,
服务台 工作 人员： 人民币 950 元 （块）一 张，
wài jiā měi zhāng shǒuxùfèi èrshí yuán, sān zhāng yígòng
外 加 每 张 手续费 20 元， 三 张 一共
liǎngqiān jiǔbǎi yīshí yuán(kuài).
2910 元（块）。①

Yīwàn: Zhè shì piàoqián. Qǐng nín diǎn yíxià.
伊万：这 是 票钱。 请 您 点 一下。

Fúwùtái gōngzuò rényuán: Zhènghǎo.
服务台 工作 人员： 正好。

Yīwàn: Wǒ néngbunéng xiànzài jiù jiézhàng?
伊万：我 能不能 现在 就 结账？

Fúwùtái gōngzuò rényuán: Kěyǐ. Nǐmen dǎsuan míngtiān shénme
服务台 工作 人员： 可以。 你们 打算 明天 什么
shíhou líkāi zhèr?
时候 离开 这儿？

Yīwàn: Liǎng diǎn bàn ba.
伊万： 两 点 半 吧。

Fúwùtái gōngzuò rényuán: Liù diǎnzhōng qián líkāi suàn bàntiānr,
服务台 工作 人员： 6 点钟 前 离开 算 半天儿，
suǒyǐ, nǐmen yígòng zhùle sān tiān bàn. Měi tiān fángzū jiǔshí
所以， 你们 一共 住了 3 天 半。 每 天 房租 90
měiyuán, sān tiān bàn jiùshì sānbǎi yīshíwǔ měiyuán, jīntiān
美元， 3 天 半 就是 315 美元， 今天
měiyuán hé rénmínbì de duìhuànlǜ shì yī bǐ qī, sānbǎi yīshíwǔ
美元 和 人民币 的 兑换率 是 1 比 7， 315
měiyuán zhéhé rénmínbì liǎngqiān liǎngbǎi língwǔ yuán, qǐng fù
美元 折合 人民币 2205 元， 请 付
rénmínbì.
人民币。

---

① 口语中，人民币的"元"常说成"块"，如 10 元（shí yuán）说成 shí kuài；"角"常说成"毛"，如 4 角（sì jiǎo）说成 sì máo。

Администратор на рецепшене: Один билет стоит 950 китайских юаней. Кроме того, 20 юаней за оформление каждого билета. Итого за 3 билета 2910 юаней. ①

Иван: Вот деньги за билеты. Посчитайте, пожалуйста.

Администратор на рецепшене: Всё правильно.

Иван: Можно ли мне сейчас же оплатить счёт?

Администратор на рецепшене: Да, конечно. В котором часу вы собираетесь уехать завтра?

Иван: Пожалуй, в половине третьего.

Администратор на рецепшене: При выезде до 6 часов этот день считается за полдня, значит, вы жили всего три с половиной дня. Плата за день проживания составляет 90 долларов, за три с половиной дня —315 долларов. Сегодня обменный курс доллара к китайскому юаню —1:7, 315 долларов равняется 2205 юаням. Пожалуйста, оплатите китайскими юанями.

---

① В разговорной речи юань обычно называют 《kuài》, например, 10 юаней передаётся как 《shí kuài》; цзяо обычно называют 《máo》, например, 4 цзяо передаётся как 《sì máo》.

伊万：我的人民币不够，能付一部分美元吗？
Yīwàn: Wǒ de rénmínbì búgòu, néng fù yíbùfen měiyuán ma?

服务台工作人员：可以。
Fúwùtái gōngzuò rényuán: Kěyǐ.

伊万：请问，从这儿到机场得多少时间？我们两点半走，来得及吗？
Yīwàn: Qǐng wèn, cóng zhèr dào jīchǎng děi duōshao shíjiān? Wǒmen liǎng diǎn bàn zǒu, láidejí ma?

服务台工作人员：来得及。到机场35分钟就够了。不过，您今天得先把车订好。
Fúwùtái gōngzuò rényuán: Láidejí. Dào jīchǎng sānshíwǔ fēnzhōng jiù gòu le. Búguò, nín jīntiān děi xiān bǎ chē dìng hǎo.

伊万：你们的服务真周到，我们住在这儿就像在家里一样，真的太谢谢你们啦！
Yīwàn: Nǐmen de fúwù zhēn zhōudào, wǒmen zhùzài zhèr jiù xiàng zài jiāli yíyàng, zhēn de tài xièxie nǐmen la!

服务台工作人员：别客气，这是我们应该做的。欢迎你们以后有机会再来。
Fúwùtái gōngzuò rényuán: Bié kèqi, zhè shì wǒmen yīnggāi zuò de. Huānyíng nǐmen yǐhòu yǒu jīhuì zài lái.

Иван: У меня не хватит китайских юаней, можно частично заплатить долларами?

Администратор на рецепшене: Да, пожалуйста.

Иван: Скажите, пожалуйста, сколько времени отсюда ехать до аэропорта? Мы успеем, если выйдем в половине третьего?

Администратор на рецепшене: Успеете. До аэропорта всего 35 минут езды. Только нужно заказать такси заранее, сегодня же.

Иван: У вас прекрасное обслуживание! Мы жили здесь, как дома. Большое вам спасибо!

Администратор на рецепшене: Не стоит, это наша работа. Будет возможность, приезжайте к нам ещё. Добро пожаловать!

Sān、Yòngcān
三、用餐

(Yī) Chángyòngyǔ
(一) 常用语

Qǐng wèn, dào cāntīng zěnme zǒu?
请 问, 到 餐厅 怎么 走?

Cāntīng zài nǎ yì céng lóu?
餐厅 在 哪 一 层 楼?

Zhè shì dìyīliú de fàndiàn, zhèr de càiyáo xiǎngyǒu shèngyù.
这 是 第一流 的 饭店, 这儿 的 菜肴 享有 盛誉。

Zhège cānguǎn suīrán bú dà, dàn fàncài zuòde hěn kěkǒu.
这个 餐馆 虽然 不 大, 但 饭菜 做得 很 可口。

Zhǎobudào bǐ zhèr gèng hǎo de cāntīng le.
找不到 比 这儿 更 好 的 餐厅 了。

Zhège cāntīng chénshè bùzhì de tǐng shūshì piàoliang, fàncài wèidào
这个 餐厅 陈设 布置 得 挺 舒适 漂亮, 饭菜 味道
    yě búcuò, jiùshì jiàqian tài guì.
    也 不错, 就是 价钱 太 贵。

Zhèli de zǎodiǎn huāsè pǐnzhǒng zhēn duō.
这里 的 早点 花色 品种 真 多。

Zhèli zǎodiǎn shì zìzhùcān, zhōngshì、xīshì dōuyǒu.
这里 早点 是 自助餐, 中式、西式 都有。

Xīcān de zǎodiǎn zhǔyào shì ròu、dàn、nǎiyóu、miànbāo、sānmíngzhì、
西餐 的 早点 主要 是 肉、蛋、奶油、面包、三明治、
    guǒjiàng、gānlào hé chá、kāfēi、guǒzhī、suānnǎi、niúnǎi děng.
    果酱、干酪 和 茶、咖啡、果汁、酸奶、牛奶 等。

3. Питание

(А) *Общеупотребительные выражения и фразы*

Скажите, пожалуйста, как пройти к ресторану?

На каком этаже находится ресторан?

Это ресторан первого разряда, здешние блюда пользуются большой известностью.

Этот ресторанчик хоть и не велик, но здесь готовят очень вкусно.

Лучше этого ресторана не найдёшь.

Этот ресторан обставлен очень уютно и красиво, готовят здесь тоже неплохо, только вот цены чересчур высокие.

Здесь разнообразная пища на завтрак.

Здесь на завтраке система обслуживания типа 《шведский стол》.

Есть и китайский завтрак, и европейский.

Европейский завтрак включает в себя, главным образом, мясо, яйца, сливочное масло, хлеб, сэндвичи, джем, сыр, а также чай, кофе, сок, йогурт, молоко и т. д.

Zhōngcān zǎodiǎn yǒu yóutiáo、shāobing、yóubǐngr、húntun、
中餐 早点 有 油条、烧饼、油饼儿、馄饨、

xiǎolóngbāo、mántou、bāozi、huājuǎn、zhēnggāo、guōtiēr，háiyǒu
小笼包、馒头、包子、花卷、蒸糕、锅贴儿，还有

dòujiāng、dòufunǎor děng。
豆浆、豆腐脑儿 等。

Zhōngcān zài quánshìjiè dōu xiǎngyǒu shèngyù.
中餐 在 全世界 都 享有 盛誉。

Zhōngguócài sè、xiāng、wèi、xíng dōu hěn yǒu jiǎngjiu.
中国菜 色、香、味、形 都 很 有 讲究。

Zhōngguócài zhēng、zhǔ、zhá、chǎo、jiān、dùn、kǎo、xūn děng fāngfǎ
中国菜 蒸、煮、炸、炒、煎、炖、烤、熏 等 方法

duōyàng，wèidào gèyǒuqiānqiū.
多样， 味道 各有千秋。

Zhōngguócài gè dì yǒu gè dì de fēngwèi.
中国菜 各地 有 各地 的 风味。

Sìchuāncài、Guǎngdōngcài、Huáiyángcài、Shāndōngcài、Cháozhōucài dōu
四川菜、 广东菜、 淮扬菜、 山东菜、 潮州菜 都

gè yǒu tèsè.
各 有 特色。

Zhōngcān yǒu lěngpán、rèchǎo、dàcài、rètāng，zhōngjiān hái yǒu gè
中餐 有 冷盘、热炒、大菜、热汤， 中间 还 有 各

zhǒng tián、xián diǎnxin.
种 甜、咸 点心。

Zhè pán cài bǎide tài měi le，ràng rén shěbude chī.
这 盘 菜 摆得 太 美 了， 让 人 舍不得 吃。

Китайский завтрак составляют такие продукты, как: жареный солёный хворост, лепёшки, жареные лепёшки, бульон с ушками, паровые беляши, пампушки, пампушки с начинкой, слоёные пампушки, паровые пирожные, жареные пельмени, потом ещё соевое молоко, простокваша из соевого молока и т. д.

Китайская кухня пользуется большой популярностью во всём мире.

Китайские блюда отличаются большой изысканностью цвета, запаха, вкуса и оформления.

В китайской кухне используется много способов приготовления пищи: приготовление на пару, варка, жарка на медленном огне, жарка на быстром огне, обжаривание, тушение, выпекание, копчение и т. д. Каждый способ прекрасен по-своему.

Китайские блюда в каждой местности имеют свой оригинальный вкусовой оттенок.

Сычуаньские, гуандунские, хуайянские, шаньдунские, чаочжоуские блюда — все они вкусны по-своему.

Китайский стол составляют холодные закуски, горячие блюда, основные блюда и горячие супы, в промежутках подаются ещё разные сладкие и солёные закуски.

Это блюдо так красиво оформлено, что даже жалко его есть.

Ōuzhōurén de yǐnshí xíguàn hé Zhōngguórén bùtóng.
欧洲人 的 饮食 习惯 和 中国人 不同。

Xīcān càiyáo wàixíng měiguān, hěn hǎochī, yíngyǎng hěn fēngfù.
西餐 菜肴 外形 美观， 很 好吃， 营养 很 丰富。

Wǒ è (kě) le. Wǒ xiǎng chī (hē) diǎnr shénme.
我 饿（渴）了。我 想 吃（喝）点儿 什么。

Gāi chī fàn(zǎofàn、wǔfàn、wǎnfàn) le.
该 吃 饭（早饭、午饭、晚饭） 了。

Zánmen dào fàndiàn (kāfēiguǎn、 kuàicāndiàn、 xiǎofàndiàn、
咱们 到 饭店 （咖啡馆、 快餐店、 小饭店、

xiǎochīdiàn……) qù chīfàn ba.
小吃店……） 去 吃饭 吧。

Fùjìn yǒu fàndiàn(cāntīng) (shítáng、jiǔbā、cháshè) ma?
附近 有 饭店 （餐厅） （食堂、酒吧、茶社） 吗？

Cháshè nèi yǒu jiǎncān.
茶社 内 有 简餐。

Qǐng wèn, nǎr néng kuàidiǎnr chīshàng wǔfàn?
请 问， 哪儿 能 快点儿 吃上 午饭？

Zhōngwǔ jǐ diǎn kāifàn?
中午 几 点 开饭？

Zánmen zuò nǎr?
咱们 坐 哪儿？

Zhège wèizi yǒurén ma?
这个 位子 有人 吗？

Zhèli méi rén zuò ba?
这里 没 人 坐 吧？

Wǒ bù xǐhuan chǎonào, zánmen zhǎo ge ānjìng diǎnr de dìfang.
我 不 喜欢 吵闹， 咱们 找 个 安静 点儿 的 地方。

Láojià, qǐng ná càidān (jiǔdān) lái.
劳驾， 请 拿 菜单 （酒单）来。

Qǐng wèn, nǐmen zhèli yǒuxiē shénme tèsècài?
请 问，你们 这里 有些 什么 特色菜？

Привычки в еде у европейцев отличаются от привычек у китайцев.

Блюда западной кухни внешне оформляются очень красиво, они вкусны и питательны.

Я голоден (голодна) (меня мучит жажда). Я хочу что-нибудь съесть (попить).

Пора есть (завтракать, обедать, ужинать).

Пойдёмте в ресторан (кафе, кафе быстрого питания, ресторанчик, закусочную...) на обед.

Есть ли поблизости ресторан (столовая, бар, чайная)?

В чайной предлагается бизнес-ланч.

Скажите, пожалуйста, где можно быстро пообедать?

Когда начинается обед?

Куда мы сядем?

Это место (не) занято?

Здесь свободно?

Я не люблю шум. Давайте найдём местечко поспокойнее.

Будьте добры, принесите, пожалуйста, меню (карту вин).

Скажите, пожалуйста, какие фирменные блюда у вас есть?

Nǐmen yǒu kǎoyā (shuànyángròu、mápódòufu、shāojī……) ma?
你们 有 烤鸭 （涮羊肉、 麻婆豆腐、烧鸡……）吗？

Nǐ xǐhuan bù xǐhuan zhège cài?
你 喜欢 不 喜欢 这个 菜？

Zhège cài hěn hǎochī (bù hǎochī、wèidào bú yìbān).
这个 菜 很 好吃（不 好吃、味道 不 一般）。

Qǐng gěi wǒmen zài lái yí fèn suāncàiyú (jīwéixiā、lóngxiā……).
请 给 我们 再 来 一 份 酸菜鱼 （基围虾、龙虾……）。

Gòu le, xièxie.
够 了，谢谢。

Wǒ juéde zhège cài xián (dàn、tián、suān、là……) le yìdiǎnr.
我 觉得 这个 菜 咸 （淡、甜、酸、辣……）了 一点儿。

Qǐng zài ná yí fù (tào、fèn) cānjù lái.
请 再 拿 一 副（套、份）餐具 来。

Wǒ xiǎng yòng dāo、chā, wǒ búhuì shǐ (yòng) kuàizi.
我 想 用 刀、叉，我 不会 使（用） 筷子。

Qǐng jiā diǎnr yán (táng、shuǐ、bīngkuàir).
请 加 点儿 盐 （糖、水、冰块儿）。

Wǒ shì běifāngrén (nánfāngrén), ài chī miànshí (mǐfàn).
我 是 北方人 （南方人）， 爱 吃 面食 （米饭）。

Wǒ ài chī nǎizhìpǐn (suānnǎi、nǎilào、niúnǎi).
我 爱 吃 奶制品 （酸奶、奶酪、牛奶）。

Wǒmen hē diǎnr shénme hǎo ne?
我们 喝 点儿 什么 好 呢？

Máotáijiǔ hé Wǔliángyè dōushì míngjiǔ, kěxī tài guì le.
茅台酒 和 五粮液 都是 名酒，可惜 太 贵 了。

Lái liǎng píng Qīngdǎo píjiǔ (báijiǔ、xiāngbīn、báilándì、pútáojiǔ).
来 两 瓶 青岛 啤酒 （白酒、 香槟、 白兰地、葡萄酒）。

У вас есть жареная утка (ошпаренная баранина, соевый творог в остром соусе, жареная курица...)?

Тебе нравится это блюдо?

Это блюдо очень вкусное (невкусное, со своеобразным вкусом).

Подайте нам, пожалуйста, ещё рыбу с кислой капустой (креветки, лангусты...).

Спасибо, достаточно.

Мне кажется, что это блюдо немного пересолёно (пресновато, сладковато, кисловато, островато...).

Принесите, пожалуйста, ещё один прибор.

Я хочу есть ножом и вилкой, я не умею пользоваться палочками.

Добавьте, пожалуйста, немного соли (сахара, воды, кубиков льда).

Я северянин (южанин), люблю мучное (рис).

Я люблю молочные продукты (йогурт, сыр, молоко).

Что нам лучше выпить?

«Маотай» и «Улянъе» — вина известные, но, к сожалению, они слишком дорогие.

Принесите 2 бутылки пива «Циндао» (китайской водки, шампанского, бренди, виноградного вина).

Wǒ xiǎng yào yì bēi júzhī (kuàngquánshuǐ、guǒzhī、kāfēi、kělè……).
我 想 要 一 杯 桔汁 （矿泉水、 果汁、咖啡、可乐……）。

Wǒ xǐhuan hē chá (hóngchá、lùchá、mòlìhuāchá).
我 喜欢 喝 茶 （红茶、绿茶、茉莉花茶）。

Zhè shì Zhōngguó míngchá ___ Lóngjǐngchá (Máofēng、Bìluóchūn、
这 是 中国 名茶 龙井茶 （毛峰、 碧螺春、

Wūlóng、Yúnwù、Dàhóngpáo、Tiěguānyīn……).
乌龙、 云雾、 大红袍、 铁观音……）。

Lái diǎnr lěngyǐn (bīngjīlíng、bīngzhuān、bīnggùnr、xuěgāo、dàntǒng)
来 点儿 冷饮 （冰激凌、 冰砖、 冰棍儿、 雪糕、 蛋筒）

zěnmeyàng?
怎么样？

Wǒ bù hē jiǔ, hē jiǔ duì shēntǐ bù hǎo.
我 不 喝 酒，喝 酒 对 身体 不 好。

Qǐng kuàidiǎnr shàngcài, wǒmen shíjiān hěn jǐn.
请 快点儿 上菜， 我们 时间 很 紧。

Fúwùyuán xiǎojiě, qǐng shōuqián (jiézhàng、máidān、mǎidān).
服务员 小姐， 请 收钱 （结账、 埋单、 买单）。

Yígòng duōshao qián?
一共 多少 钱？

Xièxie, wǒmen chīde hěn mǎnyì.
谢谢， 我们 吃得 很 满意。

Nín (nǐmen) hǎo, huānyíng guānglín!
您 （你们） 好， 欢迎 光临！

Xiānsheng (xiǎojiě), nǐmen yígòng jǐ wèi?
先生 （小姐），你们 一共 几 位？

Qǐng lǐbian zuò!
请 里边 坐！

Zhèli yǒu kòngwèi, qǐng zuò!
这里 有 空位， 请 坐！

Мне, пожалуйста, стакан апельсинового сока (минеральной воды, сока, кофе, кока-колы...).

Я люблю пить чай (чёрный чай, зелёный чай, жасминовый чай).

Это известный китайский чай Лунцзин / Колодец дракона (Маофэн / Ворсистые пики, Билочунь / Изумрудные спирали весны, Улун / Чёрный дракон, Юньу / Облако и туман, Дахунпао / Большой красный халат, Тегуаньинь / Железная Богиня Милосердия...).

А что если немного прохладненького (мороженого, мороженого в брикетах, льда на палочке, мороженого на палочке, мороженого в вафельном стаканчике)?

Я не пью вино, ведь пить вино вредно для здоровья.

Нельзя ли побыстрее нас обслужить, у нас мало времени.

Девушка, получите деньги (счёт), пожалуйста.

Сколько с меня (нас) всего?

Спасибо, мы были очень довольны.

Здравствуйте! Добро пожаловать!

Господин (девушка), сколько человек всего у вас?

Проходите и садитесь за стол, пожалуйста!

Здесь свободно, садитесь, пожалуйста.

Nín xiǎng chī (lái) diǎnr shénme?
您 想 吃（来）点儿 什么？

Nín yào shénme cài?
您 要 什么 菜？

Nín xiǎng hē diǎnr shénme?
您 想 喝 点儿 什么？

Nín xiǎng hē diǎnr shénme jiǔ (yǐnliào)?
您 想 喝 点儿 什么 酒（饮料）？

Qǐng kàn càidān (jiǔdān).
请 看 菜单（酒单）。

Wǒ jiànyì nǐmen pǐncháng yíxià zhèli de "……", zhè shì wǒmen
我 建议 你们 品尝 一下 这里 的 "……"，这 是 我们

  fàndiàn de tèsècài (zhāopáicài).
  饭店 的 特色菜（招牌菜）。

Duìbuqǐ, xiānsheng (xiǎojiě), xiànzài kěyǐ (kāishǐ) shàng (zǒu) cài
对不起，先生 （小姐），现在 可以（开始）上 （走）菜

  le ma?
  了 吗？

Nín yào de cài mǎshàng sònglái.
您 要 的 菜 马上 送来。

Nǐmen rúguǒ xiǎng yào kuài yìdiǎnr, wǒmen bèiyǒu kuàicānfàn
你们 如果 想 要 快 一点儿，我们 备有 快餐饭

  (héfàn、chǎomiàn、jiǎncān……).
  (盒饭、炒面、简餐……)。

Zhuō shàng yǒu yán (jiàngyóu, cù, hújiāofěn, làjiàng, jièmo……),
桌 上 有 盐（酱油、醋、胡椒粉、辣酱、芥末……），

  nín kěyǐ suíyì fàng.
  您 可以 随意 放。

Xiānsheng (xiǎojiě), nín diǎn de cài shàng qí le, qǐng mànyòng.
先生 （小姐），您 点 的 菜 上 齐 了，请 慢用。

Xiānsheng (xiǎojiě), zhè shì nín de zhàngdān.
先生 （小姐），这 是 您 的 账单。

Zàijiàn! Huānyíng xiàcì guānglín!
再见！ 欢迎 下次 光临！

Что вы будете заказывать?

Какие блюда вы хотите?

Что вы будете пить?

Какое вино (какой напиток) вы будете пить?

Посмотрите меню (карту вин), пожалуйста.

Я советую вам попробовать здешнее «...», это фирменное блюдо нашего ресторана.

Извините, господин (девушка), теперь можно (начать) подавать блюда?

Блюда, которые вы заказали, сейчас будут принесены.

Если вы хотите побыстрее, то у нас ещё есть экспресс-ланч (еда в коробочке, поджаренная лапша, бизнес-ланч...).

На столе есть соль (соевый соус, уксус, молотый перец, острый соус, горчица...). Вы можете добавить по своему вкусу.

Господин (девушка), все блюда, которые вы заказали, уже принесены. Приятного аппетита!

Господин (девушка), вот ваш счёт.

До свидания! Приходите ещё. Добро пожаловать!

(Èr) Huìhuà
(二) 会话

1

Fúwùyuán: Nǐmen hǎo! Qǐng jìn! Qǐng zhèbiān zuò! Nǐmen xiǎng chī
服务员：你们 好！ 请 进！ 请 这边 坐！你们 想 吃

diǎnr shénme?
点儿 什么？

Sàshā: Wǒmen xiān kànkan càidān. Nǐmen zhè shì Sìchuān guǎnzi,
萨沙：我们 先 看看 菜单。你们 这 是 四川 馆子，

dàgài shénme cài dōushì là de ba?
大概 什么 菜 都是 辣 的 吧？

Fúwùyuán: Chuāncài de tèdiǎn shì là, dàn yě yǒu búlà de cài, zhè
服务员：川菜 的 特点 是 辣，但 也 有 不辣 的 菜，这

yào kàn gùkè de kǒuwèi.
要 看 顾客 的 口味。

Àolièqé: Wǒmen shì ài chī là cái dào nǐmen zhèr lái de. Tīngshuō
奥列格：我们 是 爱吃辣 才 到 你们 这儿 来 的。 听说

nǐmen de mápódòufu hěn yǒu tèsè?
你们 的 麻婆豆腐 很 有 特色？

Fúwùyuán: Shì de, mápódòufu shì wǒmen de zhāopáicài, yìbān gùkè
服务员：是 的，麻婆豆腐 是 我们 的 招牌菜， 一般 顾客

dōu xǐhuan chī, jiàliánwùměi.
都 喜欢 吃，价廉物美。

Sàshā: Nà jiù lái yí gè ba. Lìngwài zài yào yí gè yúxiāngròusī、
萨沙：那 就 来 一 个 吧。另外 再 要 一 个 鱼香肉丝、

làzǐjīdīng、suāncàiyú……
辣子鸡丁、酸菜鱼……

Àolièqé: Wǒ chīguo yícì xiārénguōbā, tāng dào jìn guō li hái huì
奥列格：我 吃过 一次 虾仁锅巴， 汤 倒 进 锅里 还 会

(Б) *Диалоги*

1

Официант: Здравствуйте! Проходите! Садитесь, пожалуйста, сюда! Что вы будете заказывать?

Саша: Сначала мы посмотрим меню. У вас ресторан сычуаньской кухни, наверное, всё острое?

Официант: Сычуаньская кухня действительно отличается острым вкусом, но есть и неострые блюда, это зависит от вкуса посетителей.

Олег: Мы пришли к вам именно потому, что любим острое. Говорят, что у вас есть особый острый соевый творог?

Официант: Да, острый соевый творог—это наше фирменное блюдо. Обычно оно нравится всем посетителям. Оно и вкусное и дешёвое.

Саша: Тогда принесите одну порцию. Ещё свинину в рыбном соусе, куриное филе с перцем, рыбу с кислой капустой...

Олег: Я однажды пробовал поджаристый рис с лущёными

cīlā cīlā de xiǎng, wèidào tèbié xiān. Nǐmen zhèr yǒu ma?
刺啦刺啦地响，味道特别鲜。你们这儿有吗？

Fúwùyuán: Yǒu. Yào yí gè ma?
服务员：有。要一个吗？

Sàshā: Yào. Wǒmen jiù xiān chángchang zhè jǐ ge cài ba.
萨沙：要。我们就先尝尝这几个菜吧。

Fúwùyuán: Yào tāng ma?
服务员：要汤吗？

Sàshā: Lái ge zhàcàiròusītāng, hái yào liǎng wǎn mǐfàn、liǎng gè
萨沙：来个榨菜肉丝汤，还要两碗米饭、两个

mántou.
馒头。

2

Fúwùyuán: Nǐmen yàobuyào hē diǎnr jiǔ? Zhè shì jiǔdān.
服务员：你们要不要喝点儿酒？这是酒单。

Gùkè: Ràng wǒmen kànkan, nǐmen yǒuxiē shénme hǎojiǔ.
顾客：让我们看看，你们有些什么好酒。

Fúwùyuán: Wǒmen zhèr yǒu quánguó de míngjiǔ, Máotái、Wǔliángyè
服务员：我们这儿有全国的名酒，茅台、五粮液

dōu yǒu, hái yǒu báijiǔ、xiāngbīn、báilándì hé gè zhǒng pútáo
都有，还有白酒、香槟、白兰地和各种葡萄

jiǔ.
酒。

Gùkè: Máotái、Wǔliángyè yào jǐ bǎi yuán、shàng qiān yuán yì píng,
顾客：茅台、五粮液要几百元、上千元一瓶，

wǒmen hēbuqǐ. Nǐmen yǒu Wángcháo gānhóng pútáojiǔ ma? Lái
我们喝不起。你们有王朝干红葡萄酒吗？来

yì píng ba. Lìngwài, hái yào liǎng píng Qīngdǎo píjiǔ.
一瓶吧。另外，还要两瓶青岛啤酒。

Fúwùyuán: Hǎo. Qǐng nǐmen shāoděng yíxià, jiǔ cài mǎshàng sòng
服务员：好。请你们稍等一下，酒菜马上送

креветками. Когда бульон заливали в котёл, он ещё шипел, было очень вкусно. У вас есть такое блюдо?

Официант: Есть. Принести?

Саша: Да. Мы сначала попробуем вот эти блюда.

Официант: Суп хотите?

Саша: Принесите суп с мясом и сычуаньскими солениями, и ещё две чашки риса и две пампушки.

2

Официант: Вы не хотите вина? Вот карта вин.

Посетитель: Посмотрим, какие хорошие вина у вас есть.

Официант: У нас есть все известные китайские вина, и 《Маотай》 и 《Улянъе》, кроме того, ещё есть китайская водка, шампанское, бренди и различные виноградные вина.

Посетитель: Бутылка 《Маотая》 или 《Улянъе》 стоит несколько сотен, а то и 1000 юаней, нам не по карману. У вас есть виноградное вино 《Династия》? Принесите бутылку. И ещё две бутылки пива 《Циндао》.

Официант: Хорошо. Подождите немного, я сейчас всё подам.

lái.
来。

3

Éluósī lǚyóuzhě: Tīngshuō Zhōngguó gè dì de càiyáo dōu hěn yǒu
俄罗斯 旅游者： 听说 中国 各 地 的 菜肴 都 很 有

tèsè, zhè cì lái Zhōngguó, wǒmen kěyǐ yìbǎokǒufú,
特色， 这 次 来 中国， 我们 可以 一饱口福，

chángchang zhèxiē míngcài le.
尝尝 这些 名菜 了。

Zhōngguórén: Nǐmen guò jǐ tiān jiùyào qù Běijīng le, jiànyì nǐmen
中国人： 你们 过 几 天 就要 去 北京 了，建议 你们

zuìhǎo dào Quánjùdé Kǎoyādiàn qù chī yí cì kǎoyā, nàr de
最好 到 全聚德 烤鸭店 去 吃 一 次 烤鸭，那儿 的

kǎoyā zhēn shì míngbùxūchuán.
烤鸭 真 是 名不虚传。

Éluósī lǚyóuzhě: Wǒmen yǐ tīng lǚguǎn de fúwùyuán jièshào guo
俄罗斯 旅游者： 我们 已 听 旅馆 的 服务员 介绍 过

le. Tāmen shuō, nàli de kǎoyā yòu xiāng yòu féi, dànshì féi
了。 他们 说， 那里 的 烤鸭 又 香 又 肥 但是 肥

ér bú nì, Zhōngguórén hé wàiguórén dōu xǐhuan chī.
而 不 腻， 中国人 和 外国人 都 喜欢 吃。

Zhōngguórén: Hái yǒu, rúguǒ nǐmen xǐhuan chī yángròu de huà,
中国人： 还 有， 如果 你们 喜欢 吃 羊肉 的 话，

bùfáng dào Dōngláishùn Yángròuguǎnr qù chángyicháng nàr de
不妨 到 东来顺 羊肉馆儿 去 尝一尝 那儿 的

shuànyángròu, yòu xiān yòu nèn, hái pèi yǒu xǔduō zuǒliào,
涮羊肉， 又 鲜 又 嫩， 还 配 有 许多 佐料，

wèidào hǎo jí le!
味道 好 极 了！

Éluósī lǚyóuzhě: Wǒmen hái yào qù Guǎngzhōu ne! Tīngshuō,
俄罗斯 旅游者： 我们 还 要 去 广州 呢！ 听说，

3

Русский турист: Говорят, что кухни разных районов Китая очень оригинальны и не похожи друг на друга. На этот раз, приехав в Китай, мы можем насладиться как следует, и попробовать эти известные блюда.

Китаец: Через несколько дней вы поедете в Пекин. Советую вам лучше сходить в ресторан 《Цюаньцзюйдэ》 и попробовать там жареную утку, которая пользуется заслуженной известностью.

Русский турист: Работники гостиницы уже рассказали нам об этом. Они говорили, что утка там и вкусная, и сочная, и не очень жирная, она нравится и китайцам, и иностранцам.

Китаец: Потом ещё одно, если вы любите баранину, то советую зайти в ресторан 《Дунлайшунь》 и там попробовать баранину, ошпаренную в китайском самоваре. Это свежее и нежное мясо с большим количеством специй. Вкус изумительный!

Русский турист: Нам ещё предстоит поехать в Гуанчжоу!

广东菜还有广东早茶也很有名,是吗?

中国人:对,中国许多大城市都有广东菜馆儿,不过,你们到广东去吃广东菜,当然再好不过了。

俄罗斯旅游者:广东菜里是不是潮州菜最好吃?我们在广州能吃到正宗的潮州菜吗?

中国人:是的。在广州有很多潮州菜餐厅,你们可以在那里尽情享用。

4

伊戈尔:我走累了,有点儿饿了。

李华:我倒是不饿,但有点儿渴。这是一家新开的咖啡馆儿,咱们进去看看,有什么好吃的。

伊戈尔:好,还可以坐坐,休息一下。

李华:这儿有人了,靠窗那儿有空位子,我们去吧。

Говорят, что гуандунская кухня и гуандунский утренний чай тоже очень славятся, это правда?

Китаец: Да. Во многих китайских городах имеется ресторан гуандунской кухни, но вы поедете в Гуандун и там попробуете блюда гуандунской кухни, конечно, это лучше всего.

Русский турист: Среди гуандунских блюд вкуснее всего чаочжоуские? В Гуанчжоу мы сможем попробовать настоящие чаочжоуские блюда?

Китаец: Да. В Гуанчжоу есть много ресторанов чаочжоуской кухни, там вы сможете насладиться этими деликатесами как следует.

4

Игорь: Я устал ходить. И немного проголодался.

Ли Хуа: А я не голоден, только пить хочется. Вот новое кафе, давай зайдём и посмотрим, что вкусного у них есть.

Игорь: Давай. Заодно посидим и отдохнём.

Ли Хуа: Здесь занято, а у окна есть свободные места. Пойдём туда.

Yīgē'ěr: Wǒ yě xǐhuan zuò zài rén shǎo yìdiǎnr de dìfang.
伊戈尔：我 也 喜欢 坐 在 人 少 一点儿 的 地方。

5

Fúwùyuán: Nǐmen yào diǎn shénme?
服务员：你们 要 点 什么？

Yīgē'ěr: Wǒ xiǎng hē bēi rèkāfēi. Nǐmen yǒu jiā ròu miànbāo ma?
伊戈尔：我 想 喝 杯 热咖啡。你们 有 夹 肉 面包 吗？

Dàngāo、xiànrbǐng yě xíng. Nǐ xiǎng chī shénme?
蛋糕、馅儿饼 也 行。你 想 吃 什么？

Lǐ Huá: Wǒ bú è, wǒ bù xiǎng chī. Wǒ zhǐ xiǎng hē diǎnr
李 华：我 不 饿，我 不 想 吃。我 只 想 喝 点儿

kuàngquánshuǐ, yàobu chī diǎnr lěngyǐn yě xíng. Qǐng wèn, yǒu
矿泉水， 要不 吃 点儿 冷饮 也 行。 请 问，有

bīngqílín ma?
冰淇淋 吗？

Fúwùyuán: Yǒu, yǒu qiǎokèlì de hé cǎoméi de, nín yào nǎ zhǒng?
服务员：有，有 巧克力 的 和 草莓 的，您 要 哪 种？

Lǐ Huá: Lái yí fèn qiǎokèlì bīngqílín ba. Duì le, bīngqílín bù jiěkě,
李 华：来 一 份 巧克力 冰淇淋 吧。对 了，冰淇淋 不 解渴，

zài lái yì píng bīngzhèn kuàngquánshuǐ ba. Nǐ hái yào bié de
再 来 一 瓶 冰镇 矿泉水 吧。你 还 要 别 的

ma?
吗？

Yīgē'ěr: Búyào le. Fúwùyuán xiǎojiě, xiànzài fàng de shì èrhú dúzòu
伊戈尔：不要 了。服务员 小姐，现在 放 的 是 二胡 独奏

"Èrquányìngyuè" ba? Wǒmen xiǎng tīngting Guǎngdōng yīnyuè
"二泉映月" 吧？① 我们 想 听听 广东 音乐

xíng ma?
行 吗？

---

① 二胡——中国民族拉弦乐器。

Игорь: Я тоже люблю сидеть там, где меньше людей.

5

Официант: Что вы будете заказывать?

Игорь: Я хочу выпить чашечку горячего кофе. У вас есть бутерброды с мясом? Или пирожные и пирожки. А ты что будешь есть?

Ли Хуа: Я не голоден, не хочу есть. Мне бы только немного минеральной воды или чего-нибудь прохладненького. Скажите, пожалуйста, у вас есть мороженое?

Официант: Есть. У нас есть шоколадное и земляничное. Вам какое?

Ли Хуа: Пожалуйста, порцию шоколадного. Да, мороженое не утоляет жажду, принесите-ка ещё бутылочку охлаждённой минеральной воды. Ты что-нибудь ещё будешь?

Игорь: Нет. Девушка, сейчас играет соло на эрху 《Эр чуань инь юэ》?[1] Мы хотим послушать гуандунскую музыку, можно?

---

[1] Эрху—китайский национальный струнный инструмент.

Fúwùyuán: Hǎo de, wǒ zhè jiù qù fàng.
服务员：好的，我这就去放。

6

Mǐshā: Lǐ Nà, nǐ hǎo! Nǐ zhème cōngcōngmángmáng dào nǎli qù ya?
米莎：李娜，你好！你这么匆匆忙忙到哪里去呀？

Lǐ Nà: Nǐ hǎo, Mǐshā! Jīnnián shì wǒmen dàxué bìyè èrshí zhōunián, hǎoduō lǎotóngxué dào Nánjīng lái jùhuì le, wǒ zhèng gǎnzhe qù "Yōuxián Cháshè" ne.
李娜：你好，米莎！今年是我们大学毕业二十周年，好多老同学到南京来聚会了，我正赶着去"悠闲茶社"呢。

Mǐshā: Dào cháshè? Nǐmen zhème duō rén zài yìqǐ, búpà chǎole biérén ma?
米莎：到茶社？你们这么多人在一起，不怕吵了别人吗？

Lǐ Nà: Búhuì de. Nàr yǒu bāojiān, hěn dà, shíwǔ rén zuǒyòu bù chéng wèntí.
李娜：不会的。那儿有包间，很大，十五人左右不成问题。

Mǐshā: Yǒu zhème dà de bāojiān?
米莎：有这么大的包间？

Lǐ Nà: Shì a, nàli yǒu hěn cháng de dàzhuōzi, jiùshì gěi kèrén jùhuì liáotiān de. Liáo lèile hái kěyǐ chànggē、dǎ pái.
李娜：是啊，那里有很长的大桌子，就是给客人聚会聊天的。聊累了还可以唱歌、打牌。

Mǐshā: Néng bāo duō cháng shíjiān?
米莎：能包多长时间？

Lǐ Nà: Kěyǐ bāo bàntiānr huòzhě yì tiān, èle hái yǒu gè sè jiǎncān.
李娜：可以包半天儿或者一天，饿了还有各色简餐。

Официант: Хорошо, я сейчас поставлю.

6

Миша: Привет, Ли На! Куда ты так спешишь?

Ли На: Привет, Миша! В этом году у нас 20-летие со дня окончания университета. В Нанкин на встречу приехали много старых друзей. И я спешу в чайную «Досуг».

Миша: В чайную? У вас так много человек, разве вы не будете мешать другим?

Ли На: Не будем мешать. Там есть VIP-комната, она очень большая, в ней расположиться компанией человек в 15 — не проблема.

Миша: Такая большая VIP-комната?

Ли На: Да. Там есть очень длинный большой стол, предназначенный для встреч и разговоров гостей. Если гости устают разговаривать, тогда им ещё предлагают петь песни и играть в карты.

Миша: На сколько времени можно заказать такую комнату?

Ли На: На полдня или на целый день. Если вы голодны, там ещё предлагаются разные бизнес-ланчи.

Mǐshā: Zhè tài hǎo le, yǐhòu wǒmen liúxuéshēng jùhuì yě kěyǐ zhǎo
米莎：这太好了，以后我们留学生聚会也可以找
zhè zhǒng cháshè le.
这种茶社了。

7

Mǐshā: Nánjīng Fūzǐmiào de fēngwèir xiǎochī nǐ chángguo ma?
米莎：南京夫子庙的风味儿小吃你尝过吗？

Xiǎo Zhāng: Méiyǒu, wǒ guāng tīng rén shuōguo. Jīntiān jìrán
小张：没有，我光听人说过。今天既然
lái guàng Fūzǐmiào, zánmen jiù qù bǎo yi bǎo kǒufú
来逛夫子庙，咱们就去饱一饱口福
zěnmeyàng?
怎么样？

Mǐshā: Dāngrán hǎo lou, kěshì bù zhīdào zhèli yǒuxiē shénme
米莎：当然好喽，可是不知道这里有些什么
yǒumíng de xiǎochī, nǐ néng jièshào jièshào ma?
有名的小吃，你能介绍介绍吗？

Xiǎo Zhāng: Wǒ yě bú dà qīngchu. Tīngshuō Yǒnghéyuán、Qífānggé
小张：我也不大清楚。听说永和园、奇芳阁
dōu shì míngdiàn, wǒmen háishi qù qǐng nàli de fúwùyuán
都是名店，我们还是去请那里的服务员
jièshào ba.
介绍吧。

Mǐshā: Nà qù nǎ yì jiā hǎo ne?
米莎：那去哪一家好呢？

Xiǎo Zhāng: Jiù qù Yǒnghéyuán ba.
小张：就去永和园吧。

8

Fúwùyuán: Nǐmen hǎo! Qǐng jìn!
服务员：你们好！请进！

Миша: Вот здорово, потом мы тоже будем иметь в виду такие чайные для встреч с иностранными студентами.

7

Миша: Ты пробовал своеобразные закуски, которые готовят на улице Фуцзымяо?

Сяо Чжан: Нет, я только слышал о них. Раз мы сегодня попали на Фуцзымяо, давай поедим всласть. Хорошо?

Миша: Конечно, хорошо. Только не знаю, какие здесь есть знаменитые закуски. Ты не можешь мне рассказать?

Сяо Чжан: Я тоже не в курсе. Говорят, что Юнхэюань и Цифангэ—известные рестораны. Давай попросим официантов рассказать о них.

Миша: А в какой ресторан лучше пойти?

Сяо Чжан: Пойдём в Юнхэюань.

8

Официант: Здравствуйте! Проходите!

米莎：您好！我们不是本地人，是慕名而来的。请您介绍介绍贵店的传统风味儿小吃好吗？

服务员：好的。我们有专门的点心席，可以吃到各种各样的风味儿点心。不过你们只有两个人，吃不了，不如就随意吃点儿你们喜欢的点心吧！我们有各种煮干丝，也是很有特色的。这是菜单，请你们随意挑选。

小张：我们吃咸的吧。要一笼三鲜小笼包子，两份蒸饺，再来两碗虾米煮干丝，两个萝卜丝酥烧饼。

米莎：你觉得味道怎么样？

小张：果然名不虚传，味道好极了。可惜我已经吃不下了。

米莎：没关系，吃不下可以带走。要不要再买一点儿其他的点心带给朋友们尝尝？难得来一次嘛。

Миша: Здравствуйте! Мы не здешние и пришли сюда, потому что много наслышаны о вашем ресторане. Вы не можете порекомендовать нам традиционные своеобразные закуски вашего ресторана?

Официант: Хорошо. У нас готовится специальный стол закусок, можно попробовать самые разнообразные оригинальные закуски. Но вас только двое, и вы вряд ли всё съедите. Лучше выберите из них что-нибудь по своему вкусу! У нас имеются различные разваренные сушёные соевые палочки, они тоже очень оригинальные. Вот меню. Пожалуйста, выберите на свой вкус.

Сяо Чжан: Давай попробуем чего-нибудь солёненького. Принесите нам одно решето паровых беляшей с тремя свежими овощами, две порции паровых пельменей, две чашки разваренных сушёных соевых палочек с чилимсами и две жареные лепёшки с редькой.

Миша: Как тебе, нравится?

Сяо Чжан: И в самом деле, слава вполне заслуженная, вкус замечательный. К сожалению, я уже наелся.

Миша: Ничего, то, что осталось, можно взять с собой. А ты не хочешь купить ещё какие-нибудь другие закуски, чтобы дать ребятам попробовать? Ведь ты так редко приезжаешь сюда.

小张：好吧。听说夫子庙一带还有许多小摊子，专卖民间的传统风味儿小吃，凉粉儿啦、豆腐脑儿啦、油饼儿啦……

米莎：中国人真有意思，太讲究吃了，这要花去多少时间啊！

小张：是啊。不过，这也是我们中国文化的一部分。你可能还不知道，我们中国还有专门的美食家呢！

9

顾客：服务员，请结账吧。

服务员：这是账单，一共是85元。

顾客：这是90元。不用找了。

服务员：找您5元。我们是不收小费的。

顾客：你们的服务很周到，我们吃得很满意。

服务员：谢谢！欢迎以后再来！

Сяо Чжан: Хорошо. Говорят, на улице Фуцзымяо ещё много лотков, на которых продают народные традиционные своеобразные закуски, например, вермишель из бобового крахмала, простоквашу из соевого молока, жареные лепёшки...

Миша: Удивительный народ китайцы, какое значение придают они еде! Сколько же для этого нужно времени!

Сяо Чжан: Да. Зато это тоже часть нашей китайской культуры. Наверное, ты ещё не знаешь, у нас в Китае даже бывают гурманы по специальности!

9

Посетитель: Официант, я хотел бы рассчитаться.

Официант: Вот счёт, всего 85 юаней.

Посетитель: Вот вам 90 юаней, сдачи не надо.

Официант: Вот вам 5 юаней. Мы чаевые не берём.

Посетитель: У вас очень хорошее обслуживание. Мы с удовольствием поели.

Официант: Спасибо, приходите к нам ещё, добро пожаловать!

Sì、Shìnèi Jiāotōng
四、市内 交通

(Yī) Chángyòngyǔ
(一) 常用语

Qǐng wèn, qù shìzhōngxīn zěnme zǒu (zuòchē)?
请问，去 市中心 怎么 走（坐车）？

Zhèr dào shìzhōngxīn yuǎnbuyuǎn?
这儿 到 市中心 远不远？

Dào Zhōngshānlíng gāi zuò jǐ (nǎ)lù chē?
到 中山陵 该 坐 几（哪）路 车？

Zuò dìtiě (gōnggòng qìchē、wúguǐ diànchē、yǒuguǐ diànchē) néng dào
坐 地铁 （公共 汽车、无轨 电车、有轨 电车） 能 到

huǒchēzhàn ma?
火车站 吗？

Sān lù qìchēzhàn (chūzū qìchēzhàn、dìtiězhàn) zài nǎr?
3 路 汽车站 （出租 汽车站、地铁站） 在 哪儿？

Qù huǒchēzhàn shì zài zhèr shàngchē ma?
去 火车站 是 在 这儿 上车 吗？

Zhèr dào hǎiguān zuòchē (zǒulù) yào jǐ zhàn lù (duōcháng
这儿 到 海关 坐车 （走路） 要 几 站 路 （多长

shíjiān)?
时间）？

Bā lù qìchēzhàn zài duìmiàn, guǎi ge wānr jiù dào le.
8 路 汽车站 在 对面， 拐 个 弯儿 就 到 了。

Yìzhí wǎng qián zǒu, dào shízì lùkǒu nín zài wèn yíxià.
一直 往 前 走，到 十字 路口 您 再 问 一下。

4. Городской транспорт

(А) *Общеупотребительные выражения и фразы*

Скажите, пожалуйста, как пройти (проехать) в центр города?

Далеко ли отсюда до центра города?

На какой автобус надо сесть, чтобы доехать до Мавзолея Сунь Ятсеня?

На метро (автобусе, троллейбусе, трамвае) можно доехать до вокзала?

Где остановка автобуса №3 (стоянка такси, станция метро)?

Отсюда можно доехать до вокзала?

Сколько остановок (времени) надо ехать (идти) отсюда до таможни?

Остановка восьмого автобуса напротив, надо только повернуть за угол и там вы увидите.

Идите прямо до перекрёстка, а там спросите.

Nín zǒu cuò fāngxiàng le, děi wǎng huí zǒu.
您走错方向了,得往回走。

Duìbuqǐ, wǒ yě bú dà qīngchu, nín zài wènwen biéren ba.
对不起,我也不大清楚,您再问问别人吧。

Dào Xīnjiēkǒu zuò jiǔ lù gōnggòng qìchē, zhōngdiǎnzhàn xià.
到新街口坐9路公共汽车,终点站下。

Zhè lù chē bú dào nàr, děi zhuǎnchē, zuò sān zhàn xià, zhuǎn qī
这路车不到那儿,得转车,坐3站下,转7

lù gōnggòng qìchē.
路公共汽车。

Zhè lù gōnggòng qìchē yǒu kōngtiáochē (yèbānchē、gāofēngchē).
这路公共汽车有空调车(夜班车、高峰车)。①

Zhè lù chē shì tōngxiāochē.
这路车是通宵车。

Zhè liàng chē tài jǐ le, wǒmen zài děng yí liàng ba.
这辆车太挤了,我们再等一辆吧。

Zhè lù chē xiāngdāng duō, sānwǔ fēnzhōng jiù yǒu yí liàng.
这路车相当多,三五分钟就有一辆。

Zhège chéngshì de gōnggòng qìchē dōu shì wúrénshòupiàochē, nǐ yào
这个城市的公共汽车都是无人售票车,你要

zhǔnbèi hěnduō yìngbì.
准备很多硬币。

Mǎi liǎng zhāng Xīnjiēkǒu de piào.
买两张新街口的票。

Dào Xīdān (zhōngdiǎnzhàn) duōshao qián?
到西单(终点站)多少钱?

---

① 高峰车——也就是交通高峰期间的公交车。高峰车一般只在人们上下班时通行,只停靠几个大站。

Вы идёте не в том направлении, надо повернуть назад.

Извините, я тоже плохо знаю. Спросите кого-нибудь ещё.

До Синьцзекоу надо ехать на 9-ом автобусе до конечной остановки.

Этот автобус туда не идёт, надо сделать пересадку. Выходите через 3 остановки и пересаживайтесь на 7-ой автобус.

По этому маршруту ходят <u>автобусы с кондиционером</u> (ночные автобусы, автобусы в часы пик). [1]

Это круглосуточный маршрут.

В этом автобусе слишком много народу, давай подождём следующего.

По этому маршруту автобусов довольно много, ходят они через каждые 3-5 минут.

В этом городе все автобусы без кондуктора, тебе нужно приготовить много монет.

Дайте, пожалуйста, 2 билета до остановки Синьцзекоу.

Сколько стоит билет до <u>Сиданя</u> (конечной остановки)?

---

[1] Автобусы в час пик — это автобусы, которые ходят в часы пик, такие автобусы ходят только тогда, когда люди едут на работу или с работы, и останавливаются они только на больших остановках.

Wǒ yǒu gōngjiāokǎ (IC-kǎ、lǎorénkǎ、xuéshēngkǎ).
我 有 公交卡 （IC卡、老人卡、 学生卡）。

Wǒ dào Běijīng Túshūguǎn, gāi zài nǎr xiàchē (zhuǎnchē)?
我 到 北京 图书馆， 该 在 哪儿 下车 （转车）？

Wǒmen dào Běidà, qǐng nín dàoshí hǎn wǒmen yì shēng.
我们 到 北大， 请 您 到时 喊 我们 一 声。

Dào Gǔlóu yǒu jǐ zhàn lù?
到 鼓楼 有 几 站 路？

Gǔlóu kuàidàole ba?
鼓楼 快到了 吧？

Xiàyízhàn jiù dào le, wǒmen wǎng ménkǒu zǒuzou ba.
下一站 就 到 了，我们 往 门口 走走 吧。

Wǒmen gāi xiàchē le.
我们 该 下车 了。

Zāogāo, wǒmen zuò guò zhàn le!
糟糕， 我们 坐 过 站 了！

Nín xià (chē) ma?
您 下 （车） 吗？

Duìbuqǐ, ràngyiràng.
对不起， 让一让。

Shàngchē de chéngkè qǐng wǎng lǐ zǒu, búyào dǔ zài ménkǒu!
上车 的 乘客 请 往 里 走，不要 堵 在 门口！

Shàngchē qǐng shuākǎ (tóubì).
上车 请 刷卡 （投币）。

Shuākǎ tài kuài, qǐng chóngshuā!
刷卡 太 快， 请 重刷！

Qǐng zhǔdòng gěi lǎo ruò bìng cán yùn ràng ge zuò, xièxie!
请 主动 给 老 弱 病 残 孕 让 个 座，谢谢！

У меня транспортная карта (IC-карта, карта для пожилых, карта для учащихся).

Я еду до Пекинской библиотеки. Где мне нужно выйти (сделать пересадку)?

Нам надо в Пекинский университет. Пожалуйста, напомните, когда нам нужно сойти.

Сколько остановок до Гулоу?

Скоро будет Гулоу?

Следующая остановка наша. Давай пройдём к выходу.

Нам надо сойти.

Вот беда, мы проехали свою остановку!

Вы выходите?

Извините, разрешите пройти.

Вошедшие пассажиры, проходите вперёд, не задерживайтесь в дверях, пожалуйста!

Платите картой (опускайте монету), пожалуйста, при входе в автобус!

Вы слишком быстро приложили карту к автомату, повторите ещё раз, пожалуйста!

Будьте сознательны! Уступайте место пожилым, физически слабым, больным, инвалидам и беременным женщинам, спасибо!

Qǐng bǎoguǎn hǎo suíshēn xiédài de cáiwù, jǐnfáng páqiè!
请 保管 好 随身 携带 的 财物，谨防 扒窃！

Nín qù nǎr? Mǎi jǐ zhāng piào?
您 去 哪儿？买 几 张 票？

Dào Tiān'ānmén yì zhāng.
到 天安门 一 张。

Nín zhè shì wǔ yuán (kuài) de, zhǎo nín sān yuán, qǐng diǎnyidiǎn.
您 这 是 五 元 （块）的，找 您 三 元，请 点一点。

Qǐng bāngmáng dìyidì! Xièxie!
请 帮忙 递一递！谢谢！

Zhè shì zìdòng shòupiàochē, měi wèi yì yuán. Qǐng zhǔdòng tóubì,
这 是 自动 售票车，每 位 一 元。请 主动 投币，

chē shàng bù zhǎolíng.
车 上 不 找零。

Zhè shì kōngtiáochē, měi wèi liǎng yuán.
这 是 空调车，每 位 两 元。

Qīshí suì yǐshàng lǎorén kěyǐ miǎnfèi chéngzuò gōngjiāochē, búyòng
七十 岁 以上 老人 可以 免费 乘坐 公交车，不用

mǎipiào.
买票。

Nín zuò cuò chē le, zhè lù chē bú dào Yǔhuātái.
您 坐 错 车 了，这 路 车 不 到 雨花台。

Nín zuò cuò fāngxiàng le, qù huǒchēzhàn yīnggāi zài mǎlù duìmiàn
您 坐 错 方向 了，去 火车站 应该 在 马路 对面

shàngchē.
上车。

Xià yí zhàn shì Chóngwénmén zhàn, yào xiàchē de chéngkè qǐng
下 一 站 是 崇文门 站，要 下车 的 乘客 请

zhǔnbèi, hòumén xiàchē.
准备，后门 下车。

Ménkǒu de chéngkè qǐng zhàn hǎo, kāi mén qǐng dāngxīn.
门口 的 乘客 请 站 好，开 门 请 当心。

Следите за своими деньгами и вещами, берегитесь воров.

Вам куда? Сколько билетов?

Один билет до остановки Тяньаньмэнь.

С вас 5 юаней, вот вам 3 юаня сдачи. Посчитайте, пожалуйста.

Передайте, пожалуйста! Спасибо!

Это автобус с автоматом, с каждого по юаню. Будьте сознательны! Не забывайте, пожалуйста, бросать деньги в ящик, сдачи нет.

Это автобус с кондиционером, с каждого по 2 юаня.

Пожилым людям за 70 лет можно бесплатно ездить на автобусе, не надо покупать билет.

Вы сели не на тот автобус, этот не идёт до остановки Юйхуатай.

Вы едете не в ту сторону, в сторону вокзала надо сесть на противоположной стороне улицы.

Следующая остановка—Чунвэньмэнь. Пассажиры, которым нужно выйти, пожалуйста, будьте готовы, выходите через заднюю дверь.

Пассажиры, стоящие у двери, пожалуйста, будьте осторожны, двери сейчас откроются.

Nánjīng chūzūchē qǐbùjià shì jiǔ yuán, sān gōnglǐ hòu měi gōnglǐ shì
南京 出租车 起步价 是 9 元， 三 公里 后 每 公里 是

liǎng yuán sì jiǎo.
2 元 4 角。

Nín gèng xǐhuan nǎ yì zhǒng jiāotōng gōngjù?
您 更 喜欢 哪 一 种 交通 工具？

Wǒ xǐhuan qí zìxíngchē (diàndòngchē、qīngqí、mótuōchē) shàngbān.
我 喜欢 骑 自行车 （电动车、 轻骑、 摩托车） 上班。①

Wǒ měi tiān bùxíng (kāichē、zuò gōngjiāochē、zuò dìtiě) shàngbān.
我 每 天 步行 （开车、坐 公交车、 坐 地铁） 上班。

Qù fēijīchǎng háishi dǎdí(chē) gèng fāngbiàn yìxiē.
去 飞机场 还是 打的(车) 更 方便 一些。

(Èr) Huìhuà
（二） 会话

1

A：Duìbuqǐ, qǐng wèn, dào Yǒuyì Shāngdiàn zěnme zǒu?
　　对不起， 请 问， 到 友谊 商店 怎么 走？

B：Yìzhí wǎng qián zǒu, wǔ fēnzhōng jiù dào.
　　一直 往 前 走， 5 分钟 就 到。

2

A：Qǐng wèn, dào Běijīng Fàndiàn zěnme zuòchē?
　　请 问， 到 北京 饭店 怎么 坐车？

B：Zuò yī lù gōnggòng qìchē, dào Wángfǔjǐng xià, wǎng huí zǒu, bù
　　坐 1 路 公共 汽车， 到 王府井 下， 往 回 走，不

　　duō yuǎn jiùshì.
　　多 远 就是。

---

① 电动车——一种用电能驱动的自行车。

В Нанкине минимальная стоимость проезда на такси составляет 9 юаней, через 3 километра 2 юаня 40 фэней за каждый километр.

Какой вид транспорта вы предпочитаете?

Я люблю ездить на велосипеде (электропеде, мопеде, мотоцикле) на работу. ①

Каждый день я хожу пешком (вожу машину, езжу на автобусе, езжу на метро) на работу.

До аэропорта ехать на такси всё-таки удобнее.

(Б) *Диалоги*

1

А: Простите, вы не скажете, как пройти к магазину 《Дружба》?

Б: Идите прямо, 5 минут ходьбы.

2

А: Скажите, пожалуйста, как доехать до гостиницы 《Пекин》?

Б: Вам надо (можно) сесть на автобус № 1, выйти на остановке Ванфуцзин, пройти немного назад и там увидите.

---

① Электропед — велосипед, который работает за счёт электроэнергии.

3

A: Qǐng wèn, zhèr yǒu chē dào Zhōngshānlíng ma?
请问，这儿有车到中山陵吗？

B: Méiyǒu zhídáchē, děi zhuǎnchē. Nín xiān chéng sānshísì lù gōnggòng qìchē, huò sānshísān lù dào Xīnjiēkǒu xià, zài huàn jiǔ lù gōnggòng qìchē, zhídá Zhōngshānlíng.
没有直达车，得转车。您先乘34路公共汽车，或33路到新街口下，再换9路公共汽车，直达中山陵。

4

A: Duìbuqǐ, wǒmen mílù le, wǒmen yào huí Yǒuyì Bīnguǎn, gāi zěnme zǒu?
对不起，我们迷路了，我们要回友谊宾馆，该怎么走？

B: Nǐmen yīnggāi dào qiánmian qù zuò sānbǎi sānshí'èr lù gōnggòng qìchē.
你们应该到前面去坐332路公共汽车。

5

A: Cóng zhèr chéng gōngjiāochē dào huǒchēzhàn yào duō cháng shíjiān?
从这儿乘公交车到火车站要多长时间？

B: Shùnlì de huà, sìshí duō fēnzhōng.
顺利的话，40多分钟。

A: Nàbuxíng, wǒmen láibují le, gāncuì zuò chūzūchē ba.
那不行，我们来不及了，干脆坐出租车吧。

3

А: Скажите, пожалуйста, отсюда идёт какой-нибудь автобус к мавзолею Сунь Ятсеня?

Б: Прямого автобуса нет, надо сделать пересадку. Сначала вы сядете на 34 или 33 автобус и доедете до Синьцзекоу, там пересядете на 9 автобус и доедете прямо до мавзолея Сунь Ятсеня.

4

А: Извините, мы заблудились, нам нужно вернуться в гостиницу «Дружба». Как нам пройти?

Б: Вам нужно пройти вперёд и сесть на 332 автобус.

5

А: Сколько времени ехать на автобусе отсюда до вокзала?

Б: Если всё сложится хорошо, то 40 с лишним минут.

А: Это слишком много, мы не успеем. Давай поедем на такси.

B：Xíng, zhǐhǎo zhèyàng le.
B：行，只好 这样 了。

6

A：Yí, zhè chē zài zhèr zěnme méi tíng?
A：咦，这 车 在 这儿 怎么 没 停？

B：Zhè shì gāofēng qūjiānchē, zài shàngxiàbān gāofēng shíjiān cái yǒu, zhǐ tíng jǐ gè dàzhàn.
B：这 是 高峰 区间车，在 上下班 高峰 时间 才 有，只 停 几 个 大站。

7

A：Qǐng wèn, èrshí lù qìchēzhàn zài nǎr?
A：请 问，20 路 汽车站 在 哪儿？

B：Nín yào dào nǎr?
B：您 要 到 哪儿？

A：Qiánmén.
A：前门。

B：Nà nín dào mǎlù duìmiàn chéng. Nín qiáo, nàr yǒu zhànpái.
B：那 您 到 马路 对面 乘。您 瞧，那儿 有 站牌。

8

A：Nín zhīdào fùjìn nǎr yǒu chūzū qìchēzhàn ma?
A：您 知道 附近 哪儿 有 出租 汽车站 吗？

B：Duìbuqǐ, wǒ yě bú dà qīngchu, wǒ bú shì běndìrén.
B：对不起，我 也 不 大 清楚，我 不 是 本地人。

9

A：Qǐng wèn, yī lù mòbānchē dào jǐ diǎn?
A：请 问，1 路 末班车 到 几 点？

Б: Да. Придётся так и сделать.

6

А: Ой, почему этот автобус здесь не остановился?

Б: Это "автобус в часы пик". Такие автобусы ходят только тогда, когда люди едут на работу или с работы, и останавливаются они только на больших остановках.

7

А: Скажите, пожалуйста, где остановка 20 автобуса?

Б: А куда вам нужно?

А: К воротам Цяньмэнь.

Б: Тогда вам надо сесть на противоположной стороне. Видите, вон там табличка остановки.

8

А: Вы не знаете, где здесь поблизости есть стоянка такси?

Б: Извините, я тоже не уверен. Я не здешний.

9

А: Скажите, пожалуйста, до которого часа ходит последний автобус №1?

B：Tōngxiāo dōu yǒu, búguò, yèli chēzi jiàngé de shíjiān cháng yìxiē.
通宵都有，不过，夜里车子间隔的时间长一些。

10

A：Láojià, zhè chē qù Zhōngshānlíng ma?
劳驾，这车去中山陵吗？

B：Duìbuqǐ, zhè chē bú qù Zhōngshānlíng, nín dào Zhōngshānmén xià, huàn jiǔ lù qìchē.
对不起，这车不去中山陵，您到中山门下，换9路汽车。

A：Nà dào Zhōngshānmén duōshao qián?
那到中山门多少钱？

B：Yì yuán yì zhāng, qǐng tóubì.
一元一张，请投币。

A：Qǐng nín dàoshí jiào wǒmen yì shēng, wǒmen bú rènshi lù.
请您到时叫我们一声，我们不认识路。

B：Chē shàng guǎngbō huì bàozhàn de, qǐng zhùyì tīng.
车上广播会报站的，请注意听。

11

A：Wǒmen mǎshàng jiù gāi xiàchē le, děi wǎng ménkǒu jǐji, yàoburán huì xiàbuqù de.
我们马上就该下车了，得往门口挤挤，要不然会下不去的。

B：Hǎo de. Duìbuqǐ, nín xiàchē ma? Bú xià? Nà wǒmen huàn ge wèizi, hǎo ma?
好的。对不起，您下车吗？不下？那我们换个位子，好吗？

Б: Он работает круглосуточно, только ночью интервалы длиннее.

10

А: Будьте добры, этот автобус идёт до мавзолея Сунь Ятсеня?

Б: Извините, этот автобус не идёт к мавзолею Сунь Ятсеня. Вам нужно доехать до остановки Чжуншаньмэнь и пересесть на 9 автобус.

А: А сколько стоит билет до остановки Чжуншаньмэнь?

Б: С каждого по юаню, опускайте деньги в ящик.

А: Пожалуйста, напомните, когда нам нужно выйти. Мы не знаем дороги.

Б: В автобусе есть радиопередатчик, который объявляет остановки, слушайте, пожалуйста, внимательно.

11

А: Нам скоро выходить. Надо пробираться к дверям, а то не сможем выйти.

Б: Хорошо. Извините, вы выходите? Нет? Тогда давайте поменяемся местами, хорошо?

12

A：Nín qù nǎr?
您 去 哪儿？

B：Qù fēijīchǎng.
去 飞机场。

A：Qǐng shànglái ba. Xíngli jiāo gěi wǒ fàng dào xínglixiāng qù.
请 上来 吧。行李 交 给 我 放 到 行李箱 去。

B：Duìbuqǐ, néng kāi kuài yìdiǎnr ma? Wǒ yào gǎn shí diǎn wǔshí fēn de bānjī.
对不起, 能 开 快 一点儿 吗？我 要 赶 10 点 50 分 的 班机。

A：Qǐng fàngxīn, zhǔn láidejí. Qǐng bǎ chēmén guān hǎo …… Dào le, yígòng èrshíwǔ gōnglǐ, qǐbùjià jiǔ yuán, sān gōnglǐ hòu měi gōnglǐ liǎng yuán (kuài) sì jiǎo (máo), yígòng liùshíyī yuán (kuài) bā jiǎo (máo).
请 放心, 准 来得及。请 把 车门 关 好 …… 到 了，一共 25 公里，起步价 9 元，3 公里 后 每 公里 2 元 （块）4 角 （毛），一共 61 元 （块） 8 角 （毛）。

12

А: Вам куда?

Б: В аэропорт.

А: Садитесь, пожалуйста. Давайте мне ваши вещи, я положу их в багажник.

Б: Извините, можете ли вы вести побыстрее? Мне надо успеть на рейс в 10:50.

А: Не беспокойтесь, мы обязательно успеем. Пожалуйста, закройте получше дверь. ... Приехали. Итак, всего 25 километров, минимальная стоимость проезда на такси— 9 юаней, через 3 километра 2 юаня 40 фэней за каждый километр, с вас всего 61 юань 80 фэней.

Wǔ、Yóuzhèng、diànhuà、yínháng
五、邮政、电话、银行

(Yī) Chángyòngyǔ
(一) 常用语

1. Yóuzhèng
1. 邮政

Qǐng wèn, yóujú zài nǎr?
请问,邮局在哪儿?

Zhè shì běnshì zuì dà de diànbào dàlóu.
这是本市最大的电报大楼。

Yóuzhèng Zǒngjú jiù zài qiánmiàn bùyuǎnchù.
邮政总局就在前面不远处。

Yóujú xīngqītiān zhàocháng yíngyè.
邮局星期天照常营业。

Diànxìnjú rìyè fúwù.
电信局日夜服务。

Yóujú chúle mài yóupiào、shōujì xìnjiàn hé bāoguǒ、shōujì huìkuǎn、
邮局除了卖邮票、收寄信件和包裹、收寄汇款、

shōufā diànbào (bāokuò hèdiàn), hái bànlǐ dìngyuè bàokān zázhì
收发电报(包括贺电),还办理订阅报刊杂志

hé yóuzhèng chǔxù de yèwù, lìngwài hái tígōng dàisòng xiānhuā、
和邮政储蓄的业务,另外还提供代送鲜花、

lǐpǐn de fúwù.
礼品的服务。

Wǒ xiǎng fā fēng xìn (fā diànbào、jì bāoguǒ).
我想<u>发封信</u>(发电报、寄包裹)。

5. Почта. Телефон. Банк

(А) *Общеупотребительные выражения и фразы*

1. Почта

Скажите, пожалуйста, где находится почта?

Это центральный телеграф в нашем городе.

Главпочтамт находится недалеко впереди.

В воскресенье почта работает как обычно.

Телеграф работает круглосуточно.

На почте не только продают марки, принимают и отправляют письма, бандероли, посылки, деньги, телеграммы (включая поздравительные телеграммы), но и оформляют подписку на газеты и журналы, оказывают услуги в области почтовых сбережений. Кроме того, на почте ещё есть служба доставки цветов, подарков.

Я хочу отправить письмо (телеграмму, посылку).

Wǒ yào jì píngxìn (hángkōngxìn、 guàhàoxìn、 míngxìnpiàn、
我 要 寄 平信 （航空信、 挂号信、 明信片、

yìnshuāpǐn、bāoguǒ、guónèi tèkuài zhuāndì yóujiàn、guójì tèkuài
印刷品、 包裹、 国内 特快 专递 邮件、 国际 特快

zhuāndì yóujiàn……).
专递 邮件……）。

Nín zhīdào zhèr fùjìn yǒu yóutǒng ma?
您 知道 这儿 附近 有 邮筒 吗？

Qǐng wèn, bāoguǒdān zài nǎr ná?
请 问， 包裹单 在 哪儿 拿？

Qǐng gěi wǒ yì zhāng bāoguǒdān (huìkuǎndān、diànbàodān).
请 给 我 一 张 包裹单 （汇款单、 电报单）。

Jì míngxìnpiàn yào tiē yóupiào ma?
寄 明信片 要 贴 邮票 吗？

Qǐng gěi wǒ shí zhāng yí kuài liǎng máo de yóupiào.
请 给 我 10 张 1 块 2 毛 的 邮票。

Yǒu jìniàn yóupiào mài ma?
有 纪念 邮票 卖 吗？

Wǎng Guǎngzhōu jì de guàhàoxìn jǐ tiān dào?
往 广州 寄的 挂号信 几 天 到？

Qǐng chēngyichēng, zhè fēng xìn yǒuméiyǒu chāozhòng?
请 称一称， 这 封 信 有没有 超重？

Xīnnián (Shèngdànjié) kuài dào le, yóujú li jì hèniánpiàn
新年 （圣诞节） 快 到 了， 邮局 里 寄 贺年片

(shèngdànkǎ) de rén duō jí le.
（圣诞卡） 的 人 多 极 了。

Zhèr kěyǐ pāi diànbào (dǎ diànchuán) ma?
这儿 可以 拍 电报 （打 电传） 吗？

Zhè fēng dào Mòsīkē de diànbào shénme shíhou dào?
这 封 到 莫斯科 的 电报 什么 时候 到？

Jì guónèi píngxìn, tiē yí kuài liǎng máo de yóupiào.
寄 国内 平信，贴 1 块 2 毛 的 邮票。

Мне нужно послать простое письмо (авиаписьмо, заказное письмо, открытку, бандероль, посылку, экспресс-почту внутри страны, международную экспресс-почту...).

Вы не знаете, здесь поблизости есть почтовый ящик?

Скажите, пожалуйста, где взять бланк для посылки?

Дайте мне, пожалуйста, бланк для посылки (бланк денежного перевода, бланк телеграммы).

На открытку надо наклеивать марки?

Дайте мне, пожалуйста, 10 марок по 1 юаню 20 фэням.

Есть ли в продаже юбилейные марки?

Через сколько дней заказное письмо дойдёт до Гуанчжоу?

Взвесьте, пожалуйста, это письмо, его вес не превышает норму?

Скоро Новый год (Рождество), на почте очень много людей, которые отправляют новогодние (рождественские) открытки.

Здесь можно отправить телеграмму (телефакс)?

Когда эта телеграмма дойдёт до Москвы?

Чтобы отправить междугородное простое письмо, нужно наклеить марку за 1 юань 20 фэней.

Guójì hángkōngxìn, bùtóng guójiā、bùtóng dìqū yóuzī bùtóng, jùtǐ
国际 航空信， 不同 国家、不同 地区 邮资 不同，具体

qǐng kàn qiáng shàng biǎogé.
请 看 墙 上 表格。

Qǐng nín zài xìnfēng zuǒshàngjiǎo xiě shàng shōuxìnrén de yóuzhèng biānmǎ.
请 您 在 信封 左上角 写 上 收信人 的 邮政 编码。

Qǐng bǎ jìjiànrén (shōujiànrén) de dìzhǐ hé xìngmíng xiě qīngchu.
请 把 寄件人 （收件人）的 地址 和 姓名 写 清楚。

Yóupiào yīnggāi tiē zài xìnfēng de yòushàngjiǎo.
邮票 应该 贴在 信封 的 右上角。

Xìnfēng (bāoguǒ) li bù kě jiā jì xiànjīn.
信封 （包裹）里 不 可 夹 寄 现金。

Zhè shì guàhàoxìn shōujù, qǐng bǎoguǎn hǎo, bìyào shí kě lái yóujú
这 是 挂号信 收据， 请 保管 好，必要 时 可 来 邮局

héchá.
核查。

Qǐng nín tián yíxià huìkuǎn (bāoguǒ、diànbào) dān.
请 您 填 一下 汇款 （包裹、电报）单。

Huìkuǎndān shàng de jīn'é qǐng dàxiě.
汇款单 上 的 金额 请 大写。

Qǐng zài qǔkuǎndān de bèimiàn xiě shàng nín de xìngmíng、zhèngjiàn
请 在 取款单 的 背面 写 上 您 的 姓名、 证件

míngchēng hé hàomǎ.
名称 和 号码。

Qǐng bǎ yóubāo dǎkāi, ràng wǒmen kànkan.
请 把 邮包 打开，让 我们 看看。

Yìnshuāpǐn yídìng yào yòng niúpízhǐ bāozā hǎo.
印刷品 一定 要 用 牛皮纸 包扎 好。

Bāoguǒ jìfèi shì àn bāoguǒ zhòngliàng jí dìqū yuǎnjìn lái jìsuàn
包裹 寄费 是 按 包裹 重量 及 地区 远近 来 计算

Для международных авиаписем в разные страны марки стоят по-разному. Подробную информацию вы можете узнать из таблицы на стене.

Напишите, пожалуйста, в левом верхнем углу конверта индекс адресата.

Напишите подробно, пожалуйста, адрес, фамилию и имя <u>адресанта</u> (адресата).

Марку надо наклеивать в правом верхнем углу конверта.

Деньги нельзя пересылать в <u>конверте</u> (посылке).

Это квитанция заказного письма, сохраните её, в случае необходимости вы можете прийти на почту и проверить.

Заполните, пожалуйста, бланк <u>денежного перевода</u> (для посылки, телеграммы).

Денежную сумму на бланке перевода нужно написать прописью.

На обратной стороне извещения напишите вашу фамилию, имя, название и номер документа.

Откройте посылку и покажите нам, пожалуйста, содержимое посылки.

Бандероль надо упаковать крафт-бумагой.

Стоимость доставки посылки рассчитывается по весу посылки и месту назначения. Подробную информацию вы можете

de, jùtǐ qǐng kàn "Yóuzhèng Zīfèi Jiǎnbiǎo".
的，具体 请 看 "邮政 资费 简表"。

Shǒubiǎo、yǎnjìng děng guìzhòng pàyā wùpǐn yào yòng zhuānmén de
手表、 眼镜 等 贵重 怕压 物品 要 用 专门 的

bāozhuānghé yóujì.
包装盒 邮寄。

Bāoguǒ guìtái shàng bèi yǒu zhēnxiàn, kěyǐ suíyì shǐyòng.
包裹 柜台 上 备 有 针线， 可以 随意 使用。

Nín yào qǔ bāoguǒ ma? Qǐng chūshì nín de zhèngjiàn, háiyǒu, qǐng
您 要 取 包裹 吗？ 请 出示 您 的 证件， 还有， 请

zài bāoguǒdān shàng qiānmíng.
在 包裹单 上 签名。

2. Diànhuà
2. 电话

Qǐng wèn, fùjìn nǎr yǒu diànhuàtíng?
请 问，附近 哪儿 有 电话亭？

Zhè shì gōngyòng tóubì (IC-kǎ、cíkǎ) diànhuà.
这 是 公用 投币（IC卡、磁卡）电话。

Dǎ tóubì diànhuà shí, xiān ná qǐ tīngtǒng, ránhòu tóurù yìngbì, tīng
打 投币 电话 时， 先 拿 起 听筒， 然后 投入 硬币， 听

dào chángdíshēng, jiù kěyǐ bō hàomǎ le.
到 长笛声， 就 可以 拨 号码 了。

Xiànzài yìbān de jiāyòng diànhuà dōu kěyǐ zhíbō guónèiwài chángtú
现在 一般 的 家用 电话 都 可以 直拨 国内外 长途

le.
了。

Guónèi chángtú huàfèi rìyè bù yíyàng. Cóng wǎnshang jiǔ diǎn yǐhòu
国内 长途 话费 日夜 不 一样。 从 晚上 9 点 以后

dào cìrì zǎochén qī diǎn yǐqián, dǎ yídìng de zhékòu.
到 次日 早晨 7 点 以前，打 一定 的 折扣。

узнать из «Таблицы почтовых тарифов».

Наручные часы, очки и прочие ценные хрупкие вещи надо отправлять в специальных упаковках.

У окошка «Посылки» есть иголки и нитки, можно воспользоваться при необходимости.

Вы хотите получить посылку? Пожалуйста, предъявите ваш документ, потом ещё распишитесь в извещении.

2. Телефон

Скажите, пожалуйста, где здесь поблизости есть телефонная будка?

Это монетный (IC-карточный, магнитный) таксофон общего пользования.

Если вы пользуетесь монетным таксофоном, сначала снимите трубку, потом опустите монету, когда услышите длинный гудок, тогда можете набирать номер.

Теперь с обычного домашнего телефона можно прямо позвонить в разные города внутри страны и за рубежом.

Днём и ночью за междугородный телефонный разговор платят по-разному. С 9 часов вечера до 7 часов следующего дня платят с определённой скидкой.

Diànxìnjú bùjiǔ qián kāitōngle IP wǎngluò diànhuà, huàfèi gèng
电信局 不久 前 开通了 IP 网络 电话，话费 更

piányi.
便宜。

Nǎr yǒu diànhuà hàomǎbù? Wǒ xiǎng chá ge hàomǎ.
哪儿 有 电话 号码簿？我 想 查 个 号码。

Rúguǒ nín xūyào bàojǐng (jíjiù、bào huǒjǐng、bào jiāotōng shìgù、
如果 您 需要 报警 （急救、报 火警、报 交通 事故、

cháxún diànhuà hàomǎ), qǐng bō yāoyāolíng (yāo'èrlíng、
查询 电话 号码），请 拨 110 （120、

yāoyāojiǔ、yāo'èr'èr、yāoyāosì).
119、 122、 114）。

Nín néng gàosu wǒ Xiǎo Wáng de diànhuà hàomǎ ma?
您 能 告诉 我 小 王 的 电话 号码 吗？

Qǐng jì yíxià wǒ de shǒujīhào……
请 记 一下 我 的 手机号……

Wǒ de shǒujī yì tiān èrshísì xiǎoshí dōu kāi. Nín yǒu shénme shìqing
我 的 手机 一 天 24 小时 都 开。您 有 什么 事情

xūyào zhǎo wǒ, suíshí dōu kěyǐ dǎ wǒ de shǒujī.
需要 找 我，随时 都 可以 打 我 的 手机。

Yòng shǒujī fā duǎnxìn, yòu kuài yòu piányi.
用 手机 发 短信，又 快 又 便宜。

Wǒmen kěyǐ yòng shǒujī duǎnxìn liáotiān, suīshuō yǒudiǎnr máfan,
我们 可以 用 手机 短信 聊天，虽说 有点儿 麻烦，

dànshì hěn shěngqián.
但是 很 省钱。

Shōu dào duǎnxìn hòu, qǐng huífù.
收 到 短信 后，请 回复。

Yòng shǒujī dǎ diànhuà hěn fāngbiàn. Shǒujī kěyǐ suíshēn xiédài,
用 手机 打 电话 很 方便。手机 可以 随身 携带，

suíshí suídì dōu kěyǐ bōdǎ diànhuà, hái kěyǐ guónèi、guójì
随时 随地 都 可以 拨打 电话，还 可以 国内、国际

mànyóu.
漫游。

Недавно на телеграфе открыли IP телефонную сеть, стоимость телефонного разговора стала ещё дешевле.

Где телефонная книга? Я хочу узнать номер телефона.

Если вам нужно <u>вызвать милицию</u> (вызвать скорую помощь, вызвать пожарную команду, вызвать милицию в случае ЧП, узнать какой-нибудь телефонный номер), наберите, пожалуйста, <u>110</u> (120, 119, 122, 114).

Можете ли вы дать мне номер телефона Сяо Вана?

Запишите, пожалуйста, номер моего мобильника: ...

Мой мобильник включён круглосуточно. Вы можете звонить на мой мобильник в любое время, если вам понадобится моя помощь.

Отправлять смс (короткие сообщения) по мобильнику и быстро и дёшево.

Мы можем общаться с помощью мобильных смс, хотя немного хлопотно, но очень экономно.

Пожалуйста, отвечайте после получения смс.

Звонить по мобильнику очень удобно. Ведь мобильник можно взять с собой, в любое время и в любом месте можно набрать номер и позвонить, потом ещё можно подключить междугородный и международный роуминг.

Zhège shǒujīhào shì wàidì de. Nǐ zài bō hàomǎ zhīqián, xiān yào jiā
这个 手机号 是 外地 的。你 在 拨 号码 之前， 先 要 加

ge líng, fǒuzé jiù huì dǎ bu tōng.
个 0，否则 就 会 打 不 通。

Wǒ de shǒujī huàfèi (diàn) yòng wán le. Xūyào mǎshàng chōngzhí
我 的 手机 话费 （电） 用 完 了。需要 马上 充值

(chōngdiàn).
（充电）。

Wǒ néngbunéng jièyòng yíxià nín de shǒujī?
我 能不能 借用 一下 您 的 手机？

Wǒmen zhèr shǒujī xìnhào tài chà. Wǒ huàn ge dìfang zài gěi nín dǎ
我们 这儿 手机 信号 太 差。我 换 个 地方 再 给 您 打

diànhuà.
电话。

Qǐng guānbì shǒujī!
请 关闭 手机！

Qǐng jiāng shǒujī guānbì (tiáochéng jìngyīn móshì、tiáochéng zhèndòng
请 将 手机 关闭 （调成 静音 模式、 调成 振动

móshì)!
模式）！

Shǒujī nèicún yǐ mǎn (xìnxī yǐ mǎn、duǎnxìn guò duō), xūyào
手机 内存 已 满 （信息 已 满、 短信 过 多），需要

shānchú.
删除。

Wèi, nín shì Jīnlíng Fàndiàn ma?
喂，您 是 金陵 饭店 吗？

Wèi, nǎ wèi?
喂，哪 位？

Wèi, wǒ shì……
喂，我 是……

Qǐng zhǎo…… jiē diànhuà.
请 找 …… 接 电话。

Qǐng shāoděng. Wǒ qù jiào tā (tā).
请 稍等。我 去 叫 他 （她）。

Этот номер мобильника не местный. Перед тем как набрать номер, сначала нужно добавить 0, иначе вы не дозвонитесь.

Деньги на моём мобильнике кончились (батарейка в моём мобильнике села). Нужно срочно пополнить счёт (зарядить батарейку).

Могу ли я воспользоваться вашим мобильником?

У нас здесь мобильный телефон не ловит. Я пойду в другое место и вам перезвоню.

Выключите, пожалуйста, мобильник!

Выключите (переведите) мобильник (в режим молчания, в режим вибрации), пожалуйста!

Память в мобильнике уже переполнена (информацией, смс /короткими сообщениями). Нужно удалить.

Алло, это гостиница «Цзиньлин»?

Алло, кто это говорит?

Алло! Это говорит ...

Попросите, пожалуйста, к телефону ...

Одну минуту. Я его (её) сейчас позову.

Tā (tā) bú zài. Yǒu shénme yào zhuǎngào de ma?
他（她）不在。有什么要转告的吗？

Wǒ děng huìr zài dǎ.
我等会儿再打。

Qǐng zhuǎngào tā (tā), ràng tā (tā) gěi······dǎ ge diànhuà.
请转告他（她），让他（她）给······打个电话。

Qǐng gàosu tā (tā) ······ yǒushì zhǎo tā (tā).
请告诉他（她）······有事找他（她）。

Duìbuqǐ, zhànxiàn.
对不起，占线。

Duìbuqǐ, nín dǎ cuò (bō cuò hàomǎ) le.
对不起，您打错（拨错号码）了。

Duìbuqǐ, nín bōdǎ de diànhuà zhèngmáng (zhèngzài tōnghuà zhōng)
对不起，您拨打的电话正忙（正在通话中）

(yǐ guānjī、wúfǎ jiētōng、bú zài fúwùqū), qǐng shāohòu zài bō.
（已关机、无法接通、不在服务区），请稍后再拨。

Duìbuqǐ, nín bōdǎ de diànhuà yǐ tíngjī (shì kōnghào).
对不起，您拨打的电话已停机（是空号）。

Duìbuqǐ, zhè shì bā èr wǔ jiǔ sān bā liù qī hào ma?
对不起，这是 8 2 5 9 3 8 6 7 号吗？

Qǐng zài chóngbō yí cì.
请再重拨一次。

Láojià, qǐng zài shuō yí biàn.
劳驾，请再说一遍。

Qǐng dàshēng diǎnr, wǒ tīngbuqīng nín shuō de huà.
请大声点儿，我听不清您说的话。

Nín yào dǎ chángtú (diànhuà), bié wàngle xiān bō chéngshì qūhào.
您要打长途（电话），别忘了先拨城市区号。

Zuǒbiānr qiáng shàng yǒu yì zhāng "Quánguó Zhǔyào Chéngshì
左边儿墙上有一张"全国主要城市

Chángtú Diànhuà Qūhàobiǎo", qǐng nín zìjǐ chá yíxià.
长途电话区号表"，请您自己查一下。

Его (её) сейчас нет. Что-нибудь передать?

Я перезвоню позже.

Передайте ему (ей), пожалуйста, чтобы он (она) позвонил (-ла)...

Передайте ему(ей), что ... ему(ей) звонил(-ла) по делу.

Извините, телефон занят.

Простите, вы не туда попали (ошиблись номером).

Извините, набранный вами номер занят (выключен, недоступен, вне зоны обслуживания), позвоните, пожалуйста, позже.

Извините, набранный вами номер заблокирован (не используется).

Извините, это номер 82593867?

Перезвоните, пожалуйста.

Будьте добры, повторите, пожалуйста.

Говорите погромче, мне вас плохо слышно.

Если вы хотите позвонить по междугородному телефону, не забудьте набрать сначала код города. Слева на стене висит 《Таблица телефонных кодов главных городов Китая》. Ознакомьтесь сами.

Dǎ guójì chángtú yào xiān bō líng líng.
打 国际 长途 要 先 拨 0 0。

Éluósī de guójiā dàihào shì qī.
俄罗斯 的 国家 代号 是 7。

3. Yínháng
3. 银行

Nín xūyào bàn shénme (yèwù)?
您 需要 办 什么 （业务）？
Nín yào kāi ge shénmeyàng de zhànghù?
您 要 开 个 什么样 的 账户？
Nín yào cún (qǔ、zhuǎn、dài) duōshao qián?
您 要 存（取、转、贷）多少 钱？
Cúnkuǎn (zhuǎnzhàng) zhīqián xiān yào tiánxiě dānzi.
存款 （转账） 之前 先 要 填写 单子。
Qǐng dào èr hào chuāngkǒu bànlǐ.
请 到 2 号 窗口 办理。
Zhànghào zài cúnzhé shàng.
账号 在 存折 上。
Qǐng chūshì nín de hùzhào (shēnfènzhèng)!
请 出示 您 的 护照 （身份证）！

Qǐng shūrù mìmǎ! Qǐng shū liǎng biàn! Qǐng quèrèn!
请 输入 密码！请 输 两 遍！请 确认！

Qǐng zài zhèr qiānzì!
请 在 这儿 签字！

Zhè shì nín de qián (cúnzhé、yínhángkǎ、dānzi).
这 是 您 的 钱 （存折、银行卡、单子）。

Xià yí wèi!
下 一 位！

Если вы хотите позвонить по международному телефону, то надо сначала набрать 00.

Код России—7.

3. Банк

Что вы хотите?

Какой счёт вы хотите открыть?

Какую сумму вы хотите <u>положить</u> (взять, перевести, взять в кредит)?

Для <u>вклада</u> (перевода) надо сначала заполнить бланк.

Обратитесь в окошко № 2.

Номер счёта указан в сберкнижке.

Покажите <u>ваш паспорт</u> (ваше удостоверение личности), пожалуйста!

Введите пароль! Два раза, пожалуйста! После пароля нажмите кнопку «Ввод» («Enter»), пожалуйста!

Подпишите здесь, пожалуйста!

Вот <u>ваши деньги</u> (ваша сберкнижка, ваша банковская карта, ваш бланк).

Следующий!

Qǐng ……hào kèhù dào ……hào chuāngkǒu lái bànlǐ yèwù.
请 ……号 客户 到 ……号 窗口 来 办理 业务。

Wǒ yào cúnqián (qǔqián、dàikuǎn、huándài).
我 要 存钱 (取钱、贷款、还贷)。

Wǒ yào bàn ge cúnzhé (yínhángkǎ、xìnyòngkǎ).
我 要 办 个 存折 (银行卡、信用卡)。

Qǐng wèn, wǒ de zhànghào shì duōshao?
请 问, 我 的 账号 是 多少?

Wǒ xiǎng bǎ zhèxiē qián cún dào zhézi (zhànghù) shang.
我 想 把 这些 钱 存 到 折子 (账户) 上。

Wǒ xūyào kāi yí gè huóqī zhànghù (dìngqī zhànghù, qīxiàn yì nián).
我 需要 开 一 个 活期 账户 (定期 账户, 期限 1 年)。

Wǒ yào jiāo diànhuàfèi (méiqìfèi、shuǐfèi、diànfèi).
我 要 交 电话费 (煤气费、水费、电费)。

Wǒ xiǎng cóng cúnzhé shang (cóng kǎ shang) qǔ diǎnr qián.
我 想 从 存折 上 (从 卡 上) 取点儿 钱。

Wǒ xūyào qǔ chū zhè zhāng cúndān shàng suǒyǒu de qián.
我 需要 取 出 这 张 存单 上 所有 的 钱。

Qǐng gěi wǒ shí zhāng wǔshí yuán (shí yuán、wǔ yuán) de chāopiào.
请 给 我 10 张 50 元 (10 元、5 元) 的 钞票。

Qǐng wèn, huóqī cúnkuǎn (yì nián de dìngqī cúnkuǎn) lìxī shì
请 问, 活期 存款 (一 年 的 定期 存款) 利息 是

duōshao?
多少?

Wǒ yǐjīng tián hǎo dānzi le.
我 已经 填 好 单子 了。

Wǒ de zhànghào shì duōshao?
我 的 账号 是 多少?

Zhèr néng duìhuàn wàibì ma?
这儿 能 兑换 外币 吗?

Просим клиента с номером ... пройти к окошку №... на банковскую операцию.

Я хочу положить деньги (взять деньги, взять кредит, вернуть кредит).

Мне нужно оформить сберкнижку (банковскую карту, кредитную карту).

Скажите, пожалуйста, какой номер моего счёта?

Я хочу положить эти деньги на сберкнижку (счёт).

Мне нужно открыть текущий счёт (срочный вклад, на год).

Я хочу заплатить за телефонный разговор (за газ, за воду, за электричество).

Я хочу снять деньги с сберкнижки (с карты).

Мне нужно взять все деньги по этому вкладу.

Дайте мне 10 банкнот по 50 юаней (10 юаней, 5 юаней).

Скажите, пожалуйста, какие проценты у бессрочного вклада (у вклада на год)?

Я уже заполнил(-ла) бланк.

Какой номер моего счёта?

Здесь можно обменять валюту?

Yì zhāng zhīpiào zuìduō kěyǐ tiánxiě duō dà shù'é?
一 张 支票 最多 可以 填写 多 大 数额？

Zài shénme dìfang kěyǐ duìxiàn zhè zhāng zhīpiào?
在 什么 地方 可以 兑现 这 张 支票？

Wǒ xiǎng bǎ yìbǎi měiyuán huàn chéng rénmínbì.
我 想 把 100 美元 换 成 人民币。

Xiànzài měiyuán (lúbù) hé rénmínbì de bǐjià shì duōshao?
现在 美元 （卢布）和 人民币 的 比价 是 多少？

Qǐng wèn, fùjìn nǎr yǒu zìdòng qǔkuǎnjī (Zhōngguó Yínháng)?
请 问，附近 哪儿 有 自动 取款机 （中国 银行）？

Wǒ yǒu Visa-kǎ. Wǒ néng zài nǐmen yínháng (cóng zhège qǔkuǎnjī
我 有 Visa 卡。我 能 在 你们 银行 （从 这个 取款机

shàng) qǔqián ma?
上） 取钱 吗？

Zhège qǔkuǎnjī shénme shíhou néng qǔkuǎn?
这个 取款机 什么 时候 能 取款？

Zhège qǔkuǎnjī jiēshòu Visa-kǎ ma?
这个 取款机 接受 Visa 卡 吗？

Zhège qǔkuǎnjī li de qián yǐjīng qǔ wán le.
这个 取款机 里 的 钱 已经 取 完 了。

Yí cì zuìduō kěyǐ qǔ duōshao qián?
一 次 最多 可以 取 多少 钱？

(Èr) Huìhuà
（二）会话

1

Gùkè: Qǐng wèn, wǎng Běijīng jì fēng xìn tiē duōshao qián de yóupiào?
顾客：请 问，往 北京 寄 封 信 贴 多少 钱 的 邮票？

Yíngyèyuán: Píngxìn yí kuài liǎng máo.
营业员： 平信 1 块 2 毛。

На какую максимальную сумму можно оформить чек?

Где можно получить наличными по этому чеку?

Я хочу обменять 100 долларов на китайские юани.

Какой курс доллара (рубля) к китайскому юаню сейчас?

Скажите, пожалуйста, где есть банкомат (Банк КНР) поблизости?

У меня карта «Виза». Могу ли я снять деньги в вашем банке (с этого банкомата)?

В какие часы работает этот банкомат?

Этот банкомат принимает карту «Виза»?

В этом банкомате наличные уже закончились.

Какую сумму можно снять за один раз?

(Б) *Диалоги*

1

Посетитель: Скажите, пожалуйста, какую марку надо наклеить на письмо в Пекин?

Служащий: На простое письмо—марку за 1 юань 20 фэней.

Gùkè: Gěi wǒ wǔ zhāng yí kuài liǎng máo de yóupiào.
顾客：给 我 5 张 1 块 2 毛 的 邮票。

Yíngyèyuán: Wǔ zhāng gòng liù yuán, qǐng ná hǎo.
营业员： 5 张 共 6 元， 请 拿 好。

Gùkè: Xièxie! Wǒ hái xiǎng mǎi yí tào "Sūzhōu Fēngguāng" de
顾客：谢谢! 我 还 想 买 一 套 "苏州 风光" 的

měishù míngxìnpiàn.
美术 明信片。

Yíngyèyuán: Yí tào bā zhāng, gòng shí'èr yuán.
营业员： 一 套 8 张， 共 12 元。

2

Gùkè: Qǐng wèn, wǎng guówài jì ge xiǎobāoguǒ yào duōshao qián?
顾客：请 问， 往 国外 寄个 小包裹 要 多少 钱?

Yíngyèyuán: Àn bāoguǒ zhòngliàng jí dìqū yuǎnjìn lái jìsuàn, qiáng
营业员： 按 包裹 重量 及 地区 远近 来 计算， 墙

shàng yǒu "Yóuzhèng Zīfèi Jiǎnbiǎo".
上 有 "邮政 资费 简表"。

Gùkè: Jì yì fēng guónèi de guàhàoxìn duōshao qián?
顾客：寄 一 封 国内 的 挂号信 多少 钱?

Yíngyèyuán: Sì kuài bā.
营业员： 4 块 8。

Gùkè: Xièxie! Dào Běijīng de guàhàoxìn yào zǒu jǐ tiān?
顾客：谢谢! 到 北京 的 挂号信 要 走 几 天?

Yíngyèyuán: Guàhàoxìn bǐ píngxìn yào màn yìdiǎnr, dàgài sìwǔ
营业员： 挂号信 比 平信 要 慢 一点儿，大概 四五

tiān.
天。

Посетитель: Дайте мне, пожалуйста, 5 марок по 1 юаню 20 фэням.

Служащий: За 5 марок с вас всего 6 юаней. Получите, пожалуйста, марки.

Посетитель: Спасибо! Я хочу ещё купить набор художественных открыток «Виды Сучжоу».

Служащий: В наборе 8 открыток, с вас всего 12 юаней.

2

Посетитель: Скажите, пожалуйста, сколько стоит отправка за границу небольшой посылки?

Служащий: Это зависит от веса посылки и места назначения. «Таблица почтовых тарифов» висит на стене.

Посетитель: А сколько стоит отправка междугородного заказного письма?

Служащий: 4 юаня 80 фэней.

Посетитель: Спасибо! А сколько дней заказное письмо идёт до Пекина?

Служащий: Заказное письмо идёт медленнее обычного, пожалуй, 4-5 дней.

3

Yíngyèyuán: Zhè shì bāoguǒdān, qǐng xiángxì tiánxiě, rúguǒ nín de
营业员： 这 是 包裹单， 请 详细 填写， 如果 您 的

dōngxi xūyào bǎojià, qǐng zài "Bǎojià" yì lán nèi zhùmíng jiàzhí.
东西 需要 保价， 请 在 "保价" 一 栏 内 注明 价值。

Gùkè: Hǎo de. Nín kàn, zhèyàng tián xíng ma?
顾客： 好 的。 您 看， 这样 填 行 吗？

Yíngyèyuán: Xíng.
营业员： 行。

Gùkè: Bāoguǒ nín yào kànkan ma?
顾客： 包裹 您 要 看看 吗？

Yíngyèyuán: Shì de ……Hǎo, xiànzài nín kěyǐ féng qǐlái le, zhèr
营业员： 是 的 ……好， 现在 您 可以 缝 起来 了，这儿

yǒu zhēnxian, nín zìjǐ ná. ……Féng hǎole ma?
有 针线， 您 自己 拿。……缝 好了 吗？

Gùkè: Bāoguǒ yào duōshao qián?
顾客： 包裹 要 多少 钱？

Yíngyèyuán: Wǒ chēng yíxià, nín gāi fù wǔ yuán liù jiǎo.
营业员： 我 称 一下， 您 该 付 5 元 6 角。

Gùkè: Qǐng shōu qián.
顾客： 请 收 钱。

4

Gùkè A: Qǐng wèn, zài nǎr qǔ bāoguǒ?
顾客 A： 请 问， 在 哪儿 取 包裹？

Gùkè B: Zuǒbian dì-èr gè chuāngkǒu, nàr bú shì xiězhe "Bāoguǒ"
顾客 B： 左边 第二个 窗口， 那儿 不 是 写着 "包裹"

liǎng gè zì ma? Nín kànjiànle méiyǒu?
两 个 字 吗？ 您 看见了 没有？

Gùkè A: Kànjiàn le. Xièxie!
顾客 A： 看见 了。 谢谢！

3

Служащий: Это бланк посылки. Пожалуйста, заполните его подробно. Если вы хотите оценить свои вещи, то в графе 《Оценочная стоимость》 укажите их стоимость.

Посетитель: Хорошо. Посмотрите, пожалуйста, так правильно?

Служащий: Правильно.

Посетитель: Посылку вы хотите посмотреть?

Служащий: Да... Всё в порядке. Теперь вы можете зашивать. Вот иголки и нитки, берите сами... Уже зашили?

Посетитель: Сколько стоит отправка посылки?

Служащий: Сейчас взвешу. С Вас 5 юаней 60 фэней.

Посетитель: Получите, пожалуйста, деньги.

4

Посетитель А: Скажите, пожалуйста, где получают посылки?

Посетитель Б: Во втором окошке слева. Вон там написано 《Посылки》, видите?

Посетитель А: Вижу. Спасибо!

5

Gùkè: Wǒ xiǎng bǎ zhèxiē shū jì dào Éluósī qù, shìbushì kěyǐ jì
顾客：我 想 把 这些 书 寄 到 俄罗斯 去，是不是 可以 寄

yìnshuāpǐn?
印刷品？

Yíngyèyuán: Qǐng dǎkāi ràng wǒ kànkan.
营业员： 请 打开 让 我 看看。

Gùkè: Āiyā, wǒ yǐjīng fēng hǎo le, néng bú kàn ma?
顾客：哎呀，我 已经 封 好 了，能 不 看 吗？

Yíngyèyuán: Bù xíng, zhè shì guīdìng de shǒuxù.
营业员： 不 行，这 是 规定 的 手续。

Gùkè: Hǎo ba, qǐng kàn ba.
顾客：好 吧，请 看 吧。

6

Gùkè: Láojià, wǒ yào dìng yí fèn 《Wénhuìbào》, míngnián
顾客：劳驾，我 要 订 一 份 《文汇报》， 明年

shàngbànnián de, hái yào yí fèn 《Zhōngguó Éyǔ Jiàoxué》
上半年 的，还 要 一 份 《中国 俄语 教学》

zázhì, dìng quánnián de.
杂志，订 全年 的。

Yíngyèyuán: Zhè shì dìngdān, qǐng tián shàng nín de xìngmíng、
营业员： 这 是 订单， 请 填 上 您 的 姓名、

dìzhǐ、 bàokān míngchēng hé qǐzhǐ rìqī. Duì le, qǐng bié
地址、 报刊 名称 和 起止 日期。对 了， 请 别

wàngjì zhùmíng bàokān dàihào.
忘记 注明 报刊 代号。

Gùkè: Bàokān dàihào zài nǎr chá ya?
顾客：报刊 代号 在 哪儿 查 呀？

Yíngyèyuán: Nà bu, guìtái shàng nà běn 《Quánguó Gèdì Bàokān
营业员： 那 不， 柜台 上 那 本 《全国 各地 报刊

5

Посетитель: Я хочу отправить эти книги в Россию. Можно отправить их бандеролью?

Служащий: Откройте и покажите мне, пожалуйста.

Посетитель: Ой, я уже упаковал, можно не показывать?

Служащий: Нельзя, таковы правила.

Посетитель: Ну, ладно. Пожалуйста, смотрите.

6

Посетитель: Будьте добры, я хочу выписать на первую половину следующего года газету 《Вэньхуэйбао》 и ещё на весь год журнал 《Русский язык в Китае》.

Служащий: Вот вам бланки. Напишите вашу фамилию и имя, адрес, названия газеты и журнала, и ещё срок подписки. Да, не забудьте указать условные номера газеты и журнала.

Посетитель: А где найти эти условные номера?

Служащий: Видите, вон там на прилавке лежит 《Сводный каталог периодических изданий КНР》. Там всё напечатано!

Mùlù》shàng yìnzhe ne!
目录》上 印着 呢!

Gùkè: À, xièxie!
顾客:啊,谢谢!

7

Sàshā: Nǐ zhīdào Nánjīng Dàxué Wàiguóyǔ Xuéyuàn de diànhuà hàomǎ
萨沙:你 知道 南京 大学 外国语 学院 的 电话 号码

ma?
吗?

Mǎkèxīmǔ: Wǒ jìbuqīng le, nǐ cháyichá diànhuàbù ba.
马克西姆:我 记不清 了,你 查一查 电话簿 吧。

Sàshā: Hā, chá dào le.
萨沙:哈,查 到 了。

Mǎkèxīmǔ: Zěnme? Méi rén jiē ma?
马克西姆:怎么? 没 人 接 吗?

Sàshā: Shì zhànxiàn.
萨沙:是 占线。

8

Sàshā: Jīntiān shì wǒ mǔqīn de shēngrì, wǒ xiǎng dǎ ge diànhuà dào
萨沙:今天 是 我 母亲 的 生日,我 想 打 个 电话 到

Mòsīkē.
莫斯科。

Mǎkèxīmǔ: Dǎ dào Mòsīkē duōshao qián yì fēnzhōng?
马克西姆:打 到 莫斯科 多少 钱 一 分钟?

Sàshā: Dàgài shí yuán yì fēnzhōng. Jīntiān shì xīngqītiān, hái kěyǐ
萨沙:大概 10 元 一 分钟。 今天 是 星期天, 还 可以

yōuhuì.
优惠。

Mǎkèxīmǔ: Nǐ zhīdào zěnme dǎ ma?
马克西姆:你 知道 怎么 打 吗?

Посетитель: Да, спасибо!

7

Саша: Ты не знаешь номер Института иностранных языков Нанкинского университета?

Максим: Я точно не знаю. А ты посмотри в телефонную книгу.

Саша: Ага, я нашёл.

Максим: Что? Не отвечает?

Саша: Телефон занят.

8

Саша: Сегодня день рождения моей матери. Я хочу позвонить в Москву.

Максим: А сколько стоит одна минута разговора с Москвой?

Саша: Пожалуй, каждая минута — 10 юаней. Сегодня воскресенье, ещё можно позвонить со скидкой.

Максим: А ты знаешь, как звонить?

萨沙：先拨 0 0，然后拨 俄罗斯 的 代号 7，再拨
莫斯科 城市 代号 0 9 5 和 我们 家 的 电话
号码 就 行 了。

马克西姆：那 你 快点 打 吧。

9

小 王：小李，你 的 手机 已经 响了 好 几 次 了。
小 李：是 吗？我 怎么 没 听见？可能 是 因为 刚才
聊天 太 投入 了。我 来 看看，是 谁 给 我 打 的
电话。糟糕，是 我 的 女朋友 丽丽 …… 喂，丽丽，
对不起，对不起，我 刚才 没 听见 铃声。丽丽，你
别 生气，我…… 真 倒霉，我 手机 没电 了。小
王，我 要 用 一下 你 的 手机，行 吗？

小 王：当然。你 赶紧 给 她 打 吧。

小 李：谢谢！…… 小 王，我 打 完 了。非常 非常
感谢 你！幸亏 我 及时 回了 她 的 电话，否则 她 又
要 生气，又 要 一连 好 几 天 不 理 我 了。有 一

Саша: Сначала надо набирать 00, потом код России 7, код Москвы 095, а в конце наш домашний телефонный номер и всё.

Максим: Тогда звони скорее.

9

Сяо Ван: Сяо Ли, твой мобильник звонил уже несколько раз.

Сяо Ли: Правда? Почему я не слышал? Наверное, я был слишком увлечён разговором. Сейчас я посмотрю, кто это мне звонил. Вот это да, это звонила моя девушка Лили. ... Алло, Лили, извини, извини, я не слышал звонок. Лили, да ты не сердись. Я... Какая беда, батарейка в моём мобильнике села. Сяо Ван, мне нужно воспользоваться твоим мобильником. Можно?

Сяо Ван: Конечно. Да ты звони ей скорее.

Сяо Ли: Спасибо! ... Сяо Ван, я уже позвонил. Огромное тебе спасибо! Как хорошо, что я вовремя ответил на её звонок, а то она опять обиделась бы на меня и не разговаривала бы со мной несколько дней подряд. Однажды она звонила мне, и мы договаривались о времени и месте встречи, как вдруг

次，她给我打电话，我们正在商量约会时间、地点，我的手机话费忽然用完了。我赶紧去充值，没想到充值的人很多，我没办法，排了很长时间的队伍。后来女朋友气得一个星期没理我。

小王：现在的女孩子都很难侍候。小李，你应该向我学习。我自从有了女朋友，我的手机每天晚上都充电，每个月都充值，而且，从来不关机。所以，我从来没有因为手机的缘故，让我的女朋友生气。

小李：那上课和开会的时候怎么办？

小王：那我就把手机调成震动模式，而且始终放在我胸前的口袋里。

小李：那你睡觉时手机放哪儿？

小王：放在枕头边上。

小李：这样对身体不好。手机可是有辐射的。

деньги на моём мобильнике кончились. Я сразу побежал пополнить счёт, но я не ожидал, что там будет большая очередь, и мне пришлось долго стоять в очереди. Потом моя девушка рассердилась и целую неделю не разговаривала со мной.

Сяо Ван: Нынешним девушкам очень трудно угодить. Сяо Ли, тебе надо учиться у меня. С тех пор, как я стал встречаться с моей девушкой, я каждый вечер заряжаю мобильник, каждый месяц пополняю счёт, кроме того, никогда не выключаю мобильник. Поэтому, моя девушка никогда не обижается на меня из-за мобильника.

Сяо Ли: А как же на занятиях и собраниях?

Сяо Ван: Тогда я перевожу мобильник в режим вибрации и всегда кладу его в карман поближе к сердцу.

Сяо Ли: А где лежит мобильник, когда ты спишь?

Сяо Ван: У подушки.

Сяо Ли: Это вредно для здоровья. Ведь мобильник излучает радиацию.

小 王：那我就顾不上了。对我来讲，女朋友比什么都重要。再说，我的手机是世界知名品牌诺基亚，它的辐射指数很低，不会有任何危险的。

小 李：你说得不错。我的手机是摩托罗拉，据说，它的辐射指数也很低。我决定，从今天开始，我也和你一样，天天充电，月月充值，永不关机。

10

阿廖沙：您好！我想办个存折。

银行职员：定期的还是活期的？

阿廖沙：办个活期的。

银行职员：请您填一下单子。

阿廖沙：我填好了。您看这样填行吗？

银行职员：小伙子，您的中文字写得很漂亮。不过，这儿有一个错别字，少了一笔。

Сяо Ван: Мне не до этого. Для меня важнее подруги ничего нет. К тому же, мой мобильник—фирмы《Нокия》, известной марки в мире, его показатель радиации очень низкий, никакой опасности не будет.

Сяо Ли: Ты прав. Мой мобильник—фирмы《Моторолла》, говорят, у него тоже очень низкий показатель радиации. Я принял решение: с сегодняшнего дня я, как ты, буду заряжать мобильник каждый день, пополнять счёт каждый месяц, никогда не буду выключать мобильник.

10

Алёша: Здравствуйте! Я хочу завести сберкнижку.

Служащий банка: Вклад срочный или текущий?

Алёша: Текущий.

Служащий банка: Заполните бланк, пожалуйста!

Алёша: Я уже заполнил. Вы посмотрите, пожалуйста, всё правильно?

Служащий банка: Молодой человек, вы пишете китайские иероглифы очень красиво. Но в этом иероглифе есть ошибка, не хватает одной чёрточки.

阿廖沙：谢谢！这样写对吗？

银行职员：完全正确。请出示您的护照。

阿廖沙：好的……请问，活期有利息吗？

银行职员：有。请看大厅里的显示屏，上面列有各种账户的利息……请您在这儿签个字。

阿廖沙：好的。

银行职员：请设个密码！请输入两遍！……这是您的存折，上面有您的账号。密码请记住！

阿廖沙：谢谢！我还要存一下钱。请您把这10000元钱全部存入我的存折。

银行职员：好的……请您签字……这是凭条。请您收好！

阿廖沙：谢谢！再见！

银行职员：再见！

Алёша: Спасибо! Так правильно?

Служащий банка: Совершенно верно. Покажите ваш паспорт.

Алёша: Хорошо! ... Скажите, пожалуйста, начисляются ли проценты на текущий счёт?

Служащий банка: Да, начисляются. Посмотрите на табло в зале, там указаны проценты разных счетов. ... Подпишите здесь, пожалуйста!

Алёша: Хорошо.

Служащий банка: Введите пароль! Введите два раза, пожалуйста! ... Вот ваша сберкнижка, в ней указан номер вашего счёта. Пароль запомните, пожалуйста!

Алёша: Спасибо! Мне ещё нужно положить деньги. Положите, пожалуйста, 10000 юаней на мою сберкнижку.

Служащий банка: Хорошо! ... Подпишите, пожалуйста! ... Вот квитанция. Получите, пожалуйста!

Алёша: Спасибо! До свидания!

Служащий банка: До свидания!

11

玛莎：王红，你好！我在这儿碰到你，真是太好了！
Mǎshā: Wáng Hóng, nǐ hǎo! Wǒ zài zhèr pèng dào nǐ, zhēn shì tài hǎo le!

王红：玛莎，你好！你有什么事要我帮忙吗？
Wáng Hóng: Mǎshā, nǐ hǎo! Nǐ yǒu shénme shì yào wǒ bāngmáng ma?

玛莎：我的现金全部用完了。你告诉我，这里附近哪儿有银行。我想取钱。
Mǎshā: Wǒ de xiànjīn quánbù yòng wán le. Nǐ gàosu wǒ, zhèli fùjìn nǎr yǒu yínháng. Wǒ xiǎng qǔqián.

王红：你有中国的银行存折吗？或者银行卡也行。
Wáng Hóng: Nǐ yǒu Zhōngguó de yínháng cúnzhé ma? Huòzhě yínhángkǎ yě xíng.

玛莎：没有。但是，我在俄罗斯办了一个Visa卡。
Mǎshā: Méiyǒu. Dànshì, wǒ zài Éluósī bànle yí gè Visa-kǎ.

王红：Visa卡？那就很简单了。这是全球通用的银行卡。用Visa卡，可以在全世界所有标有VISA标志的银行网点和自动取款机上提取当地货币。你没必要到银行去，那里人多，往往要排长队。我记得你们留学生宿舍门口的那个自动取款机上就有
Wáng Hóng: Visa-kǎ? Nà jiù hěn jiǎndān le. Zhè shì quánqiú tōngyòng de yínhángkǎ. Yòng Visa-kǎ, kěyǐ zài quánshìjiè suǒyǒu biāoyǒu Visa biāozhì de yínháng wǎngdiǎn hé zìdòng qǔkuǎnjī shang tíqǔ dāngdì huòbì. Nǐ méi bìyào dào yínháng qù, nàli rén duō, wǎngwǎng yào pái chángduì. Wǒ jìde nǐmen liúxuéshēng sùshè ménkǒu de nàge zìdòng qǔkuǎnjī shang jiù yǒu

11

Маша: Привет, Ван Хун! Как хорошо, что я здесь тебя встретила!

Ван Хун: Привет, Маша! Чем я тебе могу помочь?

Маша: Все мои наличные уже кончились. Ты не подскажешь, где здесь поблизости есть банк. Я хочу снять деньги.

Ван Хун: У тебя есть сберкнижка какого-нибудь китайского банка? Или карта.

Маша: Нет. Но в России я завела карту 《Виза》.

Ван Хун: Карта 《Виза》? Тогда очень просто. Это международная банковская карта. По карте 《Виза》 можно снять местную валюту во всём мире в любой точке, обозначенной логотипом Visa, включая банкоматы. Тебе не за чем идти в банк, там много народу, часто бывает большая очередь. Насколько я помню, у ворот вашего общежития для студентов-иностранцев есть банкомат, который обозначен именно логотипом Visa. Там тебе можно снять деньги. Он работает круглосуточно.

Visa biāozhì. Nǐ kěyǐ zài nàli qǔqián. Yì tiān èrshísì xiǎoshí
VISA 标志。你可以在那里取钱。一天 24 小时
dōu kāi.
都开。

Mǎshā: Tài hǎo le. Wǒ xiànzài jiù qù. Nǐ néngbunéng péi wǒ yìqǐ
玛莎：太好了。我现在就去。你能不能陪我一起
qù? Wǒ de Zhōngwén bú shì hěn hǎo, wǒ dānxīn kànbudǒng
去？我的中文不是很好，我担心看不懂
qǔkuǎnjī xiǎnshìpíng shang de tíshìyǔ.
取款机显示屏上的提示语。

Wáng Hóng: Wǒ kěyǐ hé nǐ yìqǐ qù. Zhènghǎo wǒ xiànzài shénme
王红：我可以和你一起去。正好我现在什么
shì dōu méiyǒu. Búguò, wǒ háishi yào gàosu nǐ, nǐ de dānxīn
事都没有。不过，我还是要告诉你，你的担心
shì duōyú de. Xiànzài de qǔkuǎnjī yìbān dōu kěyǐ xuǎnzé
是多余的。现在的取款机一般都可以选择
Yīngyǔ.
英语。

Mǎshā: Wǒ de Yīngyǔ yě hěn chà. Wǒmen yìqǐ qù ba!
玛莎：我的英语也很差。我们一起去吧！

Wáng Hóng: Hǎo de. Zǒu ba!
王红：好的。走吧！

Маша: Прекрасно. Я пойду сейчас же. Ты можешь пойти вместе со мной? У меня не очень хороший китайский язык, я боюсь, что не смогу понять текстовые напоминания на табло банкомата.

Ван Хун: Я могу пойти вместе с тобой. Как раз я освободилась. Но, я всё-таки хочу сказать тебе, что ты зря беспокоишься. Теперь почти во всех банкоматах можно выбрать английский язык.

Маша: Но мой английский язык тоже очень плохой. Лучше пойдём вместе!

Ван Хун: Ладно. Пойдём!

Liù、Gòuwù
六、购物

(Yī) Chángyòngyǔ
(一) 常用语

Wǒ xiǎng dào bǎihuò shāngdiàn (shāngchǎng、shāngchéng、gōngsī)
我 想 到 百货 商店 （商场、 商城、 公司）
qù mǎi dōngxi.
去 买 东西。

Qǐng wèn, dào bǎihuò gōngsī (shūdiàn、chāoshì、"……" liánsuǒdiàn)
请 问，到 百货 公司 （书店、 超市、"……" 连锁店）
zěnme zǒu?
怎么 走？

Bǎihuò shāngdiàn cóng zǎochen jiǔ diǎn yìzhí yíngyè dào wǎnshang
百货 商店 从 早晨 9 点 一直 营业 到 晚上
jiǔ diǎn.
9 点。

"Jīnrùnfā" chāoshì yíngyè shíjiān: zǎo bā diǎn (shí) zhì wǎn shí diǎn
"金润发" 超市 营业 时间：早 8 点 （时）至 晚 10 点
(shí).
（时）。

Zhè jiā biànlìdiàn (xiǎochāoshì) yì tiān èrshísì xiǎoshí yíngyè.
这 家 便利店 （小超市） 一 天 24 小时 营业。

Wǒmen de shāngdiàn xīngqīliù、xīngqītiān hé jiérì zhàocháng yíngyè.
我们 的 商店 星期六、星期天 和 节日 照常 营业。

Zhè jiā bǎihuò shāngdiàn (chāoshì) shāngpǐn tèbié fēngfù, xuǎnzé
这 家 百货 商店 （超市） 商品 特别 丰富，选择

6. Покупки

(А) *Общеупотребительные выражения и фразы*

Я хочу пойти в универмаг за покупками.

Скажите, пожалуйста, как пройти к универмагу (книжному магазину, супермаркету, магазину сети 《...》)?

Универмаг работает с 9 до 21 часа.

Время работы супермаркета 《Цзиньжуньфа》: с 8 до 22 часа.

Этот удобный магазин (Convenience Store) (мини-маркет) работает круглосуточно.

Наш магазин работает и в субботу, и в воскресенье, и в праздники.

В этом универмаге (супермаркете) товаров очень много и их

yúdì hěn dà.
余地很大。

Zhège chúchuāng bùzhì de hěn yìshù (biézhì、piàoliang).
这个 橱窗 布置 得 很 艺术（别致、漂亮）。

Qǐng wèn, xiémàobù (huàzhuāngpǐnbù、wénjùbù、jiāyòng diànqìbù) zài
请 问，鞋帽部 （化妆品部、文具部、家用 电器部）在

nǎr?
哪儿?

Zhè zhǒng liàozi duōshao qián yì mǐ?
这 种 料子 多少 钱 一 米?

Nánnǚ fúzhuāngbù zài shāngchǎng èr lóu.
男女 服装部 在 商场 二 楼。

"……" liánsuǒdiàn hěn yǒu míngqi, zhuānmài xiǎozhuāngshìpǐn, hěn
"……" 连锁店 很 有 名气， 专卖 小装饰品， 很

yǒu pǐnwèi.
有 品味。

Duìbuqǐ, máfan nín bǎ nàge gěi wǒ kànkan.
对不起，麻烦 您 把 那个 给 我 看看。

Qǐng wèn, nǐmen zhèr yǒu xǐfàjīng(xǐfà xiāngbō)(yágāo、xiāngshuǐ、
请 问，你们 这儿 有 洗发精（洗发 香波）（牙膏、 香水、

měiróngshuāng、zhǐjiayóu、chúngāo、xiāngfěn、xǐmiànnǎi) ma?
美容霜、 指甲油、 唇膏、 香粉、 洗面奶）吗？

Wǒ yào yì píng pútáojiǔ (suānnǎi).
我 要 一 瓶 葡萄酒 （酸奶）。

Wǒ yào yí dài (yì bāo) shuǐguǒtáng (huāshēngmǐ、guāzǐr).
我 要 一 袋 （一 包） 水果糖 （花生米、 瓜子儿）。

Qǐng gěi wǒ chēng yì gōngjīn píngguǒ (xiāngjiāo、júzi、lí、bōluó、
请 给 我 称 一 公斤 苹果 （香蕉、 橘子、梨、菠萝、

lìzhī、cǎoméi、huǒtuǐ、xiāngcháng).
荔枝、 草莓、 火腿、 香肠）。

Qǐng wèn, nǎr kěyǐ mǎi dào yǔróngfú (rèshuǐpíng、qìyā shuǐpíng、
请 问，哪儿 可以 买 到 羽绒服 （热水瓶、气压 水瓶、

выбор очень большой.

Эта витрина оформлена очень художественно (оригинально, красиво).

Скажите, пожалуйста, где находится отдел обуви и головных уборов (косметики, канцтоваров, электротехники)?

Сколько стоит метр такой ткани?

Мужская и женская одежда на втором этаже универмага.

Магазины сети «...» пользуются большой популярностью, они специализируются на продаже ювелирных изделий и обладают изысканным вкусом.

Извините за беспокойство, дайте мне посмотреть вон ту вещь.

Скажите, пожалуйста, у вас есть шампунь (зубная паста, духи, крем, лак для ногтей, губная помада, пудра, молочко для лица)?

Мне нужна бутылка вина (кефира).

Мне нужна пачка фруктовых конфет (арахиса, семечек).

Взвесьте мне, пожалуйста, килограмм яблок (бананов, мандаринов, груш, ананасов, личжи, земляники, ветчины, колбасы).

Скажите, пожалуйста, где можно купить пуховку (термос, пневматический термос, мобильник, флешку, портативный

shǒujī、yōupán、yídòng yìngpán、MP-sān、DVD)?
手机、优盘、移动 硬盘、 MP3 DVD)?

Zhè zhǒng yùndòngxié (lǚyóuxié) shì shénme dìfang chǎn de? Shì
这 种 运动鞋 （旅游鞋）是 什么 地方 产 的? 是

shànghǎihuò ma?
上海货 吗?

Qǐng wèn, zhè zhǒng yáokòng diànshìjī (shōuyīnjī、lùxiàngjī、VCD)
请 问，这 种 遥控 电视机 （收音机、录像机、VCD)

zěnme shǐyòng?
怎么 使用?

Duìbuqǐ, nín néngbunéng gěi wǒ jièshào yíxià zhè zhǒng shùmǎ
对不起，您 能不能 给 我 介绍 一下 这 种 数码

xiàngjī (diànfànbāo、diànnuǎnqì、shèxiàngjī) de shǐyòng fāngfǎ?
相机 （电饭煲、 电暖器、 摄像机）的 使用 方法?

Qǐng wèn, zhè zhǒng huò shénme shíhou dào (yǒu)?
请 问，这 种 货 什么 时候 到 （有)?

Zhège wǒ bù xǐhuan, háiyǒu bié de yàngzi de ma?
这个 我 不 喜欢，还有 别 的 样子 的 吗?

Qǐng ná piányi (guì、dà、xiǎo) yìdiǎnr de gěi wǒ kànkan.
请 拿 便宜 （贵、大、小）一点儿 的 给 我 看看。

Zhège tài guì (cháng、kuān、dà、féi) le, yǒu piányi (duǎn、zhǎi、
这个 太 贵 （长、 宽、大、肥）了，有 便宜 （短、窄、

xiǎo、shòu) yìdiǎnr de ma?
小、 瘦）一点儿 的 吗?

Qǐng nín ná bùtóng yánsè (kuǎnshì) de…… ràng wǒ tiāotiao.
请 您 拿 不同 颜色 （款式）的…… 让 我 挑挑。

Duìbuqǐ, wǒ búyào le.
对不起，我 不要 了。

Qǐng wèn, zhège dōngxi néng huàn ma?
请 问，这个 东西 能 换 吗?

Tài yíhàn le, wǒ lái wǎnle yíbù, méi mǎi dào.
太 遗憾 了，我 来 晚了 一步，没 买 到。

жёсткий диск, MP-3, DVD-плейер)?

Где производятся эти спортивные туфли (кроссовки)? Это продукция Шанхая?

Скажите, пожалуйста, как пользоваться такими телевизорами (радиоприёмниками, видеомагнитофонами, VCD-плейерами) с дистанционным управлением?

Извините, вы не можете рассказать мне, как пользоваться такими цифровыми фотоаппаратами (рисоварками, электрообогревателями, киноаппаратами)?

Скажите, пожалуйста, когда будет этот товар?

Это мне не нравится, а другой фасон есть?

Покажите мне, пожалуйста, что-нибудь подешевле (подороже, побольше, поменьше).

Это слишком дорого (длинно(е), свободно, велико, широко (е)), есть что-нибудь подешевле (покороче, поуже, поменьше, поприталеннее).

Покажите мне, пожалуйста, ... разных цветов (фасонов) на выбор.

Извините, это мне не подходит.

Скажите, пожалуйста, можно поменять эту вещь?

Очень жаль, я опоздал(-ла) и не успел(-ла) купить.

Nín hǎo! Nín yào mǎi shénme?
您好！您要买什么？

Nín yào diǎnr shénme?
您要点儿什么？

Nín kàn zhège xíng (héshì) ma?
您看这个行（合适）吗？

Zhè shì zuì xīn (míngyōu) chǎnpǐn, gōngnéng duō, zhìliàng hǎo.
这是最新（名优）产品，功能多，质量好。

Zhè shì míngpáihuò (yōuzhì shāngpǐn、chàngxiāohuò).
这是名牌货（优质商品、畅销货）。

Zhè shì guóchǎn de (jìnkǒu de、chūkǒu zhuǎn nèixiāo de).
这是国产的（进口的、出口转内销的）。

Zhè shì chúnmián de (jīnglún de、chúnmáo de、hùnfǎng de, huàxiān
这是纯棉的（腈纶的、纯毛的、混纺的、化纤

de、yángpí de、niúpí de).
的、羊皮的、牛皮的）。

Fàngxīn, zhè zhǒng liàozi bú diàosè、bù suōshuǐ、bù qǐzhòu, hěn hǎo
放心，这种料子不掉色、不缩水、不起皱，很好

dǎlǐ.
打理。

Zhè zhǒng huò bù duō (hěn jǐnzhāng、mài wán le、hái méi dào).
这种货不多（很紧张、卖完了、还没到）。

Duìbuqǐ, zhè zhǒng dōngxi xiànzài quēhuò, qǐng nín guò jǐ tiān zài
对不起，这种东西现在缺货，请您过几天再

lái kànkan.
来看看。

Zhè jiàn T-xùshān shì míngpái, nà jiàn suīrán yánsè hǎokàn, dàn
这件T恤衫是名牌，那件虽然颜色好看，但

méiyǒu zhè jiàn dàngcì gāo.
没有这件档次高。

Zhè jiàn jiākèshān chǐcùn duì nín bù héshì. Wǒ jiànyì nín lìngwài zài
这件夹克衫尺寸对您不合适。我建议您另外再

Здравствуйте! Что вы хотите купить?

Что вам угодно?

Как вы думаете, вот это подходит?

Это <u>новейшая</u> (марочная и отличная) многофункциональная продукция высокого качества.

Это <u>фирменный товар</u> (товар со знаком качества, ходовой товар).

Это <u>отечественный товар</u> (импортный товар, экспортный товар, переведённый в сбыт внутри страны).

Это <u>из хлопка</u> (из нейлона, из чистой шерсти, из смешанной ткани, из химических волокон, из овечьей кожи, из коровьей кожи).

Не беспокойтесь, такой материал не линяет, не садится, не мнётся, очень прост в уходе.

<u>Этого товара у нас немного</u> (с этим товаром у нас очень туго, этот товар весь продан, этот товар ещё не поступил).

Извините, этот товар сейчас в дефиците. Зайдите ещё раз через несколько дней.

Эта тенниска фирменная, а та, хотя по цвету красивее, но по качеству хуже.

Эта ветровка по размеру вам не подходит. Я советую вам

shìshi.
试试。

Shìyījiān (jìngzi、shōuyíntái) jiù zài qiánmiàn.
试衣间（镜子、收银台）就在前面。

Zěnmeyàng? Xuǎn hǎole ma?
怎么样？选好了吗？

Yīfu mǎi huíqù yǐhòu, rúguǒ bù héshì, kěyǐ lái huàn, yě kěyǐ tuì.
衣服买回去以后，如果不合适，可以来换，也可以退。

Búguò, qǐng búyào nòng zāng (huài) le.
不过，请不要弄脏（坏）了。

Zhè shì shuōmíngshū, shǐyòng fāngfǎ yǐjí zhùyì shìxiàng shàngmiàn
这是说明书，使用方法以及注意事项上面

yǒu xiángxì jièshào.
有详细介绍。

Shùmǎ xiàngjī bǎoxiūqī shì yì nián.
数码相机保修期是1年。

Yì zhōu nèi kěyǐ tuì huàn huò.
一周内可以退换货。

Běndiàn shòuchū shāngpǐn, gài bú tuìhuàn.
本店售出商品，概不退换。

Zhè shì jiàngjià chǔlǐpǐn, bùnéng tuì, yě bùnéng huàn.
这是降价处理品，不能退，也不能换。

Diànshìjī (diànnǎo、diànbīngxiāng) kěyǐ miǎnfèi sònghuò shàngmén.
电视机（电脑、电冰箱）可以免费送货上门。

Qǐng nín dào shōukuǎnchù(shōuyíntái) qù fùkuǎn (jiāoqián).
请您到收款处（收银台）去付款（交钱）。

Yígòng shì yìbǎi sānshí'èr yuán wǔ jiǎo.
一共是 132 元 5 角。

Zhè shì zhǎo nín de qián.
这是找您的钱。

Nín yǒu língqián ma?
您有零钱吗？

примерить другую.

Примерочная (зеркало, касса) находится впереди.

Ну и как? Выбрали уже?

Если после покупки одежда не подойдёт, можно прийти обменять или вернуть товар. Только не испачкайте (испортите).

Это инструкция по эксплуатации, здесь даётся подробное описание правил пользования и пунктов, требующих особого внимания.

На цифровой фотоаппарат даётся гарантия на 1 год.

В течение недели можно вернуть покупку в магазин или обменять.

Товар, купленный в нашем магазине, обратно не принимается и обмену не подлежит.

Это уценённый товар, нельзя ни вернуть, ни обменять.

Телевизор(компьютер, холодильник)доставляют на дом бесплатно.

Пожалуйста, заплатите в кассу.

Всего 132 юаня 50 фэней.

Вот вам сдача.

У вас есть мелочь?

Gěi nín fāpiào.
给 您 发票。

Huānyíng nín zài lái.
欢迎 您 再 来。

(Èr) Huìhuà
(二) 会话

1

Nǚgùkè: Xiǎojiě, yǒu chóuchènshān ma?
女顾客: 小姐, 有 绸衬衫 吗?

Shòuhuòyuán: Yǒu, zhè jǐ pái dōushì nǚshì chènshān, nín zìjǐ
售货员: 有, 这 几 排 都是 女式 衬衫, 您 自己

kànkan, nǎ jiàn zuì xǐhuan.
看看, 哪 件 最 喜欢。

Nǚgùkè: Zhè jiàn chènshān yàngzi、yánsè dōu búcuò. Yǒu wǒ chuān
女顾客: 这 件 衬衫 样子、颜色 都 不错。有 我 穿

de chǐcùn ma?
的 尺寸 吗?

Shòuhuòyuán: Wǒmen zhèr chǐmǎ qíquán. Wǒ lái gěi nín tiāotiao, nín
售货员: 我们 这儿 尺码 齐全。我 来 给 您 挑挑, 您

yào duō dà chǐcùn de?
要 多 大 尺寸 的?

Nǚgùkè: Wǒ yě bú tài qīngchu, dàgài shì yìbǎi líng wǔ gōngfēn ba.
女顾客: 我 也 不太 清楚, 大概 是 105 公分 吧。

Shòuhuòyuán: Zhè jiàn yìbǎi líng wǔ gōngfēn, nín shìshi, shìyījiān
售货员: 这 件 105 公分, 您 试试, 试衣间

(chuānyījìng) zài nàr.
(穿衣镜) 在 那儿。

Nǚgùkè: Zhè jiàn shòule diǎnr. Nǐmen yǒu dà yìdiǎnr chǐcùn de ma?
女顾客: 这 件 瘦了 点儿。你们 有 大 一点儿 尺寸 的 吗?

Вот вам квитанция.

Приходите к нам ещё, добро пожаловать!

(Б) *Диалоги*

1

Покупательница: Девушка, у вас есть шёлковые блузки?

Продавщица: Есть. Вот все эти ряды с женскими блузками. Посмотрите, пожалуйста, какая вам нравится больше всего.

Покупательница: Вот эта блузка, и фасон, и цвет, всё мне нравится. Есть ли мой размер?

Продавщица: У нас есть все размеры. Я вам подберу. А вам какой размер нужен?

Покупательница: Я точно не знаю, пожалуй, 105 сантиметров.

Продавщица: Вот 105 сантиметров. Примерьте, пожалуйста. Примерочная (зеркало для примерки) вон там.

Покупательница: Эта блузка узковата. Нет ли у вас размера побольше?

Shòuhuòyuán: Nín zài shìshi zhè yí jià. Zhè jiàn yìbǎi yīshí gōngfēn.
售货员： 您再试试这一件。这件 110 公分。

Nǚgùkè: Zhè jiàn zhèng héshì (héshēn). Wǒ jiù mǎi zhè jiàn.
女顾客：这件正合适（合身）。我就买这件。

2

Shòuhuòyuán: Nín yào mǎi shénme?
售货员： 您要买什么？

Nǚgùkè: Wǒ yào mǎi jǐ jiàn hànshān hé T-xùshān.
女顾客：我要买几件汗衫和T恤衫。

Shòuhuòyuán: Nín yào duōshao gōngfēn de? Shénme yánsè de?
售货员： 您要多少公分的？什么颜色的？

Nǚgùkè: Wǒ yào jiǔshíwǔ gōngfēn de. Yánsè ne, hóngde、lǜde、
女顾客：我要 95 公分的。颜色呢，红的、绿的、

huángde, měi yàng yí jiàn. Lìngwài, nǐmen yǒu nà zhǒng
黄的，每样一件。另外，你们有那种

shàngmiàn yìn Chángchéng huòzhě xióngmāo túyàng de T-xùshān
上面印长城或者熊猫图样的T恤衫

méiyǒu?
没有？

Shòuhuòyuán: Yǒu. Háiyǒu yìn "Zhōngguó" liǎng gè zì de ne, nín
售货员： 有。还有印"中国"两个字的呢，您

yàobuyào?
要不要？

Nǚgùkè: Hǎo jí le, měi yàng lái liǎng jiàn, wǒ kěyǐ huíqù
女顾客：好极了，每样来两件，我可以回去

sòngrén. Qǐng wèn, yígòng duōshao qián?
送人。请问，一共多少钱？

Shòuhuòyuán: Chóuchènshān shì liǎngbǎi bāshí yuán, hànshān jiǔshí
售货员： 绸衬衫是 280 元，汗衫 90

yuán yí jiàn, sān jiàn shì liǎngbǎi qīshí yuán, T-xùshān yìbǎi èrshí
元一件，三件是 270 元，T恤衫 120

Продавец: Примерьте вот эту, это 110 сантиметров.

Покупательница: Вот эта как раз. Я возьму её.

2

Продавец: Что вы хотите купить?

Покупательница: Мне бы хотелось купить несколько футболок и теннисок.

Продавец: Вам какого размера? Какого цвета?

Покупательница: Размер—95 сантиметров. А цвет... Красного, зелёного и жёлтого, по одной штуке. И ещё, у вас есть тенниски с изображением Великой китайской стены или панды?

Продавец: Есть. А ещё есть тенниски с двумя иероглифами "中国" (Китай). Вам нужно?

Покупательница: Отлично, дайте мне каждого фасона по 2 штуки, я возьму их в подарок. Скажите, сколько всего с меня?

Продавец: Шёлковая блузка стоит 280 юаней, футболка—90 юаней, за три штуки—270 юаней, тенниска стоит 120 юаней, за шесть штук—720 юаней. Всё складываем и получаем 1270

yuán yí jiàn, liù jiàn shì qībǎi èrshí yuán, jiā qǐlai yígòng shì
元一件，六件是 720 元，加起来一共是
yīqiān liǎngbǎi qīshí yuán. Qǐng nín dào shōukuǎnchù qù fùkuǎn.
1270 元。请您到收款处去付款。

3

Gùkè: Xiǎojiě, qǐng gěi wǒ ná shuāng bùxié.
顾客：小姐，请给我拿双布鞋。

Shòuhuòyuán: Nín yào shénmeyàng de?
售货员：您要什么样的？

Gùkè: Qǐng ná shàngmiàn zuǒbian dì-èr shuāng, sōngjǐnkǒu de nà zhǒng.
顾客：请拿上面左边第二双，松紧口的那种。

Shòuhuòyuán: Nín chuān duō dà hào de?
售货员：您穿多大号的？

Gùkè: Píxié èrshíliù gōngfēn, bùxié bú dà qīngchu.
顾客：皮鞋 26 公分，布鞋不大清楚。

Shòuhuòyuán: Nà nín shìshi zhè shuāng ba. Zěnmeyàng? Héjiǎo ma?
售货员：那您试试这双吧。怎么样？合脚吗？

Gùkè: Bù xíng, yǒu diǎnr dǐngjiǎo, yǒu dà diǎnr de méiyǒu?
顾客：不行，有点儿顶脚，有大点儿的没有？

Shòuhuòyuán: Zhè shuāng zěnmeyàng?
售货员：这双怎么样？

Gùkè: Zhè shuāng dàxiǎo zhènghǎo, chuān qǐlai hěn shūfu, jiù yào
顾客：这双大小正好，穿起来很舒服，就要
zhè shuāng ba. Duōshao qián?
这双吧。多少钱？

Shòuhuòyuán: Wǔshí yuán. Zhè zhǒng xié jiàliánwùměi. Háiyào bié de
售货员：50 元。这种鞋价廉物美。还要别的
ma?
吗？

юаней. Пожалуйста, заплатите в кассу.

3

Покупатель: Девушка, дайте мне пару хлопчатобумажных тапочек.

Продавщица: Вам какие нужны?

Покупатель: Вон те тапочки, наверху, вторая пара слева, те, что с резинкой.

Продавщица: Какой у вас размер?

Покупатель: Кожаная обувь—26 сантиметров, а хлопчатобумажная—точно не знаю.

Продавщица: Тогда примерьте вот эту пару. Ну и как, подходят?

Покупатель: Нет, немного жмут. А побольше есть?

Продавщица: Как вот эти?

Покупатель: Вот эти как раз, они прекрасно сидят на ноге. Беру именно эти. Сколько они стоят?

Продавщица: 50 юаней. И дёшево, и сердито! Что ещё вы хотите?

Gùkè: Yǒu tuōxié méiyǒu? Wǒ xiǎng gěi wǒ tàitai mǎi shuāng
顾客：有 拖鞋 没有？ 我 想 给 我 太太 买 双

Zhōngguó de xiùhuā tuōxié.
中国 的 绣花 拖鞋。

Shòuhuòyuán: Wǒmen zhèr yǒu píngróng xiùhuā de, duànzi xiùhuā
售货员： 我们 这儿 有 平绒 绣花 的， 缎子 绣花

de, nín yào nǎ zhǒng?
的，您 要 哪 种？

Gùkè: Wǒ kàn dào yǒu rén chuān de yì zhǒng, shàngmiàn de huā shì
顾客：我 看 到 有 人 穿 的 一 种， 上面 的 花 是

yòng zhūzi chuàn qǐlái de, fā liàng de.
用 珠子 串 起来 的，发 亮 的。

Shòuhuòyuán: Ò, nà shì zhūhuā tuōxié. Duìbuqǐ, wǒmen zhèr mài
售货员： 哦，那 是 珠花 拖鞋。对不起， 我们 这儿 卖

wán le. Qǐng nín dào gōngyìpǐn shāngdiàn kànkan, shuōbudìng
完 了。 请 您 到 工艺品 商店 看看， 说不定

nàr yǒu mài de.
那儿 有 卖 的。

Gùkè: Kěxī shíjiān láibují le, kànlái, zhè xié wǒ shì mǎibuchéng le.
顾客：可惜 时间 来不及 了，看来，这 鞋 我 是 买不成 了。

4

Nínà: Xiǎo Wáng, Zhōngguó de shǒushì zhēn piàoliang, pǐnzhǒng yě
尼娜：小 王， 中国 的 首饰 真 漂亮， 品种 也

hěn duō.
很 多。

Xiǎo Wáng: Nǐ kàn, zhè chuàn zhēnzhū xiàngliàn duō hǎokàn! Hái
小 王：你 看， 这 串 珍珠 项链 多 好看！ 还

yǒu nàge mǎnǎo xiōngzhēn, yánsè hóng de tài kě'ài le.
有 那个 玛瑙 胸针， 颜色 红 得 太 可爱 了。

Nínà: Zhè chuàn xiàngliàn pèi wǒ nà jiàn xīn liányīqún yídìng hěn
尼娜：这 串 项链 配 我 那 件 新 连衣裙 一定 很

hǎokàn, wǒ xiǎng mǎi. Nǐ shuō hǎo ma?
好看， 我 想 买。 你 说 好 吗？

Покупатель: Шлёпанцы есть? Я хочу купить моей жене китайские шлёпанцы с вышивкой.

Продавщица: У нас есть тапочки с вышивкой бумазейные и шёлковые. Вам какие нужны?

Покупатель: Я видел на людях тапочки с вышивкой из бисера, такой блестящей...

Продавщица: А, это бисерные шлёпанцы. Извините, у нас они все проданы. Пожалуйста, загляните в магазин художественных изделий, возможно, там есть.

Покупатель: К сожалению, я уже не успеваю. Видно, такие я уже не куплю.

4

Нина: Сяо Ван, китайские украшения очень красивы и разнообразны.

Сяо Ван: Посмотри, как красиво это жемчужное ожерелье! А вот та агатовая брошь, до чего красив этот красный цвет!

Нина: Это ожерелье будет очень красиво сочетаться с моим новым платьем, я хочу купить. Как по-твоему?

Xiǎo Wáng: Zhǐyào nǐ zìjǐ mǎnyì jiù xíng.
小　王：只要 你 自己 满意 就 行。

Shòuhuòyuán: Zhè zhǒng zhēnzhū xiàngliàn zhìliàng hěn hǎo, jiàqián
售货员：　这 种　珍珠　项链　质量 很 好，价钱

yě bú guì, hěn duō wàibīn dōu xǐhuan mǎi. Nǐmen kàn, pángbiān
也 不 贵，很　多　外宾　都 喜欢 买。你们 看，旁边

zhè fù ěrhuán zěnmeyàng? Zhè fù ěrhuán pèi zhè tiáo xiàngliàn
这 副　耳环　怎么样？这 副　耳环 配 这 条　项链

shì hěn hǎokàn de. Yàobuyào shì yi shì?
是 很　好看 的。要不要 试 一 试？

Xiǎo Wáng: Zhēn de, Nínà, nǐ dài le quèshí hǎokàn, mǎi ba.
小　王：真　的，尼娜，你 戴 了 确实　好看，买 吧。

Nínà: Shì búcuò, wǒ yào le.
尼娜：是 不错，我 要 了。

Xiǎo Wáng: Nínà, nàge lánbǎoshí jièzhi zuògōng hěn kǎojiu, nǐ bú
小　王：尼娜，那个 蓝宝石 戒指 做工　很 考究，你 不

shì xiǎng mǎi ge jièzhi ma? Zhège zěnmeyàng?
是　想　买 个 戒指 吗？这个　怎么样？

Nínà: Jièzhi dàoshì tǐng hǎo de, jiùshì bǎoshí de yánsè qiǎn le
尼娜：戒指　倒是　挺　好 的，就是 宝石 的 颜色　浅 了

diǎnr. Búguò, Wǒ gèng xiǎng mǎi ge fěicuì de, yīnwèi wǒ yǒu
点儿。不过，我　更　想 买 个 翡翠 的，因为 我 有

yí fù fěicuì shǒuzhuó. Qǐng wèn, zhèr yǒu méiyǒu fěicuì jièzhi
一 副 翡翠　手镯。　请 问，这儿 有 没有 翡翠 戒指

mài?
卖？

Shòuhuòyuán: Fěicuì jièzhi zànshí quēhuò. Zuànshí de nín yàobuyào?
售货员：　翡翠 戒指 暂时 缺货。　钻石 的 您 要不要？

Nínà: Zuànshí jièzhi tài guì le, wǒ mǎibuqǐ, xièxie. Xiǎo Wáng,
尼娜：钻石　戒指 太 贵 了，我 买不起，谢谢。小　王，

wǒmen qù kànkan gōngyìpǐn hǎo ma?
我们 去 看看　工艺品 好 吗？

Сяо Ван: Лишь бы тебе самой оно понравилось.

Продавец: Такие жемчужные ожерелья и качественны и не дороги. Многие иностранцы с удовольствием их покупают. А вы посмотрите, как эти серёжки, которые лежат рядом? Они очень подходят к этому ожерелью. Хотите примерить?

Сяо Ван: Действительно, Нина, на тебе они смотрятся очень красиво. Бери.

Нина: И в самом деле неплохо, я беру.

Сяо Ван: Нина, тот перстень с сапфиром сделан очень искусно. Ты ведь хотела купить перстень. Тебе нравится этот?

Нина: Перстень-то очень хорош, только вот цвет сапфира светловат. И вообще я бы предпочла купить перстень с жадеитом, так как у меня есть пара жадеитовых браслетов. Скажите, пожалуйста, есть у вас перстни с жадеитом?

Продавец: С жадеитом временно нет. А с бриллиантом вы не хотите?

Нина: С бриллиантом слишком дорого. Спасибо, но мне не по карману. Сяо Ван, пойдём и посмотрим художественные изделия, хорошо?

小王：好的。我们的工艺品是值得一看的。光是雕刻就有玉雕、象牙雕、贝雕、木雕等好几种。刺绣更是闻名世界。苏州的双面绣简直绝了，真叫人难以相信是用手绣出来的。

尼娜：我知道中国的瓷器也很有名。我们家有一套中国的茶具，精致极了，是很多年前我爸爸的一位朋友送给我们的。

小王：是吗？那太好了。中国的陶瓷工艺在两千年前就非常发达了。另外，我们的景泰蓝、①漆器、檀香扇、②剪纸③等等，都是历史悠久的民间工艺制品。你真应该买一点儿带

---

① 景泰蓝是用紫铜加工的特种工艺品，明朝景泰年间在北京开始大量制造，彩釉多用蓝色，所以叫景泰蓝。② 檀香扇是中国特种工艺品。是用檀香木做成各式女用折扇，加以精美的雕刻装饰，用以扇风，香气扑鼻。③ 剪纸是用纸剪成或刻出人物、花草、鸟兽形状的工艺品。

Сяо Ван: Хорошо. Наши художественные изделия и в самом деле стоит посмотреть. Одна только резьба очень разнообразна: бывает резьба и по нефриту, и по слоновой кости, и по раковине, и по дереву и многим прочим материалам; а вышивка известна во всём мире. Сучжоуская двусторонняя вышивка—просто чудо, даже трудно поверить, что она сделана вручную.

Нина: Я знаю, что китайский фарфор тоже очень славится. У нас дома есть китайский чайный сервиз, он сделан очень искусно, его нам подарил много лет назад один из друзей моего папы.

Сяо Ван: Да? Это очень хорошо. Искусство керамики и фарфора было очень развито в Китае ещё более 2 тысяч лет назад. Кроме того, древнюю историю имеют ещё такие народные художественные промыслы, как перегородчатая эмаль, изделия из лака, сандаловые веера, вырезки из бумаги и т. д. Ты действительно должна купить немного таких изделий на

---

① Изделия из перегородчатой эмали выполняются из обработанной особым образом красной меди. Начало их массового производства в Пекине приходится на годы Цзинтай династии Мин. Применяемые в них эмаль и глазурь бывают чаще всего голубого (по-китайски звучит «лань») цвета, поэтому по-китайски эти изделия называют «цзинтайлань». ② Сандаловые веера—особые изделия китайского прикладного искусства. Это различные складные женские веера, изготовленные из сандалового дерева и украшенные ажурной резьбой. Применяются для обмахивания и распространения аромата. ③ Вырезки из бумаги—это художественные изделия, представляющие вырезанные ножницами или ножом из бумаги изображения людей, цветов и трав, птиц и животных.

huíqù zuò jìniàn, sòng gěi qīnyǒu yě yídìng huì shòu huānyíng
回去 作 纪念，送 给 亲友 也 一定 会 受 欢迎
de.
的。

Nínà: Tài hǎo le! Xièxie nǐ de jiànyì! Wǒ yídìng mǎi.
尼娜：太 好 了！谢谢 你 的 建议！我 一定 买。

5

Ānnà: Āliàoshā, wǒmen xuéxiào fùjìn yǒu jiā chāoshì tǐng búcuò,
安娜：阿廖沙，我们 学校 附近 有 家 超市 挺 不错，

wǒmen yìqǐ qù guàngguang hǎo ma?
我们 一起 去 逛逛 好 吗？

Āliàoshā: Nǐ shuō qù nǎjiā chāoshì? Zhèr de chāoshì yǒu hǎo jǐ jiā
阿廖沙：你 说 去 哪家 超市？这儿 的 超市 有 好 几 家

ne, yǒu "Sūguǒ"、"Jīnrùnfā"、"Huálián"……
呢，有"苏果"、"金润发"、"华联"……

Ānnà: Qù "Sūguǒ" ba. "Sūguǒ" chāoshì de shāngpǐn xiāngduì hǎo
安娜：去"苏果"吧。"苏果" 超市 的 商品 相对 好

yìxiē.
一些。

Āliàoshā: Nǐ zěnme zhīdào de?
阿廖沙：你 怎么 知道 的？

Ānnà: Wǒ yǐjīng qùguo hǎo duō cì le. Wǒ tīngshuō, "Sūguǒ"
安娜：我 已经 去过 好 多 次 了。我 听说，"苏果"

chuàngbàn yú yījiǔjiǔliù nián, mùqián yǐ yǒu shíjǐ nián de
创办 于 1996 年， 目前 已有 十几 年 的

lìshǐ, zài Zhōngguó yǒu yìqiān wǔbǎi duō jiā liánsuǒdiàn. Ér duì
历史，在 中国 有 1500 多家 连锁店。而对

wǒmen lái jiǎng, zuì guānjiàn de shì "Sūguǒ wú jiǎhuò, jiànjiàn
我们 来 讲，最 关键 的是"苏果 无 假货，件件

qǐng fàngxīn".
请 放心"。

память. А если подаришь родственникам и друзьям, они обязательно будут очень рады.

Нина: Прекрасно! Спасибо тебе за совет! Обязательно куплю.

5

Анна: Алёша, около нашего университета есть очень хороший супермаркет. Давай вместе сходим и прогуляемся, хорошо?

Алёша: Какой супермаркет ты имеешь в виду? Здесь есть несколько супермаркетов, есть 《Суго》, 《Цзиньжуньфа》, 《Хуалянь》...

Анна: Давай пойдём в 《Суго》. Товары в супермаркете 《Суго》 относительно лучше.

Алёша: Откуда ты знаешь?

Анна: Там я уже была много раз. Я слышала, что 《Суго》 был создан в 1996 году, теперь уже насчитывает больше 10 лет истории. Эта сеть имеет 1500 с лишним магазинов в Китае. А для нас важнее всего, что 《В Суго подделки не бывает, и все товары качественные》.

阿廖沙：Shì ma? Nà wǒmen gǎnjǐn qù kànkan. Xiànzài yǐjīng shì
是 吗？那 我们 赶紧 去 看看。现在 已经 是
wǎnshang qī diǎn bàn le, kěnéng kuài yào guānménle ba?
晚上 7 点 半 了，可能 快 要 关门了 吧？

安娜：Hái zǎozhe ne! "Sūguǒ" chāoshì měi tiān shàngwǔ bā diǎn
还 早着 呢！"苏果" 超市 每 天 上午 8 点
yíngyè dào wǎnshang shí diǎn. Ér "Sūguǒ" biànlìdiàn yíngyè
营业 到 晚上 10 点。而 "苏果" 便利店 营业
shíjiān hái yào cháng, měi tiān èrshísì xiǎoshí fúwù.
时间 还 要 长，每 天 24 小时 服务。

阿廖沙：Wǒ xiǎng mǎi ge wēibōlú, zài nàli néng mǎi dào ma?
我 想 买 个 微波炉，在 那里 能 买 到 吗？

安娜：Nǐ fàngxīn, chī chuān zhù xíng suǒ xūyào de yíqiè wùpǐn, zài
你 放心，吃 穿 住 行 所 需要 的 一切 物品，在
nàli dōu kěyǐ mǎi dào, érqiě jiàgé bǐ yìbān de bǎihuò
那里 都 可以 买 到，而且 价格 比 一般 的 百货
shāngdiàn hé càichǎng hái piányi.
商店 和 菜场 还 便宜。

阿廖沙：Nà tài hǎo le! Búguò, wǒ jīntiān méi dài duōshao xiànjīn.
那 太 好 了！不过，我 今天 没 带 多少 现金。

安娜：Yínhángkǎ dàile ma?
银行卡 带了 吗？

阿廖沙：Yínhángkǎ dài le.
银行卡 带 了。

安娜：Nà jiù xíng le. Xiànzài de chāoshì dōu kěyǐ shuākǎ.
那 就 行 了。现在 的 超市 都 可以 刷卡。

6

尼娜：Xiǎo Wáng, zhèr kě zhēn rènao, shénme dōngxi dōu yǒu. Zài
小 王，这儿 可 真 热闹，什么 东西 都 有。在

Алёша: Правда? Тогда скорее пойдём и посмотрим. Теперь уже 7:30 вечера, может быть, супермаркет скоро закроется?

Анна: Ещё рано! Супермаркеты 《Суго》 работают каждый день с 8 часов утра до 10 часов вечера. А мини-маркеты 《Суго》 работают ещё дольше, каждый день круглосуточно.

Алёша: Мне нужна микроволновая печь, смогу ли я купить её там?

Анна: Да ты не беспокойся, там можно купить всё необходимое для повседневной жизни, к тому же, их цены ниже, чем в обычном универмаге и на рынке.

Алёша: Прекрасно! Но сегодня у меня при себе наличных немного.

Анна: А банковскую карточку ты взял?

Алёша: Карточку я взял.

Анна: Тогда всё будет в порядке. Теперь во всех супермаркетах можно платить карточкой.

6

Нина: Сяо Ван, здесь так оживлённо, и в продаже есть всё, что пожелаешь. В России я только слышала, что жизнь у вас в

　　　　　guónèi, wǒ zhǐshì tīngshuō nǐmen nóngcūn shēnghuó biànde yuè
　　　　　国内，我 只是 听说 你们 农村 生活 变得 越

　　　　　lái yuè fùyù, méi xiǎng dào shìchǎng zhème fánróng.
　　　　　来 越 富裕，没 想 到 市场 这么 繁荣。

Xiǎo Wáng: Shì de. Zhè jǐ nián biànhuà zhēn dà. Nóngcūn shíxíng
小　 王：是 的。这 几 年 变化 真 大。农村 实行

　　　　　chéngbāo zérènzhì yǐhòu, yǒu fùyu láodònglì kěyǐ cóngshì qítā
　　　　　承包 责任制 以后，有 富余 劳动力 可以 从事 其他

　　　　　gè zhǒng fēinóngyè shēngchǎn le. Bùshǎo dìfang xīngbànle
　　　　　各 种 非农业 生产 了。不少 地方 兴办了

　　　　　xiāngzhèn qǐyè, yǒu de nóngmín jìn chǎng dāngle gōngrén; yǒu
　　　　　乡镇 企业，有 的 农民 进 厂 当了 工人；有

　　　　　de chéngle yǎngjī, yǎngyā, yǎngzhū de zhuānyèhù, yǒu de
　　　　　的 成了 养鸡、养鸭、养猪 的 专业户，有 的

　　　　　nóngmín hái chéngbāo shānlín yútáng ne!
　　　　　农民 还 承包 山林 鱼塘 呢！

Nínà: Nánguài zhèr yǒu zhème duō huó yú huó xiā ne! Zhèxiē dōu
尼娜：难怪 这儿 有 这么 多 活 鱼 活 虾 呢！这些 都

　　　　shì nóngmín zìjǐ ná lái mài de ma?
　　　　是 农民 自己 拿 来 卖 的 吗？

Xiǎo Wáng: Bù yídìng. Yǒu de shì nóngmín zìjǐ zhíjiē jìn chéng mài
小　 王：不 一定。有 的 是 农民 自己 直接 进 城 卖

　　　　　de, yǒu de shì yìxiē shāngfàn zhuǎnshǒu dǎomài de.
　　　　　的，有 的 是 一些 商贩 转手 倒卖 的。

Nínà: Zhèr yǒu ròu mài ma?
尼娜：这儿 有 肉 卖 吗？

Xiǎo Wáng: Dāngrán. Qiánmiàn jiù yǒu mài ròu de. Nǐ kàn, zhè shì
小　 王：当然。前面 就 有 卖 肉 的。你 看，这 是

　　　　　zhūròu, nà shì niúròu, yángròu. Dōngtiān háiyǒu mài gǒuròu de
　　　　　猪肉，那 是 牛肉、羊肉。冬天 还有 卖 狗肉 的

　　　　　ne!
　　　　　呢！

деревне становится всё зажиточнее, но никогда не думала, что на рынке такое изобилие.

Сяо Ван: Да. За последние годы произошли очень большие перемены. После того, как в деревнях провели 《Систему подрядной ответственности》, появились лишние рабочие руки, которые могут заниматься другим разным несельскохозяйственным производством. Во многих местах были созданы волостно-поселковые предприятия, и одни из крестьян поступили на завод и стали рабочими, другие специализируются на выращивании кур, уток, свиней, а третьи берут подряд даже на горные участки, на лес, или на пруд для выращивания рыб!

Нина: Вот почему здесь так много живой рыбы, креветок! Всё это привозят сюда и продают сами крестьяне?

Сяо Ван: Не обязательно. Одну часть из них крестьяне сами привозят в город на продажу, а другую часть торговцы покупают с рук у крестьян и перепродают в городе.

Нина: Здесь продаётся мясо?

Сяо Ван: Конечно. Вот, впереди. Видите, здесь свинина, а там говядина, баранина. Зимой продаётся и собачье мясо!

尼娜：真的？我可从来没有吃过狗肉。哟，这儿的蔬菜品种真多！这些黄瓜、西红柿多新鲜呀！价钱怎么样？是不是很贵？

小王：不贵。一般说，普通农田上生长的蔬菜便宜些，大棚种植的贵些。但也不一定。在蔬菜上市旺季，有的甚至还便宜点儿呢。农贸市场最大的好处一是新鲜，二是顾客可以挑挑拣拣，还可以讨价还价。

7

顾客：您好！请给我称一公斤苹果。

售货员：您要富士苹果还是国光苹果？这儿还有进口苹果。

顾客：我要富士的。请问，这种香蕉是广东芝麻香蕉吗？

售货员：一点儿也不错，是刚到的，又香又甜。您要多少？

Нина: Правда? А я ещё никогда не пробовала собачье мясо. Ах, как много здесь разнообразных овощей! Какие свежие эти огурцы и помидоры! А как их цена? Они очень дорогие?

Сяо Ван: Нет. Вообще, овощи, которые растут на обычном поле, дешевле. А те, которые выращивают в теплицах, дороже. Но это не всегда так. Когда наступает самый сезон овощей, то кое-где тепличные бывают и дешевле. Сельскохозяйственный рынок отличается главным образом тем, что во-первых, здесь всё свежее, а во-вторых, покупатель может выбирать товар и торговаться.

7

Покупатель: Здравствуйте! Взвесьте мне, пожалуйста, килограмм яблок.

Продавец: Вам яблоки 《Фуджи》 или яблоки 《Гогуан》? Здесь ещё есть яблоки из-за границы.

Покупатель: Дайте мне 《Фуджи》. Скажите, пожалуйста, эти бананы гуандунские кунжутные?

Продавец: Совершенно верно. Только что прибыли, очень ароматные и сладкие. Сколько вам?

顾客：Lái yì gōngjīn bàn ba. Shànghǎi Méilín de wǔcānròu guàntou
顾客：来一公斤半吧。上海梅林的午餐肉罐头

hé Nánjīng de huǒtuǐ guàntou nǐmen yǒu ma?
和南京的火腿罐头你们有吗？

Shòuhuòyuán：Wǒmen zhèr zhǐ mài xīnxiān shuǐguǒ hé shuǐguǒ
售货员： 我们这儿只卖新鲜水果和水果

guàntou, qítā guàntou qǐng dào nàbiān guìtái qù mǎi.
罐头，其他罐头请到那边柜台去买。

8

Shòuhuòyuán：Xiānsheng, nín yào mǎi diǎnr shénme?
售货员： 先生，您要买点儿什么？

Gùkè：Zhè zhǒng jiǔxīn qiǎokèlì shì nǎr shēngchǎn de?
顾客：这种酒心巧克力是哪儿生产的？

Shòuhuòyuán：Zhè shì Hā'ěrbīn Qiūlín gōngsī de míngpái chǎnpǐn. Nín
售货员： 这是哈尔滨秋林公司的名牌产品。您

kàn, cái chūchǎng de.
看，才出厂的。

Gùkè：Wǒ jiù yào mǎi zhè jiā de qiǎokèlì. Zhè yì hé yǒu duō zhòng?
顾客：我就要买这家的巧克力。这一盒有多重？

Shòuhuòyuán：Wǔbǎi kè. Nín yào jǐ hé?
售货员： 500克。您要几盒？

Gùkè：Liǎng hé. Shànghǎi nǎiyóu bǐnggān yǒu huò le méiyǒu? Wǒ
顾客：两盒。上海奶油饼干有货了没有？我

shàng cì lái zhènghǎo mài wán le.
上次来正好卖完了。

Shòuhuòyuán：Yǒu. Sǎnzhuāng de、hézhuāng de、tǒngzhuāng de dōu
售货员： 有。散装的、盒装的、筒装的都

yǒu.
有。

Gùkè：Lái yì tǒng ba.
顾客：来一筒吧。

168

Покупатель: Полтора килограмма. У вас есть шанхайский сосисочный фарш в банках марки 《Мэйлинь》 и нанкинская ветчина в банках?

Продавец: Мы здесь продаём только свежие фрукты и фруктовые консервы. За другими консервами пройдите, пожалуйста, вон к тому прилавку.

8

Продавец: Господин, что вы хотите купить?

Покупатель: Где сделан этот шоколад с вином?

Продавец: Это фирменное изделие харбинской компании 《Цюлинь》. Посмотрите, только что с фабрики.

Покупатель: Именно такой марки шоколад я хочу купить. Сколько весит эта коробка?

Продавец: 500 грамм. Сколько вам коробок?

Покупатель: Две. А шанхайское сливочное печенье у вас появилось? В прошлый раз, когда я был здесь, как раз было всё продано.

Продавец: Сейчас есть. Есть и развесное, и в коробках, и в трубочках.

Покупатель: Одну трубочку, пожалуйста.

Qī、Lǐfà、měiróng
七、理发、美容

(Yī) Chángyòngyǔ
(一) 常用语

Wǒ de tóufa yào lǐ (jiǎn)(tàng、xǐ、rǎn、zuò、chuī) le.
我的头发要理(剪)(烫、洗、染、做、吹)了。

Rúguǒ míngtiān (jīntiān、xiàwǔ、shàngwǔ、wǎnshang) yǒu shíjiān, wǒ
如果 明天 (今天、下午、上午、 晚上) 有 时间,我

xiǎng qù lǐ ge fà (zuò ge fàxíng、zuò ge miànmó、zuò ge
想 去 理 个 发 (做 个 发型、做 个 面膜、做 个

měijiǎ).
美甲)。

Lǐfàdiàn (měifàtīng)(měiróngtīng、měijiǎdiàn) jǐ diǎn kāi (guān) mén?
理发店 (美发厅) (美容厅、美甲店) 几 点 开 (关) 门?

Qǐng wèn, lǐfàdiàn (guǎn、tīng、shì) zài shénme dìfang? Zěnme zǒu?
请 问,理发店 (馆、厅、室) 在 什么 地方? 怎么 走?

Nǚzǐ(nánzǐ)bù (měiróngshì) zài lóushàng háishi zài lóuxià?
女子(男子)部 (美容室) 在 楼上 还是 在 楼下?

Zhè wèi lǐfàshī (fàxíngshī) de jìshù (shǒuyì) búcuò, zuò de fàxíng
这 位 理发师 (发型师) 的 技术 (手艺) 不错, 做 的 发型

jì shíshàng、yòu piàoliang.
既 时尚、又 漂亮。

Zhège lǐfàdiàn (měiróngtīng、měijiǎdiàn) fēicháng gānjìng, shèbèi yě
这个 理发店 (美容厅、美甲店) 非常 干净, 设备 也

7. В парикмахерской. В салоне красоты

(А) *Общеупотребительные выражения и фразы*

Мои волосы нужно подстричь (завить, вымыть, покрасить, уложить, высушить).

Если завтра (сегодня, после обеда, до обеда, вечером) будет время, мне хотелось бы подстричь волосы (сделать причёску, сделать маску, сделать маникюр).

В котором часу открывается (закрывается) парикмахерская (косметический салон, маникюрный салон)?

Скажите, пожалуйста, где находится парикмахерская? Как туда пройти?

Дамский (мужской) зал (косметический зал) наверху или внизу?

Этот парикмахер неплохой мастер, причёска, сделанная им, и модная, и красивая.

Эта парикмахерская (этот косметический салон, этот маникюрный салон) отличается чистотой и современным оборудова-

hěn xiānjìn.
很 先进。

Zhè jiā fàláng gōngzuò shíjiān cháng, fúwù tàidu hǎo, shǒuyì yě
这 家 发廊 工作 时间 长, 服务 态度 好, 手艺 也

búcuò.
不错。

Xiànzài kěyǐ lǐfà (zuò miànmó、zuò měijiǎ) ma?
现在 可以 理发（做 面膜、做 美甲）吗？

Wǒ de tóufa tài cháng le, qǐng gěi wǒ jiǎn duǎn xiē, dàn búyào
我 的 头发 太 长 了, 请 给 我 剪 短 些, 但 不要

jiǎnde tài duǎn le.
剪得 太 短 了。

Qǐng bǎ wǒ de tóufa cóng hòumian shū shàngqù pán qilai.
请 把 我 的 头发 从 后面 梳 上去 盘 起来。

Qǐng gěi wǒ jiǎn ge fēntóu (píngtóu、yùndòngtóu).
请 给 我 剪 个 分头（平头、运动头）。

Qǐng zhào wǒ yuánlái de yàngzi lǐ ba.
请 照 我 原来 的 样子 理 吧。

Qǐng bǎoliú yuánlái de fàxíng.
请 保留 原来 的 发型。

Wǒ xiǎng gǎibiàn yíxià fàxíng.
我 想 改变 一下 发型。

Qǐng gěi wǒ jiǎn (zuò) yí gè shímáo yìdiǎn de fàxíng.
请 给 我 剪（做）一 个 时髦 一点 的 发型。

Wǒ zhǐyào tàng yíxià fàshāo (liúhǎir) jiù kěyǐ le.
我 只要 烫 一下 发梢（刘海儿）就 可以 了。

Wǒ yào tàngfà (rǎnfà).
我 要 烫发（染发）。

Zhè zhǒng fàxíng (fàshì) wǒ hěn (bù) xǐhuan.
这 种 发型（发式）我 很（不）喜欢。

Wǒ de liǎnxíng shū zhè zhǒng fàshì bǐjiào (bú tài) héshì.
我 的 脸型 梳 这 种 发式 比较（不 太）合适。

нием.

Эта парикмахерская работает дольше, обслуживает хорошо, и мастера неплохие.

Сейчас можно подстричься (сделать маску, сделать маникюр)?

У меня слишком длинные волосы, укоротите, пожалуйста. Только не надо делать слишком короткими.

Уложите мои волосы в пучок на затылке.

Пожалуйста, подстригите меня с пробором (под бобрик, в спортивном стиле).

Подстригите меня и сохраните прежнюю форму причёски.

Сохраните, пожалуйста, прежнюю причёску.

Я хочу изменить причёску.

Сделайте мне какую-нибудь более модную причёску.

Мне нужно завить только концы волос (чёлку).

Я хочу завить (покрасить) волосы.

Мне очень нравится (не нравится) эта причёска.

Эта причёска к моему лицу более подойдёт (не очень подойдёт).

Wǒ de tóufa tài hòu le, tì wǒ dǎda (xiāoxiao、qùqu) báo ba.
我 的 头发 太 厚 了，替 我 <u>打打</u> （削削、 去去） 薄 吧。

Qǐng bǎ wǒ de tóufa lāla zhí.
请 把 我 的 头发 拉拉 直。

Qǐng gěi wǒ xǐxi tóu (guāgua liǎn、guāgua húzi、chuīchui fēng、
请 给 我 <u>洗洗 头</u> （刮刮 脸、 刮刮 胡子、 吹吹 风、

xiūxiu zhǐjia).
修修 指甲）。

Shuǐ tài tàng le.
水 太 烫 了。

Bǎ bìnjiǎo (hòumian) xiū duǎn xiē (liú cháng xiē).
把 <u>鬓角</u> （后面） <u>修 短 些</u> （留 长 些）。

Zhèli hái yào shāowēi xiū yíxià.
这里 还 要 稍微 修 一下。

Qǐng gěi wǒ tú yìdiǎn fàrǔ (fàlà、fàyóu、mósī), pēn yìdiǎn
请 给 我 涂 一点 <u>发乳</u> （发蜡、发油、摩丝），喷 一点

dìngxíngshuǐ. Wǒ búyào huālùshuǐ, chá yìdiǎn xuěhuāgāo jiù
定型水。 我 不要 花露水， 搽 一点 雪花膏 就

xíng.
行。

Tóufa lǐde hěn hǎo, wǒ hěn mǎnyì.
头发 理得 很 好，我 很 满意。

Qǐng gěi wǒ huàhuazhuāng.
请 给 我 化化妆。

Wǒ yào xiū méimao (zuò miànmó、zuò měijiǎ、zuò měizú).
我 要 <u>修 眉毛</u> （做 面膜、 做 美甲、 做 美足）。

Wǒ bù xǐhuan zhè zhǒng zhǐjiayóu (miànmógāo).
我 不 喜欢 这 种 <u>指甲油</u> （面膜膏）。

Qǐng bǎ yuánlái de zhǐjiayóu qù diào, tú shàng hóngsè (fěnhóngsè、
请 把 原来 的 指甲油 去 掉， 涂 上 <u>红色</u> （粉红色、

báisè、yínsè、ròusè) de.
白色、银色、肉色）的。

Мои волосы слишком густые, отфелируйте их, пожалуйста, немного.

Пожалуйста, выпрямите мои волосы.

Пожалуйста, вымойте мне голову (побрейте меня, побрейте бороду и усы, высушите феном, укоротите ногти).

Вода слишком горячая.

Виски (сзади) сделайте покороче (оставьте подлиннее).

Здесь надо ещё немного подровнять.

Смажьте мне, пожалуйста, волосы помадой (пенкой, маслом, муссом) и закрепите причёску лаком. Одеколона не надо. Нанесите немного крема и всё.

Меня хорошо подстригли, я очень доволен.

Сделайте мне макияж.

Я бы хотела подправить брови (сделать маску для лица, сделать маникюр, сделать педикюр).

Мне не нравится такой лак для ногтей (такая крем-маска для лица).

Снимите, пожалуйста, прежний лак для ногтей и нанесите красный (розовый, белый, серебристый, телесный).

Wǒ yīnggāi fù duōshao qián?
我 应该 付 多少 钱?

Qǐng jìn! Qǐng lǐbianr zuò!
请 进! 请 里边儿 坐!

Nín shì yào xǐfà háishi jiǎnfà?
您 是 要 洗发 还是 剪发?

Nín yào lǐ shénmeyàng de fàxíng?
您 要 理 什么样 的 发型?

Bìnfà (bìnjiǎo) yào cháng xiē háishi duǎn xiē?
鬓发 (鬓角) 要 长 些 还是 短 些?

Yào guāliǎn (guā húzi) ma?
要 刮脸 (刮 胡子) 吗?

Qǐng dào zhèbiān xǐtóu.
请 到 这边 洗头。

Qǐng kàn yíxià hòumian de tóufa lǐde zěnmeyàng (hǎobuhǎo)?
请 看 一下 后面 的 头发 理得 怎么样 (好不好)?

Yàobuyào rǎnfà (chuīfēng)?
要不要 染发 (吹风)?

Zhè shì rè máojīn, qǐng cā bǎ liǎn.
这 是 热 毛巾, 请 擦 把 脸。

Yào pēn dìngxíngshuǐ ma?
要 喷 定型水 吗?

Nín hǎo! Nín yào zuò shénme xiàngmù?
您 好! 您 要 做 什么 项目?

Wǒ xiǎng zuò miànmó (yǎnmó、chúnmó、jiéfū、nènfū、miànbù ànmó、
我 想 做 面膜 (眼膜、唇膜、洁肤、嫩肤、面部 按摩、

sùshēn).
塑身)。

Nín xiǎng yòng nǎ yì zhǒng pǐnpái de miànmógāo (yǎnmógāo)?
您 想 用 哪一 种 品牌的 面膜膏 (眼膜膏)?

Wǒmen zhèr néng zuò gè zhǒng miànmó. Qǐng wèn nín yào zuò nǎ
我们 这儿 能 做 各 种 面膜。 请 问 您 要 做 哪

Сколько с меня?

Входите! Садитесь, пожалуйста.

Вам вымыть голову или вас подстричь?

Какую стрижку вам сделать?

Виски сделать подлиннее или покороче?

Вас побрить?

Пожалуйста, пройдите сюда помыть голову.

Пожалуйста, посмотрите, <u>как</u> (хорошо ли) сделано сзади?

Волосы надо <u>покрасить</u> (высушить)?

Вот горячее полотенце, вытрите лицо.

Причёску закрепить лаком?

Здравствуйте! Какие процедуры вы хотите получить?

Я хочу сделать <u>маску для лица</u> (маску для глаз, маску для губ, очищение кожи, омоложение кожи, массаж лица, коррекцию тела).

Какой марки крем-маску <u>для лица</u> (для контура глаз) вы предпочитаете?

У нас можно сделать самые разные маски для лица. Скажите,

yì zhǒng?
一 种？

Wǒ xiǎng zuò bǎoshī (qūbān、qūdòu、chúzhòu、zēngbái、bǎoyǎng)
我 想 做 保湿 （祛斑、祛痘、除皱、增白、保养）

miànmó.
面膜。

Qǐng nín xiān zuò ge pífū cèshì.
请 您 先 做 个 皮肤 测试。

Cèshì jiéguǒ xiǎnshì, nín shì zhōngxìng (gānxìng、yóuxìng、hùnhéxìng、
测试 结果 显示, 您 是 中性 （干性、油性、混合性、

mǐngǎnxìng、wèntíxìng) pífū.
敏感性、问题性）皮肤。

Gēnjù nín de pífū tèdiǎn, wǒ jiànyì nín zuò……miànmó
根据 您 的 皮肤 特点, 我 建议 您 做……面膜

(xuǎnyòng……miànmógāo).
（选用……面膜膏）。

Qǐng fùkuǎn. Yígòng shì yìbǎi wǔshí yuán.
请 付款。一共 是 150 元。

Huānyíng yǐhòu zài lái.
欢迎 以后 再 来。

(Èr) Huìhuà
（二）会话

1

Gùkè: Qǐng wèn, xiànzài kěyǐ lǐfà ma?
顾客：请 问, 现在 可以 理发 吗？

Lǐfàshī: Kěyǐ, qǐng jìn. Qǐng zhèbiānr zuò. Nín xiǎng lǐ
理发师：可以, 请 进。请 这边儿 坐。您 想 理

shénmeyàng de?
什么样 的？

пожалуйста, какую вы хотите сделать?

Я хочу сделать увлажняющую маску (маску против пятен и веснушек, маску против угрей и прыщей, маску против морщин, отбеливающую маску, питательную маску) для лица.

Прошу вас пройти сначала тестирование кожи.

Результаты тестирования показывают, что у вас нейтральная (сухая, жирная, смешанная, чувствительная, проблемная) кожа.

В соответствии с особенностями вашей кожи, я предлагаю вам сделать ... маску для лица (выбрать ... крем-маску для лица).

Заплатите, пожалуйста. С вас всего 150 юаней.

Приходите к нам ещё, добро пожаловать!

(Б) *Диалоги*

1

Клиент: Скажите, пожалуйста, сейчас можно подстричься?

Парикмахер: Можно, входите, пожалуйста. Садитесь сюда. Как вас подстричь?

顾客：Wǒ de tóufa tài cháng le, qǐng gěi wǒ jiǎnjian duǎn. Búguò,
顾客：我的头发太长了，请给我剪剪短。不过，

búyào jiǎn de tài duǎn le.
不要剪得太短了。

理发师：Hǎo de. Jiù zhào yuánlái de yàngzi lǐ ma?
理发师：好的。就照原来的样子理吗？

顾客：Shì de.
顾客：是的。

理发师：Yào guāliǎn ma?
理发师：要刮脸吗？

顾客：Búyòng.
顾客：不用。

理发师：Hǎo le. Wǒ bǎ jìngzi ná lái, qǐng nín kàn yíxià hòumian
理发师：好了。我把镜子拿来，请您看一下后面

de tóufa zěnmeyàng, mǎnyì bù mǎnyì?
的头发怎么样，满意不满意？

顾客：Hòumian hái kěyǐ. Zhèli yào shāowēi xiūzhěng yíxià. Bìnjiǎo
顾客：后面还可以。这里要稍微修整一下。鬓角

hái kěyǐ jiǎn duǎn yìxiē.
还可以剪短一些。

理发师：Hǎo de. ……Xiànzài zěnmeyàng?
理发师：好的。……现在怎么样？

顾客：Zhèyàng jiù hǎo le. Xièxie!
顾客：这样就好了。谢谢！

理发师：Zhè shì rè máojīn, qǐng cā bǎ liǎn.
理发师：这是热毛巾，请擦把脸。

顾客：Nǐmen fúwù hěn zhōudào.
顾客：你们服务很周到。

理发师：Huānyíng xiàcì zài lái.
理发师：欢迎下次再来。

Клиент: У меня слишком длинные волосы, сделайте их покороче. Только не надо слишком коротко.

Парикмахер: Хорошо. Подстричь вас по прежней причёске?

Клиент: Да.

Парикмахер: Бриться будете?

Клиент: Нет.

Парикмахер: Ну, вот всё. А теперь я принесу зеркало, посмотрите, пожалуйста, как сделано сзади. Вы довольны?

Клиент: Сзади ничего, а здесь надо немного подровнять. Виски можно сделать ещё короче.

Парикмахер: Хорошо. ... А как сейчас?

Клиент: Сейчас всё в порядке. Спасибо!

Парикмахер: Вот вам горячее полотенце, вытритесь, пожалуйста.

Клиент: У вас очень хорошее обслуживание.

Парикмахер: Будем рады видеть вас ещё.

2

Lǐfàshī: Qǐng lǐbianr zuò. Nín xǐfà háishi jiǎnfà?
理发师：请 里边儿 坐。您 洗发 还是 剪发？

Nǚgùkè: Wǒ xiǎng tàngfà.
女顾客：我 想 烫发。

Lǐfàshī: Hǎo de. Búguò, nín zhème cháng de biànzi, jiǎn duǎn tài
理发师：好 的。不过，您 这么 长 的 辫子，剪 短 太

kěxī le.
可惜 了。

Nǚgùkè: Tóufa tài cháng le bú dà fāngbiàn.
女顾客：头发 太 长 了 不大 方便。

Lǐfàshī: Nín xiǎng yào shénme fàshì ne? Zhèr yǒu gè zhǒng fàshì
理发师：您 想 要 什么 发式 呢？这儿 有 各 种 发式

de zhàopiānr, nín kěyǐ tiāoxuǎn.
的 照片儿，您 可以 挑选。

Nǚgùkè: Jiù yào zhè zhǒng yàngzi de ba.
女顾客：就 要 这 种 样子 的 吧。

Lǐfàshī: ……Hǎo le. Zhè zhǒng fàshì quèshí hěn shìhé nín de
理发师：……好 了。这 种 发式 确实 很 适合 您 的

liǎnxíng hé niánlíng.
脸型 和 年龄。

Nǚgùkè: Fàxíng hěn xīnyǐng, kěxī wǒ zìjǐ kěnéng shūlǐ bù hǎo.
女顾客：发型 很 新颖，可惜 我 自己 可能 梳理 不 好。

Lǐfàshī: Nà méiyǒu guānxì, wǒ gěi nín pēn yíxià dìngxíngshuǐ, fàxíng
理发师：那 没有 关系，我 给 您 喷 一下 定型水，发型

jiù kěyǐ wéichíde jiǔ yìdiǎnr. Yǐhòu nín kěyǐ dìngqī lái zuò yi
就 可以 维持得 久 一点儿。以后 您 可以 定期 来 做 一

zuò.
做。

2

Парикмахер: Проходите, пожалуйста. Садитесь. Вам вымыть голову или сделать стрижку?

Клиентка: Я хочу сделать завивку.

Парикмахер: Хорошо. Однако у вас такая длинная коса, будет очень жалко её обрезать.

Клиентка: С такими длинными волосами мне трудновато.

Парикмахер: Вы какую причёску хотите? Тут есть фотографии манекенщиц с разными причёсками, можете выбрать.

Клиентка: Вот эту причёску.

Парикмахер: ... Всё. Такая причёска, действительно, очень подходит к вашему лицу и вашему возрасту.

Клиентка: Причёска очень оригинальная, только жаль, что я сама, наверное, не смогу причесаться как следует.

Парикмахер: Это не проблема, я закреплю её лаком, и она продержится дольше. А потом вы можете приходить на укладку регулярно.

Nǚgùkè: Hǎo, tài xièxie nín le!
女顾客：好，太 谢谢 您 了！

3

Lǐfàshī: Qǐng zuò. Nín shì xiǎng zuò tóufa ba? Kànlái, nín de tóufa
理发师：请 坐。您 是 想 做 头发 吧？看来，您 的 头发

gāng tàngguo bùjiǔ.
刚 烫过 不久。

Nǚgùkè: Nín suàn shuō duì le. Lìngwài, wǒ hái xiǎng rǎnyirǎn.
女顾客：您 算 说 对 了。另外，我 还 想 染一染。

Lǐfàshī: Shì a, kàn shàngqu nín hái tǐng niánqīng, bái tóufa dàoshì
理发师：是 啊，看 上去 您 还 挺 年轻， 白 头发 倒是

bùshǎo.
不少。

Nǚgùkè: Wǒ yǐjīng bù niánqīng le! Nǚrén yuè lǎo yuè xīwàng zìjǐ
女顾客：我 已经 不 年轻 了！女人 越 老 越 希望 自己

xiǎnde niánqīng yìxiē. Tóufa de yánsè hé fàshì shì hěn
显得 年轻 一些。头发 的 颜色 和 发式 是 很

zhòngyào de.
重要 的。

Lǐfàshī: Nín rúguǒ zuò zhè zhǒng fàshì huì xiǎnde niánqīng xiē.
理发师：您 如果 做 这 种 发式 会 显得 年轻 些。

Nǚgùkè: Nà jiù zhào nín de jiànyì bàn ba.
女顾客：那就 照 您 的 建议 办 吧。

4

Lǐfàshī: Qǐng jìn! Nín yào tàngfà ma?
理发师：请 进！您 要 烫发 吗？

Nǚgùkè: Bù, wǒ de chángtóufa zìjǐ bù hǎo xǐ, suǒyǐ xiǎng qǐng
女顾客：不，我 的 长头发 自己不好洗，所以 想 请

nín gěi xǐ yíxià, chuīchui fēng.
您 给 洗 一下、吹吹 风。

Клиентка: Хорошо, большое вам спасибо!

3

Парикмахер: Садитесь, пожалуйста. Вы хотите сделать причёску? Видно, ваша завивка сделана совсем недавно.

Клиентка: Да, вы правы. Кроме того, мне ещё хотелось бы покрасить волосы.

Парикмахер: Да, на вид вы ещё очень молоды, а седых волос уже немало.

Клиентка: Я уже не молода! Для женщины, чем она старше, тем больше ей хочется выглядеть молодой, а это зависит от цвета волос и причёски.

Парикмахер: С этой причёской вы будете выглядеть моложе.

Клиентка: Хорошо, сделаем так, как вы посоветовали.

4

Парикмахер: Входите! Вы хотите сделать завивку?

Клиентка: Нет. Мне трудно мыть такие длинные волосы, поэтому я хочу, чтобы вы их мне вымыли и высушили.

Lǐfàshī: Hǎo de.
理发师：好的。

Nǚgùkè: Wǒ mǎshàng yào qù cānjiā yí gè yànhuì, qǐng nín gěi wǒ
女顾客：我马上要去参加一个宴会，请您给我

huàhuazhuāng, xíng ma? Xiūxiu méimao, túu yǎnyǐng,
化化妆，行吗？修修眉毛，涂涂眼影，

shuāshua jiémáo, zuìhòu zài zuò ge měijiǎ.
刷刷睫毛，最后再做个美甲。

Lǐfàshī: Dāngrán kěyǐ …… Nín yí huàzhuāng jiù gèng piàoliang
理发师：当然可以……您一化妆就更漂亮

le. Zhù nín yúkuài!
了。祝您愉快！

Nǚgùkè: Xièxie! Zàijiàn!
女顾客：谢谢！再见！

5

Měiróngshī: Nín hǎo! Nín yào zuò shénme xiàngmù?
美容师：您好！您要做什么项目？

Nǚgùkè: Wǒ xiǎng zuò miànmó, dàn bù zhīdào nǐmen zhèr kěyǐ zuò
女顾客：我想做面膜，但不知道你们这儿可以做

nǎ jǐ zhǒng miànmó.
哪几种面膜。

Měiróngshī: Wǒmen zhèr kěyǐ zuò gèzhǒng miànmó: bǎoshī de、
美容师：我们这儿可以做各种面膜：保湿的、

qūbān de、qūdòu de、chúzhòu de、zēngbái de、bǎoyǎng de,
祛斑的、祛痘的、除皱的、增白的、保养的,

děngděng. Nín xiǎng zuò nǎ yì zhǒng?
等等。您想做哪一种？

Nǚgùkè: Wǒ zuìjìn fāxiàn zìjǐ liǎn shang chūxiànle bùshǎo zhòuwén.
女顾客：我最近发现自己脸上出现了不少皱纹。

Wǒ xiǎng, wǒ dàgài xūyào zuò chúzhòu miànmó.
我想，我大概需要做除皱面膜。

Парикмахер: Хорошо.

Клиентка: Я сейчас иду на банкет, сделайте, пожалуйста, мне макияж. Можно? Подровняйте брови, нанесите тени на веки, покрасьте ресницы, а под конец сделайте маникюр.

Парикмахер: Конечно, можно. ... После макияжа вы стали ещё красивее. Желаю вам весело провести время!

Клиентка: Спасибо! До свидания!

5

Косметолог: Здравствуйте! Какие процедуры вы хотите получить?

Клиентка: Я хочу сделать маску для лица, но не знаю, какие маски для лица у вас делаются.

Косметолог: У нас можно делать самые разные маски для лица: увлажняющую маску, маску против пятен и веснушек, маску против угрей и прыщей, маску против морщин, отбеливающую маску, питательную маску, и т. д. Какую вы хотите сделать?

Клиентка: В последние дни я заметила, что у меня на лице появилось немало морщин. Я думаю, что мне, пожалуй, нужно сделать маску против морщин.

美容师：让我来看一下。您的皱纹很浅，您只需要做做护肤类面膜就可以了，没必要专门做除皱面膜。您以前做过面膜吗？

女顾客：从来没做过。

美容师：那么请您先做个面部皮肤测试。……结果显示，您是敏感性皮肤，缺水严重。根据您的皮肤特点，我建议您定期做保湿面膜。我会给您选用那种专门针对敏感性皮肤研制的海藻面膜膏，效果会比较理想。

女顾客：好吧。

美容师：我们有不少品牌的面膜膏，请问，您要什么牌子的？

女顾客：给我来个中等价位的吧。

美容师：行，那就用……牌的吧。请您到第二张床位躺下……好了。请您照照镜子，

Косметолог: Позвольте мне посмотреть. У вас очень мелкие морщины, вам нужно делать только маску для ухода за кожей лица, незачем делать специальную маску против морщин. Раньше вы делали какую-нибудь маску?

Клиентка: Никогда не делала.

Косметолог: Тогда прошу вас пройти сначала тестирование кожи лица. ... Результаты показывают, что у вас чувствительная кожа, и она страдает серьёзным недостатком влаги. В соответствии с особенностями вашей кожи, я предлагаю вам регулярно делать увлажняющую маску. Я буду выбирать для вас специальную крем-маску из морских водорослей, рассчитанную на чувствительную кожу, результаты будут лучше.

Клиентка: Хорошо.

Косметолог: У нас немало фирменных кремов-масок. Скажите, пожалуйста, какой марки вы хотите?

Клиентка: Дайте мне, пожалуйста, крем-маску средней цены.

Косметолог: Хорошо, тогда мы будем наносить крем-маску марки «...». Ложитесь, пожалуйста, на вторую кушетку. ... Всё. Посмотрите в зеркало, как эффект?

kànkan xiàoguǒ zěnmeyàng?
看看 效果 怎么样？

女顾客：好极了！好像年轻了不少。说实话，您的按摩手法也很好，让我很享受。谢谢！
(Nǚgùkè: Hǎo jí le! Hǎoxiàng niánqīng le bùshǎo. Shuō shíhuà, nín de ànmó shǒufǎ yě hěn hǎo, ràng wǒ hěn xiǎngshòu. Xièxie!)

多少钱？
(Duōshao qián?)

美容师：120元。
(Měiróngshī: Yìbǎi èrshí yuán.)

女顾客：这么贵？
(Nǚgùkè: Zhème guì?)

美容师：其他美容厅最起码150元。我建议您在我们这儿办张卡。一张1000元，可以做10次。等于每次优惠20元。
(Měiróngshī: Qítā měiróngtīng zuì qǐmǎ yìbǎi wǔshí yuán. Wǒ jiànyì nín zài wǒmen zhèr bàn zhāng kǎ. Yì zhāng yìqiān yuán, kěyǐ zuò shí cì. Děngyú měi cì yōuhuì èrshí yuán.)

女顾客：好吧。给我办张卡。我决定以后定期来做面膜，顺便享受享受按摩服务。
(Nǚgùkè: Hǎo ba. Gěi wǒ bàn zhāng kǎ. Wǒ juédìng yǐhòu dìngqī lái zuò miànmó, shùnbiàn xiǎngshòu xiǎngshòu ànmó fúwù.)

Клиентка: Великолепно! Кажется, я намного помолодела. Должна вам сказать, вы великолепный массажист! Вы доставили мне большое наслаждение! Спасибо! Сколько с меня?

Косметолог: 120 юаней.

Клиентка: Так дорого?

Косметолог: В других салонах красоты самая низкая цена—150. Я советую вам оформить у нас карточку. Одна карточка стоит 1000 юаней, на 10 процедур. Получается, каждая процедура на 20 юаней дешевле.

Клиентка: Ладно. Оформляйте мне карточку. Я решила, что буду регулярно приходить делать маску и наслаждаться массажем заодно.

Bā、Zuòkè
八、做客

(Yī) Chángyòngyǔ
（一）常用语

Qǐng nín (nǐ、nǐmen) lái zuòkè.
请 您（你、你们）来 做客。

Míngtiān shì wǒ shēngrì, qǐng nín lái wánr.
明天 是我 生日，请 您来 玩儿。

Hòutiān wǎnshang liúxuéshēngbù jǔxíng lěngcānhuì huānsòng
后天　　晚上　　留学生部　　举行　　冷餐会　　欢送

  bìyèshēng, nǐ shōu dào qǐngjiǎn (qǐngtiē) le ma?
  毕业生，你 收 到 请柬（请贴）了吗？

Míngtiān shì Zhōngqiūjié, jiǎrú nín yǒu kòng de huà, wǒ xiǎng qǐng
明天　是 中秋节，假如 您 有 空 的 话，我 想 请

  nín dào wǒ jiā qù chī wǎnfàn.
  您 到 我 家 去 吃 晚饭。

Xièxie nǐ de shèngqíng yāoqǐng, wǒ yídìng lái.
谢谢 你的　盛情　邀请，我 一定 来。

Wǒ dàibiǎo wǒ hé wǒ àiren (wǒmen quánjiā) duì nǐ de yāoqǐng
我 代表 我 和 我 爱人（我们 全家）对 你的 邀请

  biǎoshì zhōngxīn de gǎnxiè!
  表示　衷心　的 感谢！

Wǒmen zǎo jiù xiǎng qù zhùhè nǐmen de qiáoqiān zhī xǐ le.
我们　早 就　想 去 祝贺 你们 的 乔迁 之 喜 了。

  Duìbuqǐ, míngtiān wǒ yǒu huì, bùnéng lái.
  对不起，明天 我 有会，不能 来。

8. В гостях

(А) *Общеупотребительные выражения и фразы*

Я приглашаю вас (тебя, вас) в гости.

Завтра у меня день рождения. Приходите, пожалуйста!

Послезавтра вечером в отделе по делам иностранных студентов устраивается фуршет в честь выпускников, ты получил(-ла) приглашение?

Завтра праздник Чжунцю (Праздник середины осени). Если у вас будет свободное время, я приглашаю вас ко мне на ужин.

Благодарю тебя за тёплое приглашение. Я обязательно приду.

От своего имени и от имени моего мужа / моей жены (от имени всей нашей семьи) сердечно благодарю тебя за приглашение.

Мы давно уже собирались поздравить вас с новосельем.

Извините, у меня завтра будет собрание, я не смогу прийти.

Zhēn yíhàn, zhè jǐ tiān wǒ bú tài shūfu, láibuliǎo le.
真 遗憾，这 几 天 我 不 太 舒服，来不了 了。

Bié zhāngluo le, wǒmen suíbiàn chī yìdiǎnr ba.
别 张罗 了，我们 随便 吃 一点儿 吧。

Búyào duō pòfèi, chī dùn biànfàn jiù xíng.
不要 多 破费，吃 顿 便饭 就 行。

Zhè shì zìzhùcān, qǐng suíyì xiǎngyòng!
这 是 自助餐，请 随意 享用！

Wǒmen yàobuyào dài diǎnr shénme lǐwù qù ya?
我们 要不要 带 点儿 什么 礼物 去 呀？

Zǒng bù hǎoyìsi kōngzhe liǎng shǒu qù ba?
总 不 好意思 空着 两 手 去 吧？

Qù mǎi shù xiānhuā biǎoshì wǒmen de zhùhè ba.
去 买 束 鲜花 表示 我们 的 祝贺 吧。

Wǒ gěi nǐ dài lái yí jiàn lǐwù, bù zhī nǐ shìbushì xǐhuan.
我 给 你 带 来 一 件 礼物，不 知 你 是不是 喜欢。

Zhège sòng gěi nǐ zuò ge jìniàn.
这个 送 给 你 作 个 纪念。

Nín tài kèqi le.
您 太 客气 了。

Zhè cài wèidào hěn hǎo, shì nín zìjǐ zuò de ma? Nín de chúyì zhēn búcuò!
这 菜 味道 很 好，是 您 自己 做 的 吗？您 的 厨艺 真 不错！

Yǒu zhèyàng nénggàn de qīzi, nǐ zhēn shì fúqi ya!
有 这样 能干 的 妻子，你 真 是 福气 呀！

Zhè cài xiándàn zhènghǎo, zhèng hé wǒ de kǒuwèi.
这 菜 咸淡 正好，正 合 我 的 口味。

Xièxie, tài duō le, wǒ yǐjīng chī bu xià (chī bǎo) le.
谢谢，太 多 了，我 已经 吃 不 下（吃 饱）了。

Bié kèqi, wǒ zìjǐ lái.
别 客气，我 自己 来。

К сожалению, в последние дни мне не здоровится, и я не смогу прийти.

Не суетитесь с обедом! Давайте что-нибудь перекусим.

Не надо тратить много денег, сделайте скромный обед и всё.

Здесь самообслуживание. Кушайте на здоровье!

Мы пойдём с каким-нибудь подарком?

С пустыми руками пойти будет не удобно!

Давайте купим букет цветов и поздравим.

Я принёс/принесла тебе подарок, да не знаю, понравится ли он тебе.

Это тебе на память.

Вы очень любезны.

Это блюдо очень вкусное, вы сами готовили? Вы прекрасный повар!

Какой ты счастливый, у тебя жена такая замечательная хозяйка!

Это блюдо посолено в меру, как раз по моему вкусу.

Спасибо, слишком много, я <u>больше уже не могу</u> (уже наелся / наелась).

Не беспокойтесь, я сам(-а) возьму.

Báijiǔ tài xiōng, wǒ zhǐnéng hē diǎnr pútáojiǔ, bùrán hěn kuài jiù huì
白酒太凶，我只能喝点儿葡萄酒，不然很快就会
zuì de.
醉的。

Wǒ búhuì hē jiǔ.
我不会喝酒。

Yīshēng jìnzhǐ wǒ hē jiǔ, wǒ hē yìdiǎnr júzizhī ba.
医生禁止我喝酒，我喝一点儿橘子汁吧。

Wǒ tíyì, wèi wǒmen de xīnhūn fūfù gān yì bēi, zhù tāmen
我提议，为我们的新婚夫妇干一杯，祝他们
xiāngqīnxiāng'ài, báitóuxiélǎo.
相亲相爱，白头偕老。

Zhù xīnláng xīnniáng xìngfú!
祝新郎新娘幸福！

Zhù nǐmen xīnhūn (yínhūn、jīnhūn) zhī xǐ!
祝你们新婚（银婚、金婚）之喜！

Zhù nín shēngrì kuàilè (jiànkāng chángshòu)!
祝您生日快乐（健康长寿）！

Wèi nǐmen de qiáoqiān zhī xǐ (wǒmen de yǒuyì、wǒmen de hézuò)
为你们的乔迁之喜（我们的友谊、我们的合作）
gānbēi!
干杯！

Gǎnxiè wǒmen nǚzhǔrén de shèngqíng kuǎndài, wǒ jiànyì wèi chūsè de
感谢我们女主人的盛情款待，我建议为出色的
nǚzhǔrén gān yì bēi.
女主人干一杯。

Shíjiān bù zǎo le, wǒ (wǒmen) gāi zǒu (huí jiā) le.
时间不早了，我（我们）该走（回家）了。

Xièxie nǐmen de shèngqíng kuǎndài!
谢谢你们的盛情款待！

Xièxie nín (nǐmen) ràng wǒ dùguole yí gè yúkuài de zhōumò
谢谢您（你们）让我度过了一个愉快的周末
(wǎnshang).
（晚上）。

Водка очень крепкая, я выпью лишь немного вина, а то опьянею быстро.

Я не пью.

Врачи запрещают мне пить, я выпью немного апельсинового сока.

Я предлагаю выпить за наших молодожёнов и пожелать им взаимной любви и счастливого супружества до глубокой старости.

Желаю молодожёнам счастья!

Поздравляю вас <u>со свадьбой</u> (с Серебряной свадьбой, с Золотой свадьбой)!

Поздравляю вас <u>с днём рождения</u> (желаю вам здоровья и долголетия)!

Выпьем за <u>ваше новоселье</u> (нашу дружбу, наше сотрудничество)!

Благодарим хозяйку за радушный приём. Предлагаю выпить за нашу замечательную хозяйку!

Уже поздно, <u>мне</u> (нам) пора <u>уходить</u> (идти домой).

Спасибо вам за радушный приём!

Благодарю вас за прекрасный <u>уикэнд</u> (вечер).

Bié sòng le, qǐng liúbù.
别 送 了，请 留步。

Nín lái la! Qǐng wūli zuò.
您 来 啦！请 屋里 坐。

Qǐng suíbiàn zuò, bié jiànwài.
请 随便 坐，别 见外。

Xiǎng tīngting yīnyuè (kànkan diànshì、 kànkan diépiàn、 kànkan
想 听听 音乐 （看看 电视、 看看 碟片、 看看

zhàopiānr、cānguān cānguān wǒmen de fángzi) ma?
照片儿、 参观 参观 我们 的 房子）吗？

Zhè shì wòshì (kètīng、 shūfáng、 chúfáng、 chǔcángshì、 guòdào、
这 是 卧室（客厅、 书房、 厨房、 储藏室、 过道、

wèishēngjiān、yùshì、 yángtái).
卫生间、 浴室、 阳台）。

Zhège fángjiān cháo nán (dōng、běi、xī).
这个 房间 朝 南 （东、 北、西）。

Zhège fángjiān miànjī shì shíwǔ píngfāngmǐ (píngfāng、 píngmǐ).
这个 房间 面积 是 15 平方米 （平方、 平米）。

Wǒmen de zhùfáng tiáojiàn bú tài hǎo, zànshí hái méiyǒu nuǎnqì
我们 的 住房 条件 不 太 好，暂时 还 没有 暖气

(rèshuǐ、méiqì、 tiānránqì).
（热水、煤气、天然气）。

Zhè shì wǒmen jiā de xīn fángzi, shì wǒmen xiàng yínháng dàikuǎn
这 是 我们 家 的 新 房子，是 我们 向 银行 贷款

(xiàng qīnqi péngyou jiè qián, zìjǐ zǎn qián) mǎi de.
（向 亲戚 朋友 借钱、自己 攒 钱）买 的。

Wǒmen de fángzi shì yì zhǒng "xīnxíng kējìfáng", dōngnuǎnxiàliáng,
我们 的 房子 是 一 种 "新型 科技房"， 冬暖夏凉，

yìniánsìjì héngwēn、 héngshī、 héngyǎng.
一年四季 恒温、 恒湿、 恒氧。

Dàjiā qǐng rùzuò (rùxí).
大家 请 入座（入席）。

Пожалуйста, не провожайте!

Хорошо, что вы пришли! Проходите, присаживайтесь, пожалуйста.

Располагайтесь и чувствуйте себя, как дома.

Хотите послушать музыку (посмотреть телевизор, посмотреть диски, посмотреть фотографии, посмотреть нашу квартиру)?

Это спальня (гостиная, кабинет, кухня, кладовая, коридор, туалет, ванная, балкон).

Эта комната выходит на юг (восток, север, запад).

Площадь этой комнаты—15 кв. метров.

Наши жилищные условия не очень хорошие, пока ещё нет отопления (горячей воды, угольного газа, природного газа).

Это наша новая квартира, мы купили её на деньги, взятые в кредит в банке (деньги, взятые в долг у родственников и друзей, свои накопленные деньги).

Наша квартира является «квартирой нового типа по научной технологии», в квартире зимой тепло, летом прохладно, круглый год постоянные температура, влажность воздуха и содержание кислорода в воздухе.

Прошу всех к столу!

Qǐng bié kèqi, xiǎng chī shénme zìjǐ jiā (jiān).
请 别 客气, 想 吃 什么 自己 夹（搛）。

Qǐng dàjiā suíbiàn chī (jìnqíng xiǎngyòng).
请 大家 随便 吃（尽情 享用）。

Nín xǐhuan, jiù duō chī yìdiǎnr.
您 喜欢, 就 多 吃 一点儿。

Qǐng chángchang zhège tángcùyú (hóngshāo niúròu、 shāojī、
请 尝尝 这个 糖醋鱼 （红烧 牛肉、 烧鸡、

xiāngcháng、yánshuǐyā……), zhè shì wǒ qīnshǒu zuò de.
香肠、 盐水鸭……), 这 是 我 亲手 做 的。

Nín zěnme bù chī (dòng kuàizi) ya?
您 怎么 不 吃（动 筷子）呀?

Zhè cài wèidào zěnmeyàng? Nín xǐhuan ma?
这 菜 味道 怎么样? 您 喜欢 吗?

Qǐng hē tāng.
请 喝·汤。

Hái zǎo ne, zài zuò (wánr) yíhuìr.
还 早 呢, 再 坐（玩儿）一会儿。

Xièxie nín (dàjiā) do guānglín.
谢谢 您（大家）的 光临。

Xièxie dàjiā de zhùhè (lǐwù).
谢谢 大家 的 祝贺（礼物）。

Nín mànzǒu (zǒuhǎo), wǒ jiù bú sòng le.
您 慢走（走好）, 我 就 不 送 了。

Qǐng cháng lái wánr.
请·常 来 玩儿。

Qǐng xiàng nín fūrén (xiānsheng) wènhǎo.
请 向 您 夫人 （先生） 问好。

(Èr) Huìhuà
（二）会话

1

Fàn lǎoshī: Nínà·Bǐdéluófūnà, míngtiān shì wǒ guó de Chūnjié,
范 老师：尼娜·彼得罗夫娜, 明天 是 我 国 的 春节,

Не стесняйтесь, угощайтесь, пожалуйста!

Кушайте на здоровье!

Если вам нравится, кушайте побольше.

Попробуйте вот эту <u>рыбу в кисло-сладком соусе</u> (тушёную говядину в соевом соусе, жареную курицу, колбасу, солёную утку...). Это я сама приготовила.

Почему вы не <u>кушаете</u> (берёте)?

Как это блюдо? Тебе нравится?

Попробуйте, пожалуйста, суп.

Ещё рано, посидите ещё немного.

Спасибо <u>вам</u> (всем), что пришли.

Благодарю всех за <u>поздравления</u> (подарки).

Всего доброго! Я дальше вас не провожаю.

Заходите почаще.

Передайте привет <u>вашей супруге</u> (вашему супругу).

(Б) *Диалоги*

1

Преподаватель Фань: Нина Петровна, завтра в нашей стране

jīntiān shì niánsānshír, àn wǒmen Zhōngguórén de xíguàn, chúxī
今天 是 年三十儿，按 我们 中国人 的 习惯，除夕

wǎnshang jiājiā dōu yào jù zài yìqǐ chī niányèfàn. Wǒ xiǎng
晚上 家家 都 要 聚 在 一起 吃 年夜饭。我 想

qǐng nín dào wǒ jiā guònián, hǎobuhǎo?
请 您 到 我 家 过年， 好不好？

Nínà: Nà tài hǎo le, xièxie nín de yāoqǐng, wǒ yídìng lái.
尼娜：那 太 好 了，谢谢 您 的 邀请，我 一定 来。

2

Fēifei: Nínà, nǐ kàn! Nǐ xǐhuan zhè huā ma?
飞飞：尼娜，你 看！你 喜欢 这 花 吗？

Nínà: Xiānhuā? Tài měi le!
尼娜：鲜花？ 太 美 了！

Fēifei: Zhè shì wǒ sòng gěi nǐ de. Zhù nǐ shēngrì kuàilè!
飞飞：这 是 我 送 给 你 的。祝 你 生日 快乐！

Nínà: Tài xièxie nǐ le, Fēifei, wǒ zhēn gāoxìng.
尼娜：太 谢谢 你 了，飞飞，我 真 高兴。

Fēifei: Bié máng, zhèr hái yǒu ne! Zhè shì wǒ jiějie cóng Shànghǎi
飞飞：别 忙， 这儿 还 有 呢！这 是 我 姐姐 从 上海

gěi nǐ dài lái de shēngrì lǐwù.
给 你 带 来 的 生日 礼物。

Nínà: Zhège sīróng xiǎo xióngmāo tài kě'ài le! Wǒ tài xǐhuan le!
尼娜：这个 丝绒 小 熊猫 太可爱 了！我 太 喜欢 了！

Xièxie nǐ sòng gěi wǒ shēngrì lǐwù, yě dài wǒ xièxie nǐ jiějie.
谢谢 你 送 给 我 生日 礼物，也 代 我 谢谢 你 姐姐。

3

Nínà: Nǐmen hǎo! Zǐyún, wǒ lái wǎnle ba?
尼娜：你们 好！紫云，我 来 晚了 吧？

Zǐyún: Nǎli, bù wǎn. Nínà·Bǐdéluófūnà, lái rènshi yíxià, zhè shì
紫云：哪里，不 晚。尼娜·彼得罗夫娜，来 认识 一下，这 是

отмечается Праздник весны, а сегодня канун Нового года по лунному календарю. По нашей китайской традиции в этот день вечером каждая семья собирается вместе на новогодний ужин. Я хочу пригласить вас встретить Новый год по лунному календарю у нас дома. Хорошо?

Нина: Это замечательно! Спасибо вам за приглашение, я обязательно приду.

2

Фэйфэй: Нина, посмотри! Тебе нравятся эти цветы?

Нина: Цветы? Как красиво!

Фэйфэй: Это тебе от меня. Поздравляю тебя с днём рождения!

Нина: Большое спасибо тебе, Фэйфэй, я так рада!

Фэйфэй: Не торопись, тут ещё! Это моя сестра привезла из Шанхая тебе на день рождения.

Нина: Какой хорошенький бархатный бамбуковый медвежонок! Он мне так нравится! Спасибо тебе за подарок на мой день рождения, и поблагодари за меня твою сестру.

3

Нина: Здравствуйте! Цзыюнь, я, кажется, опоздала?

Цзыюнь: Нет, что вы. Познакомьтесь, Нина Петровна, это мой

wǒ xiānsheng Zhōu Zhìgāng, zài yì jiā diànnǎo gōngsī gōngzuò,
我 先生 周 志刚，在 一 家 电脑 公司 工作，
shì gè ruǎnjiàn gōngchéngshī. Zhìgāng, zhè shì wǒ cháng gēn nǐ
是 个 软件 工程师。 志刚，这 是 我 常 跟 你
shuō qǐ de Nínà·Bǐdéluófūnà.
说 起 的 尼娜·彼得罗夫娜。

Zhìgāng: Nín hǎo, Nínà·Bǐdéluófūnà! Hěn gāoxìng rènshi nín!
志刚： 您 好，尼娜·彼得罗夫娜！ 很 高兴 认识 您！

Nínà: Nín hǎo, rènshi nín wǒ yě hěn gāoxìng! Nǐmen jiù jiào wǒ
尼娜： 您 好，认识 您 我 也 很 高兴！ 你们 就 叫 我
Nínà hǎo le.
尼娜 好 了。

Zǐyún: Hǎo de. Nínà, qǐng jìn! Qǐng zuò! Nín hē chá háishi hē
紫云： 好 的。尼娜，请 进！ 请 坐！ 您 喝 茶 还是 喝
kāfēi?
咖啡？

Nínà: Yǒu hóngchá ma? Wǒ xǐhuan Zhōngguó de hóngchá.
尼娜： 有 红茶 吗？ 我 喜欢 中国 的 红茶。

Zǐyún: Hǎo de, wǒ jiā hóngchá、lǜchá、huāchá dōu yǒu.
紫云： 好 的，我 家 红茶、绿茶、花茶 都 有。

Zhìgāng: Chī diǎnr tángguǒ ba. Nín búbì kèqi, wánquán kěyǐ
志刚： 吃 点儿 糖果 吧。 您 不必 客气， 完全 可以
xiàng zài zìjǐ jiāli yíyàng.
像 在 自己 家里 一样。

4

Zǐyún: Nínà, yàobuyào cānguān yíxià wǒmen de xīnjū?
紫云： 尼娜，要不要 参观 一下 我们 的 新居？

Nínà: Dāngrán.
尼娜： 当然。

Zǐyún: Zhè liǎng jiān fángjiān cháo nán, yì jiān shì wǒmen de wòshì,
紫云： 这 两 间 房间 朝 南，一 间 是 我们 的 卧室，

супруг Чжоу Чжиган, работает в компьютерной компании, он программист. Чжиган, это Нина Петровна, о которой я тебе не раз говорила.

Чжиган: Здравствуйте, Нина Петровна, очень рад с вами познакомиться.

Нина: Здравствуйте, мне тоже очень приятно. Вы можете звать меня просто Нина.

Цзыюнь: Хорошо. Нина, проходите, пожалуйста! Садитесь! Вам чай или кофе?

Нина: А чёрный чай есть? Я люблю китайский чёрный чай.

Цзыюнь: Хорошо. У нас дома есть и чёрный, и зелёный, и цветочный чай.

Чжиган: Угощайтесь конфетами. Не стесняйтесь, будьте как дома.

4

Цзыюнь: Нина, хотите посмотреть нашу новую квартиру?

Нина: Конечно.

Цзыюнь: Эти две комнаты выходят на юг. Одна служит нашей

一间是书房。这是客厅和餐厅。朝北的那间房间女儿睡。

尼娜：房间面积是多少？

紫云：两个朝南房间都是18平米，朝北的是14平米，中间两个厅加起来30平米。

尼娜：房子总面积是多少？

紫云：120平米。

尼娜：紫云，您真幸福！啊，多漂亮的厨房！你们烧的是煤气吗？

紫云：不。是天然气。

尼娜：有热水供应吗？

紫云：没有。不过，我们自己装了太阳能热水器，很方便的。

尼娜：我看，你们家的住房条件挺现代化的。

紫云：我们这是才买的房子。您大概还不知道，这几年我们中国人的住房条件普遍有

спальной, а другая—кабинетом. Это гостиная и столовая. В той, что выходит на север, спит дочь.

Нина: Какова площадь комнат?

Цзыюнь: Обе южные комнаты по 18 кв. м, а северная—14 кв. м. А общая площадь гостиной и столовой—30 кв. м.

Нина: Какова общая площадь квартиры?

Цзыюнь: 120 кв. м.

Нина: Цзыюнь, какие вы счастливые! Ой, какая красивая кухня! Вы пользуетесь угольным газом?

Цзыюнь: Нет. У нас природный газ.

Нина: А горячая вода есть?

Цзыюнь: Нет, но мы сами установили солнечный водонагреватель. Это очень удобно.

Нина: На мой взгляд, у вас квартира очень современная.

Цзыюнь: Ведь эта квартира куплена нами совсем недавно. Вы, наверное, ещё не знаете, что в последние годы жилищные условия у нас, у китайцев, в основном значительно улучшились.

了很大的改善。
le hěn dà de gǎishàn.

尼娜：紫云，你们家彩电、冰箱和洗衣机都是新买
Nínà: Zǐyún, nǐmen jiā cǎidiàn, bīngxiāng hé xǐyījī dōu shì xīn mǎi

的吧？
de ba?

紫云：是的。包括电脑、空调，还有所有家具和
Zǐyún: Shì de. Bāokuò diànnǎo, kōngtiáo, háiyǒu suǒyǒu jiājù hé

餐具，全是新的。我们不少中国人买新
cānjù, quán shì xīn de. Wǒmen bùshǎo Zhōngguórén mǎi xīn

房子，都喜欢花大量的钱搞装修，买新
fángzi, dōu xǐhuan huā dàliàng de qián gǎo zhuāngxiū, mǎi xīn

家具和新家电。
jiājù hé xīn jiādiàn.

尼娜：那要花多少钱？
Nínà: Nà yào huā duōshao qián?

紫云：就拿我们的房子来说吧。我们买房子花
Zǐyún: Jiù ná wǒmen de fángzi lái shuō ba. Wǒmen mǎi fángzi huā

了50万，搞装修、买家具、买家电花了20
le wǔshí wàn, gǎo zhuāngxiū、mǎi jiājù、mǎi jiādiàn huāle èrshí

万。
wàn.

尼娜：我的上帝，这么多的钱，要攒多少年啊！
Nínà: Wǒ de shàngdì, zhème duō de qián, yào zǎn duōshao nián a!

紫云：还好。我们向银行贷款30万，要还
Zǐyún: Hái hǎo. Wǒmen xiàng yínháng dàikuǎn sānshí wàn, yào huán

20年。我们中国现在很多人愿意贷款
èrshí nián. Wǒmen Zhōngguó xiànzài hěn duō rén yuànyì dàikuǎn

买房子，这叫"超前消费"。
mǎi fángzi, zhè jiào "chāoqián xiāofèi".

尼娜：看来，我也应该改变一下自己的消费观念了。
Nínà: Kànlái, wǒ yě yīnggāi gǎibiàn yíxià zìjǐ de xiāofèi guānniàn le.

Нина: Цзыюнь, у вас цветной телевизор, холодильник и стиральная машина новые?

Цзыюнь: Да. В том числе и компьютеры, и кондиционеры, и вся мебель, и вся посуда—всё новое. У нас в Китае немало людей, купив новую квартиру, предпочитают потратить большую сумму денег на ремонт квартиры, на новую мебель, на новые домашние электроприборы.

Нина: Сколько денег нужно?

Цзыюнь: Возьму в пример нашу квартиру. Мы купили квартиру за 500000 юаней, на ремонт квартиры, на мебель и домашние электроприборы потратили 200000 юаней.

Нина: Боже мой! Так много денег, нужно копить столько лет!

Цзыюнь: Ничего страшного. Мы взяли в банке 300000 юаней в кредит, будем возвращать в течение 20 лет. Теперь у нас в Китае много людей предпочитают покупать квартиру в кредит, это называется "опережающим потреблением".

Нина: Пожалуй, мне тоже надо изменить своё отношение к потреблению.

5

Nínà: Nín shì Zǐyún de zhínǚ, nà Zǐyún shì nín de……
尼娜：您是紫云的侄女，那紫云是您的……

Zhínǚ: Shì wǒ de xiǎo gūmā.
侄女：是我的小姑妈。

Nínà: Wǒ kàn nǐmen liǎng gè niánjì chàbuliǎo duōshao.
尼娜：我看你们两个年纪差不了多少。

Zhínǚ: Duì, tā zhǐ bǐ wǒ dà sì suì. Wǒ fùqīn xiōngdì jiěmèi duō, tā
侄女：对，她只比我大4岁。我父亲兄弟姐妹多，他

shì lǎodà, tā bǐ Zǐyún gūmā dà zhěngzhěng èrshí suì. Nín
是老大，他比紫云姑妈大整整20岁。您

zhīdào, yǐqián shì bù jiǎng jìhuà shēngyù de.
知道，以前是不讲计划生育的。

Nínà: Nín jiéhūnle ma? Yǒu háizi ma?
尼娜：您结婚了吗？有孩子吗？

Zhínǚ: Jiéhūn hǎo jǐ nián le, nǚ'ér dōu sì suì le.
侄女：结婚好几年了，女儿都4岁了。

Nínà: Bù xiǎng zài yàole ma?
尼娜：不想再要了吗？

Zhínǚ: Wǒmen guójiā tíchàng yí duì fūfù zhǐ shēng yí gè háizi.
侄女：我们国家提倡一对夫妇只生一个孩子。

Wǒmen dōu xiǎngyìng guójiā de zhège zhèngcè.
我们都响应国家的这个政策。

Nínà: Zhēn de? Wǒmen Éluósī kěshì gǔlì duō shēng háizi de.
尼娜：真的？我们俄罗斯可是鼓励多生孩子的。

Nǐmen jìhuà shēngyù hǎo gǎo ma?
你们计划生育好搞吗？

Zhínǚ: Nóngcūn bǐ chénglǐ nán gǎo, jì yǒu sīxiǎng wèntí, yě yǒu
侄女：农村比城里难搞，既有思想问题，也有

shíjì wèntí.
实际问题。

5

Нина: Вы племянница Цзыюнь, а Цзыюнь—это ваша...

Племянница: Она моя младшая тётя со стороны отца.

Нина: Я вижу, вы почти ровесники.

Племянница: Да, она старше меня всего на 4 года. У моего отца много братьев и сестёр, он самый старший. Он старше тёти Цзыюнь ровно на 20 лет. Вы знаете, раньше не говорили о плановом деторождении.

Нина: Вы замужем? У вас есть дети?

Племянница: Я замужем несколько лет, дочке уже 4 года.

Нина: А не хотите ещё иметь ребёнка?

Племянница: У нас в стране ведётся агитация за то, чтобы одна семья имела только одного ребёнка. Мы все откликнулись на эту политику страны.

Нина: Правда? А у нас в России поощряется высокая рождаемость. Как у вас проводится политика планового деторождения?

Племянница: В деревне труднее, чем в городе. Здесь мешают и психологические факторы, и сама действительность.

Nínà: Nín shì zhǐ……
尼娜：您是指……

Zhínǚ: Bǐrú chuántǒng de zhòngnánqīngnǚ、yǎng'érfánglǎo、nǚláolì
侄女：比如 传统 的 重男轻女、 养儿防老、 女劳力

bù rú nánláolì děng wèntí, yíxiàzi bù róngyì jiějué.
不如男劳力 等 问题，一下子 不 容易 解决。

Nínà: Zhè dào yě shì.
尼娜：这 倒 也 是。

Zhínǚ: Xiànzài bùshǎo dìfang cǎiqǔ cuòshī fāzhǎn lǎoniánrén de fúlì
侄女：现在 不少 地方 采取 措施 发展 老年人 的 福利

shìyè, yǐ cùjìn jìhuà shēngyù gōngzuò de fāzhǎn.
事业，以 促进 计划 生育 工作 的 发展。

6

Yùlán: Nàjiā, zánmen chīfàn ba. Lái, suíbiàn zuò. Nǐ hē shénme jiǔ?
玉兰：娜佳，咱们 吃饭 吧。来，随便 坐。你 喝 什么 酒？

Nàjiā: Yǒu shānzhājiǔ ma? Wǒ tǐng xǐhuan nǐmen de shānzhājiǔ.
娜佳：有 山楂酒 吗？我 挺 喜欢 你们 的 山楂酒。

Yùlán: Yǒu. Nǐ chángchang wǒ tèdì wèi nǐ zuò de Mòsīkē shì
玉兰：有。你 尝尝 我 特地 为 你 做 的 莫斯科 式

sèlā, bù zhīdào hébuhé nǐ de kǒuwèir?
色拉，不 知道 合不合 你 的 口味儿？

Nàjiā: Zhēn búcuò! Bǐ wǒ zuò de hǎochī.
娜佳：真 不错！比 我 做 的 好吃。

Yùlán: Nǐ xǐhuan jiù duō chī diǎnr. Lái liǎng kuài yánshuǐyā,
玉兰：你 喜欢 就 多 吃 点儿。来 两 块 盐水鸭，

zěnmeyàng? Zhè shì Nánjīng de tèchǎn.
怎么样？这 是 南京 的 特产。

Нина: Вы имеете в виду...

Племянница: Например, традиция уважать мужчин и презирать женщин, традиция растить сыновей на старость, а также меньше физических возможностей у женщин по сравнению с мужчинами и т. д. Одним разом все эти вопросы не решишь.

Нина: Да, совершенно верно.

Племянница: Сейчас во многих местах принимают меры для повышения благосостояния пожилых людей, чтобы способствовать работе по плановому деторождению.

6

Юйлань: Надя, нам пора обедать. Садись, куда хочешь. Какое вино ты будешь пить?

Надя: У тебя есть вино из боярышника? Мне очень нравится ваше вино из боярышника.

Юйлань: Есть. Попробуй салат по-московски. Я приготовила его специально для тебя, только не знаю, придётся ли он тебе по вкусу.

Надя: Очень хороший! Вкуснее, чем я готовлю.

Юйлань: Если тебе нравится, ешь побольше. Давай ещё пару кусочков солёной утки, а? Это фирменное местное блюдо Нанкина.

Nàjiā: Hěn xiān, hěn nèn. Nǐ de pīnpán bǎi de hěn hǎokàn. Zhè shì
娜佳：很 鲜，很 嫩。你 的 拼盘 摆 得 很 好看。这 是

shénme?
什么？

Yùlán: Zhè shì pídàn, yě jiào sōnghuādàn, shì yādàn zuò de.
玉兰：这 是 皮蛋，也 叫 松花蛋， 是 鸭蛋 做 的。

Nàjiā: Qǐng bǎ jièmo dì gěi wǒ, wǒ xǐhuan chī yìdiǎnr là. Yùlán,
娜佳：请 把 芥末 递 给 我，我 喜欢 吃 点儿 辣。玉兰，

qǐng yǔnxǔ wǒ wèi nǐ de jiànkāng jìng nǐ yì bēi.
请 允许 我 为 你 的 健康 敬 你 一 杯。

Yùlán: Wèi wǒmen de yǒuyì gānbēi! Wǒ zài gěi nǐ tiān yìdiǎnr fàn?
玉兰：为 我们 的 友谊 干杯！我 再 给 你 添 一点儿 饭？

Nàjiā: Xièxie, búyòng le. Nǐ de fàncài wèidào hǎo jí le. Shíjiān
娜佳：谢谢， 不用 了。你 的 饭菜 味道 好 极 了。时间

bù zǎo le, wǒ gāi huíqù le.
不 早 了，我 该 回去 了。

Yùlán: Hái zǎo ne! Zài zuò yíhuìr. Hē bēi chá, chī diǎnr shuǐguǒ
玉兰：还 早 呢！再 坐 一会儿。喝 杯 茶，吃 点儿 水果

zài zǒu.
再 走。

Nàjiā: Bù le. Xièxie! Nǐ ràng wǒ dùguole yí gè yúkuài de yèwǎn.
娜佳：不 了。谢谢！你 让 我 度过了 一 个 愉快 的 夜晚。

Wǒ gàocí le.
我 告辞 了。

Yùlán: Nà wǒ bù wǎnliú nǐ le. Wǒ sòngsong nǐ.
玉兰：那 我 不 挽留 你 了。我 送送 你。

Nàjiā: Bié sòng le, zàijiàn!
娜佳：别 送 了，再见！

Yùlán: Zàijiàn! Qǐng cháng lái wánr.
玉兰：再见！请 常 来 玩儿。

Надя: Очень вкусная и нежная. Как красиво ты уложила смешанную холодную закуску! А это что такое?

Юйлань: Это "пидань" (чёрные яйца / консервированные яйца), их ещё называют "сунхуадань", они приготовлены из утиных яиц.

Надя: Передай, пожалуйста, горчицу, я люблю поострее. Юйлань, разреши мне предложить тост за твоё здоровье.

Юйлань: Выпьем за нашу дружбу! Я ещё положу тебе немного риса?

Надя: Спасибо, не надо. Всё, что ты приготовила, было очень вкусно. Уже поздно, мне пора домой.

Юйлань: Да ещё рано! Посиди ещё немного. Выпьешь стакан чая, поешь немного фруктов, а потом пойдёшь.

Надя: Нет. Спасибо тебе за прекрасный вечер. Разреши откланяться.

Юйлань: Ну, не буду тебя задерживать. Я провожу тебя.

Надя: Не надо провожать. До свидания!

Юйлань: До свидания! Приходи почаще.

Jiǔ、Qìhòu、tiānqì
九、气候、天气

(Yī) Chángyòngyǔ
（一）常用语

Zhōngguó （Éluósī） de qìhòu zěnmeyàng?
中国 （俄罗斯）的 气候 怎么样？

Běijīng shì dàlùxìng (hǎiyángxìng) qìhòu ma?
北京 是 大陆性 （海洋性）气候 吗？

Nín juéde Nánjīng de qìhòu zěnyàng?
您 觉得 南京 的 气候 怎样？

Nín xíguàn (xǐhuan) zhèli de qìhòu ma?
您 习惯 （喜欢）这里 的 气候 吗？

Wǒmen guójiā shì wēndài (rèdài、yàrèdài) qìhòu.
我们 国家 是 温带 （热带、亚热带）气候。

Wǒmen jiāxiāng shǔyú yàrèdài jìfēngxìng qìhòu.
我们 家乡 属于 亚热带 季风性 气候。

Zhèli de qìhòu tài gān (rè、lěng) le.
这里 的 气候 太 干 （热、冷）了。

Yǒu de dìqū rìyè wēnchā hěn dà.
有 的 地区 日夜 温差 很 大。

Wǒ shòubuliǎo yánrè (hánlěng、gānzào) de qìhòu.
我 受不了 炎热 （寒冷、干燥）的 气候。

Nín zuì xǐhuan nǎge jìjié?
您 最 喜欢 哪个 季节？

Běifāng dìqū chūnjì cháng yǒu shāchénbào.
北方 地区 春季 常 有 沙尘暴。

9. Климат. Погода

(А) *Общеупотребительные выражения и фразы*

Какой климат в Китае (России)?

В Пекине континентальный (морской) климат?

Как вам нравится климат в Нанкине?

Вы привыкли к здешнему климату (любите здешний климат)?

У нас в стране умеренный (тропический, субтропический) климат.

В нашем родном городе субтропический климат муссонного типа.

Здешний климат слишком сухой (жаркий, холодный).

В некоторых районах существует большая разница между дневной и ночной температурой воздуха.

Я не переношу жаркий (холодный, сухой) климат.

Какое время года вам нравится больше всего?

Весной в северных районах часто бывают песчаные бури.

春天南方多雨、潮湿，北方干燥、风沙大。

自从种植了防护林，北京的风沙比以前好多了。

植树造林对改善小气候很有好处。

夏天不少地区暴雨成灾，但也有一些地区干旱严重。

大部分地区秋天多晴朗天气。

冬天北方地区天气寒冷，经常下雪，而南方地区比较暖和，很少下雪，有的地方甚至温暖如春。

你听天气预报了吗？

今天（明天、后天、下个星期）天气怎么样？

今天晴（阴、多云、有风、有雨、有雾）。

明天下不下雨？

明天局部地区有小雨（阵雨、暴雨、雷雨）。

Весной на юге часто идут дожди, сыро, а на севере сухо, часто дуют сильные песчаные ветры.

С тех пор, как посадили защитные леса, в Пекине стало менее ветрено и меньше песка.

Лесонасаждение весьма положительно сказывается на микроклимате.

Летом во многих районах случаются наводнения, вызванные проливными дождями, но в некоторых местах бывают и сильные засухи.

Осенью в большинстве районов много ясных дней.

Зимой в северных районах холодно, часто идёт снег, а в южных районах теплее, очень редко идёт снег, в некоторых местах даже тепло, как весной.

Ты слышал(-ла) прогноз погоды?

Какая сегодня (завтра, послезавтра, на следующей неделе) погода?

Сегодня ясно (пасмурно, облачно, ветрено, дождливо, туманно).

Завтра будет дождь?

Завтра местами будет небольшой дождь (кратковременный дождь, ливень, гроза).

Míngtiān Nánjīng yīn yǒu yǔ, yǔliàng zhōngděng(xiǎo、dà、dà dào
明天　南京　阴　有　雨，雨量　<u>中等</u>　（小、大、大到

bàoyǔ).
暴雨)。

Jīntiān yǒu xiǎoxuě(yǔjiāxuě、dàxuě、bàofēngxuě).
今天　有　<u>小雪</u>　（雨夹雪、大雪、暴风雪)。

Yèlǐ yǒu shuāng hé shuāngdòng.
夜里　有　霜　和　霜冻。

Zǎochén yǒu wù.
早晨　有　雾。

Jīntiān shì shénme fēng?
今天　是　什么　风？

Jīntiān shì dōng(nán、xī、běi、dōngnán、xīběi、dōngběi、xīnán)
今天　是　<u>东</u>　（南、西、北、东南、西北、东北、西南）

fēng.
风。

Míngtiān yǒu liù jí dàfēng.
明天　有　6　级　大风。

Jīntiān wēndù(qìwēn) duōshao?
今天　<u>温度</u>（气温）多少？

Jīntiān zuì gāo wēndù……dù, míngchén zuì dī wēndù……dù(língxià
今天　最　高　温度……度，明晨　最　低　温度……<u>度</u>　（零下

……dù).
……度)。

Zhōngyāng qìxiàngtái fābù de tiānqì yùbào shuō, míngtiān Xībólìyà
中央　气象台　发布　的　天气　预报　说，明天　<u>西伯利亚</u>

(běifāng) lái de hánliú(lěngkōngqì) jiāngyào yǐngxiǎng wǒ shěng,
（北方）来　的　<u>寒流</u>（冷空气）将要　影响　我　省，

qìwēn jiāng xiàjiàng qī dào shí dù(yǒu míngxiǎn xiàjiàng).
气温　将　<u>下降</u>　7　到　10　度　（有　明显　下降)。

Guǎngbō shuō míngtiān gāowēn(hěn rè)(hěn lěng).
广播　说　明天　<u>高温</u>（很　热)（很　冷)。

Завтра в Нанкине пасмурно, будет дождь, количество осадков среднее (небольшое, большое, большое до ливня).

Сегодня будет небольшой снег (дождь со снегом, сильный снег, метель).

Ночью будут иней и заморозки.

Утром будет туман.

Какой ветер сегодня?

Сегодня дует восточный (южный, западный, северный, юго-восточный, северо-западный, северо-восточный, юго-западный) ветер.

Завтра будет сильный ветер в 6 метров в секунду.

Какая сегодня температура (температура воздуха)?

Сегодня самая высокая температура ... градусов, завтра утром самая низкая температура ... градусов (... градусов ниже нуля).

По прогнозу погоды Центральной метеорологической обсерватории обещали, что завтра холодный поток воздуха (холодный воздух) из Сибири (с севера) повлияет на нашу провинцию, температура воздуха понизится на 7—10 градусов (будет явно понижаться).

По радио передавали, что завтра будет очень жарко (холодно).

Míngtiān huì yǒu jùfēng (hǎixiào、táifēng、lóngjuǎnfēng、shāchénbào、
明天 会 有 飓风 （海啸、台风、 龙卷风、 沙尘暴、
bàofēngxuě).
暴风雪）。

Xiànzài shì méiyǔ jìjié (huángméitiān), shīdù dà, qìyā dī, rén
现在 是 梅雨季节 （黄梅天）， 湿度 大，气压 低，人
juéde hěn bù shūfu, xiōng hěn mèn.
觉得 很 不 舒服， 胸 很 闷。

Nǐmen nàr de dōngtiān (xiàtiān) lěngbulěng (rèburè)?
你们 那儿 的 冬天 （夏天） 冷不冷 （热不热）？

Lěng jí le, xīběifēng guā zài liǎn shàng xiàng dāo gē yíyàng.
冷 极 了，西北风 刮 在 脸 上 像 刀 割 一样。

Lěngde zhí fādǒu (duōsuo).
冷得 直 发抖 （哆嗦）。

Lù shàng jiébīng le, xiǎoxīn diǎnr, bié huá dǎo le.
路 上 结冰 了，小心 点儿，别 滑 倒 了。

Tài rè le, yìdiǎnr fēng dōu méiyǒu.
太 热 了，一点儿 风 都 没有。

Rède zhí màohàn.
热得 直 冒汗。

Zuòzhe bú dòng dōu chūhàn.
坐着 不 动 都 出汗。

Súhuà shuō "Lěng zài sānjiǔ, rè zài sānfú" ma!
俗话 说 "冷 在 三九，热 在 三伏" 嘛！

Zhōngguó nónglì yì nián yǒu èrshísì gè jiéqi, tāmen duì nóngyè
中国 农历 一 年 有 24 个 节气，它们 对 农业
shēngchǎn yǒu zhòngyào yìyì.
生产 有 重要 意义。

Lìchūn (lìxià, lìqiū, lìdōng) jiùshì chūn (xià, qiū, dōng) tiān kāishǐ
立春 （立夏、立秋、立冬） 就是 春 （夏、秋、冬） 天 开始
de yìsi.
的 意思。

Jīntiān shì dōngzhì, zhège jiéqi duì lǎoniánrén de shēntǐ yǐngxiǎng
今天 是 冬至， 这个 节气 对 老年人 的 身体 影响

Завтра будет ураган (цунами, тайфун, смерч, песчаная буря, пурга).

Сейчас сезон дождей «Мейю» («Хуанмэйтянь»), влажность воздуха повышенная, а давление воздуха пониженное, людям нездоровится, в груди чувствуется стеснение.

У вас зимой (летом) холодно (жарко)?

Очень холодно, северо-западный ветер обжигает лицо.

Холодно, зуб на зуб не попадает.

Дорога покрылась льдом. Осторожно, смотри, не поскользнись.

Очень жарко, и никакой ветерок не продувает.

Жарко, аж пот прошибает.

Пот течёт, даже когда не двигаешься.

Ведь поговорка гласит: «Холодная погода господствует в "Третьей девятке", а жаркая погода—в "Три жары"».

По китайскому лунному календарю год делится на 24 «Цзеци» (сельскохозяйственных сезона), которые имеют важное значение для сельскохозяйственных работ.

«Личунь» («Лися», «Лицю», «Лидун») означает начало весны (лета, осени, зимы).

Сегодня «Дунчжи», этот сельскохозяйственный сезон заметно

bǐjiào dà. Tāmen hěn róngyì shēngbìng.
比较 大。他们 很 容易 生病。

Zhège dìqū èrlínglíngbā nián wǔ yuè céng fāshēngguo yí cì tèdà
这个 地区 2008 年 5 月 曾 发生过 一 次 特大
dìzhèn, zhènjí wéi bā jí, shì hěn hǎnjiàn de.
地震，震级 为 8 级，是 很 罕见 的。
Dìzhèn fāshēng de tài tūrán, bùshǎo rén yùnàn.
地震 发生 得 太 突然，不少 人 遇难。
Zhège fángwū kàngzhènxìng hěn hǎo (chà), suǒyǐ méiyǒu dǎotā
这个 房屋 抗震性 很 好 (差)，所以 没有 倒塌
(dǎotā le).
(倒塌 了)。
Wǒ de yí gè qīnqi zài dìzhèn zhōng bèi dǎotā de lóubǎn yā chéng
我 的 一 个 亲戚 在 地震 中 被 倒塌 的 楼板 压 成
zhòngshāng.
重伤。
Dìzhèn (bàoyǔ、hóngshuǐ) zàochéngle níshíliú (shāntǐ huápō、shānbēng).
地震（暴雨、洪水） 造成了 泥石流（山体 滑坡、山崩）。

Kěxī kējì gōngzuòzhě zhìjīn hái bùnéng zuòchū zhǔnquè de dìzhèn
可惜 科技 工作者 至今 还 不能 做出 准确 的 地震
yùbào.
预报。

(Èr) Huìhuà
(二) 会话

1

Lǐ Huá: Wǎjìmǔ, tīngshuō nǐ yào dào Zhōngguó qù gōngzuò, zhùhè
李 华：瓦季姆，听说 你 要 到 中国 去 工作，祝贺
nǐ a.
你 啊。

влияет на здоровье пожилых людей, им очень легко заболеть.

В мае 2008 года в этом районе произошло мощное землетрясение, амплитуда которого составила 8 баллов. Такое землетрясение очень редко случается.

Землетрясение случилось совсем внезапно, погибли много людей.

Этот дом обладает очень <u>высокой</u> (низкой) устойчивостью против землетрясения и поэтому <u>не был разрушен</u> (был разрушен).

Во время землетрясения один из моих родственников был тяжело ранен из-за рухнувшего перекрытия.

<u>Землетрясение</u> (ливень, наводнение) вызвало (-л, -ло) <u>селевые потоки</u> (обвал горной породы, оползень).

К сожалению, до сих пор учёные пока ещё не могут точно предсказывать землетрясения.

(Б) *Диалоги*

1

Ли Хуа: Вадим, я слышал, что ты поедешь работать в Китай. Поздравляю тебя.

瓦季姆：谢谢！唉，李华，我正在找你呢。我记得你
好像是南京人，对吗？

李华：对呀，怎么，你是去南京吗？太好了，我
代表南京人欢迎你！什么时候动身？

瓦季姆：大概下星期三走。你能给我介绍一下
南京的气候吗？

李华：那当然！南京地处长江下游，四季
分明。一般来说，冬冷夏热。

瓦季姆：冷我不怕，我想南京冬天再冷也不
会比莫斯科冷吧？

李华：那当然。南京的冬天最低气温一般是
摄氏零下三四度，极少有冷到零下十度的。

瓦季姆：那夏天又是怎么个热法呢？

李华：夏天恐怕是你这个莫斯科人最难熬的季节
啦！最热时气温一般总在摄氏三十度以上。

瓦季姆：真的？

Вадим: Спасибо! Слушай, Ли Хуа, я как раз тебя ищу. Насколько я помню, ты, кажется, нанкинец. Верно?

Ли Хуа: Верно. А что, ты поедешь в Нанкин? Вот здорово! Я от имени всех нанкинцев приветствую тебя! Ты когда отправляешься?

Вадим: Наверное, в следующую среду. Можешь ли ты мне рассказать о нанкинском климате?

Ли Хуа: Конечно! Нанкин находится в нижнем течении реки Янцзы, там чётко различается четыре времени года. Говоря в общих чертах, зимой там холодно, а летом жарко.

Вадим: Холода-то я не боюсь. Думаю, что в Нанкине всё-таки не может быть холоднее, чем в Москве.

Ли Хуа: Ну, это конечно. Обычно самая низкая температура зимой в Нанкине—минус 3-4 градуса по Цельсию, и крайне редко опускается до 10 градусов ниже нуля.

Вадим: Ну, а насколько жарко летом?

Ли Хуа: Лето для тебя, москвича, пожалуй, самый непереносимый сезон! В самое жаркое время температура воздуха постоянно выше 30 градусов по Цельсию.

Вадим: Серьёзно?

Lǐ Huá: Nǐ méi tīngshuō, Chóngqìng、Wǔhàn、Nánjīng shì Chángjiāng
李 华：你 没 听说， 重庆、 武汉、 南京 是 长江

liúyù de sān dà huǒlú ma?
流域 的 三 大 火炉 吗？

Wǎjìmǔ: Dà huǒlú? Nà hái dé liǎo! Zhè jiào rén zěnme huó ya?
瓦季姆：大 火炉？ 那 还 得 了！ 这 叫 人 怎么 活 呀？

Lǐ Huá: Yě méi nàme kěpà. Yǒushí shì huì rè dào sānshíqī、bā dù
李 华：也 没 那么 可怕。有时 是 会 热 到 三十七、八 度

de, dàn zhèyàng de rìzi méi jǐ tiān, zhù xíguàn le yě jiù hǎo
的， 但 这样 的 日子 没 几 天， 住 习惯 了 也 就 好

le. Nǐ kàn, wǒ zhège nánjīngrén bú shì huóde hǎohāor de ma?
了。你 看， 我 这个 南京人 不 是 活得 好好儿 的 吗？

Wǎjìmǔ: Xièxie! Zhèxia wǒ jiù fàngxīn le.
瓦季姆：谢谢！ 这下 我 就 放心 了。

2

Wéikètuō: Nǐ tīngle tiānqì yùbào méiyǒu?
维克托：你 听了 天气 预报 没有？

Lǐ Wén: Tīng le. Gàn shénme?
李 文：听 了。干 什么？

Wéikètuō: Míngtiān wǒmen yào qù Xiāngshān kàn hóngyè, bù zhīdào
维克托： 明天 我们 要 去 香山 看 红叶，不 知道

tiānqì zěnmeyàng?
天气 怎么样？

Lǐ Wén: Míngtiān tiānqì búcuò, qíng dào shǎoyún, piānnánfēng, èr
李 文： 明天 天气 不错， 晴 到 少云， 偏南风， 2

dào sān jí.
到 3 级。

Wéikètuō: Zuì gāo wēndù shì duōshao?
维克托：最 高 温度 是 多少？

Lǐ Wén: Shíjiǔ dù. Wǒ kàn, zhè wēndù zuì hǎo, bù lěng bú rè,
李 文： 19 度。我 看， 这 温度 最 好， 不 冷 不 热，

qiūgāo qìshuǎng, zhèng shì yuǎnzú de hǎo tiānqì.
秋高 气爽， 正 是 远足 的 好 天气。

Ли Хуа: А ты что, не слышал, что Чунцин, Ухань и Нанкин—
это три больших пекла на реке Янцзы?

Вадим: Пекло? Какой ужас! Как же жить?

Ли Хуа: Не так уж страшно. Правда, иногда температура воздуха может доходить до 37-38 градусов, но таких дней всего несколько, к такой погоде привыкнешь и всё. Да вот хотя бы взять меня: я нанкинец, а я жив и здоров.

Вадим: Спасибо! Теперь я успокоился.

2

Виктор: Ты слышал прогноз погоды?

Ли Вэнь: Слышал. А что?

Виктор: Завтра мы собираемся поехать в Сяншань полюбоваться багряными листьями, да вот не знаем, какая будет погода.

Ли Вэнь: Завтра будет неплохая погода: солнечная и малооблачная, ветер южный, 2-3 м/с.

Виктор: А какая самая высокая температура?

Ли Вэнь: 19 градусов. По-моему, это самая лучшая температура: и не холодно и не жарко. Золотая осень—лучшая пора для таких дальних экскурсий.

维克托：你也和我们一块儿去吧！

李文：很遗憾，我不能和你们一起玩儿了。我明天要去看一位生病的朋友。

3

小张：萨沙，你看，天阴沉沉的，好像要下雨了。

萨沙：看样子是要下了。这一阵怎么总下雨呀？

小张：长江中下游春末夏初有一段梅雨季节。

萨沙：什么梅雨季节？有多长时间？

小张：大约一个月左右。梅雨季节又叫黄梅天，常常阴雨绵绵，气压比较低，空气十分潮湿，有的人会觉得很不舒服的。

4

萨沙：您能给我们讲讲中国的节气吗？

Виктор: Поехали с нами!

Ли Вэнь: К сожалению, я не могу поехать с вами. Завтра я хочу навестить больного друга.

3

Сяо Чжан: Саша, смотри, небо пасмурное, пожалуй, пойдёт дождь.

Саша: Похоже, что пойдёт. Почему это в последнее время постоянно идут дожди?

Сяо Чжан: В среднем и нижнем течениях реки Янцзы в конце весны и начале лета бывает сезон дождей 《Мейю》.

Саша: Что это за сезон дождей 《Мейю》? Сколько времени он длится?

Сяо Чжан: Приблизительно около месяца. Сезон дождей 《Мейю》 ещё называется 《Хуанмэйтянь》. В это время постоянно идут затяжные дожди, давление воздуха пониженное, влажность воздуха повышенная, и некоторым людям очень нездоровится.

4

Саша: Не могли бы вы рассказать нам о китайских сельскохозяйственных сезонах 《Цзеци》?

刘老师：古时候 中国人 根据 昼夜 的 长短，中午 日影 的 高低 等，在 一 年 的 时间 中 定出 若干 点，每 一 点 叫 一 个 节气。

萨沙：一 年 有 多少 节气？

刘老师：二十四 个。大约 每 十五 天 一 个 节气，像立春、立秋、夏至、冬至、清明、谷雨 什么 的，都是 节气。

萨沙：节气 说明 什么 问题 呢？

刘老师：节气 表示 天气 的 变化 和 某 个 农事 季节的 开始，我 国 农民 通常 根据 节气 来 安排田间 生产。

萨沙：我 常 听 你们 说 "冷 在 三九，热 在 三伏"，这 是 什么 意思 呢？

刘老师：伏天 一般 从 7 月 中旬 开始，分 成 初伏、中伏、末伏 三 段。初伏 10 天，中伏 10 天 或

Преподаватель Лю: В древности китайцы, основываясь на наблюдениях за продолжительностью дня и ночи, длиной тени от солнца в полдень и другими явлениями, выделили в году несколько точек, которые называются сельскохозяйственными сезонами 《Цзеци》.

Саша: Сколько 《Цзеци》 имеется в году?

Преподаватель Лю: Двадцать четыре. Примерно через каждые 15 дней один 《Цзеци》. Например, 《Личунь》 (Начало весны), 《Лицю》 (Начало осени), 《Сячжи》 (Летнее солнцестояние), 《Дунчжи》 (Зимнее солнцестояние), 《Цинмин》 (Чистый свет), 《Гуюй》 (Урожайные дожди) и т. д., все они являются названиями сельскохозяйственных сезонов 《Цзеци》.

Саша: А что означают эти 《Цзеци》?

Преподаватель Лю: Они означают изменение погоды и начало того или иного сельскохозяйственного сезона. У нас в стране крестьяне обычно распределяют полевые работы в соответствии с этими сезонами.

Саша: Я часто слышал от вас поговорку: 《Холодная погода господствует в "Третьей девятке", а жаркая погода—в "Три жары"》. Что это значит?

Преподаватель Лю: Жаркий период обычно начинается со средней декады июля и подразделяется на 《Чуфу》 (Начальную жару), 《Чжунфу》 (Среднюю жару) и 《Мофу》 (Конечную

èrshí tiān, mòfù shí tiān. Zhè duàn shíjiān shì yì nián zhōng zuì
20 天，末伏 10 天。这 段 时间 是 一 年 中 最

rè de rìzi.
热 的 日子。

Sàshā: Nàme sānjiǔ yòu shì zěnme huí shì ne?
萨沙：那么 三九 又 是 怎么 回 事 呢？

Liú lǎoshī: Nǐ zhīdào dōngzhì ma?
刘 老师：你 知道 冬至 吗？

Sàshā: Zhīdào. Zhè shì yì nián zhōng báitiān zuì duǎn de yì tiān.
萨沙：知道。这 是 一 年 中 白天 最 短 的 一 天。

Liú lǎoshī: Cóng dōngzhì zhè tiān kāishǐ rùjiǔ, měi gè jiǔ tiān jiào yí
刘 老师：从 冬至 这 天 开始 入九，每 个 九 天 叫 一

gè "jiǔ". Yígòng jiǔ gè "jiǔ". Yìbān lái shuō, zuì lěng de
个 "九"。一共 9 个 "九"。一般 来 说， 最 冷 的

shíhou shì sānjiǔ、sìjiǔ, dàyuē zài yī yuè zhōngxún, dào bājiǔ、
时候 是 三九、四九，大约 在 1 月 中旬， 到 八九、

jiǔjiǔ, yǐjīng shì chūnnuǎnhuākāi de yànyángtiān le.
九九，已经 是 春暖花开 的 艳阳天 了。

5

Mǎshā: Xiǎo Lǐ, nǐ bù zhīdào, wǒ shàng gè xīngqī dào Guǎngzhōu
玛莎：小 李，你 不 知道，我 上 个 星期 到 广州

qù wánr, zài nàli zhèng gǎnshàng táifēng, wǒ zhēn dǎoméi a!
去 玩儿，在 那里 正 赶上 台风，我 真 倒霉 啊！

Xiǎo Lǐ: Shì ma? Zěnmeyàng, shòujīng le ba?
小 李：是 吗？怎么样， 受惊 了 吧？

Mǎshā: Dāngrán! Nà tiān, wǒmen shìxiān shì tīng dào tiānqì yùbào
玛莎：当然！那 天，我们 事先 是 听 到 天气 预报

de, kěshì wǒmen méi dàng huí shì, zhàoyàng shàngjiē le. Shéi
的，可是 我们 没 当 回 事，照样 上街 了。谁

yě méi xiǎng dào, táifēng lái le, yǔ yě lái le, érqiě shì
也 没 想 到，台风 来 了，雨 也 来 了，而且 是

жару). Начальная жара длится 10 дней, Средняя жара—10 или 20 дней, а Конечная жара—10 дней. Это самое жаркое время в году.

Саша: Ну, а что такое 《Саньцзю》 (Третья девятка)?

Преподаватель Лю: Ты знаешь, что такое 《Дунчжи》 (Зимнее солнцестояние)?

Саша: Знаю, это самый короткий день в году.

Преподаватель Лю: Со дня 《Дунчжи》 (Зимнего солнцестояния) начинается отсчёт 《Цзю》 (Девяток). Каждые 9 дней называются 《Цзю》 (Девяткой), а всего девять 《Девяток》. Обычно самое холодное время—это третья и четвёртая 《Девятки》, это приблизительно в средней декаде января. К восьмой и девятой 《Девяткам》 уже наступает прекрасная весенняя тёплая погода и распускаются цветы.

5

Маша: Сяо Ли, ты ещё не знаешь, на прошлой неделе я ездила в Гуанчжоу на экскурсию, и там я как раз попала в тайфун. Как мне не повезло!

Сяо Ли: Серьёзно? Ну и как, испугалась?

Маша: Ещё бы! В тот день мы заранее слышали прогноз погоды, но мы не обратили внимания и всё же вышли на улицу. Никто не ожидал, когда начался тайфун, пошёл дождь, к тому же такой проливной дождь. Дождевая вода на земле

qīngpéndàyǔ. Dìmiàn de yǔshuǐ hěn kuài jiù jīle qǐlái. Wǒmen
倾盆大雨。地面的雨水很快就积了起来。我们

cóng shāngchǎng chūlái shí, shuǐ dōu yān dào xiǎotuǐdùzi le.
从商场出来时，水都淹到小腿肚子了。

Suǒyǒu de jiēdào dōu biànchéngle hé. Zhèyàng de chǎngmiàn
所有的街道都变成了河。这样的场面

wǒ zài Éluósī hái cónglái méi jiànguo ne. Dāngshí wǒmen zhàn
我在俄罗斯还从来没见过呢。当时我们站

dōu zhànbuzhù, sǎn yě chēngbukāi, dǎchē yě dǎbudào. Zhǐhǎo
都站不住，伞也撑不开，打车也打不到。只好

zài shāngchǎng děngle zhěngzhěng liǎng gè xiǎoshí.
在商场等了整整两个小时。

Xiǎo Lǐ: Wǒ yě céngjīng zài Zhūhǎi pèngdàoguo yí cì. Dāngshí wǒ
小李：我也曾经在珠海碰到过一次。当时我

kànjiàn, jiē shàng yǒu bùshǎo shù bèi dàfēng lián gēn bá qǐ,
看见，街上有不少树被大风连根拔起，

háiyǒu hěnduō diànxiàngān hé guǎnggàopái bèi guā dǎo. Nà
还有很多电线杆和广告牌被刮倒。那

chǎngmiàn wǒ zhìjīn jìyìyóuxīn. Wǒ guó dōngnán yánhǎi cháng
场面我至今记忆犹新。我国东南沿海常

yǒu táifēng, yìbān fāshēng zài xià qiū zhī jì, nǐmen zhènghǎo
有台风，一般发生在夏秋之际，你们正好

gǎnshàng le.
赶上了。

Mǎshā: Búguò, wǒ yě suànshì kāi le yǎn. Suīshuō dāngshí yǒudiǎnr
玛莎：不过，我也算是开了眼。虽说当时有点儿

hàipà, dàn xiànzài xiǎngxiǎng yě tǐng yǒuyìsi de.
害怕，但现在想想也挺有意思的。

6

Sàshā: Tīngshuō nǐmen Sìchuān fāshēngle dà dìzhèn, sǐ le bùshǎo
萨沙：听说你们四川发生了大地震，死了不少

очень быстро скопилась. Когда мы вышли из универмага, вода уже поднялась до икр. Все улицы превратились в реки. Такого зрелища я ещё никогда не видела в России. В то время мы даже не могли устоять на ногах, не могли раскрыть зонт и такси тоже не могли поймать. Нам пришлось ждать в универмаге битых два часа.

Сяо Ли: Однажды в Чжухае со мной случилось то же самое. Тогда я видела, как на улицах немало деревьев с корнем было вырвано сверхмощным ветром, было повалено ещё много столбов линий электропередач и рекламных щитов. До сих пор я ещё хорошо помню эту сцену. В приморских районах на юго-востоке нашей страны часто бывают тайфуны. Это обычно происходит летом и осенью. Вы как раз попали в это время.

Маша: Зато я, можно сказать, повидала невиданное. Хотя тогда я была немного напугана, зато теперь мне есть о чём вспомнить.

6

Саша: Я слышал, что у вас в Сычуане произошло разрушительное землетрясение. Погибли много людей. Какой кошмар!

rén, zhēn kěpà!
人，真 可怕！

Xiǎo Zhāng: Shì de. Zhè cì dìzhèn fāshēng zài xiàwǔ. Dāngdì xǔduō
小 张：是 的。这 次 地震 发生 在 下午。当地 许多
xuéxiào de fángwū dǎotā le. Dìzhèn láide tài tūrán, dàjiā
学校 的 房屋 倒塌 了。地震 来得 太 突然，大家
zhèngzài shàngkè, xǔduō shīshēng méi láidejí pǎo chūlái, sǐ
正在 上课，许多 师生 没 来得及 跑 出来，死
shāng hěn duō rén. Dāngshí jǐngxiàng tài kěpà le!
伤 很 多 人。当时 景象 太 可怕 了！

Sàshā: Zhè cì dìzhèn yǒu jǐ jí?
萨沙：这 次 地震 有 几 级？

Xiǎo Zhāng: Bā jí. Dìzhèn hái yǐnfā le shāntǐ duànliè、shāntǐ huápō,
小 张：8 级。地震 还 引发 了 山体 断裂、山体 滑坡，
dàolù bèi gǔnshí dǔsè, qiánlái jiùyuán de wǔjǐng bùduì fèile hǎo
道路 被 滚石 堵塞，前来 救援 的 武警 部队 费了 好
dà de jìn cái dàodá chūshì dìdiǎn.
大 的 劲 才 到达 出事 地点。

Sàshā: Wǒmen Éluósī shì wèi Sìchuān tígōng guójì yuánzhù de shǒu
萨沙：我们 俄罗斯 是 为 四川 提供 国际 援助 的 首
gè guójiā, érqiě zài dìyī shíjiān xiàng Sìchuān pàichūle
个 国家，而且 在 第一 时间 向 四川 派出了
jiùyuánduì, wèi cǐ wǒ gǎn dào hěn xīnwèi.
救援队，为 此 我 感 到 很 欣慰。

Xiǎo Zhāng: Shì a. Zhè cì hěnduō wàiguó zhèngfǔ pàiláile
小 张：是 啊。这 次 很多 外国 政府 派来了
jiùyuánduì, sòngláile jiùzāikuǎn hé gè zhǒng jiùzāi wùzī, wǒmen
救援队，送来了 救灾款 和 各 种 救灾 物资，我们
Zhōngguó zhèngfǔ hé rénmín wèi cǐ shífēn gǎnjī nǐmen dàjiā.
中国 政府 和 人民 为 此 十分 感激 你们 大家。

Сяо Чжан: Да. Это случилось после обеда. Обрушилось много домов местных школ. Когда все занимались, землетрясение случилось так внезапно, что многие учителя и ученики не успели выбежать, и количество погибших и раненых было огромное. Картина была страшная!

Саша: Какая амплитуда?

Сяо Чжан: 8 баллов. Землетрясение вызвало ещё растрескивание массива горных пород и горный обвал, дорога была перекрыта осыпями, войска вооружённой милиции, которые приехали на помощь, с большим трудом пробились на место происшествия.

Саша: Наша Россия стала первой страной, которая оказала Сычуаню международную помощь, и в первую очередь прислала в Сычуань спасательную команду, это меня очень обрадовало.

Сяо Чжан: Да. На этот раз правительства многих иностранных государств прислали команды спасателей, доставили специальные средства на борьбу с последствиями землетрясения и разнообразные спасательные материалы. Наше китайское правительство и наш народ очень благодарны всем вам за это.

十、旅游
Shí、Lǚyóu

（一）常用语
(Yī) Chángyòngyǔ

1. 筹划 旅游
1. Chóuhuà lǚyóu

请问，中国的哪些地方值得一看？
Qǐng wèn, Zhōngguó de nǎxiē dìfang zhíde yí kàn?

北京、西安、洛阳、南京等城市都曾经是中国的古都，都有许多名胜古迹。
Běijīng、Xī'ān、Luòyáng、Nánjīng děng chéngshì dōu céngjīng shì Zhōngguó de gǔdū, dōu yǒu xǔduō míngshèng gǔjì.

杭州、苏州是著名的游览城市，风景优美。
Hángzhōu、Sūzhōu shì zhùmíng de yóulǎn chéngshì, fēngjǐng yōuměi.

桂林山水甲天下。
Guìlín shānshuǐ jiǎ tiānxià.

黄山、泰山、峨眉山的山峰气势雄伟、景色宜人。
Huángshān、Tàishān、Éméishān de shānfēng qìshì xióngwěi、jǐngsè yírén.

四川九寨沟被誉为"童话世界"、"人间仙境"。
Sìchuān Jiǔzhàigōu bèi yù wéi "Tónghuà Shìjiè"、"Rénjiān Xiānjìng".

昆明石林举世罕见。
Kūnmíng Shílín jǔshì hǎnjiàn.

10. Туристическая поездка

(А) *Общеупотребительные выражения и фразы*

1. Планирование экскурсии

Скажите, пожалуйста, какие места Китая стоит посмотреть?

Пекин, Сиань, Лоян, Нанкин и другие города—все они раньше были древними столицами Китая, которые известны многочисленными достопримечательностями и историческими памятниками.

Ханчжоу и Сучжоу известны как туристические города, там прекрасные пейзажи.

Горы и реки Гуйлиня не знают себе равных во всём мире.

Горы Хуаншань, Тайшань, Эмэйшань величественны и живописны.

Цзючжайгоу (Ущелье девяти селений) в провинции Сычуань славится как 《Мир сказки》,《Земной рай》.

Шилин (Каменный Лес) в Кунмине—большая редкость во всём мире.

Tiānjīn、Shànghǎi、Guǎngzhōu、Shēnzhèn dōu shì hěn piàoliang de
天津、 上海、 广州、 深圳 都 是 很 漂亮 的

xiàndàihuà chéngshì, nǐmen bùfáng qù kànkan (wánwan、
现代化 城市， 你们 不妨 去 看看 （玩玩、

zhuànzhuan).
转转）。

Chéngzuò Jīn-Jīng chéngjì lièchē, Běijīng dào Tiānjīn zhǐyào bàn gè
乘坐 津京 城际 列车，北京 到 天津 只要 半 个

xiǎoshí jiù dào le.
小时 就 到 了。

Xiànzài dào Xīnjiāng、Xīzàng de wàiguó lǚyóuzhě (yóukè) hěn duō,
现在 到 新疆、 西藏 的 外国 旅游者 （游客） 很 多，

zài nàr kěyǐ kàn dào nónghòu de mínzú fēngqíng.
在 那儿 可以 看 到 浓厚 的 民族 风情。

Cóng Qīnghǎi Xīníng dào Xīzàng Lāsà yǒu yì tiáo shìjiè shang zuì gāo
从 青海 西宁 到 西藏 拉萨 有 一 条 世界 上 最 高

de tiělù —— Qīngzàng Tiělù.
的 铁路 —— 青藏 铁路。

Zuò huǒchē qù yóu "Shìjiè Wūjǐ" (Xīzàng、Lāsà), yǐjīng cóng
坐 火车 去 游 "世界 屋脊" （西藏、 拉萨），已经 从

mèngxiǎng biàn chéng le xiànshí.
梦想 变 成 了 现实。

Huángshān wǔrìyóu, chēpiào、ménpiào、chīfàn、zhùsù, shènzhì lián
黄山 五日游， 车票、 门票、 吃饭、 住宿， 甚至 连

lǎnchēpiào dōu quán bāo le, duō shěngxīn a!
缆车票 都 全 包 了，多 省心 啊！

Kěyǐ zuò dàbā (kuàikè) (huǒchē、fēijī、lúnchuán) dào Hángzhōu
可以 坐 大巴（快客）（火车、 飞机、 轮船） 到 杭州

qù.
去。

Wǒ jiànyì dào Chángchéng (Gùgōng、Yíhéyuán) qù kànkan.
我 建议 到 长城 （故宫、 颐和园）去 看看。

Тяньцзинь, Шанхай, Гуанчжоу, Шэньчжэнь—все они очень красивые современные города, которые стоит вам посмотреть.

От Пекина до Тяньцзиня на междугородном сверхскоростном поезде 《Пекин-Тяньцзинь》 только полчаса езды.

Теперь много иностранных туристов ездят в Синьцзян и Тибет, там они могут увидеть экзотические пейзажи и познакомиться с национальными традициями и обычаями.
С Синина провинции Цинхая до Лхасы Тибета проложена самая высокогорная железная дорога в мире — Цинхай-Тибетская железная дорога.
Мечта поехать на поезде на экскурсию по 《Крыше мира》 (Тибету, Лхасе) уже превратилась в реальность.

Во время 5-дневного путешествия в Хуаншань туристы обеспечиваются билетами на поезд и на автобусы, входными билетами в парки, питанием, проживанием и даже билетами на фуникулёр. Как удобно!
До Ханчжоу можно доехать на автобусе (автобусе-экспрессе) (поезде, самолёте, пароходе).

Я предлагаю съездить на экскурсию на Великую Китайскую стену (в музей Гугун, в парк Ихэюань).

Wǒmen zhǔnbèi zìjǐ kāichē (dǎchē) dào Shànghǎi qù.
我们 准备 自己开车（打车）到 上海 去。

Xiàgeyuè wǒmen xuéxiào zǔzhī zìjiàyóu, zhǔnbèi dào Sūzhōu qù wán liǎng tiān.
下个月 我们 学校 组织自驾游，准备 到 苏州 去 玩 两 天。

Wǒmen měi liàng chē shàng dōu ānzhuāng le GPS-dǎohángyí.
我们 每 辆 车 上 都 安装 了 GPS 导航仪。

Nǎr kěyǐ mǎi dào lǚyóu shǒucè/lǚyóu zhǐnán (lǚyóutú、dìtú、GPS-dǎohángyí、yùnchēyào)?
哪儿 可以 买 到 旅游手册/旅游指南（旅游图、地图、GPS 导航仪、晕车药)？

Wǒ huì yùnchē (yùnchuán、yùnjī), bìxū shìxiān zhǔnbèi diǎn yào.
我 会 晕车 （晕船、晕机），必须 事先 准备 点 药。

2. Mǎi piào
2. 买 票

Shénme dìfang kěyǐ mǎi fēijī (huǒchē、qìchē、lúnchuán) piào?
什么 地方 可以 买 飞机（火车、汽车、轮船） 票？

Fēijīpiào (huǒchēpiào、chuánpiào) kěyǐ yùdìng ma? Jǐ tiān yǐqián yùdìng?
飞机票 （火车票、船票）可以 预订 吗？几 天 以前 预订？

Yùdìng de jī (huǒchē、chuán) piào shénme shíhou qǔ?
预订 的 机（火车、船） 票 什么 时候 取？

Kěyǐ mǎi láihuí (yùshòu、fǎnchéng) piào ma?
可以 买 来回（预售、返程） 票 吗？

Wǒ méiyǒu mǎi yùshòupiào, xiànzài hái néng mǎi dào duìhàopiào ma?
我 没有 买 预售票，现在 还 能 买 到 对号票 吗？

Мы собираемся сами вести машину (ехать на такси) в Шанхай.

В следующем месяце наша школа собирается организовать автопутешествие. Мы собираемся поехать в Сучжоу на два дня.

У нас на каждом автомобиле был установлен GPS навигатор.

Где можно купить путеводитель (туристическую карту-схему, карту, GPS-навигатор, аэрон)?

В автобусе (в поезде) (на пароходе, в самолёте) меня укачивает, необходимо нужно заранее приготовить кое-какие лекарства.

2. Покупка билетов

Где можно купить билеты на самолёт (поезд, автобус, пароход)?

Можно забронировать билеты на самолёт (поезд, пароход)? За сколько дней?

Когда можно получить заказанные билеты на самолёт (поезд, пароход)?

Можно купить билеты туда и обратно (заранее, на обратную дорогу)?

Я не купил билет заранее, сейчас ещё можно купить билет с местом?

Nánjīng dào Hángzhōu yǒu tèkuài (zhíkuài、dòngchē) ma?
南京 到 杭州 有 特快 （直快、 动车） 吗？①

Nánjīng dào Běijīng yǒu méiyǒu D-zìtóu (Z-zìtóu、T-zìtóu、K-zìtóu)
南京 到 北京 有 没有 D字头（Z字头、T字头、K字头）

huǒchē (lièchē)?
火车 （列车）？②

Nánjīng dào Xiàmén yǒu zhídáchē ma?
南京 到 厦门 有 直达车 吗？

Dào Guǎngzhōu de ruǎnwò (yìngwò、ruǎnzuò、yìngzuò) piào duōshao
到 广州 的 软卧 （硬卧、 软座、 硬座） 票 多少

qián yì zhāng?
钱 一 张？③

Qǐng gěi liǎng zhāng zhōngpù, wǔ zhāng xiàpù.
请 给 两 张 中铺， 5 张 下铺。

Zhè chuán (chē) lùshang yígòng yào zǒu duō cháng shíjiān?
这 船 （车）路上 一共 要 走 多 长 时间？

Zhè chuán (chē) yántú yào tíngkào nǎxiē dìfang?
这 船 （车）沿途 要 停靠 哪些 地方？

Nín yào mǎi nǎ yì tiān、nǎ yí cì (tàng) chē de?
您 要 买 哪 一 天、哪 一 次 （趟） 车 的？

---

①动车是指中国的 CRH 型快速列车，它们的车号通常以拉丁字母 D 开头，所以也叫"D字头"。目前它们的速度为每小时两百公里左右，从南京到上海才 2 个小时。CRH 是英语 China Railways High-speed 的缩写词。②"D字头"是指动车，"Z字头"是指直达快速列车，"T字头"是指特快列车，"K字头"是指快车。③中国火车车厢有软卧、硬卧、软座和硬座四种，票价各不相同。

Из Нанкина в Ханчжоу есть экспресс-поезд (прямой скоростной поезд, сверхскоростной поезд)?①

Нет ли поездов D (поездов Z, поездов T, поездов K) из Нанкина в Пекин?②

Из Нанкина в Сямэнь ходит прямой поезд?

Сколько стоит билет до Гуанчжоу в мягкий спальный (жёсткий спальный, мягкий сидячий, жёсткий сидячий) вагон?③

Дайте мне, пожалуйста, 2 билета на среднюю полку и 5 билетов на нижнюю.

Сколько времени находится в пути этот пароход (поезд)?

В каких местах делает остановки этот пароход (поезд) в пути?

На какой день и какой поезд вам нужен билет?

---

① Сверхскоростные поезда—это китайские скоростные поезда типа CRH. Номера таких поездов обычно начинаются с латинской буквы "D", поэтому они ещё называются "поездами D". Теперь их скорость около 200 км/час. От Нанкина до Шанхая всего 2 часа езды. "CRH"—это аббревиатура от английского словосочетания "China Railways High-speed". ②"Поезд D" обозначает сверхскоростной поезд, "поезд Z"—прямой скоростной поезд, "поезд T"—экспресс-поезд, "поезд K"—скоростной поезд. ③В Китае существуют мягкий спальный, жёсткий спальный, мягкий сидячий и жёсткий сидячий вагоны, цены на них разные.

Liù hào qù Shànghǎi de dòngchēpiào dōu mài wán le.
6号去 上海 的 动车票 都 卖 完了。

Zhōngpù hé xiàpù dōu mài wán le, shàngpù yào ma?
中铺 和 下铺 都 卖 完 了，上铺 要 吗？

Nín yào de chēcì méiyǒu le, qǐng mǎi biéde chēcì ba.
您 要 的 车次 没有 了，请 买 别的 车次 吧。

Wǒ xiǎng mǎi (dìng) sān zhāng xià xīngqī'èr dào Wǔhàn de tóuděng
我 想 买（订）三 张 下 星期二 到 武汉 的 头等
(èrděng、sānděng) cāng chuánpiào.
（二等、三等）舱 船票。

Qǐng wèn, nǐmen zhèr yǒu jīntiān dào Hángzhōu qù de chuánpiào ma?
请 问，你们 这儿 有 今天 到 杭州 去 的 船票 吗？

Nín yào zuò nǎ tiáo chuán? Nǎ cì hángbān?
您 要 坐 哪 条 船？哪 次 航班？

Dàngtiān de chuánpiào kěyǐ dào lúnchuán mǎtou qù mǎi.
当天 的 船票 可以 到 轮船 码头 去 买。

Xiànzài shì lǚyóu wàngjì, chuánpiào hěn jǐnzhāng.
现在 是 旅游 旺季， 船票 很 紧张。

3. Chéngzuò fēijī
3. 乘坐 飞机

Wǒ yīnggāi shénme shíhou dào jīchǎng? Qǐfēi qián yì xiǎoshí xíng ma?
我 应该 什么 时候 到 机场？起飞 前 一 小时 行 吗？

Dào jīchǎng de bānchē shénme shíhou kāi?
到 机场 的 班车 什么 时候 开？

Zuò fēijī suíshēn kěyǐ dài duōshao xíngli wùpǐn?
坐 飞机 随身 可以 带 多少 行李 物品？

Wǒ de shǒutíxiāng (lǚxíngdài) xūyào tuōyùn ma?
我 的 手提箱 （旅行袋）需要 托运 吗？

Zài nǎr huàn dēngjīpái (tuōyùn xíngli)?
在 哪儿 换登机牌 （托运 行李）？

На 6 число на шанхайский сверхскоростной поезд все билеты проданы.

На среднюю и нижнюю полки все билеты проданы, а на верхнюю билеты есть, берёте?

На этот поезд билетов уже нет, возьмите на другой.

Я хочу купить (заказать) три билета в каюту первого класса (второго класса, третьего класса) на пароход, на следующий вторник, в Ухань.

Скажите, пожалуйста, у вас есть билеты на пароход на сегодня в Ханчжоу?

Какой вам пароход? Какой рейс?

Билеты на пароход в день отплытия можно купить на пристани.

Сейчас туристический сезон, с билетами на пароход очень трудно.

3. Полёт на самолёте

Когда я должен/ должна прибыть в аэропорт? За час до вылета можно?

Во сколько отходит рейсовый автобус в аэропорт?

Сколько багажа можно брать с собой в самолёт?

Нужно ли сдать в багаж мой чемодан (мою дорожную сумку)?

Где производится регистрация билетов (оформление багажа)?

Yào jìnxíng ānjiǎn ma?
要 进行 安检 吗?

Shénme shíhou kāishǐ dēngjī?
什么 时候 开始 登机?

Qù Běijīng de bānjī jǐ diǎn qǐfēi?
去 北京 的 班机 几 点 起飞?

Wǒ de dēngjīpái fàng dào nǎr qù le?
我 的 登机牌 放 到 哪儿 去 了?

Qǐng chūshì hùzhào (shēnfènzhèng、gōngzuòzhèng).
请 出示 <u>护照</u> （身份证、 工作证）。

Chéng fēijī kěyǐ xiédài èrshí gōngjīn wùpǐn, chāozhòng fákuǎn (bǔkuǎn).
乘 飞机 可以 携带 20 公斤 物品, 超重 <u>罚款</u> （补款）。

Zhège shǒutíxiāng tài dà, bùnéng suíshēn dài, qǐng qù tuōyùn.
这个 手提箱 太 大, 不能 随身 带, 请 去 托运。

Zhège lǚxíngbāo chāozhòng le, qǐng qù bǔjiāo yùnfèi.
这个 旅行包 超重 了, 请 去 补交 运费。

Zhè shì wéijìnpǐn, bùnéng dài shàng fēijī.
这 是 违禁品, 不能 带 上 飞机。

Yìrán yìbào wùpǐn yánjìn dài shàng fēijī (huǒchē、lúnchuán).
易燃 易爆 物品 严禁 带 上 <u>飞机</u> （火车、 轮船）。

Jìnzhǐ xiédài yètǐ hé níngjiāozhuàng wùpǐn dēngjī.
禁止 携带 液体 和 凝胶状 物品 登机。

Dào Běijīng qù de lǚkè, qǐng zài zhèli huàn chéng ······ hángbān.
到 北京 去 的 旅客, 请 在 这里 换 乘 ······ 航班。

Qù Lāsà de hángbān yīn tiānqì yuányīn (fēijī gùzhàng), gǎiqī
去 拉萨 的 航班 因 <u>天气 原因</u> （飞机 故障）, <u>改期</u>
 (yánwù、qǔxiāo) le.
 （延误、 取消） 了。

Будет ли производиться досмотр?

Когда начинается посадка?

Во сколько вылетает самолёт в Пекин?

Куда я положил мой посадочный талон?

Предъявите, пожалуйста, паспорт (удостоверение личности, служебное удостоверение).

В самолёт можно брать с собой 20 кг. багажа, при превышении нормы взимается штраф (дополнительная плата).

Размер этого чемодана уже превысил норму, его нельзя брать с собой, сдайте его в багажное отделение, пожалуйста.

Вес этой дорожной сумки уже превысил норму. Доплатите, пожалуйста, за лишние килограммы.

Это запрещённый к провозу предмет, и его нельзя проносить в самолёт.

Строго запрещается брать в самолёт (поезд, пароход) легковоспламеняющиеся и взрывоопасные предметы.

Запрещается брать с собой в салон самолёта жидкости и гелеобразные вещества.

Пассажиры, следующие в Пекин, сделайте здесь пересадку на рейс...

По метеорологическим условиям (по техническим причинам) рейс в Лхасу переносится (задерживается, отменяется).

Fēijī wǎndiǎn le, qǐng búyào líkāi hòujīshì, hé shí dēngjī, qǐng tīng
飞机 晚点 了，请 不要 离开 候机室，何 时 登机，请 听
guǎngbō tōngzhī, yě kěyǐ kàn hòujīshì nèi de xiǎnshìpín.
广播 通知，也 可以 看 候机室 内 的 显示屏。
Fēijī jiù yào qǐfēi (jiàngluò) le, qǐng jì hǎo ānquándài (qǐng búyào
飞机 就 要 起飞 （降落） 了，请 系 好 安全带 （请 不要
shǐyòng shǒutí diànnǎo).
使用 手提 电脑）。
Zài fēijī shàng jìnzhǐ shǐyòng shǒujī、yáokòng wánjù děng diànzǐ
在 飞机 上 禁止 使用 手机、遥控 玩具 等 电子
shèbèi.
设备。
Cǐchù (xiànzài) jìnzhǐ xīyān.
此处 （现在） 禁止 吸烟。
Zhù lǚkèmen lǚxíng yúkuài.
祝 旅客们 旅行 愉快。
Fēijī yǐjīng zhuólù, qǐng zhǔnbèi hǎo zìjǐ de xíngli wùpǐn.
飞机 已经 着陆，请 准备 好 自己 的 行李 物品。

4. Chéngzuò huǒchē
4. 乘坐　　火车

Zhàntái (yuètái) piào zài nǎr mǎi?
站台 （月台） 票 在 哪儿 买？[①]

Huǒchēzhàn yě xūyào ānjiǎn ma?
火车站 也 需要 安检 吗？

Xínglifáng zài nǎr? Wǒ xiǎng tuōyùn (tíqǔ) xíngli.
行李房 在 哪儿？我 想 托运 （提取）行李。

Zhèr yǒu bānyùngōng ma?
这儿 有 搬运工 吗？

---

①站台票、月台票——供迎送旅客的人员前往站台使用，通常1元钱1张。

Рейс задерживается. Пожалуйста, не покидайте зал ожидания. Время посадки вы сможете узнать по громкой связи или на табло в зале ожидания.

Самолёт производит взлёт (посадку). Пристегните ремни безопасности (не пользуйтесь ноутбуками), пожалуйста.

В самолёте запрещается использование мобильных телефонов, игрушек с дистанционным управлением и других электронных приборов.

Здесь (сейчас) запрещается курить.

Желаем пассажирам приятного путешествия.

Самолёт произвёл посадку. Приготовьте, пожалуйста, свои вещи.

4. Поездка на поезде

Где можно купить перронный билет?[1]

На вокзале тоже нужно проходить досмотр?

Где багажное отделение? Я хочу сдать (получить) багаж.

Здесь есть носильщик?

---

[1] Перронный билет — это билет для встречающих и провожающих, такой билет даёт право прохода на перрон и обычно стоит 1 юань.

Dào Shànghǎi de yāosānwǔ cì tèkuài néng zhèngdiǎn kāichū (dàodá) ma?
到 上海 的 135 次 特快 能 正点 开出（到达）吗？

Zhè tàng chē búhuì wùdiǎn ba?
这 趟 车 不会 误点 吧？

Qù Kūnmíng de huǒchē zài jǐ hào zhàntái fāchē?
去 昆明 的 火车 在 几 号 站台 发车？

Sì hào zhàntái yào wǎng qián zǒu (zǒu dìdào、guò tiānqiáo) ma?
4 号 站台 要 往前走 （走 地道、过 天桥） 吗？

Qǐng wèn, sì hào bāoxiāng zài nǎr?
请 问，4 号 包厢 在 哪儿？

Xínglifáng (xiǎojiàn jìcúnchù) yèjiān xiūxi (bù xiūxi).
行李房 （小件 寄存处）夜间 休息（不 休息）。

Shěnyáng lái de huǒchē wǎndiǎn liǎng xiǎoshí shí fēnzhōng.
沈阳 来 的 火车 晚点 两 小时 十 分钟。

Kāi chē qián shí fēnzhōng (bàn xiǎoshí) jiǎnpiào fàngxíng.
开 车 前 10 分钟 （半 小时） 检票 放行。

Sān gè jiǎnpiàokǒu tóngshí jiǎnpiào.
三 个 检票口 同时 检票。

……hào chēxiāng zài chēwěi (chētóu).
……号 车厢 在 车尾 （车头）。

Sòng qīnyǒu de péngyou qǐng mǎi zhàntáipiào, fǒuzé bùnéng jìnzhàn.
送 亲友 的 朋友 请 买 站台票， 否则 不能 进站。

Sòng qīnyǒu de péngyou qǐng búyào shàngchē.
送 亲友 的 朋友 请 不要 上车。

Sòng qīnyǒu de péngyou qǐng zhuājǐn shíjiān xiàchē, huǒchē mǎshàng
送 亲友 的 朋友 请 抓紧 时间 下车， 火车 马上

jiù yào kāi le.
就 要 开 了。

Qǐng wèn, dào Guǎngzhōu de chēpiào yǒuxiàoqī shì jǐ tiān? Wǒmen
请 问，到 广州 的 车票 有效期 是 几 天？我们

Шанхайский экспресс № 135 отправляется (прибывает) точно по расписанию?

Этот поезд не опаздывает?

От какой платформы отходит поезд в Куньмин?

На 4-ую платформу надо идти прямо (по подземному переходу, по пешеходному мосту)?

Скажите, пожалуйста, где 4-ое купе?

Багажное отделение (камера хранения ручной клади) ночью не работает (работает).

Поезд из Шэньяна опаздывает на 2 часа 10 минут.

За 10 минут (полчаса) до отправления поезда производится проверка билетов при посадке.

Билеты проверяются одновременно на трёх входах на платформу.

... вагон находится в хвосте (голове) состава.

Провожающих просим купить перронные билеты. Без билетов проход к поездам не разрешается.

Провожающих просим не входить в вагоны.

Провожающих просим скорее покинуть вагоны, поезд сейчас отправляется.

Скажите, пожалуйста, каков срок действия билетов в Гуанчжоу? Мы хотим остановиться в некоторых местах по пути.

xiǎng yántú xiàchē wánr jǐ gè dìfang.
想 沿途 下车 玩儿 几 个 地方。

Xià yí zhàn shì shénme chéngshì?
下 一 站 是 什么 城市?

Lièchē zài Shànghǎi tíngchē duō cháng shíjiān? Wǒmen láidejí dào
列车 在 上海 停车 多 长 时间? 我们 来得及 到

zhàn shang qù kànkan ma?
站 上 去 看看 吗?

Zhè tàng chē shang yǒu méiyǒu cānchē?
这 趟 车 上 有 没有 餐车?

Cānchē zài jǐ hào chēxiāng?
餐车 在 几 号 车厢?

Cānchē jǐ diǎn kāifàn?
餐车 几 点 开饭?

Wǒmen xiǎng mǎi kuàicān (héfàn), huì sòng dào chēxiāng li lái ma?
我们 想 买 快餐（盒饭），会 送 到 车厢 里 来 吗?

Nuǎnqì tài rè le, guān diào ba.
暖气 太 热 了，关 掉 吧。

Chēxiāng li yǒudiǎnr mēnrè (lěng), qǐng dǎkāi (guānshàng) chuānghu
车厢 里 有点儿 闷热（冷），请 打开 （关上） 窗户

(diànfēngshàn).
（电风扇）。

Zhège chēxiāng yǒu kōngtiáo, bù lěng yě bú rè, hěn shūfu.
这个 车厢 有 空调，不 冷 也 不 热，很 舒服。

Ruǎnwò chēxiāng fēicháng shūshì, měi gè chuángwèi (pùwèi) dōu yǒu
软卧 车厢 非常 舒适，每 个 床位 （铺位） 都 有

yèjīng diànshì.
液晶 电视。

Wǒ zài yèli liǎng diǎn shí fēn xiàchē, qǐng tíqián bàn xiǎoshí
我 在 夜里 2 点 10 分 下车，请 提前 半 小时

jiàoxǐng wǒ.
叫醒 我。

В каком городе следующая остановка?

Сколько времени поезд будет стоять в Шанхае? Мы успеем посмотреть станцию?

В этом поезде есть вагон-ресторан?

В каком вагоне ресторан?

В котором часу открывается вагон-ресторан?

Мы хотели бы купить экспресс-ланч (обед в коробочке), его принесут в вагон?

Слишком жарко! Выключите, пожалуйста, отопление.

В вагоне немного душно (холодно). Откройте (закройте), пожалуйста, окно. Включите (выключите), пожалуйста, вентилятор.

В этом вагоне имеется кондиционер. Здесь и не холодно и не жарко, очень приятно.

Мягкий спальный вагон очень уютный, на каждой полке установлен жидкокристаллический телевизор.

Я схожу с поезда ночью в 2 часа 10 минут. Пожалуйста, разбудите меня за полчаса до этого времени.

Nánjīng dào Běijīng de chēpiào zài……tiān yǐnèi yǒuxiào.
南京 到 北京 的 车票 在……天 以内 有效。

Xíngli wùpǐn qǐng fàng zài xínglijià shàng huò zuòwèi dǐxià.
行李 物品 请 放 在 行李架 上 或 座位 底下。

Qǐng bǎoguǎn hǎo zìjǐ de xíngli wùpǐn, búyào cuò ná le biérén de dōngxi.
请 保管 好 自己 的 行李 物品，不要 错 拿 了 别人 的 东西。

Xiànzài chápiào (huànpiào), qǐng bǎ chēpiào zhǔnbèi hǎo.
现在 查票 （换票）， 请 把 车票 准备 好。

Zhè tàng chē shì T-zìtóu/tèkuài (D-zìtóu/dòngchē), yìbān xiǎozhàn bù tíng.
这 趟 车 是 T字头/特快 （D字头/动车）， 一般 小站 不 停。

Xiànzài tíngkàozhàn shì Jǐnán chēzhàn.
现在 停靠站 是 济南 车站。

Lièchē zài zhèli zhǐ tíngliú bā fēnzhōng, qǐng zhǎngwò hǎo shíjiān, bié wù le chē.
列车 在 这里 只 停留 8 分钟， 请 掌握 好 时间，别 误 了 车。

Nín fàngxīn xiūxi hǎo le, dào shí wǒ yídìng jiàoxǐng nín.
您 放心 休息 好 了，到 时 我 一定 叫醒 您。

Qiánfāng dàodázhàn shì Wūlǔmùqí chēzhàn, xiàchē de lǚkè qǐng zuò hǎo xiàchē zhǔnbèi.
前方 到达站 是 乌鲁木齐 车站， 下车 的 旅客 请 做 好 下车 准备。

5. Chéngzuò lúnchuán
5. 乘坐 轮船

Qù lúnchuán mǎtou zěnme zǒu?
去 轮船 码头 怎么 走？

Билеты на поезд Нанкин-Пекин действительны в течение ... дней.

Вещи положите на багажную полку или под сиденье.

Следите, пожалуйста, за своим багажом, не возьмите по ошибке чужие вещи.

Производится проверка (обмен) билетов, приготовьте, пожалуйста, билеты.

Это поезд T / экспресс-поезд (поезд D /сверхскоростной поезд), на маленьких станциях обычно не останавливается.

Сейчас станция Цзинань.

Поезд останавливается здесь только на 8 минут. Следите за временем и не опаздывайте на поезд.

Спокойно отдыхайте. Когда придёт время, я вас обязательно разбужу.

Поезд прибывает на станцию Урумчи. Выходящие пассажиры, пожалуйста, приготовьтесь.

5. Плавание на пароходе

Как пройти к пассажирскому причалу?

Shénme shíhou kěyǐ shàngchuán (kāichuán)?
什么 时候 可以 上船 （开船）？

Zhè shì háohuá yóulún, kě chéng tā qù Rìběn、Hánguó.
这 是 豪华 游轮，可 乘 它 去 日本、韩国。

Zhè shì wǔxīngjí (sìxīngjí) yóulún. Yóulún shàng shèbèi hěn hǎo, yǒu
这 是 五星级 （四星级） 游轮。游轮 上 设备 很 好，有

cāntīng、wǔtīng、jiǔbā、jiànshēnfáng、yùshì, kěyǐ kàn diànshì
餐厅、舞厅、酒吧、健身房、浴室，可以 看 电视

(diànyǐng), hái kěyǐ tiàowǔ ne!
（电影），还 可以 跳舞 呢！

Dào Wǔhàn de chuán shì shàngshuǐ háishi xiàshuǐ? Yào zǒu jǐ tiān?
到 武汉 的 船 是 上水 还是 下水？要 走 几 天？

Wǒmen dào jiǎbǎn shàng qù kànkan liǎng'àn de fēngguāng ba.
我们 到 甲板 上 去 看看 两岸 的 风光 吧。

Zhè hǎichuán diānbǒde tài lìhài le.
这 海船 颠簸得 太 厉害 了。

Zuò jiānglún hěn píngwěn.
坐 江轮 很 平稳。

Wǒmen de chuán shì yán Chángjiāng hángxíng de, gè zhǔyào gǎngkǒu
我们 的 船 是 沿 长江 航行 的，各 主要 港口

dōu yào tíngkào.
都 要 停靠。

Zài Chángjiāng shàng lúnchuán hángxíng hěn ānquán.
在 长江 上 轮船 航行 很 安全。

Kèlún tíngkào mǎtóu le, qǐng lǚkèmen xiàchuán (shàng'àn).
客轮 停靠 码头 了，请 旅客们 下船 （上岸）。

6. Yóulǎn
6. 游览

Dǎoyóu xiǎojiě, wǒmen kěyǐ zài zhège dìfang wánr duōjiǔ?
导游 小姐，我们 可以 在 这个 地方 玩儿 多久？

Когда можно сесть на пароход (отходит пароход)?

Это пароход-люкс, на нём можно доплыть до Японии, до Южной Кореи.

Это пятизвёздочный (четырёхзвёздочный) туристический пароход. Он оборудован очень комфортабельно. Есть ресторан, танцевальный зал, бар, оздоровительный зал, душевые. На пароходе можно смотреть телевизор (кино) и даже танцевать.

В Ухань пароход идёт вверх по течению или вниз? Сколько дней в пути?

Давайте пойдём на палубу и полюбуемся пейзажем на обоих берегах.

На этом морском пароходе сильно качает.

На речных судах качки нет.

Наш пароход будет идти по реке Янцзы и делать остановки во всех крупных портах.

По реке Янцзы пароходы ходят весьма безопасно.

Пароход уже причалил к пристани, прошу туристов сойти с парохода (на берег).

6. Экскурсия

Девушка, сколько времени мы здесь пробудем?

Zài nǎr jíhé? Jǐ diǎn kāichē?
在 哪儿 集合？几 点 开车？

Qǐng jiǎngjiěyuán (dǎoyóu) xiǎojiě gěi wǒmen jièshào zhège
请 讲解员 （导游） 小姐 给 我们 介绍 这个

fēngjǐngdiǎn ba.
风景点 吧。

Fēng tài dà le. Qǐng bǎ dǎngfēng bōli yáo shàngqù.
风 太 大 了。请 把 挡风 玻璃 摇 上去。

Xià yǔ le. Bǎ chuāngzi guānshàng ba.
下 雨 了。把 窗子 关上 吧。

Wǒ yùnchē hěn lìhài, xiǎngyào tù. Qǐng gěi wǒ yùnchēyào hé
我 晕车 很 厉害，想要 吐。请 给 我 晕车药 和

wèishēngdài.
卫生袋。

Wèi shénme tíngchē le? Xiàng shì jiāotōng dǔsè (shìgù), wǒmen yào
为 什么 停车 了？像 是 交通 堵塞（事故），我们 要

chídào le.
迟到 了。

Qǐng dàjiā nàixīn děngyiděng.
请 大家 耐心 等一等。

Gāosù gōnglù shōufèizhàn dào le. Gè zhǒng chēxíng shōufèi bùtóng.
高速 公路 收费站 到 了。各 种 车型 收费 不同。

Xiànzài qǐng dàjiā xiàchē.
现在 请 大家 下车。

Wǒmen de mùdìdì dào le, kěyǐ xiàchē le.
我们 的 目的地 到 了，可以 下车 了。

Wǒmen zài zhèli kěyǐ wánr dào xiàwǔ sì diǎnzhōng.
我们 在 这里 可以 玩儿 到 下午 4 点钟。

Qǐng gè wèi ànshí huílái, sì diǎn shí fēn zhǔnshí kāichē.
请 各 位 按时 回来，4 点 10 分 准时 开车。

Qǐng gěi diǎnr shíjiān mǎimai dōngxi (pāipai zhàopiānr、
请 给 点儿 时间 买买 东西 （拍拍 照片儿、

Где собираемся? Когда отходит автобус?

Девушка-экскурсовод, расскажите нам, пожалуйста, об этой достопримечательности.

Ветер слишком сильный. Поднимите, пожалуйста, стекло.

Пошёл дождь. Закройте, пожалуйста, окно.

Меня сильно укачивает и тошнит. Дайте мне, пожалуйста, аэрон и пакет.

Почему автобус остановился? Похоже, <u>транспортная пробка</u> (транспортное происшествие), мы опаздываем.

Прошу всех набраться терпения и подождать немного!

Мы доехали до пункта сбора платы за проезд по скоростной автотрассе. Разные виды транспорта платят по-разному.

Сейчас прошу всех выйти из автобуса.

Мы прибыли к месту назначения, можно выйти.

Здесь мы можем находиться до 16 часов.

Прошу всех вернуться вовремя, автобус отходит ровно в 16 часов 10 минут.

Выделите, пожалуйста, время для <u>покупок</u> (фотографирования, прогулки по улице, отдыха).

guàngguangjiē、xiēxiejiǎo).
逛逛街、 歇歇脚)。

Dàjiā duì zhè cì lǚxíng (yóulǎn) dōu hěn mǎnyì.
大家 对 这 次 旅行 （游览） 都 很 满意。

Wǒmen wánrde hěn yúkuài (tòngkuài).
我们 玩儿得 很 愉快 （痛快）。

Jīntiān de rìchéng tài jǐnzhāng le, wǒ tài lèi le.
今天 的 日程 太 紧张 了，我 太 累 了。

(Èr) Huìhuà
(二) 会话

1

Lǚkè: Qǐng wèn, míngtiān shàngwǔ dào Shànghǎi de T-zìtóu háiyǒu
旅客：请 问， 明天 上午 到 上海 的 T字头 还有

piào ma?
票 吗？

Shòupiàoyuán: Duìbuqǐ, méiyǒu le.
售票员： 对不起， 没有 了。

Lǚkè: D-zìtóu háiyǒu piào ma?
旅客：D字头 还有 票 吗？

Shòupiàoyuán: Yǒu. Nín yào nǎge chēcì?
售票员： 有。 您 要 哪个 车次？

Lǚkè: Jiǔ diǎn zuǒyòu de nà yí tàng. Duōshao qián yì zhāng?
旅客：9 点 左右 的 那 一 趟。 多少 钱 一 张？

Shòupiàoyuán: Jiǔshí yuán.
售票员： 90 元。

Lǚkè: Mǎi sān zhāng. Zhè shì piàoqián.
旅客：买 3 张。 这 是 票钱。

2

Lǚkè: Wǒ xiǎng dìng liǎng zhāng dào Xī'ān de fēijīpiào.
旅客：我 想 订 两 张 到 西安 的 飞机票。

Все очень довольны этой поездкой (экскурсией).

Мы очень весело провели время.

Сегодня была очень плотная программа, я очень устал(-ла).

(Б) *Диалоги*

1

Пассажир: Скажите, пожалуйста, на утренний поезд T в Шанхай на завтра ещё есть билеты?

Кассир: К сожалению, уже нет.

Пассажир: А на поезд D ещё есть?

Кассир: Есть. На какой вы хотите?

Пассажир: На 9 часов. Сколько стоит один билет?

Кассир: 90 юаней.

Пассажир: Дайте, пожалуйста, 3 билета. Вот деньги.

2

Пассажир: Я хочу заказать два билета на самолёт до Сианя.

Shòupiàoyuán: Nǎ yì tiān de? Shénme hángbān?
售票员：哪一天的？什么航班？

Lǚkè: Hòutiān de, nǎge hángbān dōu xíng.
旅客：后天的，哪个航班都行。

Shòupiàoyuán: Duìbuqǐ, shí tiān yǐnèi gègè hángbān de piào dōu yùdìng wán le.
售票员：对不起，十天以内各个航班的票都预订完了。

Lǚkè: Zěnme lián fēijīpiào yě zhème jǐnzhāng?
旅客：怎么连飞机票也这么紧张？

Shòupiàoyuán: Lǚyóu wàngjì ma.
售票员：旅游旺季嘛。

Lǚkè: Nà wǒmen zěnme bàn? Zǒubuliǎo le?
旅客：那我们怎么办？走不了了？

Shòupiàoyuán: Rúguǒ nǐmen shízài jízhe yào zǒu, jiù gǎi chéng huǒchē ba.
售票员：如果你们实在急着要走，就改乘火车吧。

3

Lǚkè: Duìbuqǐ, wǒ hái yǒu xiē shì méiyǒu bàn wán, zǒubuchéng le, zhè piào kěyǐ tuì ma?
旅客：对不起，我还有些事没有办完，走不成了，这票可以退吗？

Gōngzuò rényuán: Tuì piào shì kěyǐ de, búguò yào jiāo yídìng bǐlì de shǒuxùfèi.
工作人员：退票是可以的，不过要交一定比例的手续费。

4

Lǚyóuzhě: Fānyì xiǎojiě, wǒ zhè shì dì-yī cì lái Zhōngguó lǚyóu,
旅游者：翻译小姐，我这是第一次来中国旅游，

Кассир: На какое число? На какой рейс?

Пассажир: На послезавтра, на любой рейс.

Кассир: Извините, на ближайшие десять дней все билеты уже заказаны.

Пассажир: Почему на самолёты так же трудно достать билеты?

Кассир: Туристический сезон.

Пассажир: Что же нам делать? И уехать не сможем?

Кассир: Если вы действительно торопитесь с отъездом, поезжайте поездом.

3

Пассажир: Извините, меня задерживают ещё кое-какие дела, и я не могу уехать. Можно вернуть этот билет?

Администратор: Вернуть билет можно, но вы должны заплатить некоторую сумму за оформление.

4

Турист: Девушка, я первый раз приехал в Китай на экскурсию, пробуду здесь полмесяца. Как по-вашему, в какие места мне

kěyǐ tíngliú bàn gè yuè, nín kàn, wǒ qù nǎxiē dìfang hǎo ne?
　　　　　可以　停留　半个月，您看，我去哪些地方好呢？

Fānyì: Zhōngguó dìfang tài dà, shí tiān bàn gè yuè shì juéduì pǎo bu
翻译：中国　地方太大，十天半个月是绝对跑不

　　　　guòlái de. Nín shì xǐhuan liǎojiě lìshǐ gǔjì ne, háishi xǐhuan
　　　　过来的。您是喜欢了解历史古迹呢，还是喜欢

　　　　kàn fēngjǐng míngshèng?
　　　　看风景名胜？

Lǚyóuzhě: Zuìhǎo shì liǎngzhě dōu jiāngù yíxià.
旅游者：最好是两者都兼顾一下。

Fānyì: Zhè bǐjiào kùnnan. Nín zhǐhǎo "zǒumǎguānhuā" le.
翻译：这比较困难。您只好"走马观花"了。

Lǚyóuzhě: Lìshǐ míngchéng kàn nǎxiē hǎo ne?
旅游者：历史名城看哪些好呢？

Fānyì: Běijīng、Xī'ān、Luòyáng、Nánjīng.
翻译：北京、西安、洛阳、南京。

Lǚyóuzhě: Fēngjǐngdì ne?
旅游者：风景地呢？

Fānyì: Sūzhōu、Hángzhōu ba. Rénmen dōu bǎ nàr jiào "Rénjiān
翻译：苏州、杭州吧。人们都把那儿叫"人间

　　　　Tiāntáng" ne!
　　　　天堂"呢！

Lǚyóuzhě: Zhè jǐ gè dìfang kàode jìn ma?
旅游者：这几个地方靠得近吗？

Fānyì: Bù, Běijīng zài Huáběi, Xī'ān zài Xīběi, Sūzhōu、Hángzhōu zài
翻译：不，北京在华北，西安在西北，苏州、杭州在

　　　　Huádōng. Búguò, liùcháo gǔdū Nánjīng hé Sūzhōu、Hángzhōu
　　　　华东。不过，六朝古都南京和苏州、杭州

　　　　dàoshì zài yì tiáo xiàn shang.
　　　　倒是在一条线上。

Lǚyóuzhě: Wǒ háishi gèng xiǎng qù Běijīng、Xī'ān hé Sūzhōu、
旅游者：我还是更想去北京、西安和苏州、

лучше съездить?

Переводчица: Китай очень большая страна, за 10 дней или полмесяца её не объездишь. Вы предпочитаете посмотреть исторические памятники или живописные места?

Турист: Лучше и то, и другое.

Переводчица: Это трудновато. Тогда вам придётся познакомиться с этими достопримечательностями очень поверхностно.

Турист: Какие исторические города лучше посмотреть?

Переводчица: Пекин, Сиань, Лоян, Нанкин.

Турист: А живописные места?

Переводчица: Сучжоу и Ханчжоу. Ведь их называют "Земным раем"!

Турист: Эти места находятся близко друг от друга?

Переводчица: Нет. Пекин находится в Северном Китае, Сиань —в Северо-западном, а Сучжоу и Ханчжоу—в Восточном. Зато Столица шести династий Нанкин находится на одной и той же линии с Сучжоу и Ханчжоу.

Турист: Меня всё-таки больше интересуют Пекин, Сиань и Сучжоу, Ханчжоу. По какому же маршруту мне лучше поехать?

Hángzhōu. Nà wǒ zěnme zǒu hǎo ne?
杭州。那我怎么走好呢？

Fānyì: Nín kěyǐ cóng Běijīng zuò fēijī dào Xī'ān, zài cóng Xī'ān fēi
翻译：您可以从北京坐飞机到西安，再从西安飞

Shànghǎi. Shànghǎi dào Sūzhōu、Hángzhōu bǐjiào jìn, kěyǐ zuò
上海。上海到苏州、杭州比较近，可以坐

huǒchē huò dàbā.
火车或大巴。

Lǚyóuzhě: Xièxie nín de zhǐdiǎn, jiù zhào nín de jiànyì bàn ba.
旅游者：谢谢您的指点，就照您的建议办吧。

5

Lǚyóuzhě: Wǒ zài Běijīng zhǐyǒu wǔ tiān shíjiān, qǐng gàosu wǒ,
旅游者：我在北京只有五天时间，请告诉我，

yóulǎn de rìchéng zěnme ānpái bǐjiào hǎo?
游览的日程怎么安排比较好？

Gōngzuò rényuán: Wǒ xiǎng, Wànlǐ Chángchéng shì fēi qù bù kě de.
工作人员：我想，万里长城是非去不可的。

Zhōngguó yǒu jù súhuà shuōde hǎo: "Bú dào Chángchéng fēi
中国有句俗话说得好："不到长城非

hǎohàn". Chángchéng jù jīn yǐ yǒu liǎngqiān duō nián de
好汉"。长城距今已有2000多年的

lìshǐ, cháng dá liùqiānsānbǎi duō gōnglǐ, shì shìjiè "Qī Dà
历史，长达6300多公里，是世界"七大

Qíjì" zhī yī.
奇迹"之一。

Lǚyóuzhě: Nín shì jiànyì wǒ xiān qù Chángchéng?
旅游者：您是建议我先去长城？

Gōngzuò rényuán: Nà dāngrán.
工作人员：那当然。

Lǚyóuzhě: Qù nàr yì tiān gòu ma?
旅游者：去那儿一天够吗？

Переводчица: Вы можете из Пекина на самолёте добраться до Сианя, а из Сианя полететь в Шанхай. От Шанхая до Сучжоу и Ханчжоу недалеко, можно на поезде или на автобусе.

Турист: Спасибо вам за совет, я так и сделаю.

5

Турист: Я буду в Пекине только 5 дней. Скажите мне, пожалуйста, как лучше составить программу путешествия?

Администратор: Я думаю, что на Великую Китайскую стену нельзя не съездить. Китайская пословица гласит: 《Кто побывал на Великой стене, тот настоящий молодец》. Великая стена насчитывает уже более 2000 лет, её длина — 6300 с лишним км. Она является одним из 《Семи чудес света》.

Турист: Так вы советуете мне сначала поехать на Великую стену?

Администратор: Ну конечно.

Турист: Одного дня хватит на поездку туда?

工作人员：够了。坐火车或坐汽车去都可以，不过，最好是坐汽车去，那样更方便，顺道还可以看看明十三陵呢！

旅游者：那太好了，我明天就去。

6

旅客：列车员先生，我的车票是买到昆明的，可我想看看"山水甲天下"的桂林，不知道这车票的有效期是几天？

列车员：您只须在8天内到达昆明就可以了。

7

维克托：服务员小姐，这船从宁波到普陀要走多长时间？

服务员：四个小时。

尼娜：我们的位子在哪里？

服务员：在楼上，位子很好，靠窗口，可以坐着看大海。

Администратор: Хватит. Ехать туда можно и на поезде, и на автобусе, но лучше на автобусе. Так удобнее, а по дороге ещё можно посмотреть Минские могилы.

Турист: Отлично, завтра же я поеду туда.

6

Пассажир: Господин проводник, у меня билет до Куньмина, а я хотел бы посмотреть Гуйлинь, который славится во всём мире живописными горами и реками, но я не знаю, как долго действует этот билет.

Проводник: Вам нужно только прибыть в Куньмин в течение 8 дней.

7

Виктор: Девушка, сколько времени этот пароход будет плыть от Нинбо до Путо?

Проводник: 4 часа.

Нина: Где наши места?

Проводник: Наверху. Места очень хорошие, у окна, можно смотреть на море сидя.

8

Sàshā: Xiǎngbudào Chángchéng zhème xióngwěi zhuàngguān, qìshì
萨沙：想不到 长城 这么 雄伟 壮观， 气势

pángbó. Zhōngguó rénmín zhēn liǎobuqǐ! Nín kàn, nà shì shénme?
磅礴。 中国 人民 真 了不起！您看，那是 什么？

Dǎoyóu: Nà shì fēnghuǒtái. Gǔshíhou dǐkàng wàirén rùqīn quán kào diǎn
导游：那是 烽火台。古时候 抵抗 外人 入侵 全 靠 点

huǒ bàojǐng, zài zhè gāochù diǎn huǒ, yuǎnjìn dōu kàndejiàn.
火 报警，在 这 高处 点 火，远近 都 看得见。

Sàshā: Wèishénme jiào Wànlǐ Chángchéng ne? Tā zhēn yǒu yí wàn
萨沙：为什么 叫 万里 长城 呢？它 真 有 一 万

lǐ cháng ma?
里 长 吗？

Dǎoyóu: Yǒu yí wàn duō lǐ ne.
导游：有 一 万 多 里 呢。

Sàshā: Tīngshuō Chángchéng yǐwài jiù wánquán shì sàiwài de běiguó
萨沙：听说 长城 以外 就 完全 是 塞外 的 北国

fēngguāng le, tā de xuějǐng yóuqí měi, kěxī xiànzài bú shì dōngtiān.
风光 了，它 的 雪景 尤其 美，可惜 现在 不 是 冬天。

Dǎoyóu: Guānyú Chángchéng, Zhōngguó mínjiān yǒu xǔduō měilì dòngrén de
导游：关于 长城， 中国 民间 有 许多 美丽 动人 的

chuánshuō gùshi. "Mèngjiāngnǚ xún fū" jiù shì qízhōng zhī yī. Nín rúguǒ
传说 故事。"孟姜女 寻夫"就是 其中 之一。您如果

yǒu xìngqù, děng huìr xiūxi de shíhou wǒ kěyǐ jiǎng gěi nín tīngting.
有 兴趣，等 会儿 休息 的 时候 我 可以 讲 给 您 听听。

9

Dǎoyóu: Dàjiā qǐng zhùyì, míngtiān wǒmen qù Yíhéyuán cānguān
导游：大家 请 注意， 明天 我们 去 颐和园 参观

yóulǎn. Zǎochen bā diǎn bàn zài lǚguǎn ménkǒu shàngchē, qǐng
游览。早晨 八点 半在 旅馆 门口 上车， 请

8

Саша: Не ожидал, что Великая Китайская стена такая грандиозная и величественная! И какой великий китайский народ! Посмотрите, а что это вон там?

Экскурсовод: Это сигнальная вышка. В древности при отражении набегов противника в качестве сигнала тревоги применялся огонь. На этом высоком месте зажигали костры, которые были видны на любом расстоянии.

Саша: Почему эту стену называют 《Стеной длиной в десять тысяч ли》? Её длина действительно насчитывает десять тысяч ли?

Экскурсовод: Более десяти тысяч ли.

Саша: Я слышал, что за Великой Китайской стеной прелестный пейзаж северной части Китая, особенно её снежный пейзаж. Как жаль, что сейчас не зима.

Экскурсовод: Среди китайского народа бытует много красивых и трогательных преданий о Великой Китайской стене. Одно из них — 《Мэнцзяннюй ищет мужа》. Если вам интересно, то во время отдыха я могу рассказать вам.

9

Экскурсовод: Прошу внимания! Завтра мы поедем на экскурсию в парк Ихэюань. Посадка на автобус будет в 8:30 утра у входа в гостиницу. Не опаздывайте, пожалуйста.

dàjiā búyào chídào.
大家 不要 迟到。

Yóukè: Wǒmen hái dào bié de shénme dìfang qù ma?
游客：我们 还 到 别 的 什么 地方 去 吗？

Dǎoyóu: Yíhéyuán lí shìzhōngxīn xiāngdāng yuǎn, érqiě lǐmiàn kě wár
导游：颐和园 离 市中心 相当 远，而且 里面 可玩儿

de fēngjǐngdiǎn hěn duō, suǒyǐ chàbuduō yào yì zhěng tiān le.
的 风景点 很 多，所以 差不多 要 一 整 天 了。

Yóukè: Nín kěyǐ xiān gěi wǒmen jièshào jièshào tā de lìshǐ ma?
游客：您 可以 先 给 我们 介绍 介绍 它 的 历史 吗？

Dǎoyóu: Yíhéyuán shì shǒudū zhùmíng de yóulǎn shèngdì, zài Běijīng
导游：颐和园 是 首都 著名 的 游览 胜地，在 北京

xījiāo, yuánlái shì fēngjiàn dìwáng de xínggōng huāyuán, lìshǐ
西郊，原来 是 封建 帝王 的 行宫 花园，历史

shàng céng bèi wàiguó qīnluèjūn pòhuàiguo hǎo jǐ cì. Xiànzài
上 曾 被 外国 侵略军 破坏过 好 几 次。现在

bǎocún xiàlái de shì yījiǔlíngsān nián Qīngcháo Cíxǐ tàihòu wèi
保存 下来 的 是 1903 年 清朝 慈禧 太后 为

qìngzhù tā de shēngrì yòng hǎijūn jīngfèi chóngjiàn de, zhèngshì
庆祝 她 的 生日 用 海军 经费 重建 的，正式

gǎi míng wéi "Yíhéyuán", shì tā de "Xiàgōng".
改 名 为 "颐和园"，是 她 的 "夏宫"。

Yóukè: Nà shíhou pǔtōng lǎobǎixìng shì bùnéng jìnqù de ba?
游客：那 时候 普通 老百姓 是 不能 进去 的 吧？

Dǎoyóu: Nà hái yòng shuō. Búguò, xiànzài tā yǐ shì yí gè měilì de
导游：那 还 用 说。不过，现在 它 已 是 一 个 美丽 的

gōngyuán le, lǐmiàn suǒyǒu de tíng、tái、lóu、gé wánquán shì
公园 了，里面 所有 的 亭、台、楼、阁 完全 是

zhōngguóshì de jiànzhù fēnggé.
中国式 的 建筑 风格。

Yóukè: Tài hǎo le! Wǒmen míngtiān dào nàr qù zǐxì
游客：太 好 了！我们 明天 到 那儿 去 仔细

Турист: А мы поедем куда-нибудь ещё?

Экскурсовод: Парк Ихэюань находится довольно далеко от центра города, к тому же там очень много достопримечательных мест, так что нужен почти целый день.

Турист: Вы не могли бы сначала рассказать нам о его истории?

Экскурсовод: Парк Ихэюань — это одна из известных достопримечательностей столицы. Он находится на западной окраине Пекина, раньше он был императорским временным дворцом. В истории его несколько раз разрушали иностранные агрессоры. То, что сохранилось, это 《летний дворец》 Цинской императрицы Цы Си, перестроенный в 1903 году в ознаменование её дня рождения на деньги, предназначенные для создания китайского флота. Тогда же его официально переименовали в 《Ихэюань》.

Турист: В то время, наверное, простых людей туда не пускали?

Экскурсовод: Ещё бы. Но теперь он стал прекрасным парком. В архитектуре всех его беседок, террас, башен, павильонов чувствуется китайский стиль.

Турист: Прекрасно! Завтра мы осмотрим всё это внимательно.

kànkan.
看看。

10

Yóukè: Tīngshuō, Huángshān zuì hǎokàn de shì yúnhǎi hé gè zhǒng
游客：听说，黄山最好看的是云海和各种

qí sōng guài shí.
奇松怪石。

Dǎoyóu: Zhè zhēn bù jiǎ. Zhè cì wǒmen suànshì zǒuyùn, gǎnshàng
导游：这真不假。这次我们算是走运，赶上

le zhè zhǒng shí yīn shí qíng de tiānqì, bùshí hái xià diǎnr
了这种时阴时晴的天气，不时还下点儿

xiǎoyǔ. Nín kàn, zhè yúnhǎi qiānbiànwànhuà, gěi rén yì zhǒng
小雨。您看，这云海千变万化，给人一种

piāopiāoyùxiān de gǎnjué.
飘飘欲仙的感觉。

Yóukè: Wǒmen zhēn hǎoxiàng shì zài xiānjìng zhī zhōng le.
游客：我们真好像是在仙境之中了。

Dǎoyóu: Nàme duō qíguài de sōngshù hé shítou, dōushì bié de dìfang
导游：那么多奇怪的松树和石头，都是别的地方

kànbudào de. Nín kàn, nà yì kē sōngshù wānzhe yāo, xiàngshì
看不到的。您看，那一棵松树弯着腰，像是

zài huānyíng láikè shìde.
在欢迎来客似的。

Yóukè: Ò! Zhè jiù shì yǒumíng de "Yíngkèsōng" ba! Shīrénmen de
游客：哦！这就是有名的"迎客松"吧！诗人们的

xiǎngxiànglì zhēn fēngfù!
想象力真丰富！

11

Xiǎo Zhāng: Nǐ zài Hángzhōu wánr le sì tiān, yìnxiàng rúhé?
小张：你在杭州玩儿了四天，印象如何？

10

Турист: Я слышал, что самое красивое в горах Хуаншань — это облачное море, разнообразные удивительные сосны и причудливые камни.

Экскурсовод: Совершенно верно. На этот раз, можно сказать, нам повезло, мы попали в самую подходящую погоду: то пасмурно, то ясно, время от времени ещё накрапывает дождик. Посмотрите, как изменчиво клубятся облака, чувствуешь себя богом, готовым вот-вот взлететь.

Турист: И в самом деле, мы как будто находимся в сказочной стране.

Экскурсовод: Здесь так много удивительных сосен и камней, каких не увидишь больше нигде. Смотрите, вон та сосна наклонилась, как будто приветствует гостей.

Турист: О, это и есть знаменитая 《Сосна, приветствующая гостей》! Какое богатое воображение у поэтов!

11

Сяо Чжан: Ты провёл в Ханчжоу 4 дня, какие у тебя впечатле-

尤拉：杭州西湖的风景简直美极了，玩儿得我都不想回家了，难怪人家要说它是"人间天堂"呢！

小张：一点儿也不错。你买了些什么纪念品呀？

尤拉：杭州的丝绸、织锦、绸伞、檀香扇等都是很有名的，我每样都买了一点儿，准备带回去赠送亲友。

12

小张：小李，你参加这次小区组织的自驾游吗？

小李：我们全家都参加，我和老婆可以轮流开车。

小张：我们也是一家人都去。你们以前去过皖南吗？

小李：一直没有机会去。这次去定了。我昨天买了一张地图。

ния?

Юра: Вид озера Сиху в Ханчжоу просто изумителен! Я им так увлёкся, что даже не хотел возвращаться домой. Недаром это место называют «Земным раем»!

Сяо Чжан: Совершенно верно. Какие сувениры ты купил?

Юра: Ханчжоуские шёлк, парчу, шёлковые зонтики, сандаловые веера, ведь все они пользуются большой славой. Я купил все эти вещи в небольшом количестве, чтобы увезти в подарок родственникам и друзьям.

12

Сяо Чжан: Сяо Ли, на этот раз ты будешь участвовать в автопутешествии, организованном микрорайоном?

Сяо Ли: Мы будем участвовать всей семьёй. Мы с женой будем вести машину по очереди.

Сяо Чжан: И мы тоже. Раньше вы были когда-нибудь на юге Анхоя?

Сяо Ли: Никогда не доводилось. В этот раз поедем обязательно. Вчера я купил карту.

小张：我也买了地图，还买了一个GPS导航仪。我刚才出去试了一下，这导航仪还真灵，指路指得很准。它会告诉你，向前，向左，向右，走多少米然后向什么方向拐弯等等，挺有意思的。

小李：哦，这么灵。看来这次出去之前我也应该买一个。我们这次去三天，要在皖南住两天。你知道我们怎么住吗？

小张：我们都要分散住在当地农民家里。听说那里的许多农民家庭都办了"农家乐"接待。不仅住房干净卫生，而且还供应早餐和晚餐。

小李：那真是太好了！我们不仅可以游览当地风光，还可以了解当地民情民俗。

13

娜塔莎：李江，我最近要到俄罗斯驻上海领事馆

Сяо Чжан: Я тоже купил карту, потом ещё GPS-навигатор. Только что я выезжал попробовать, и этот навигатор оказался удивительно чувствительным, он очень точно указывает дорогу. Он даёт точные команды: вперёд, налево, направо, через сколько метров в какую сторону надо повернуть, очень интересно.

Сяо Ли: Ого, такой чувствительный. Пожалуй, до отъезда я тоже должен купить навигатор. На этот раз мы поедем на 3 дня, будем останавливаться на юге Анхоя на 2 дня. Ты знаешь, где мы будем останавливаться?

Сяо Чжан: Все мы будем ночевать в местных крестьянских домах в разных местах. Говорят, там много крестьянских семей открыло службу «Весёлый крестьянский дом». Они предоставляют не только чистые комнаты, но и завтрак и ужин.

Сяо Ли: Прекрасно! Мы сможем не только полюбоваться тамошними пейзажами, но и узнать о местных народных обычаях.

13

Наташа: Ли Цзян, на днях я уезжаю в Консульство России в Шанхае оформлять визу. Скажи, на каком транспорте мне лу-

qù bàn qiānzhèng. Nǐ shuō, wǒ zuò shénme chēzi qù Shànghǎi
去 办 签证。 你 说， 我 坐 什么 车子 去 上海

bǐjiào hǎo ne? Wǒ xiǎng zuò fēijī qù, nǐ kàn zěnmeyàng?
比较 好 呢？ 我 想 坐 飞机 去，你 看 怎么样？

Lǐ Jiāng: Cóng Nánjīng dào Shànghǎi méiyǒu fēijī hángbān, yīnwèi
李 江： 从 南京 到 上海 没有 飞机 航班， 因为

tāmen zhījiān de jùlí tài duǎn le. Nǐ kěyǐ zuò dàbā qù.
它们 之间 的 距离 太 短 了。你 可以 坐 大巴 去。

Xíngchéng sān gè bàn xiǎoshí zuǒyòu, piàojià yìbǎi yuán bú dào.
行程 3 个 半 小时 左右， 票价 100 元 不 到。

Nàtǎshā: Wǒ bù xǐhuan zuò dàbā. Zuò dàbā wǒ zǒngshì yùnchē.
娜塔莎： 我 不 喜欢 坐 大巴。坐 大巴 我 总是 晕车。

Kuàngqiě, yào zuò sān gè bàn xiǎoshí de dàbā, wǒ kěndìng yào
况且， 要 坐 3 个 半 小时 的 大巴，我 肯定 要

méimìng le.
没命 了。

Lǐ Jiāng: Nà wǒ jiànyì nǐ zuò huǒchē. Yìbān sì-wǔ gè xiǎoshí néng
李 江： 那 我 建议 你 坐 火车。一般 4-5 个 小时 能

dào, piàojià yě piányi, yì zhāng wǔshí yuán zuǒyòu.
到， 票价 也 便宜， 一 张 50 元 左右。

Nàtǎshā: Sì-wǔ gè xiǎoshí? Wǒ juéde shíjiān tài cháng le. Yí gè rén
娜塔莎： 4-5 个 小时？ 我 觉得 时间 太 长 了。一个 人

zuò zhème cháng shíjiān de huǒchē, wǒ huì hěn wúliáo de.
坐 这么 长 时间 的 火车，我 会 很 无聊 的。

Lǐ Jiāng: Nǐ xiǎng yào kuài yìxiē, kěyǐ zuò D-zìtóu.
李 江： 你 想 要 快 一些，可以 坐 D字头。

Nàtǎshā: D-zìtóu shì shénme?
娜塔莎： D字头 是 什么？

Lǐ Jiāng: D-zìtóu yě jiùshì dòngchē, shì zhǐ Zhōngguó de CRH-xíng
李 江： D字头 也 就是 动车， 是 指 中国 的 CRH 型

kuàisù lièchē, mùqián sùdù wéi měi xiǎoshí liǎngbǎi gōnglǐ
快速 列车， 目前 速度 为 每 小时 200 公里

чше ехать в Шанхай? Я бы хотела лететь на самолёте. Как по-твоему?

Ли Цзян: От Нанкина до Шанхая нет самолёта, потому что расстояние между ними слишком маленькое. Тебе можно ехать на автобусе. Приблизительно 3 с половиной часа езды, стоимость билета не больше 100 юаней.

Наташа: Я не люблю ездить на автобусе. В автобусе меня всегда укачивает. К тому же, нужно ехать на автобусе 3 с половиной часа, я точно умру.

Ли Цзян: Тогда я советую тебе ехать на поезде. Обычно 4-5 часов езды, и билет стоит дёшево, около 50 юаней.

Наташа: 4-5 часов? Мне кажется, слишком долго. Ехать на поезде так долго одной, мне будет очень скучно.

Ли Цзян: Если ты хочешь побыстрее, то тебе можно ехать на поезде D.

Наташа: А что такое поезд D?

Ли Цзян: Поезда D — это сверхскоростные поезда, китайские скоростные поезда типа CRH. Теперь их скорость составляет около 200 км/час. От Нанкина до Шанхая всего часа 2 езды. Такие поезда нового типа отличаются комфортабельнос-

左右。从南京到上海大概两个小时就到了。这种新型列车非常舒适、干净、漂亮、快捷，外型犹如"子弹头"。我们现在很多人出门都喜欢坐这样的火车。它们的车号通常以拉丁字母"D"打头……

娜塔莎：是不是因为"动"的汉语拼音的第一个字母是"D"？

李江：是的。你真聪明，一下子就猜到了。

娜塔莎：谢谢！D字头车票贵吗？

李江：不贵。一张到上海的D字头车票也就90元左右。

娜塔莎：那太好了！我今天就去买D字头车票。

14

旅客：我是去俄罗斯的。请问，在哪儿接受海关检查？

海关人员：出境旅客就在这儿接受海关检查。

тью, чистотой, красотой и быстротой, по внешнему виду они напоминают《головку пули》. Теперь многие из нас предпочитают ездить на таких поездах, уезжая куда-нибудь. Номера таких поездов обычно начинаются с латинской буквы D...

Наташа: Это потому что первая буква китайского пиньиня иероглифа《动》— это《D》?

Ли Цзян: Да. Какая ты умница, сразу догадалась.

Наташа: Спасибо! А билеты на поезда D дорогие?

Ли Цзян: Не дорогие. Один билет на поезд D до Шанхая стоит всего юаней 90.

Наташа: Прекрасно! Я пойду за билетом на поезд D сегодня же.

14

Пассажир: Я еду в Россию. Скажите, пожалуйста, где проходят таможенный досмотр?

Таможенник: Пассажиры, выезжающие за границу, проходят таможенный досмотр именно здесь. Пожалуйста, предъяви-

Qǐng chūshì hùzhào.
　　请　出示　护照。

Lǚkè： Zhè shì hùzhào. Duì le, wǒ hái mǎile yìxiē lǐpǐn, yǔnxǔ dài
旅客： 这　是　护照。对　了，我　还　买了　一些　礼品，允许　带

　　chūjìng ma?
　　出境　吗？

Hǎiguān rényuán： Qǐng dǎkāi gěi wǒmen kàn yíxià. Duìbuqǐ, zhè
海关　人员： 　请　打开　给　我们　看　一下。对不起，这

　　shǔyú lìshǐ wénwù, shì bù yǔnxǔ dài chūjìng de. Háiyǒu, nín dài
　　属于　历史　文物，是　不　允许　带　出境　的。还有，您　带

　　de sīchóu guòliàng le, yào nàshuì, qǐng qù bǔjiāo shuìkuǎn.
　　的　丝绸　过量　了，要　纳税，请　去　补交　税款。

15

Shānshān： Nínà, nǐ shǔjià huí Éluósī ma?
姗姗： 　尼娜，你　暑假　回　俄罗斯　吗？

Nínà： Kěnéng bù huíqù le. Wǒ xiǎng cānjiā xuéxiào zǔzhī de
尼娜： 可能　不　回去　了。我　想　参加　学校　组织　的

　　chūjìngyóu, qù Měiguó wánwan.
　　出境游，去　美国　玩玩。

Shānshān： Nà tài hǎo le! Wǒ yě xiǎng qù. Zánmen zhènghǎo jié ge bàn.
姗姗： 　那　太　好　了！我　也　想　去。咱们　正好　结个　伴。

Nínà： Wǒmen qù Měiguó yígòng wán shísì tiān, qù dōng xī hǎi'àn
尼娜： 我们　去　美国　一共　玩　14　天，去　东　西　海岸

　　jǐ gè dà chéngshì hé Xiàwēiyí.
　　几个大　城市　和　夏威夷。

Shānshān： Wǒ de yí wèi lǎotóngxué zài Jiùjīnshān Sītǎnfú Dàxué jiāo
姗姗： 　我　的　一　位　老同学　在　旧金山　斯坦福　大学　教

　　Hànyǔ, yào néng hé tā jiàn ge miàn jiù hǎo le. Tā yǐjīng yǒu
　　汉语，要　能　和他　见　个　面　就　好　了。他　已经　有

　　liǎng nián méi huíguó le.
　　两　年　没　回国　了。

те паспорт.

Пассажир: Вот, пожалуйста. Да, я ещё купил кое-какие сувениры, их можно вывезти?

Таможенник: Откройте, пожалуйста, багаж, мы сейчас посмотрим. Извините, это относится к историческим культурным ценностям и не подлежит вывозу. Кроме того, у вас количество шёлка превысило норму вывоза, и вы должны доплатить пошлину.

15

Шаньшань: Нина, в летние каникулы ты вернёшься в Россию?

Нина: Пожалуй, не вернусь. Я собираюсь участвовать в заграничном путешествии, которое организует университет, поеду в Америку.

Шаньшань: Вот здорово! Я тоже хочу поехать туда. Мы как раз можем составить компанию.

Нина: Мы поедем в Америку всего на 14 дней. Поедем в некоторые крупные города на восточном и западном берегах, потом ещё на Гавайи.

Шаньшань: Один из моих бывших товарищей преподаёт китайский язык в Стэнфордском университете в Сан-Франциско. Как хорошо, если я смогу встретиться с ним. Он уже два года не возвращался на Родину.

尼娜：如果你事先和他联系好，见上一面应该不成问题。

姗姗：我听说学校工会还组织日本游呢。

尼娜：是吗？去日本大概比去美国便宜吧？

姗姗：那当然，只要6000元左右，去美国要两万多呢！话说回来，这几年中国人生活水平大大提高，这样的旅游费用我们已经能承受得起了，以前别说出国旅游，在国内也玩儿不起。

十一、文娱

（一）常用语

真想去看场<u>电影</u>（芭蕾舞、话剧、京剧、杂技、越剧）。

Нина: Если ты заранее свяжешься с ним, встретиться не проблема.

Шаньшань: Я слышала, что профсоюз университета организует ещё путешествие по Японии.

Нина: Правда? Путешествие по Японии, пожалуй, стоит дешевле, чем по Америке?

Шаньшань: Да, конечно. Только около 6 тысяч юаней, а путешествие по Америке обойдётся в 20 тысяч с лишним юаней! Зато в последние годы жизненный уровень китайцев намного повысился, такие расходы на путешествие нам уже стали по карману, а раньше нам было не по карману даже путешествие по стране, не говоря уже о заграничном путешествии.

11. Культурные развлечения

(А) *Общеупотребительные выражения и фразы*

Так хочется посмотреть фильм (балет, драму, пекинскую оперу, цирк, шаосинскую оперу).

Wǒ xiǎng qù tīng yì chǎng qīngyīnyuèhuì (gǔdiǎn yīnyuèhuì、jiāoxiǎng
我 想 去 听 一 场 轻音乐会 （古典 音乐会、 交响

yīnyuèhuì、mínzú yīnyuèhuì、shìnèi yīnyuèhuì）.
音乐会、民族 音乐会、室内 音乐会）。

Xià gè yuè zhùmíng gēxīng……yào lái Běijīng kāi gèrén (gàobié、
下 个 月 著名 歌星……要 来 北京 开 个人 （告别、

císhàn) yǎnchànghuì. Wǒ shì tā (tā) de zhōngshí fěnsī
慈善） 演唱会。 我 是 他 （她） 的 忠实 粉丝

(gēmí), wǒ hěn xiǎng tīng yi tīng.
（歌迷），我 很 想 听 一 听。

Kàn yíxià bàozhǐ (《Guǎngbō Diànshìbào》), jīntiān wǎnshang yǒu xiē
看 一下 报纸 （《广播 电视报》）, 今天 晚上 有 些

shénme diànyǐng (diànshì jiémù)?
什么 电影 （电视 节目）？

Wǒ hěn xiǎng kàn yí bù xǐjùpiānr (zhēntànpiānr、dònghuàpiānr).
我 很 想 看 一 部 喜剧片儿 （侦探片儿、 动画片儿）。

Nǐ zhīdào nǎge diànyǐngyuàn zài fàng zhè bù diànyǐng?
你 知道 哪个 电影院 在 放 这 部 电影？

Dào Hépíng Diànyǐngyuàn zěnme zǒu?
到 和平 电影院 怎么 走？

Nǎr kěyǐ kàn dào jùmùdān?
哪儿 可以 看 到 剧目单？

Yī píndào chóngbō diànshì liánxùjù 《Xīyóujì》.
一 频道 重播 电视 连续剧《西游记》。

Tīngshuō míngwǎn diànshì xiànchǎng zhíbō Shìjièbēi zúqiúsài.
听说 明晚 电视 现场 直播 世界杯 足球赛。

《Hónglóumèng》jīntiān fàng dì jǐ jí le?
《红楼梦》 今天 放 第 几 集 了？

Nǎge píndào (jǐ píndào) zài fàng 《Shuǐhǔzhuàn》?
哪个 频道 （几 频道） 在 放 《水浒传》？

Xiànzài shì èrlínglíngbā nián Běijīng Àoyùnhuì xiànchǎng zhíbō
现在 是 2008 年 北京 奥运会 现场 直播

Я хочу пойти на концерт лёгкой (классической, симфонической, народной, камерной) музыки.

В следующем месяце известный(-ая) певец (певица) ... будет открывать частный (прощальный, благотворительный) концерт в Пекине. Я его (её) верный(-ая) фанат(-ка). Мне очень хочется послушать.

Посмотри газету («Радиотелепрограмму»), какие фильмы (телепередачи) идут сегодня вечером?

Мне очень хотелось бы посмотреть кинокомедию (детективный фильм, мультфильм).

Вы не скажете, в каком кинотеатре идёт этот фильм?

Как проехать (пройти) к кинотеатру «Мир»?

Где можно посмотреть репертуар?

По первому каналу будет повтор телесериала «Путешествие на Запад».

Говорят, завтра вечером по телевизору будет прямая трансляция футбольных матчей Кубка мира.

Какую серию «Сон в красном тереме» показывают сегодня?

По какому каналу показывают «Речные заводи»?

Сейчас время прямой трансляции Пекинской Олимпиады—

shíjiān.
时间。

Wǒ néng qǐng nǐ qù kàn diànyǐng (tīng yīnyuèhuì、kàn xì) ma?
我 能 请 你 去 看电影 （听 音乐会、看 戏）吗？

Rúguǒ nǐ bù fǎnduì, wǒ xiǎng qǐng nǐ qù kàn xì.
如果 你 不 反对, 我 想 请 你 去 看戏。

Wǒ mǎile liǎng zhāng diànyǐngpiào, xiǎng qǐng nǐ yìqǐ qù. Nǐ yǒu
我 买了 两 张 电影票, 想 请 你 一起 去。你 有

kòng (shíjiān) ma?
空 （时间）吗？

Qǐng wǒ kàn diànyǐng? Wǒ hěn (fēicháng) lèyì.
请 我 看 电影？我 很 （非常） 乐意。

Wǒ dàoshì hěn xiǎng qù, búguò jīntiān wǒ lìngwài yǒu ānpái le,
我 倒是 很 想 去,不过 今天 我 另外 有 安排 了,

shízài bàoqiàn.
实在 抱歉。

Nǐmen qù ba, wǒ yǐjīng kànguo le.
你们 去 吧, 我 已经 看过 了。

Wǒ míngtiān yào kǎoshì, bùnéng qù le.
我 明天 要 考试, 不能 去 了。

Wǒ wúsuǒwèi (suíbiàn), qù jiù qù, bú qù jiù bú qù.
我 无所谓 （随便）, 去 就 去, 不 去 就 不 去。

Qǐng gěi liǎng zhāng dāngchǎngpiào.
请 给 两 张 当场票。

Mǎi míngtiān wǎnshang bā diǎn shí fēn de, sān zhāng.
买 明天 晚上 8 点 10 分 的,3 张。

Qǐng gěi wǒ sì zhāng qiánpái (hòupái、zhōngjiān、lóushàng) de piào,
请 给 我 4 张 前排 （后排、 中间、 楼上） 的 票,

kěyǐ ma?
可以 吗？

Xià yì chǎng jǐ diǎnzhōng kāiyìng (kāiyǎn)?
下 一 场 几 点钟 开映 （开演）？

2008.

Могу ли я пригласить тебя в кино (на концерт, в театр)?

Если ты не против, я хотел бы пригласить тебя на спектакль.

Я купил два билета в кинотеатр и хотел бы пригласить тебя пойти вместе. Ты свободен(-на)?

Приглашаешь меня в кино? С большим удовольствием.

Я бы очень хотел, но на сегодня, к большому сожалению, у меня другие планы.

Вы идите, я уже смотрел.

Я не могу пойти, у меня завтра экзамен.

Хотите идите, хотите нет, мне всё равно.

Дайте, пожалуйста, два билета на ближайший сеанс.

Три билета на 8:10 вечера на завтра.

Дайте мне, если можно, 4 билета в первые ряды (в последние ряды, в центре зала, на балкон).

В котором часу начинается следующий сеанс?

Zhè diànyǐng (xì、yīnyuèhuì) jǐ diǎnzhōng sànchǎng?
这 电影 (戏、音乐会) 几 点钟 散场?

Diànyǐng kuài kāishǐ le, zánmen jìnqù ba.
电影 快 开始 了，咱们 进去 吧。

Wǒmen de piào shì shuānghào háishi dānhào?
我们 的 票 是 双号 还是 单号?

Wǒmen zài dì jǐ pái? Jǐ hào?
我们 在 第 几 排? 几 号?

Duìbuqǐ, wǒmen zuò cuò wèizi le.
对不起，我们 坐 错 位子 了。

Zhège jù yígòng sì mù liù chǎng, yào yǎn sān gè xiǎoshí.
这个 剧 一共 四 幕 六 场，要 演 三 个 小时。

Zhè shì xǐjù (bēijù、gējù).
这 是 喜剧 (悲剧、歌剧)。

Xiàngsheng (xiǎopǐn) shì zuì shòu guānzhòng (tīngzhòng) huānyíng de
相声 (小品) 是 最 受 观众 (听众) 欢迎 的
qǔyì jiémù zhī yī.
曲艺 节目 之 一。

Gǔlàngyǔ yǒu "Yīnyuè zhī xiāng" zhī měichēng, měitiān wǎnshang zài
鼓浪屿 有 "音乐 之 乡" 之 美称，每天 晚上 在
yīnyuètīng dōu yǒu yīnyuèhuì, érqiě dōu shì miǎnfèi de. Jīnwǎn
音乐厅 都 有 音乐会，而且 都 是 免费 的。今晚
jiāng yǒu Zhōngguó zhùmíng gāngqínjiā Lǎng Lǎng de dúzòu
将 有 中国 著名 钢琴家 郎 朗 的 独奏
yīnyuèhuì.
音乐会。

Zhōngguó chúle jīngjù yǐwài, háiyǒu hěn duō dìfāngxì. Wǒ zuì xǐhuan
中国 除了 京剧 以外，还有 很 多 地方戏。我 最 喜欢
tīng yuèjù (huángméixì、chuānjù、yùjù、yuèjù).
听 越剧 (黄梅戏、川剧、豫剧、粤剧)。

Wǒ xǐhuan kàn gùshìpiàn (xīnwénpiàn、jìlùpiàn、dònghuàpiàn、
我 喜欢 看 故事片 (新闻片、纪录片、动画片、

В котором часу заканчивается этот фильм (спектакль, концерт)?

Фильм скоро начнётся, давайте пойдём в зал.

У нас билеты на чётные или нечётные места?

Какой у нас ряд? Какие места?

Извините, мы сели не на свои места.

В этой пьесе всего 4 действия и 6 картин, она будет идти 3 часа.

Это комедия (трагедия, опера).

Шуточные диалоги (юмористические миниатюры) — это один из самых популярных среди зрителей (слушателей) эстрадных номеров.

Остров Гуланъюй носит красивое название 《Родина музыки》. Каждый вечер в концертном зале открывается концерт, к тому же бесплатный. Сегодня вечером будет частный концерт известного китайского пианиста Лан Лана.

В Китае кроме пекинской оперы существует ещё много местных опер. Больше всего мне нравится слушать шаосинскую оперу (анхойскую оперу, сычуаньскую оперу, хэнаньскую оперу, гуандунскую оперу).

Мне нравятся художественные фильмы (фильмы-хроники,

xìqǔpiàn、 wǔdǎpiàn、 zhēntànpiàn、 yúlèpiàn、 guóchǎnpiàn、
戏曲片、 武打片、 侦探片、 娱乐片、 国产片、
wàiguópiàn、yìzhìpiàn、wàiguó yuánbǎn diànyǐng).
外国片、译制片、外国 原版 电影)。

Zhè diànyǐng shì nǎge diànyǐng zhìpiànchǎng pāi de?
这 电影 是 哪个 电影 制片厂 拍 的?

Jīntiān shì nǎge dānwèi yǎnchū?
今天 是 哪个 单位 演出?

Dǎoyǎn (biānjù、zhǐhuī、dúchàng、lǐngchàng、gāngqín bànzòu) shì shéi?
导演 (编剧、指挥、独唱、 领唱、 钢琴 伴奏) 是 谁?

Nǐ zhī bù zhīdào yóu shéi chūyǎn nán nǚ zhǔjué?
你 知 不 知道 由 谁 出演 男 女 主角?

Zhè yǎnyuán hái yǎnguo nǎxiē piānzi?
这 演员 还 演过 哪些 片子?

Jīntiān yǎnchū dānwèi shì Zhōngyāng Gēwǔtuán (Zhōngyāng Yuètuán、
今天 演出 单位 是 中央 歌舞团 (中央 乐团、

Zhōngyāng Mínzú Yuètuán、 Dōngfāng Gēwǔtuán、 Zhōngyāng
中央 民族 乐团、 东方 歌舞团、 中央

Bālěiwǔtuán、Běijīng Rénmín Yìshù Jùyuàn、Běijīng Qīngnián Yìshù
芭蕾舞团、 北京 人民 艺术 剧院、 北京 青年 艺术

Jùyuàn、Zhōngguó Jīngjùtuán、Běijīng Jīngjùtuán).
剧院、 中国 京剧团、 北京 京剧团)。

Zhège diànshìjù de yǎnyuán zhènróng hěn qiáng.
这个 电视剧 的 演员 阵容 很 强。

Tā (tā) chàng de shì nángāoyīn (nánzhōngyīn、nándīyīn、nǚgāoyīn、
他(她) 唱 的 是 男高音 (男中音、 男低音、 女高音、

nǚzhōngyīn、 nǚdīyīn).
女中音、 女低音)。

Tā (tā) yǎn lǎoshēng (xiǎoshēng、huādàn、huāliǎn、xiǎochǒu).
他(她) 演 老生 (小生、 花旦、 花脸、 小丑)。

документальные фильмы, мультфильмы, экранизации спектаклей, боевики, детективы, развлекательные фильмы, отечественные фильмы, иностранные фильмы, дублированные фильмы, иностранные фильмы в оригинале).

На какой киностудии был снят этот фильм?

Какой коллектив выступает сегодня?

Кто <u>режиссёр</u> (автор сценария, дирижёр, солист, запевала, аккомпаниатор на пианино)?

Ты не знаешь, кто исполняет главные мужскую и женскую роли?

В каких ещё фильмах играл этот актёр?

Сегодня выступает <u>Центральный ансамбль песни и пляски</u> (Центральная филармония, Центральный оркестр народной музыки, Ансамбль песни и пляски Востока, Центральная балетная труппа, Пекинский народный художественный театр, Пекинский молодёжный художественный театр, Китайская труппа пекинской оперы, Пекинская оперная труппа).

В этом телефильме играют очень известные актёры.

У <u>него</u> (неё) <u>тенор</u> (баритон, бас, сопрано, меццо-сопрано, контральто).

У <u>него</u> (неё) амплуа 《лаошэн》/старика (《сяошэн》/молодого человека, 《хуадань》/девушки, 《хуалянь》/мужского персонажа с раскрашенным лицом, 《сяочоу》/комического персонажа).

Zhè bù piānzi fǎnyìngle xiànshí shēnghuó zhōng de pòqiè wèntí.
这 部 片子 反映了 现实 生活 中 的 迫切 问题。

Yǐngpiàn shēngdòng de tòushì le rénwù de xīnlǐ huódòng.
影片 生动 地 透视 了 人物 的 心理 活动。

Yǐngpiàn biāndǎo (shèyǐng) yùnyòngle kuāzhāng (méngtàiqí) de shǒufǎ.
影片 编导 （摄影） 运用了 夸张 （蒙太奇） 的 手法。

Zhè bù lìshǐpiàn chǎngmiàn zhēn dà! Hàozī yídìng hěn duō.
这 部 历史片 场面 真 大！耗资 一定 很 多。

Zhè bù diànyǐng lǐ de zhǔtígē (chāqǔ、piàntóuqǔ、piànwěiqǔ) hěn hǎotīng, shì shéi pǔ de qǔzi?
这 部 电影 里 的 主题歌 （插曲、片头曲、片尾曲） 很 好听，是 谁 谱 的 曲子？

Wǒ juéde zhè bù diànyǐng de pèiyīn xiāngdāng chénggōng.
我 觉得 这 部 电影 的 配音 相当 成功。

Zhè bù diànshìjù pāide hěn chénggōng.
这 部 电视剧 拍得 很 成功。

Wǒ juéde zhège jù búgòu zhēnshí.
我 觉得 这个 剧 不够 真实。

Yǐngpiàn mǎmǎhūhū, hái kěyǐ kànkan.
影片 马马虎虎，还 可以 看看。

Jīntiān yǎnchū de zhège jù bù zěnmeyàng, yǎnjì píngpíng.
今天 演出 的 这个 剧 不 怎么样，演技 平平。

(Èr) Huìhuà
（二） 会话

1

Xiǎo Zhāng: Nǐ jīnwǎn yǒu kòng ma?
小 张：你 今晚 有 空 吗？

В этом фильме нашли отражение актуальные проблемы реальной жизни.

Фильм отличается глубоким проникновением в психологию персонажей.

Сценарист и режиссёр (оператор) фильма использовали (использовал) приём гиперболы (монтажа).

Этот исторический фильм поставлен с размахом! Расходы на него, по-видимому, были огромные.

Главная музыкальная тема (песня, начальная песня, финальная песня) этого фильма очень красивая, кто её написал?

Мне кажется, что этот фильм озвучен очень удачно.

Этот телефильм снят очень удачно.

Мне кажется, что эта пьеса недостаточно реалистична.

Фильм ничего, стоит посмотреть.

Сегодняшняя пьеса так себе, и играют посредственно.

(Б) *Диалоги*

1

Сяо Чжан: Ты сегодня вечером свободен?

Āndéliè: Yǒu kòng. Zhìshǎo méiyǒu shénme yàojǐn de shìr. Yǒu
安德烈：有 空。至少 没有 什么 要紧 的 事儿。有

shénme shìr ma?
什么 事儿 吗？

Xiǎo Zhāng: Qù kàn diànyǐng hǎoma? Hépíng Yǐngjùyuàn zhèngzài fàng
小 张：去 看 电影 好吗？和平 影剧院 正在 放

yí bù hǎo diànyǐng.
一部 好 电影。

Āndéliè: Hǎo de. Wǒ zài diànyǐngyuàn ménkǒu děng nǐ.
安德烈：好 的。我 在 电影院 门口 等 你。

Xiǎo Zhāng: Hǎo de.
小 张：好 的。

2

Guānzhòng: Qǐng wèn, yǒu dāngchǎngpiào ma?
观众：请 问，有 当场票 吗？

Shòupiàoyuán: Dāngchǎng de yǐjīng kèmǎn le, mòchǎng diànyǐng
售票员：当场 的 已经 客满 了，末场 电影

háiyǒu yúpiào.
还有 余票。

Guānzhòng: Jǐ diǎnzhōng kāiyìng?
观众：几 点钟 开映？

Shòupiàoyuán: Bā diǎn wǔshí fēn.
售票员：八 点 五十 分。

Guānzhòng: Xíng. Qǐng gěi liǎng zhāng wèizi hǎo yìdiǎnr de.
观众：行。请 给 两 张 位子 好 一点儿 的。

Shòupiàoyuán: Zhōngjiānpiào méiyǒu le, zhǐyǒu biānshang de.
售票员：中间票 没有 了，只有 边上 的。

Guānzhòng: Hǎo ba. Gěi liǎng zhāng.
观众：好 吧。给 两 张。

Андрей: Свободен. По крайней мере нет ничего срочного. А что?

Сяо Чжан: Давай пойдём в кино, а? В кинотеатре 《Мир》 идёт хороший фильм.

Андрей: С удовольствием. Я буду ждать тебя у входа в кинотеатр.

Сяо Чжан: Хорошо.

2

Зритель: Скажите, пожалуйста, на ближайший сеанс есть билеты?

Кассир: На ближайший сеанс всё продано, есть билеты на последний сеанс.

Зритель: Во сколько он начинается?

Кассир: В 20:50.

Зритель: Хорошо. Дайте, пожалуйста, два билета на места получше.

Кассир: Билетов в центре нет, есть только на боковые.

Зритель: Ладно. Дайте два билета.

3

观众：中午十二点零五分的，一张。最好给前排。

售票员：六排行不行？

观众：太前了吧？有没有稍微后一点儿的？

售票员：那就十排。

观众：行，谢谢！

4

甲：有票多吗？

乙：对不起，没有。我也是来等退票的。

5

观众甲：对不起，你们是不是坐错了位子？

观众乙：让我看看票……没错，是7排3座、5座。请看。

观众甲：你们搞错了，你们的票是楼上的。

3

Зритель: Один билет на 12:05 дня. Если можно, поближе.

Кассир: Шестой ряд вас устроит?

Зритель: А не слишком близко? Нет чего-нибудь подальше?

Кассир: Тогда десятый ряд.

Зритель: Хорошо, спасибо!

4

А: У вас нет лишнего билетика?

Б: Извините, нет. Я сам жду лишний билет.

5

Зритель А: Извините, вы не ошиблись местами?

Зритель Б: Дайте-ка я взгляну на свои билеты... Всё правильно: 7 ряд, 3 и 5 места. Взгляните.

Зритель А: Вы ошиблись, у вас места на балконе.

6

甲：星期五晚上还看书？休息一下吧。新版电视剧《四世同堂》马上开始了。难道你不想看看？

乙：我不怎么感兴趣。新版的肯定不好看。最近我把小说看完了，还把老版电视剧好好儿地看了一遍。我看老版电视剧改编得非常成功。

甲：我也听说了。演员演得也很精彩。据说，当时每次放《四世同堂》，北京的大街小巷行人顿时少了，都跑到电视机跟前去了。

乙：外地也差不多。老版电视剧的演员班子主要来自北京人民艺术剧院，阵容很强，北京人艺在国内是第一流的。听说后来还获了奖。你说，老版这么成功，新版还值得一看吗？

6

А: Ты читаешь даже в пятницу вечером? Отдохни. Сейчас начнётся телесериал «Четыре поколения под одной крышей» новой постановки. Разве ты не хочешь посмотреть?

Б: Я не очень-то интересуюсь новой постановкой. Она, наверняка, хуже старой. Я недавно прочёл одноимённый роман и посмотрел поставленный по нему старый телесериал, который считаю очень удачным.

А: Я тоже слышал. И актёры сыграли превосходно. Говорят, что в то время каждый раз, когда показывали «Четыре поколения под одной крышей», на улицах и в переулках Пекина резко уменьшалось количество прохожих, все торопились к телевизорам.

Б: В других местах было то же самое. Актёры, занятые в телесериале старой постановки, в основном из Пекинского народного художественного театра, был очень сильный состав. Ведь этот театр один из самых лучших в стране. Говорят, что потом телесериал ещё получил какую-то премию. Как ты думаешь, раз старая постановка была такой удачной, то новую ещё стоит посмотреть?

甲：你不看怎么知道呢？说不定新版比老版还要好看。再说，你的偶像黄磊也加盟了……

乙：黄磊？太棒了！我是他的忠实粉丝。只要有他参加演出的片子，我都喜欢看。

7

尼娜：昨晚我们全家看杂技去了。

小丁：是南京杂技团的演出吗？怎么样？

尼娜：我很喜欢顶碗、叠椅、车技……真不知道他们是怎么练出来的。

小丁：电视上不也常有杂技吗？无非就是这么些玩意儿，不新鲜了。

尼娜：对我来说，一切都是新鲜的、有趣的。前不久我还看到报上讲，南京杂技团的顶碗节目在巴黎的世界未来杂技节上获得了最高金奖。

А: Как ты узнаешь, если не посмотришь? Может быть, новая постановка ещё интереснее старой. К тому же, твой кумир Хуан Лэй тоже снимался в...

Б: Хуан Лэй? Прекрасно! Я его верный фанат. Все фильмы с его участием я люблю смотреть.

7

Нина: Вчера вечером вся наша семья ходила в цирк.

Сяо Дин: Выступала Нанкинская цирковая труппа? Ну и как?

Нина: Мне очень понравилось балансирование с пиалами, пирамида из стульев, фигурная езда на велосипедах... Не знаю, как же они выработали в себе такое мастерство!

Сяо Дин: Так ведь и по телевизору тоже часто показывают такой цирк, одни и те же трюки. Это уже не ново.

Нина: Для меня-то всё ново и интересно. Недавно я ещё читала в газете, что номер «Балансирование с пиалами» в исполнении артистов Нанкинского цирка получил Гран-при на Всемирном фестивале «Цирк будущего» в Париже.

8

尼古拉：你们城市常有交响乐音乐会吗？

叶 飞：这里已经很久没有交响乐团来表演了。

尼古拉：那你们一般听些什么音乐呢？

叶 飞：老年人一般喜欢听京剧一类的传统戏曲，年轻人则普遍喜欢轻音乐、通俗歌曲。不是大家都喜欢交响乐的。

尼古拉：你们经常举办音乐会吗？

叶 飞：歌舞晚会倒是常有，偶尔也有独唱音乐会，唱的多半是现代流行歌曲。

尼古拉：常请外国演出团体来表演吗？

叶 飞：有，但不多。这几年美国波士顿交响乐团、澳大利亚青年交响乐团、英国皇家芭蕾舞团先后来演出过，去年，俄罗斯的小白桦民间歌舞团也来过，都很受欢迎。

8

Николай: В вашем городе часто бывают концерты симфонической музыки?

Е Фэй: Сюда уже давно не приезжали симфонические оркестры.

Николай: А какую музыку вы обычно слушаете?

Е Фэй: Пожилым людям обычно больше нравится традиционная музыкальная драма типа пекинской оперы, а молодёжь в основном предпочитает лёгкую музыку, популярные песни. Симфоническая музыка нравится не всем.

Николай: У вас часто бывают концерты?

Е Фэй: Песенно-танцевальные вечера бывают часто. Иногда бывают ещё частные концерты певцов. Чаще всего исполняются современные популярные песни.

Николай: Часто ли вы приглашаете на гастроли иностранные коллективы?

Е Фэй: Случается, но не часто. В последние годы у нас поочерёдно выступали Бостонский симфонический оркестр из США, Австралийский молодёжный симфонический оркестр и Английский королевский балет. В прошлом году приезжал Российский народный ансамбль 《Берёзка》. Все они пользовались большим успехом.

9

Xiǎo Zhāng: Zuówǎn nǐmen shàng nǎr qù le?
小 张： 昨晚 你们 上 哪儿 去 了？

Sàshā: Kàn jīngjù qù le.
萨沙： 看 京剧 去 了。

Xiǎo Zhāng: Zài Rénmín Jùchǎng? Wǒ yě qù le, wǒ zěnme méi
小 张： 在 人民 剧场？ 我 也 去 了，我 怎么 没

kànjiàn nǐmen?
看见 你们？

Àoliègé: Wǒmen zài lóuxià liù pái.
奥列格： 我们 在 楼下 六 排。

Xiǎo Zhāng: Ò, wǒ zài lóushàng, guàibude pèngbujiàn nǐmen le.
小 张： 哦，我 在 楼上， 怪不得 碰不见 你们 了。

Zěnmeyàng? Tīngdedǒng ma?
怎么样？ 听得懂 吗？

Àoliègé: Dàobái hái néng tīng dǒng, chàngcí jiù tīng bú dà dǒng le.
奥列格： 道白 还 能 听 懂， 唱词 就 听 不 大 懂 了。

Sàshā: Wǒ juéde jīngjù de chàngqiāng hěn hǎotīng, tèbié shì
萨沙： 我 觉得 京剧 的 唱腔 很 好听， 特别 是

nǚzhǔjué.
女主角。

Xiǎo Zhāng: Jīngjù lǐ nǚjuésè jiào dànjué, huòzhě jiào huādàn. Bàn
小 张： 京剧 里 女角色 叫 旦角， 或者 叫 花旦。 扮

qīngnián nánzǐ de jiào xiǎoshēng, lìngwài, háiyǒu lǎoshēng、
青年 男子 的 叫 小生， 另外， 还有 老生、

wǔshēng děng juésè.
武生 等 角色。

Sàshā: Wǒ juéde jīngjù yǒu yí gè tèdiǎn, tā bùjǐng hěn jiǎndān,
萨沙： 我 觉得 京剧 有 一 个 特点， 它 布景 很 简单，

dàojù yě bùduō, jìnmén、chūmén、qímǎ、huáchuán děng quán
道具 也 不多， 进门、 出门、 骑马、 划船 等 全

kào yǎnyuán de dòngzuò biǎoyǎn chūlái.
靠 演员 的 动作 表演 出来。

9

Сяо Чжан: Куда вы ходили вчера вечером?

Саша: На пекинскую оперу.

Сяо Чжан: В Народный театр? Я тоже там был, почему же я вас не видел?

Олег: Мы сидели внизу, в шестом ряду.

Сяо Чжан: Эге, а я был наверху, потому и не встретил вас. Ну и как, было понятно?

Олег: Диалоги и монологи ещё можно было понять, а вот либретто—не совсем.

Саша: Я думаю, что мелодии пекинской оперы звучат очень красиво, особенно арии главных героинь.

Сяо Чжан: В пекинской опере женские роли называются «даньцзюе» или «хуадань». Роль молодого мужчины называется «сяошэн», кроме того, ещё бывают «лаошэн», «ушэн» и другие роли.

Саша: Я заметил одну особенность пекинской оперы: в ней очень скромные декорации и небогатый реквизит, а такие действия, как вход в помещение и выход из него, езда верхом на лошади, плавание на лодке, все они передаются жестами актёров.

奥列格：还有一个特点，人物的心理也表演得很
细腻，虽然听不懂，也可以根据表演猜出他
心里大概在想什么。这种表演不同
寻常，我很感兴趣。

小　张：是的。京剧的特点是演员表演细腻，
注重一招一式，多看几部好戏，你就会
入门并品出味儿来。

萨沙：这种舞台艺术很独特。我真想再看几
出戏。

10

萨沙：小丁，你寒假到哪儿去了？我好几次上
你宿舍找你都没找到。

小　丁：哎呀，对不起！我忘了告诉你了。寒假我和
女朋友到福建厦门鼓浪屿去玩了。那里真是一
个避寒的好地方，最低气温也有21、22度。

萨沙：你们好幸福啊！怎么样？讲讲你的鼓浪屿

Олег: И ещё одна особенность: очень тонко передаётся внутреннее состояние персонажей. Даже если не понимаешь слов, по игре актёров можешь догадаться, что у них в душе. Такая игра необычная, мне это очень интересно.

Сяо Чжан: Да, пекинская опера отличается тонкой игрой актёров. Уделяется большое внимание каждому жесту, каждой позе. Когда посмотришь много хороших опер, найдёшь путь к пониманию и сможешь войти во вкус.

Саша: Этот вид сценического искусства очень своеобразен. Мне бы хотелось посмотреть ещё какие-нибудь оперы.

10

Саша: Сяо Дин, куда ты ездил в зимние каникулы? Я приходил к тебе в общежитие несколько раз, но тебя так и не встретил.

Сяо Дин: Ой, извини! Я забыл тебе сообщить. В зимние каникулы мы с девушкой ездили на остров Гуланъюй города Сямэнь провинции Фуцзянь. Это прекрасное убежище от мороза, самая низкая температура воздуха 21-22 градуса.

Саша: Какие вы счастливые! Ну и как? Расскажи о твоей поездке на остров Гуланъюй.

之行吧。

小丁：我们是和几个朋友一起去的。对了，小张夫妇也去了。鼓浪屿和厦门隔海相望，但是从厦门坐渡船到鼓浪屿只要10分钟左右。

鼓浪屿风景优美，空气清新，不过，给我印象最深的是它的音乐氛围。鼓浪屿是"音乐之乡"，每天晚上都有音乐会，而且都是免费的。我们几乎一有空就去听。

萨沙：有什么特别好的音乐会吗？你快说来听听。

小丁：有一场音乐会特棒，是郎朗的钢琴独奏音乐会。我们都去听了。你可能还不知道，每年都有很多名人来鼓浪屿举办音乐会。全国少年儿童什么钢琴、小提琴、古筝等比赛也总是在那里举行。我们这次还碰上了全国少儿声乐大赛，表演得还

Сяо Дин: Мы ездили туда вместе с несколькими друзьями. Да, Сяо Чжан с женой тоже ездили. Остров Гуланъюй и город Сямэнь разделены морем, но от города Сямэнь до острова Гуланъюй только минут 10 езды на пароме. На острове Гуланъюй прекрасный пейзаж, чистый и свежий воздух, но самое глубокое впечатление на меня произвела его музыкальная атмосфера. Остров Гуланъюй—это 《Родина музыки》, каждый вечер там бывают концерты, к тому же, бесплатные. Мы слушали концерт почти всегда, когда у нас было свободное время.

Саша: Был какой-нибудь замечательный концерт? Да ты расскажи поскорее.

Сяо Дин: Был один блестящий концерт, это частный фортепьянный концерт Лан Лана. Все мы слушали. Может быть, ты ещё не знаешь, каждый год на остров Гуланъюй приезжают давать концерты многие знаменитости. Всекитайские конкурсы юношеских и детских пианистов, скрипачей, гучжэнистов и др. устраиваются тоже всегда там. На этот раз мы ещё попали на Всекитайский конкурс юношеских и детских вокалистов. Выступали действительно неплохо!

zhēn búcuò ne!
真 不错 呢!

Sàshā: Shì ma? Míngnián hánjià yǒu jīhuì wǒ yě qù nàli kāikai
萨沙：是 吗? 明年 寒假 有 机会 我 也 去 那里 开开

yǎnjiè.
眼界。

Shí'èr、 Tǐyù yùndòng
十二、体育 运动

(Yī) Chángyòngyǔ
(一) 常用语

Nín měi tiān duànliàn shēntǐ ma?
您 每 天 锻炼 身体 吗?

Nín xǐhuan tǐyù yùndòng ma?
您 喜欢 体育 运动 吗?

Nín xǐhuan nǎxiē tǐyù xiàngmù (yùndòng)?
您 喜欢 哪些 体育 项目 （运动）?

Nín xǐhuan zuò nǎxiē tǐyù yùndòng?
您 喜欢 做 哪些 体育 运动?

Nín zuì xǐhuan zuò (kàn) de yùndòng xiàngmù shì shénme?
您 最 喜欢 做（看）的 运动 项目 是 什么?

Nín zuì guānzhù nǎge tǐyù xiàngmù?
您 最 关注 哪个 体育 项目?

Nǐmen guójiā (chéngshì) nǎ jǐ zhǒng tǐyù xiàngmù zuì pǔjí?
你们 国家 （城市） 哪 几 种 体育 项目 最 普及?

Nǐmen yǒu tǐyùguǎn (tǐyùchǎng、 lánqiúchǎng、 yóuyǒngchí、 tǐyù
你们 有 体育馆 （体育场、 篮球场、 游泳池、 体育

Саша: Да? В следующем году в зимние каникулы, если у меня будет возможность, я тоже поеду туда, чтобы всё это увидеть своими глазами.

12. Спорт

(А) *Общеупотребительные выражения и фразы*

Вы каждый день занимаетесь спортом?

Вы любите спорт?

Какие виды спорта вам нравятся?

Какими видами спорта вы любите заниматься?

Какой у вас самый любимый вид спорта?

За каким видом спорта вы следите чаще всего?

Какие виды спорта наиболее популярны у вас в <u>стране</u> (городе)?

У вас есть <u>спортивный зал</u> (стадион, баскетбольная площадка, бассейн, спортивный клуб, оздоровительный зал)?

jùlèbù、jiànshēnfáng)ma?
俱乐部、 健身房） 吗？

Tā měi tiān jiānchí chángpǎo, yǐ chéngle xíguàn.
他 每 天 坚持 长跑, 已 成了 习惯。

Wǒ cóngxiǎo jiù (bù) xǐhuan tǐyù yùndòng.
我 从小 就（不）喜欢 体育 运动。

Wǒ xǐhuan tī zúqiú (yóuyǒng、liūbīng、huáxuě、xiàqí), dàn tī (yóu、
我 喜欢 踢足球 （游泳、 溜冰、 滑雪、下棋），但 踢（游、

liū、huá、xià) de bù hǎo.
溜、滑、下）得 不 好。

Wǒ cháng dǎ lánqiú (páiqiú、yǔmáoqiú、pīngpāngqiú、táiqiú、
我 常 打 篮球 （排球、 羽毛球、 乒乓球、 台球、

wǎngqiú).
网球）。

Tā shì ge dōngyǒng àihàozhě.
他 是 个 冬泳 爱好者。

Tā shì ge zúqiúmí.
他 是 个 足球迷。

Wǒ (bù) xǐhuan kàn yìshù tǐcāo (shuǐshàng bālěi、huāyàng huábīng、
我（不）喜欢 看 艺术体操 （水上 芭蕾、 花样 滑冰、

shuāijiāo、quánjī).
摔跤、 拳击）。

Wǒ tèbié xǐhuan kàn zúqiú bǐsài, nǐ yàoshi mǎi piào, gěi wǒ dài yì
我 特别 喜欢 看 足球 比赛,你 要是 买 票, 给 我 带 一

zhāng.
张。

Wǒ duì qiáopái yíqiàobùtōng.
我 对 桥牌 一窍不通。

Wǒ xiǎng xué dǎ tàijíquán.
我 想 学 打 太极拳。

Wǒ shì páiqiú (shātān páiqiú、tiánjìng、tǐcāo、shèjī、jījiàn)
我 是 排球 （沙滩 排球、 田径、 体操、 射击、击剑）

Каждый день он упорно бегает на длинную дистанцию, и это стало у него уже привычкой.

Я (не) люблю спорт с детства.

Я люблю играть в футбол (плавать, кататься на коньках, ходить на лыжах, играть в шахматы), но играю (плаваю, катаюсь, хожу, играю) неважно.

Я часто играю в баскетбол (волейбол, бадминтон, настольный теннис, бильярд, теннис).

Он любитель зимнего плавания.

Он футболоман (страстный любитель футбола, футбольный болельщик).

Я (не) люблю смотреть художественную гимнастику (синхронное плавание, фигурное катание, борьбу, бокс).

Я очень люблю смотреть футбол. Если ты будешь брать билеты на матч, возьми и для меня один билет.

Я ничего не понимаю в бридже.

Я хочу учиться гимнастике Тайцзицюань.

Я волейболист (пляжный волейболист, легкоатлет, гимнаст, стрелок, фехтовальщик).

yùndòngyuán.
运动员。

Zhōngguó dàduōshù dìqū mùqián hái bú jùbèi fāzhǎn huáxuě、liūbīng
中国 大多数 地区 目前 还 不 具备 发展 滑雪、溜冰

hé shuǐshàng yùndòng de tiáojiàn.
和 水上 运动 的 条件。

Wǒguó nánfāng qīngshàonián xǐhuan liū hànbīng.
我国 南方 青少年 喜欢 溜 旱冰。

Wǒguó yǒu gāo'ěrfūqiú yùndòng, dàn bú gòu pǔjí.
我国 有 高尔夫球 运动,但 不 够 普及。

Wǔshù、qìgōng、tàijíquán shì Zhōngguó mínjiān chuántǒng tǐyù xiàngmù
武术、气功、太极拳 是 中国 民间 传统 体育 项目

(jiànshēn yùndòng).
(健身 运动)。

Dào tǐyùchǎng (yùndòngchǎng) zěnme zǒu?
到 体育场 (运动场) 怎么 走?

Dì-èrshíjiǔ jiè Àoyùnhuì yú èrlínglíngbā nián zài Běijīng jǔxíng.
第二十九 届 奥运会 于 2008 年 在 北京 举行。

Zhèxiē xīnjiàn de Àoyùn chǎngguǎn kě piàoliang le!
这些 新建 的 奥运 场馆 可 漂亮 了!

Zhè shì Niǎocháo Tǐyùchǎng (Shuǐlìfāng Yóuyǒngguǎn、Běijīng
这 是 鸟巢 体育场 (水立方 游泳馆、北京

Àoyùncūn).
奥运村)。

Xiànzài kāishǐ xiànchǎng zhíbō Běijīng Àoyùnhuì (Cán'àohuì) kāimùshì
现在 开始 现场 直播 北京 奥运会 (残奥会) 开幕式

(bìmùshì).
(闭幕式)。

Míngtiān Xiàmén jiāng yào jǔxíng shìjiè mǎlāsōng bǐsài.
明天 厦门 将 要 举行 世界 马拉松 比赛。

Shìpīngsài shénme shíhou jǔxíng?
世乒赛 什么 时候 举行?

В настоящее время в большинстве районов Китая пока ещё нет условий для развития лыжного, конькобежного и водных видов спорта.

На юге нашей страны молодые люди и подростки любят кататься на роликах.

В нашей стране тоже играют в гольф, но он ещё не популярен.

Ушу, цигун, тайцзицюань —это традиционные китайские народные виды спорта (оздоровительные виды спорта).

Как проехать(пройти) на стадион?

29-ая Олимпиада состоялась в Пекине в 2008 году.

Эти новые олимпийские стадионы и залы такие красивые!

Это стадион «Птичье гнездо» (бассейн «Водный куб», Пекинская Олимпийская деревня).

Сейчас начинается прямая трансляция церемонии открытия (закрытия) Олимпиады (Паролимпиады) в Пекине.

Завтра в Сямэне состоится международный марафон.

Когда будет Чемпионат мира по настольному теннису?

Nǚzǐ páiqiúsài zhēngduó fēicháng jīliè.
女子 排球赛 争夺 非常 激烈。

Shéi shì guànjūn (yàjūn、 jìjūn)?
谁 是 冠军 （亚军、季军）？

Jīnwǎn diànshì xiànchǎng zhíbō zúqiúsài.
今晚 电视 现场 直播 足球赛。

Zhè shì cánjírén de lúnyǐ lánqiúsài (zuòzī páiqiúsài).
这 是 残疾人 的 轮椅 篮球赛（坐姿 排球赛）。

Wǒ guó de wúbì qīngnián …… (mángrén gūniang……) jiāng cānjiā
我 国 的 无臂 青年 …… （盲人 姑娘……） 将 参加

yìbǎi mǐ yóuyǒng (sàipǎo).
100 米 游泳 （赛跑）。

Tā dǎpò (shuāxīn、chuàngzào、 píng) le shìjiè jìlù.
他 打破 （刷新、 创造、 平）了 世界 纪录。

Tā (tā) shì shìjiè jìlù bǎochízhě.
他（她）是 世界 纪录 保持者。

Tā chénggōng wèimiǎn (duójīn、duóguàn).
她 成功 卫冕 （夺金、夺冠）。

Tā (tā) jiāng yào chōngjī jīnpái.
他（她）将 要 冲击 金牌。

Tā huòdé (yíngdé、duódé) le guànjūn chēnghào.
他 获得 （赢得、夺得）了 冠军 称号。

Zhōngguó Nánzǐ Tǐcāoduì dì……cì chánlián Àoyùnhuì guànjūn.
中国 男子 体操队 第……次 蝉联 奥运会 冠军。

Zhōngguó Fēirén Liú Xiáng zài èrlínglíngsì nián Yǎdiǎn Àoyùnhuì shàng
中国 飞人 刘 翔 在 2004 年 雅典 奥运会 上

duódé nánzǐ yìbǎi yīshí mǐ lán jīnpái, bìng yǐ shí'èr miǎo jiǔyī píng
夺得 男子 110 米 栏 金牌，并 以 12 秒 91 平

le shìjiè jìlù. Zhè shì Zhōngguó nánzǐ tiánjìng yùndòngyuán zài
了 世界 纪录。这 是 中国 男子 田径 运动员 在

Соревнования по волейболу среди женских команд идут в ожесточённой борьбе.

Кто чемпион/золотой призёр (серебряный призёр, бронзовый призёр)?

Сегодня вечером по телевидению будет транслироваться футбольный матч.

Это соревнования инвалидов по баскетболу на колясках (волейболу сидя).

Наш китайский безрукий юноша ... (наша китайская слепая девушка ...) будет участвовать в плавании (беге) на 100 метров.

Он побил (обновил, установил, повторил) мировой рекорд.

Он (она) обладатель(-ница) мирового рекорда.

Она удачно защитила свой чемпионский титул (завоевала золотую медаль, заняла первое место).

Он (она) будет оспаривать золотую медаль.

Он завоевал звание чемпиона.

Китайская мужская команда по спортивной гимнастике в ... раз подряд завоевала титул Олимпийского чемпиона.

В 2004 году на Олимпиаде в Афинах китайский «Летучий человек» Лю Сян завоевал золотую медаль в беге на 110 метров с барьерами и повторил мировой рекорд—12,91 сек. Это первая золотая медаль в лёгкой атлетике, завоёванная китай-

奥运会上夺得的第一枚田径金牌。

2006年刘翔创造了12秒88的110米栏世界新纪录。

在这些比赛中，……队总分名列第二。

……在奥运会上取得了五项全能亚军。

……在一百米短跑（4×100接力赛、跳水比赛）中夺得了金牌（银牌、铜牌）。

……在男子（女子）100米蛙泳决赛中刷新了世界（全国）短池游泳纪录。

穿红衣服的五号队员犯规，裁判给了他黄牌警告。

我看……今天竞技状态不佳，没有发挥出水平。

主队明显处于下风，打得很被动。

今天是决赛，不可不看。

今晚是谁跟谁打（比）？

今天……在跳水比赛中技术发挥出色，得了满分。

ским мужчиной-легкоатлетом на Олимпиаде.

В 2006 году Лю Сян в беге на 110 метров с барьерами установил новый мировой рекорд с результатом 12,88 сек.

В этих соревнованиях команда ... заняла в общем зачёте 2-ое место.

... на Олимпиаде занял(-ла) 2-ое место в многоборье.

... в беге на 100 метров (эстафете 4 по 100 метров, в прыжках в воду) завоевал(-ла, -ли) золотую (серебряную, бронзовую) медаль.

В финальном заплыве на 100 метров брассом для мужчин (женщин) ... обновил(-ла) рекорд мира (страны) для коротких бассейнов.

Спортсмен в красной форме с номером 5 нарушил правила, судья показал ему жёлтую карточку.

Мне кажется, что сегодня ... был(-ла, -ли) не в лучшей форме, и не показал(-ла, -ли) своего уровня.

Команда хозяев явно уступает, она играет очень пассивно.

Сегодня финал, нельзя пропустить его.

Кто с кем играет сегодня вечером?

Сегодня на соревнованиях по прыжкам в воду ... показал(-ла,

Jīntiān zhè chǎng bǐsài kànde zhēn guòyǐn (shuǎng、tòngkuài)!
今天 这 场 比赛 看得 真 过瘾 （爽、 痛快）！

Èrlínglíngbā nián Běijīng Àoyùnhuì bànde fēicháng chénggōng.
2008 年 北京 奥运会 办得 非常 成功。

Zhōngguó jīnpái zǒngshù gòng yǒu wǔshíyī kuài, míng liè shìjiè
中国 金牌 总数 共 有 51 块， 名 列 世界

dì-yī.
第一。

Zhōngguó (Měiguó、 Éluósī) nánzǐ (nǚzǐ) tǐcāoduì déle tuántǐ
中国 （美国、 俄罗斯） 男子 （女子） 体操队 得了 团体

guànjūn.
冠军。

Zhè cì Zhōngguó nánzǐ (nǚzǐ) tiàoshuǐduì huòdéle hěn duō jiǎngpái.
这 次 中国 男子（女子） 跳水队 获得了 很 多 奖牌。

Zhōngguó tǐcāoduì (tiàoshuǐduì、 jǔzhòngduì、 pīngpāngqiúduì) shì
中国 体操队 （跳水队、 举重队、 乒乓球队） 是

"Mèngzhīduì".
"梦之队"。

Zhōngguó de tiánjìng hé yóuyǒng hái xūyào jiāyóu.
中国 的 田径 和 游泳 还 需要 加油。

Zhōngguóduì, jiāyóu!
中国队， 加油！

Zuówǎn pái (zú) qiú bǐsài jiéguǒ zěnmeyàng? Shéi yíng le?
昨晚 排 （足） 球 比赛 结果 怎么样？ 谁 赢 了？

Shàngbànchǎng bǐfēn zěnmeyàng (jǐ bǐ jǐ)?
上半场 比分 怎么样 （几 比 几）？

Xiànzài èr bǐ yī, kèduì lǐngxiān yì fēn.
现在 2 比 1，客队 领先 1 分。

Zhǔduì yǐ shíwǔ bǐ shíyī yíng le dì-yī jú.
主队 以 15 比 11 赢 了 第一 局。

-ли) отличную технику и получил(-ла, -ли) полный балл.

От сегодняшних соревнований я получил(-ла) истинное удовольствие!

В 2008 году Пекинская Олимпиада прошла с потрясающим успехом. Китай занял первое место по числу золотых медалей, выиграв 51 золото в итоге.

Китайская (Американская, Российская) мужская (женская) команда по спортивной гимнастике заняла первое место в командных соревнованиях.

На этот раз китайская мужская (женская) команда по прыжкам в воду завоевала много медалей.

Китайская сборная команда по спортивной гимнастике (по прыжкам в воду, по тяжёлой атлетике, по настольному теннису) — это 《Команда мечты》 (Dream Team).

Китайская лёгкая атлетика и плавание ещё должны развиваться.

Китайская команда, давай!

Каков результат волейбольного (футбольного) матча, который был вчера вечером? Кто выиграл?

Какой счёт был в первой половине игры?

Сейчас счёт 2 : 1, команда гостей опередила хозяев на 1 балл.

Команда хозяев выиграла в первой партии со счётом 15 : 11.

Bǐsài jiéguǒ dǎ chéng le píngjú.
比赛 结果 打 成 了 平局。

Bǐsài shuāngfāng shìjūnlìdí, zuìhòu yǐ héjú gàozhōng.
比赛 双方 势均力敌，最后 以 和局 告终。

(Èr) Huìhuà
(二) 会话

1

Zhāng Jùn: Nǐ xǐhuan shénme yùndòng?
张 俊：你 喜欢 什么 运动？

Sàshā: Xǐhuan pǎobù, wǒ měi tiān zǎochen mànpǎo sì qiānmǐ.
萨沙：喜欢 跑步，我 每 天 早晨 慢跑 4 千米。

Zhāng Jùn: Hái xǐhuan bié de yùndòng ma?
张 俊：还 喜欢 别 的 运动 吗？

Sàshā: Hái xǐhuan tī zúqiú、dǎ lánqiú. Nǐ ne?
萨沙：还 喜欢 踢 足球、打 篮球。你 呢？

Zhāng Jùn: Wǒ xǐhuan yóuyǒng、tiàoshuǐ, wǒ shì shěng tiàoshuǐ
张 俊：我 喜欢 游泳、跳水，我 是 省 跳水

yùndòngyuán.
运动员。

2

Wáng lǎoshī: Zěnme, nǐ yòu bìng le?
王 老师：怎么，你 又 病 了？

Lǐ lǎoshī: Shì a, gǎnmào、tóuténg, dào yīyuàn qù ná diǎnr
李 老师：是 啊，感冒、头疼，到 医院 去 拿点儿

yào.
药。

Wáng lǎoshī: Wǒ kàn nǐ shì quēshǎo duànliàn, nǐ kàn wǒ měitiān
王 老师：我 看 你 是 缺少 锻炼，你 看 我 每天

Игра закончилась вничью.

Силы обеих сторон были равны, и игра закончилась вничью.

(Б) *Диалоги*

1

Чжан Цзюнь: Какой вид спорта тебе нравится?

Саша: Я люблю бегать, каждое утро бегаю трусцой по 4 километра.

Чжан Цзюнь: А ещё какие виды спорта любишь?

Саша: Ещё мне нравится играть в футбол и в баскетбол. А тебе?

Чжан Цзюнь: Я люблю плавание и прыжки в воду. Я член сборной команды провинции по прыжкам в воду.

2

Учитель Ван: Что, ты опять заболел?

Учитель Ли: Да, я простудился, и голова болит, сейчас иду в больницу за лекарствами.

Учитель Ван: Думаю, что ты слишком мало занимаешься спортом. А я, смотри, каждый день занимаюсь спортом и ничем

duànliàn, shénme bìng dōu méiyǒu.
锻炼，什么 病 都 没有。

Lǐ lǎoshī: Wǒ nǎlǐ yǒu shíjiān qù duànliàn a, zhěngtiān gōngzuò、
李 老师：我 哪里 有 时间 去 锻炼 啊，整天 工作、
jiāwù mángde tuántuánzhuàn.
家务 忙得 团团转。

Wáng lǎoshī: Yào xiǎng duànliàn zǒng néng chōuchū shíjiān de, nǎpà
王 老师：要 想 锻炼 总 能 抽出 时间 的，哪怕
yì xīngqī huódòng ge yī liǎng cì yě hǎo. Guānjiàn shì zìjǐ xià
一 星期 活动 个 一 两 次 也 好。关键 是 自己 下
juéxīn.
决心。

Lǐ lǎoshī: Nǐ shuōde yǒu dàolǐ. Kàn yàngzi wǒ shì yīnggāi duànliàn
李 老师：你 说得 有 道理。看 样子 我 是 应该 锻炼
le.
了。

3

Xiǎo Zhāng: Nǐ huì yóuyǒng ma?
小 张：你 会 游泳 吗？

Xiǎo Fāng: Búhuì. Yí dào shuǐli jiù hàipà.
小 方：不会。一 到 水里 就 害怕。

Xiǎo Zhāng: Yòngbuzháo hàipà, kěyǐ xiān dào yóuyǒngchí de
小 张：用不着 害怕，可以 先 到 游泳池 的
qiǎnshuǐqū lǐ mànmàn xíguàn shuǐxìng, kèfúle jǐnzhāng xīnlǐ
浅水区 里 慢慢 习惯 水性，克服了 紧张 心理
yǐhòu, hěn kuài jiù kěyǐ xué huì de.
以后，很 快 就 可以 学会 的。

Xiǎo Fāng: Nǐ yòng shénme zīshì yóu?
小 方：你 用 什么 姿势 游？

Xiǎo Zhāng: Wāyǒng、yǎngyǒng、zìyóuyǒng dōu huì.
小 张：蛙泳、仰泳、自由泳 都 会。

не болею.

Учитель Ли: А где мне взять время на спорт? Целый день по горло занят работой и домашними делами.

Учитель Ван: Если ты хочешь, время обязательно найдётся, хоть 1-2 раза в неделю. Важнее всего —это твоя решимость.

Учитель Ли: Ты прав, вероятно, я действительно должен заниматься спортом.

3

Сяо Чжан: Ты плаваешь?

Сяо Фан: Нет. Как только попадаю в воду, то сразу начинаю бояться.

Сяо Чжан: Нечего бояться. Можно сначала посидеть в бассейне, где неглубоко, когда постепенно привыкнешь к воде, преодолеешь страх, и скоро научишься плавать.

Сяо Фан: Каким стилем ты плаваешь?

Сяо Чжан: Я плаваю и брассом, и на спине, и вольным стилем.

小方：天冷也下水？

小张：是的。冬泳是一项很好的运动，一年四季我都下水。

小方：怪不得你身体这么结实呢。

4

夏天：哟，你们都在这儿看球赛呀！是哪两个队比？

朱强：国家队与辽宁队。

夏天：比赛开始多久了？

朱强：现在是下半场，还剩下10分钟了。

夏天：你们怎么不喊我一声？现在场上比分是多少？

朱强：上半场1比0，辽宁队先进一球。

夏天：哟，辽宁队不简单嘛。

朱强：不过，下半场国家队攻势凌厉，短时间内连破了两次门。

Сяо Фан: Плаваешь и в холодную погоду?

Сяо Чжан: Да. Зимнее плавание — это очень хороший вид спорта. Я плаваю круглый год.

Сяо Фан: Вот почему у тебя такое крепкое здоровье.

4

Ся Тянь: Ой, вы все здесь смотрите футбольный матч! Какие команды играют?

Чжу Цян: Государственная и Ляонинская.

Ся Тянь: Сколько времени уже идёт мачт?

Чжу Цян: Сейчас второй тайм, осталось только 10 минут.

Ся Тянь: Почему вы меня не позвали? Какой счёт сейчас?

Чжу Цян: Счёт 2:1 в первом тайме. Ляонинская первой забила гол.

Ся Тянь: Ого, Ляонинская неслабая.

Чжу Цян: Но во втором тайме Государственная очень стремительно атакует, за короткое время уже забила два гола.

夏天：可惜我没看到，只剩下几分钟了，我看辽宁队这下是扳不过来了。

朱强：不过，今天两个队都踢出了水平，场上气氛一直很紧张，看起来真过瘾。

5

小张：北京奥运会男子体操团体赛我国拿了金牌。这是悉尼奥运会之后时隔8年，我国又一次在奥运会上获得男子体操团体冠军。

小李：杨威的五项全能这块金牌也来之不易啊！

小张：当然。我特别佩服这些运动员的不怕吃苦、刻苦训练、勇于争先的那股拼劲。

小李：这次奥运会，我国男子体操队真不简单，除了团体和五项全能之外，我们还拿了双杠、单杠、吊环、鞍马和自由体操的

Ся Тянь: Очень жаль, что я не видел, осталось только несколько минут, по-моему, Ляонинской сегодня уже трудно уйти от поражения.

Чжу Цян: Зато сегодня обе команды хорошо показали свой уровень. Соревнования всё время идут напряжённо, и мы получаем истинное удовольствие.

5

Сяо Чжан: На Олимпиаде в Пекине в командных соревнованиях по спортивной гимнастике среди мужчин наша страна завоевала золотую медаль. После Олимпиады в Сиднее прошло уже 8 лет, наша страна наконец снова заняла первое место на Олимпиаде в мужских командных соревнованиях по спортивной гимнастике.

Сяо Ли: А золотая медаль по спортивной гимнастике в многоборье досталась Ян Вэю тоже с большим трудом!

Сяо Чжан: Конечно. Я особенно преклоняюсь перед энтузиазмом этих спортсменов: не бояться трудностей, упорно тренироваться, мужественно бороться за победу.

Сяо Ли: На этой Олимпиаде наша мужская сборная по спортивной гимнастике выступала действительно замечательно. Кроме командных соревнований и многоборья, мы заняли первое место ещё в упражнениях на брусьях, на перекладине, на кольцах, на коне и в вольных упражнениях.

guànjūn ne.
　　冠军 呢。

Xiǎo Zhāng: Wǒ guó nǚzǐ tǐcāoduì biǎoxiàn yě búcuò, dànshì Měiguó
小　　张：我 国 女子 体操队 表现 也 不错，但是 美国
　　hé Éluósī de nǚzǐ tǐcāo jìyì gènggāoyìchóu.
　　和 俄罗斯 的 女子 体操 技艺 更高一筹。

6

Xiǎo Zhāng: Jīnwǎn de nǚzǐ sānmǐ tiàobǎn nǐ kànle ma?
小　　张：今晚 的 女子 三米 跳板 你 看了 吗？

Xiǎo Lǐ: Zhème jīngcǎi de bǐsài zěnme huì bú kàn ne! Lián wǒ de
小　　李：这么 精彩 的 比赛 怎么 会 不 看 呢！连 我 的
　　xiǎozhízi yě kànde yǎnjīng zhǎ dōu bù zhǎ ne.
　　小侄子 也 看得 眼睛 眨 都 不 眨 呢。

Xiǎo Zhāng: Guō Jīngjīng tiàode zhēn hǎo, búdàn dòngzuò yōuměi,
小　　张：郭 晶晶 跳得 真 好，不但 动作 优美，
　　érqiě rùshuǐ yě shì wúkětiāotī, jīhū yìdiǎnr shuǐhuā dōu méi
　　而且 入水 也 是 无可挑剔，几乎 一点儿 水花 都 没
　　jiàn qǐ. Tā zhège "Tiàoshuǐ Huánghòu" jīnpái náde
　　溅 起。她 这个 "跳水 皇后" 金牌 拿得
　　dāngzhīwúkuì.
　　当之无愧。

Xiǎo Lǐ: Wǒ gūjì wǒmen liǎng gè Zhōngguó xiǎogūniang de shí mǐ
小　　李：我 估计 我们 两 个 中国 小姑娘 的 10 米
　　tiàotái shuāngrén tiàoshuǐ, yě yídìng kěyǐ ná dào jīnpái.
　　跳台 双人 跳水，也 一定 可以 拿 到 金牌。

Xiǎo Zhāng: Wǒ kàn yě chàbuduō. Yùsài shí, tāmen liǎng gè rén de
小　　张：我 看 也 差不多。预赛 时，她们 两 个 人 的
　　fēnshù yáoyáolǐngxiān ne.
　　分数 遥遥领先 呢。

Xiǎo Lǐ: Dàjiā dōu shuō zánmen de tiàoshuǐduì shì "Mèngzhīduì", gēn
小　　李：大家 都 说 咱们 的 跳水队 是 "梦之队"，跟

Сяо Чжан: Наша женская команда выступала тоже неплохо, но Американская и Российская женские команды превосходят в мастерстве.

6

Сяо Чжан: Ты смотрел женские соревнования по прыжкам в воду с 3-метрового трамплина сегодня вечером?

Сяо Ли: Как же я мог пропустить такие волнующие соревнования! Даже мой маленький племянник тоже смотрел, не отрываясь.

Сяо Чжан: Го Цзинцзин прыгала великолепно. У неё были не только красивые движения, но и безупречные входы в воду, почти не было никаких брызг. Она, как 《Королева по прыжкам в воду》, завоевала золотую медаль вполне заслуженно.

Сяо Ли: Я предполагаю, что на синхронных прыжках в воду с 10-метровой вышки наши две китайские девочки тоже обязательно завоюют золотые медали.

Сяо Чжан: Я тоже так думаю. Ведь на предварительных соревнованиях они намного опередили других по очкам.

Сяо Ли: Все говорят, что наша команда по прыжкам в воду является 《Командой мечты》, как Американская баскетбольная

Měiguó lánqiúduì yíyàng, tiānxiàwúdí.
美国篮球队一样，天下无敌。

7

Sàshā: Jīntiān Zhōngguó Lánqiúduì hé Měiguó Lánqiúduì bǐsài, suīrán
萨沙：今天中国篮球队和美国篮球队比赛，虽然

Zhōngguóduì shū le, dàn tāmen dǎde háishi shífēn jīngcǎi de,
中国队输了，但他们打得还是十分精彩的，

zhǐshì yīnwèi Měiguóduì de shílì shízài shì tài qiáng le.
只是因为美国队的实力实在是太强了。

Xiǎo Dīng: Zhōngguóduì kāishǐ shí jǐ gè sānfēnqiú dǎde háishi tǐng
小丁：中国队开始时几个三分球打得还是挺

piàoliang de.
漂亮的。

Sàshā: Jùrén Yáo Míng zài lán xià fángshǒu yě hěn láijìn, jǐ gè
萨沙：巨人姚明在篮下防守也很来劲，几个

gàimàor dǎde hěn bàng.
盖帽儿打得很棒。

Xiǎo Dīng: Měiguóduì zhēnshì yí gè tiānxiàwúdí de "Mèngzhīduì",
小丁：美国队真是一个天下无敌的"梦之队"，

tāmen tóulán zhǔn, pǎode kuài, fángshǒu yánmì, dǎ dào nǎr,
他们投篮准，跑得快，防守严密，打到哪儿，

nǎr dōu yǒu tāmen de rén, pèihéde fēicháng mòqì.
哪儿都有他们的人，配合得非常默契。

Sàshā: Měiguóduì tǐlì yě hǎo, Zhōngguóduì dǎ dào hòulái dōu yǐjīng
萨沙：美国队体力也好，中国队打到后来都已经

pǎobudòng le.
跑不动了。

Xiǎo Dīng: Shì a! Zhōngguóduì de tǐlì hái xūyào hǎohāor jiāqiáng.
小丁：是啊！中国队的体力还需要好好儿加强。

команда, она непобедима во всём мире.

7

Саша: Сегодня Китайская баскетбольная команда играла с Американской. Хотя китайские баскетболисты проиграли, они показали себя замечательно. Они проиграли только потому, что Американская команда действительно была очень сильной.

Сяо Дин: Сначала несколько трёхочковых бросков у китайских баскетболистов было блестящими.

Саша: Гигант Яо Мин защищался под щитом тоже очень старательно, он несколько раз превосходно накрывал броски сверху.

Сяо Дин: Американская команда поистине является «Командой мечты», непобедимой во всём мире. Они так точно бросали мяч в корзину, так быстро бегали, так хорошо защищались, куда ни глянь, везде их спортсмены. Они играли очень сплочённо.

Саша: Американские баскетболисты отличались ещё физической силой, а китайские под конец матча уже еле-еле бегали.

Сяо Дин: Да! Китайские баскетболисты ещё должны укрепить физическую форму как следует.

8

Chén Wěi: 告诉你一个惊人的消息:我们隔壁的盲人青年王吉被挑选去参加全国残疾人运动会了。

Hé Fāng: 真的?他什么都看不见,能参加什么项目呢?

Chén Wěi: 听说是参加赛跑。他平时很喜欢跑步,从小他爸爸就带着他跑。他跑得可快了!

Hé Fāng: 真不简单。我记得,在2008年北京残奥会上,有很多残疾人参加了各种各样的体育比赛。他们的表演让观众看了感到震撼、感动和发自内心的敬佩。

Chén Wěi: 那位失去双臂的残疾人运动员游泳居然还打破了世界纪录。以前我只知道对残疾人同情,现在我由衷地敬佩他们。

8

Чень Вэй: Сообщу тебе сенсационное известие: слепой юноша Ван Цзе, который живёт в соседней с нами квартире, был выбран для участия во Всекитайской спартакиаде инвалидов.

Хэ Фан: Правда? Он ничего не видит, в каких соревнованиях он сможет участвовать?

Чень Вэй: Я слышал, что он будет участвовать в беге. В будни он очень любит бегать, его папа с детства занимается с ним бегом и является его поводырём. Он бегает очень быстро!

Хэ Фан: Какой он молодец! Я помню, что на Пекинской паролимпиаде — 2008 в разных соревнованиях участвовали очень много инвалидов. Зрители были потрясены, тронуты их выступлением и искренне преклонялись перед ними.

Чень Вэй: Тот спортсмен-инвалид без рук даже побил мировой рекорд по плаванию. Раньше я только сочувствовал инвалидам, а теперь я искренне преклоняюсь перед ними.

Shísān、Kànbìng
十三、看病

(Yī) Chángyòngyǔ
(一) 常用语

Qǐng wèn, qù Běijīng Yǒuyì Yīyuàn (Běijīng Xiéhé Yīyuàn) zěnme zǒu?
请 问，去 北京 友谊 医院 （北京 协和 医院） 怎么 走？

Duìbuqǐ, Nánjīngshì Kǒuqiāng Yīyuàn (Nánjīngshì Zhōngxīyī Jiéhé
对不起， 南京市 口腔 医院 （南京市 中西医 结合

Yīyuàn、Jiāngsūshěng Zhōngyīyuàn) zài nǎr?
医院、 江苏省 中医院） 在 哪儿？

Qǐng wèn, jízhěnbù (ménzhěnbù、zhùyuànbù、yàofáng) shì zài zuǒ
请 问， 急诊部 （门诊部、 住院部、 药房） 是 在 左

(yòu、qián、dōng、nán、xī、běi) bianr ma?
（右、 前、 东、 南、 西、北）边儿 吗？

Duìbuqǐ, nín zhīdào guàhàochù (zīxúntái) zài nǎr ma?
对不起， 您 知道 挂号处 （咨询台） 在 哪儿 吗？

Láojià, dǎting yíxià, chūzhěnhào (fùzhěnhào) zěnme guà?
劳驾， 打听 一下， 初诊号 （复诊号） 怎么 挂？

Nín yǒu bìnglìkǎ ma?
您 有 病历卡 吗？

Qǐng bào yíxià nín de xìngmíng hé niánlíng.
请 报 一下 您 的 姓名 和 年龄。

Nín yào guà nǎge kē?
您 要 挂 哪个 科？

13. У врача

(А) *Общеупотребительные выражения и фразы*

Скажите, пожалуйста, как проехать (пройти) в Пекинскую больницу 《Дружба》 (Пекинскую больницу 《Сехэ》)?

Извините, где находится Нанкинская стоматологическая больница (Нанкинская больница китайской и западной медицины, Цзянсуская больница китайской медицины)?

Скажите, пожалуйста, приёмный покой (поликлиника, стационар, аптека) налево (направо, впереди, на востоке, на юге, на западе, на севере)?

Извините, вы не скажете, где находится регистратура (справочный стол)?

Будьте добры, скажите, пожалуйста, как регистрируются при первичном (повторном) осмотре?

У вас есть медицинская карточка?

Назовите, пожалуйста, ваши фамилию, имя и возраст.

К какому врачу (в какое отделение) вам нужно записаться?

Pǔtōnghào háishi zhuānjiāhào?
普通号 还是 专家号?

Pǔtōng ménzhěn guàhàofèi sìdiǎnwǔ yuán, zhǔrèn yīshēng guàhàofèi
普通 门诊 挂号费 4.5 元，主任 医生 挂号费

shí yuán, fùzhǔrèn yīshēng guàhàofèi qī yuán, míngyī guàhàofèi
10 元，副主任 医生 挂号费 7 元，名医 挂号费

wǔshí-qīshí yuán.
50-70 元。

Zhè shì nín de jiùzhěndān (ménzhěndān).
这 是 您 的 就诊单 （门诊单）。

Duìbuqǐ, zhège kē de zhuānjiāhào yǐjīng quánbù guà wán le.
对不起，这个 科 的 专家号 已经 全部 挂 完 了。

Qǐng gěi wǒ guà ge nèikē (wàikē、fùkē、kǒuqiāngkē、xīnxuèguǎnkē、
请 给 我 挂 个 内科（外科、妇科、口腔科、心血管科、

nèifēnmìkē、tuīnákē、zhēnjiǔkē), chū (fù) zhěn.
内分泌科、推拿科、针灸科），初（复）诊。

Wǒ yào guà ge zhuānjiā (pǔtōng) hào.
我 要 挂 个 专家 （普通）号。

Xiànzài jiào dào jǐ hào le? Lún dào wǒ méiyǒu?
现在 叫 到 几 号 了？轮 到 我 没有？

Wǒ tóu téng (tóu hūn、sǎngzi téng、dùzi téng、wèi téng、guānjié
我 头疼 （头 昏、嗓子 疼、肚子 疼、胃 疼、关节

téng、ěxin、késou、fāshāo、lādùzi……).
疼、恶心、咳嗽、发烧、拉肚子……）。

Wǒ liú (tǎng) bítì, bízi bù tōng.
我 流（淌）鼻涕，鼻子 不 通。

Wǒ shīmián (shuìmián bù hǎo, duō mèng……).
我 失眠 （睡眠 不 好、多 梦……）。

Wǒ wǎi le jiǎo.
我 崴 了 脚。

Dàifu, wǒ dé de shì shénme bìng?
大夫，我 得 的 是 什么 病？

К простому врачу или к специалисту?

Приём простого врача стоит 4 юаня 50 фэней, приём заведующего отделением —10 юаней, приём зам. заведующего отделением —7 юаней, приём известного специалиста —50-70 юаней.

Вот вам талончик к врачу.

Извините, все талончики к специалистам этого отделения уже кончились.

Запишите меня, пожалуйста, к терапевту (хирургу, гинекологу, стоматологу, хирургу-кардиологу, эндокринологу, массажисту, иглотерапевту), на первичный (повторный) осмотр.

Я хочу записаться к специалисту (простому врачу).

Какой номер сейчас? Моя очередь?

У меня болит голова (кружится голова, болит горло, болит живот, болит желудок, болят суставы, тошнота, кашель, температура, понос).

У меня течёт из носа, нос заложен.

У меня бессонница (беспокойный сон, частые сновидения...)

Я подвернул(-ла) ногу.

Доктор, чем я болен (больна)?

Zhè zhǒng yào zěnme (ge) chī fǎ?
这 种 药 怎么（个）吃法？

Wǒ shàngmian zuǒbian dì sān gè (kē) yáchǐ huódòng (duàn) le.
我 上面 左边 第 三 个（颗）牙齿 活动 （断）了。

Zhè kē yá yí pèng dào lěng (rè、tián) de dōngxi jiù suāntòng.
这 颗 牙 一 碰 到 冷（热、甜）的 东西 就 酸痛。

Wǒ qìwèi (huāfěn) guòmǐn.
我 气味（花粉）过敏。

Wǒ shìbushì yídìng yào wòchuáng xiūxi?
我 是不是 一定 要 卧床 休息？

Wǒ wèikǒu (xiāohuà) bù hǎo.
我 胃口 （消化）不 好。

Qǐng kāi ge yàofāng.
请 开 个 药方。

Wǒ shénme shíhou zài lái kàn (lái fùzhěn)?
我 什么 时候 再来看（来 复诊）？

Wǒ gāi fù duōshao qián?
我 该 付 多少 钱？

Nín shì gōngfèi háishi zìfèi?
您 是 公费 还是 自费？

Nín yǒu yībǎokǎ ma?
您 有 医保卡 吗？

Qǐng gěi wǒ kànkan nín de gōngfèi yīliáozhèng.
请 给 我 看看 您 的 公费 医疗证。

Gānyán qǐng dào chuánrǎnbìngyuàn jiùzhěn.
肝炎 请 到 传染病院 就诊。

Xiān liáng yi liáng tǐwēn (xuèyā、yǎnyā、shēngāo、tǐzhòng) ba.
先 量 一 量 体温（血压、眼压、身高、体重）吧。

Nín tǐwēn zhèngcháng (méi fāshāo).
您 体温 正常 （没 发烧）。

Nín de xuèyā wánquán zhèngcháng.
您 的 血压 完全 正常。

Как принимать это лекарство?

У меня шатается (сломался) третий зуб слева сверху.

От холодного (горячего, сладкого) в этом зубе бывает ноющая боль.

У меня аллергия на запахи (цветение).

Мне обязательно нужно соблюдать постельный режим?

У меня нет аппетита (несварение желудка).

Выпишите, пожалуйста, рецепт.

Когда мне прийти на повторный приём?

Сколько я должен (должна) заплатить?

Вы лечитесь за счёт государства или за свой счёт?

У вас есть карта медицинского страхования?

Покажите мне, пожалуйста, вашу карточку бесплатного лечения.

По поводу гепатита обратитесь в инфекционную больницу.

Сначала измерим температуру (кровяное давление, глазное давление, рост, вес).

У вас нормальная температура (нет температуры).

У вас вполне нормальное давление.

Nín de xuètáng tài gāo. Nín shìbushì déle tángniàobìng?
您 的 血糖 太 高。您 是不是 得了 糖尿病?

Zhège niánqīngrén bìxū jiézhī.
这个 年轻人 必须 截肢。

Tā yǎnjing jìnshì (ruòshì、yuǎnshì、sǎnguāng、yǎnyā tài gāo、lǎohuā).
他 眼睛 近视（弱视、远视、 散光、 眼压 太 高、老花）。

Tā yǎnjing zhǎngle báinèizhàng (déle qīngguāngyǎn).
她 眼睛 长了 白内障 （得了 青光眼）。

Qǐng jiě kāi yīfu, wǒ gěi nín tīng yíxià. Shēn hūxī, zài xīqì.
请 解 开 衣服，我 给 您 听 一下。深 呼吸，再 吸气。

Nín zuìhǎo zuò ge xīndiàntú (nǎobù sǎomiáo、hécígòngzhèn).
您 最好 做 个 心电图 （脑部 扫描、 核磁共振）。

Qǐng zhāng kāi zuǐ, "ā", hóulóng yǒudiǎnr hóngzhǒng (fāyán).
请 张 开 嘴，"啊"， 喉咙 有点儿 红肿 （发炎）。

Qǐng tǎng xiàlái, ràng wǒ jiǎnchá yíxià wèi (dùzi、gān).
请 躺 下来，让 我 检查 一下 胃 （肚子、肝）。
Nín wèikǒu (shuìmián、dàbiàn) zěnmeyàng?
您 胃口 （睡眠、 大便） 怎么样?
Nín shénme shíhou kāishǐ bù shūfu (fāshāo、ǒutù) de?
您 什么 时候 开始 不舒服 （发烧、呕吐）的？
Nín yǐqián dé (shēng) guo shénme bìng?
您 以前 得 （生） 过 什么 病？
Nín zhè shì guànxīnbìng (fèijiéhé、shénjīng shuāiruò、shènyán).
您 这 是 冠心病 （肺结核、 神经 衰弱、 肾炎）。

Tā (tā) bèi zhěnduàn wéi gān'ái (fèi'ái、yíxiàn'ái、shídào'ái,
他 （她） 被 诊断 为 肝癌 （肺癌、 胰腺癌、 食道癌、

  rǔ'ái).
  乳癌）。

У вас превышение сахара в крови. Вы заболели сахарным диабетом?

Этому молодому человеку обязательно нужно сделать ампутацию.

У него близорукость (слабое зрение, дальнозоркость, астигматизм, повышенное глазное давление, старческая дальнозоркость).

У неё образовалась катаракта (глаукома).

Пожалуйста, расстегнитесь, я вас послушаю. Дышите глубже. Ещё раз.

Вам лучше сделать электрокардиограмму (томограмму мозга, ядерно-магнитный резонанс).

Откройте рот, скажите «а». Горло немного покраснело (воспалилось).

Лягте, пожалуйста, я посмотрю желудок (живот, печень).

Какой у вас аппетит (сон, стул)?

Когда вы почувствовали недомогание (жар, тошноту)?

Чем вы болели раньше?

У вас ишемическая болезнь сердца (туберкулёз лёгких, нервное истощение, нефрит).

У него (неё) диагностирован рак печени (лёгких, поджелудочной железы, пищевода, груди).

Nín chī dōngxi yào zhùyì (jìkǒu).
您 吃 东西 要 注意（忌口）。

Nín yào wòchuáng xiūxi. Wǒ gěi nín kāi ge bìngjià zhèngmíng (tiáo).
您 要 卧床 休息。我 给 您 开 个 病假 证明 （条）。

Nín yīnggāi tòushì yíxià (pāi ge X-guāngpiàn).
您 应该 透视 一下（拍 个 X光片）。

Nín bìxū zuò ge wèicháng zàoyǐng (shènzàoyǐng、CT-sǎomiáo、
您 必须 做 个 胃肠 造影 （肾造影、 CT 扫描、

B-chāo). Zhè shì jiǎnyàndān, qǐng qù yùyuē dēngjì.
B超）。 这 是 检验单， 请 去 预约 登记。

Nín qù yàn ge xiě (dàbiàn、niàochángguī、gāngōngnéng), zhè shì huàyàndān.
您 去 验 个 血 （大便、 尿常规、 肝功能），这 是 化验单。

Nín zhè shì jíxìng lánwěiyán, yào lìkè dòng shǒushù.
您 这 是 急性 阑尾炎， 要 立刻 动 手术。

Tā xūyào huàn gān (huàn shèn、huàn fū、huàn jiǎomó).
她 需要 换 肝 （换 肾、 换 肤、 换 角膜）。

Yīshēng juédìng gěi tā zuò gān (shèn、pífū、jiǎomó) yízhí
医生 决定 给 他 做 肝 （肾、 皮肤、 角膜） 移植

(shǒushù).
（手术）。

Tā (tā) bìxū zuò wèi (biǎntáotǐ、zǐgōng) qiēchú.
他（她）必须 做 胃 （扁桃体、 子宫） 切除。

Nín yǒu gè qǔchǐ yào bǔ.
您 有 个 龋齿 要 补。

Zhè kē yá bìxū bá diào.
这 颗 牙 必须 拔 掉。

Вы должны соблюдать диету.

Вам следует лежать в кровати, я выпишу вам бюллетень.

Вы должны сделать рентгеновское исследование.

Вам нужно сделать гастрофиброскопию/ радиографическое исследование желудочно-кишечного тракта (нефрографию/ радиографическое исследование почек, КТ/ компьютерную томографию, УЗИ/ультразвуковое исследование). Вот направление на обследование. Сходите на предварительную запись, пожалуйста.

Сделайте анализ крови (анализ кала, общий анализ мочи, биохимический анализ крови для проверки функции печени). Вот направление на анализ.

У вас острый аппендицит, нужно немедленно сделать операцию.

Ей нужно сделать трансплантацию печени (почки, кожи, роговицы).

Врач решил сделать ему трансплантацию печени (почки, кожи, роговицы).

Ему (ей) необходимо сделать резекцию желудка (миндалин, матки).

У вас на одном зубе кариес, надо запломбировать.

Этот зуб надо удалить.

Nín yào xiāng yì kē jiǎyá.
您要镶一颗假牙。

Gěi nín yàofāng, qǐng dào yàofáng mǎi (qǔ) yào.
给您药方，请到药房买（取）药。

Zhè zhǒng yàoshuǐ (yàopiàn、jiāonáng、yàofěn) měi tiān sān cì (měi sì
这种药水（药片、胶囊、药粉）每天三次（每4

xiǎoshí yí cì), měi cì shí-cc (liǎng piàn、sān kē、yì bāo), fàn
小时一次），每次10cc（两片、三颗、一包），饭

hòu (qián) chī.
后（前）吃。

Zhè zhǒng jiědúpiàn shì zhōngyào, duì gǎnmào hěn yǒuxiào.
这种解毒片是中药，对感冒很有效。

Zhēnjì měi tiān zhùshè liǎng cì.
针剂每天注射两次。

Zhè shì wàiyòngyào, bùkě rùkǒu (nèifú).
这是外用药，不可入口（内服）。

Chīle yào rú bú jiànhǎo, zài lái fùzhěn.
吃了药如不见好，再来复诊。

Nín zhàngfu shì……, xūyào zhùyuàn zhìliáo. Qǐng nín qù bànlǐ yíxià
您丈夫是……，需要住院治疗。请您去办理一下

zhùyuàn shǒuxù.
住院手续。

Zhè shì hùshizhǎng (hùshi).
这是护士长（护士）。

Tā shì zhǔrèn yīshēng (fùzhǔrèn yīshēng、zhǔzhì yīshēng、shíxí
他是主任医生（副主任医生、主治医生、实习

yīshēng、zhùyuàn yīshēng).
医生、住院医生）。

Jīntiān de zhíbān yīshēng (hùshi) shì…….
今天的值班医生（护士）是……。

Вам надо вставить искусственный зуб.

Вот вам рецепт. Сходите в аптеку и купите (получите) лекарства.

Эту микстуру (эти таблетки, эти капсулы, этот порошок) принимать 3 раза в день (через каждые 4 часа) по 10 сс (две штуки, три штуки, одному пакетику) после еды (перед едой).

Эти антисептические таблетки относятся к лекарствам китайской медицины. Они очень эффективны при лечении простуды.

Укол делается два раза в день.

Это наружное лекарство, его нельзя принимать внутрь.

Если лекарство не поможет, приходите на повторный приём.

У вашего мужа ..., ему нужно лечь в больницу. Оформляйте его в больницу.

Это старшая медсестра (медсестра).

Он заведующий отделением (зам. заведующего отделением, ведущий врач, практикующий врач, стационарный врач).

Сегодня дежурный врач (дежурная медсестра)...

(Èr) Huìhuà
(二) 会话

1

Bìngrén: Qǐng wèn, guà ge nèikēhào duōshao qián?
病人：请问，挂个内科号多少钱？

Guàhàoyuán: Nín shì chūzhěn háishi fùzhěn?
挂号员：您是初诊还是复诊？

Bìngrén: Chūzhěn.
病人：初诊。

Guàhàoyuán: Nín yǒu wǒmen yuàn de bìnglìkǎ ma? Rúguǒ méiyǒu,
挂号员：您有我们院的病历卡吗？如果没有，
qǐng zài zhèr tián shàng nín de xìngmíng、niánlíng、gōngzuò
请在这儿填上您的姓名、年龄、工作
dānwèi、zhùzhǐ.
单位、住址。

Bìngrén: Nín kàn zhèyàng tián xíng ma?
病人：您看这样填行吗？

Guàhàoyuán: Kěyǐ. Guà zhuānjiāhào háishi pǔtōnghào?
挂号员：可以。挂专家号还是普通号？

Bìngrén: Zhuānjiāhào.
病人：专家号。

Guàhàoyuán: Zhǔrèn yīshēng shí yuán, fùzhǔrèn yīshēng qī yuán.
挂号员：主任医生 10 元，副主任医生 7 元。

Bìngrén: Hǎo, gěi wǒ guà zhǔrèn yīshēng de hào. Gěi nín shí yuán.
病人：好，给我挂主任医生的号。给您 10 元。

Guàhàoyuán: Qǐng bǎ jiùzhěndān ná hǎo. Nèikē zài èr lóu.
挂号员：请把就诊单拿好。内科在二楼。

(Б) *Диалоги*

1

Больной: Скажите, пожалуйста, сколько стоит приём терапевта?

Регистратор: Вы на первичный приём или на повторный?

Больной: На первичный.

Регистратор: У вас есть медицинская карта нашей больницы? Если нет, пожалуйста, напишите здесь вашу фамилию и имя, возраст, место работы и адрес.

Больной: Посмотрите, я правильно написал?

Регистратор: Правильно. К специалисту или к простому врачу?

Больной: К специалисту.

Регистратор: Приём заведующего стоит 10 юаней, а зам. заведующего — 7 юаней.

Больной: Хорошо, зарегистрируйте меня, пожалуйста, к заведующему. Вот вам 10 юаней.

Регистратор: Получите, пожалуйста, талончик. Терапевтическое отделение находится на втором этаже.

2

Yīshēng: Shéi shì shíwǔ hào? Gāi nín kànbìng le.
医生：谁 是 15 号？该 您 看病 了。

Bìngrén: Shì wǒ.
病人：是 我。

Yīshēng: Nín nǎr bù shūfu?
医生：您 哪儿 不 舒服？

Bìngrén: Wǒ tóu téng, liú bítì, lǎoshì yào dǎ pēntì, hái yǒudiǎnr késou.
病人：我 头 疼，流 鼻涕，老是 要 打 喷嚏，还 有点儿 咳嗽。

Yīshēng: Xiān liángliang tǐwēn ba. Zhè shì tǐwēnbiǎo.
医生：先 量量 体温 吧。这 是 体温表。

Bìngrén: Wǒ yèli hǎoxiàng yǒudiǎnr fāshāo, xiànzài yǐjīng hǎo duō le.
病人：我 夜里 好像 有点儿 发烧，现在 已经 好 多 了。

Yīshēng: Sānshíqī dù bā, yǒudiǎnr shāo. Nín shénme shíhou kāishǐ bù shūfu de?
医生：37 度 8，有点儿 烧。您 什么 时候 开始 不 舒服 的？

Bìngrén: Zuótiān zǎochen.
病人：昨天 早晨。

Yīshēng: Qǐng bǎ yīfu jiě kāi, wǒ tīngting. Shēn hūxī, zài xīqì, hǎo. Qǐng zhuǎnguoshēn qù, wǒ zài tīngting bèihòu. Wèntí bú dà, shì gǎnmào, gěi nín kāi diǎnr yào ba.
医生：请 把 衣服 解 开，我 听听。深 呼吸，再 吸气，好。请 转过身 去，我 再 听听 背后。问题 不 大，是 感冒，给 您 开点儿 药 吧。

Bìngrén: Xièxie. Zàijiàn.
病人：谢谢。再见。

2

Врач: У кого номерок 15? Ваша очередь.

Больной: Это мой номерок.

Врач: На что вы жалуетесь?

Больной: У меня болит голова, течёт из носа, постоянное чихание и небольшой кашель.

Врач: Сначала измерим температуру. Вот вам градусник.

Больной: Ночью у меня, кажется, была небольшая температура, а сейчас мне стало гораздо лучше.

Врач: Тридцать семь и восемь, небольшая температура. Когда вы почувствовали недомогание?

Больной: Вчера утром.

Врач: Расстегнитесь, я вас послушаю. Дышите глубже, ещё. Хорошо. Повернитесь, я послушаю сзади. Ничего страшного, это простуда. Я выпишу вам кое-какие лекарства.

Больной: Спасибо. До свидания.

3

医生：这颗牙已经蛀空了，我劝您还是拔掉为好。

病人：补补不行吗？

医生：不行了。牙已经没用了。

病人：那拔了以后什么时候可以镶假牙呢？

医生：两个月左右。

病人：既然如此，就拔吧！

4

王文：瓦夏，你气色真好，可两个月前你的脸色要差得多。

瓦夏：你们的中医真神，特别是推拿。

王文：你去看中医了？

瓦夏：是的。那个老中医一搭我的脉，没等我张口，就说出了我生的是什么病。

王文：是吗？

3

Врач : Этот зуб уже весь изъеден кариесом. Советую вам его лучше удалить.

Больной: А запломбировать его нельзя?

Врач: Нет. Зуб уже не годен.

Больной: А через сколько времени после удаления можно будет вставить искусственный зуб?

Врач: Месяца через два.

Больной: Ну что ж, удаляйте, пожалуйста.

4

Ван Вэнь: Вася, как хорошо ты выглядишь. А два месяца назад ты выглядел гораздо хуже.

Вася: Ваша китайская медицина просто чудо, особенно массаж.

Ван Вэнь: Ты ходил к специалисту по китайской медицине?

Вася: Да. Я не успел и рта раскрыть, как этот опытный специалист по пульсу сходу поставил диагноз.

Ван Вэнь: Правда?

瓦夏：我这个慢性肠炎治了好多年,一直没有效果,我在这儿推拿了五次。后来老中医又叫我吃了一段时间的中成药,现在我觉得好极了。

5

甲：喂,胖子!告诉你个好消息。

乙：什么好消息?

甲：今天报上报导了南京市中医学院针灸减肥取得了很大成绩。你看过没有?

乙：没有。针灸真能减肥吗?

甲：报上说,许多胖子只针灸了几次就减了几公斤呢!

乙：真的?太棒了!我也得去试试。

6

维克多：我有胆结石,听说您这儿的中医耳压对这种病很有办法,特来求诊。

Вася: Я лечил свой хронический энтерит уже много лет, но всё безрезультатно. А здесь мне сделали 5 сеансов массажа. Потом опытный специалист велел мне принимать в течение некоторого времени готовые китайские лекарства, и сейчас я чувствую себя прекрасно.

5

А: Слушай, толстяк! Сообщу тебе хорошую новость.

Б: Какую?

А: Сегодня в газете сообщили, что в Нанкинском институте китайской медицины добились больших успехов в лечении ожирения иглоукалыванием. Ты читал?

Б: Нет. Иглоукалыванием действительно можно уменьшить вес?

А: В газете сообщили, что у многих толстяков только после нескольких процедур вес уже уменьшился на несколько килограммов.

Б: Правда? Вот здорово! Надо и мне попробовать.

6

Виктор: У меня в жёлчном пузыре камень. Говорят, что китайский метод терапии 《эр-йа》 (нажатия на точки ушной раковины), который применяется у вас, очень помогает при та-

专家：欢迎，欢迎！

维克多：请问，耳压是怎么回事？

专家：就是用橡皮膏把像菜籽一样大小的药粒贴在耳朵的一定的穴位上，压迫并刺激这些穴位，达到治病的目的。

维克多：原来是这样。那么，您也要在我的耳朵上贴吗？

专家：是的。除此之外，您还得吃点儿中药。

维克多：这样就可以把石头排出来吗？

专家：是的。一般说，小石头容易排出来，两三个月就行。大石头就比较难一些。

维克多：但愿我胆里的石头能早日排出来。

7

化验员：请把衣袖卷起来，我得从您的静脉中抽血。

кой болезни. Я специально для этого и пришёл.

Специалист: Добро пожаловать!

Виктор: Скажите, пожалуйста, что это за «эр-йа»?

Специалист: На определённые точки ушной раковины с помощью пластыря приклеиваются пилюли размером с рапсовое зёрнышко. На эти точки нажимают и стимулируют их, чем и достигается лечебный эффект.

Виктор: Вот оно что. Значит, вы и мне приклеите пилюли на ухо?

Специалист: Да. Кроме того, вы должны будете ещё принимать китайское лекарство.

Виктор: И таким образом можно будет вывести камень?

Специалист: Да. Обычно небольшие камни выводятся легко, достаточно 2-3 месяцев. С большими камнями труднее.

Виктор: Надеюсь, что мой камень можно будет вывести быстро.

7

Лаборантка: Засучите, пожалуйста, рукав, мне нужно взять у вас кровь из вены.

Bìngrén: Wǒ pàng, xuèguǎn bù hǎo zhǎo ba?
病人：我胖，血管不好找吧？

Huàyànyuán: Méi guānxì. Qǐng wǒ jǐn quántou, hǎo, zhǎo dào le,
化验员：没关系。请握紧拳头，好，找到了，
sōng shǒu ba.
松手吧。

Bìngrén: Nín de jìshù zhēn gāo.
病人：您的技术真高。

Huàyànyuán: Chōu hǎo le. Qǐng míngzǎo lái ná huàyàn jiéguǒ.
化验员：抽好了。请明早来拿化验结果。

8

Bìngrén: Gěi nín yàofāng. Wǒ yào děng hěnjiǔ ma?
病人：给您药方。我要等很久吗？

Yàojìshī: Mǎshàng jiù hǎo.
药剂师：马上就好。

Bìngrén: Zhè ānshénwán zěnme (ge) chīfǎ?
病人：这安神丸怎么（个）吃法？

Yàojìshī: Yí rì sān cì, měi cì shíwǔ lì. Qítā jǐ zhǒng yào de
药剂师：一日3次，每次15粒。其他几种药的
chīfǎ, yàokǒudài shàng dōu xiězhe ne.
吃法，药口袋上都写着呢。

9

Yàojìshī: Zhè wèi yào zànshí quēhuò, nín qǐng dàifu gěi huàn yí wèi
药剂师：这味药暂时缺货，您请大夫给换一味
ba.
吧。

Bìngrén: Nà huìbuhuì yǐngxiǎng zhìliáo xiàoguǒ?
病人：那会不会影响治疗效果？

Больной: Я человек полный, у меня, наверное, трудно найти сосуды?

Лаборантка: Ничего. Сожмите кулак, хорошо. Нашла, можно расслабить руку.

Больной: Какой вы мастер!

Лаборантка: Ну, вот и всё. Завтра утром приходите за результатами анализа.

8

Больной: Вот вам рецепт. Мне придётся ждать долго?

Фармацевт: Сейчас будет готово.

Больной: Как принимать эти успокаивающие пилюли?

Фармацевт: Три раза в день по 15 пилюль. Что касается других лекарств, то всё написано на упаковке.

9

Фармацевт: Этого лекарства сейчас пока нет. Попросите врача, чтобы он заменил его другим.

Больной: А лечебное действие не ухудшится?

药剂师：问题不大，同一种功能的药有好几
种呢，大夫知道，您就放心吧。

病人：好吧。

10

杨医生：从您心绞痛症状和心电图
情况来看，您心脏血管堵塞，心肌缺血
严重，要马上住院治疗。

病人：我这是心肌梗塞吗？

杨医生：这要通过心脏造影来确诊。

病人：心脏造影？很疼吗？杨大夫，我害怕。

杨医生：不用紧张。这只是一个微创手术，不
疼的。确切地来讲，心脏造影是一种
诊断手段，是冠心病诊断的"金标准"。
只有通过心脏造影，我们才可能确切了解您
心血管堵塞的具体情况，才有可能正确
决定下面的治疗手段。如果需要，可以植入

Фармацевт: Ничего страшного, существует несколько видов лекарств с одним и тем же действием. Врач знает, не беспокойтесь.

Больной: Ладно.

10

Врач Ян: Учитывая ваши сердечную боль и электрокардиограмму, можно определить, что у вас закупорка сердечных сосудов и серьёзная недостаточность кровоснабжения сердечной мышцы. Вам нужно срочно лечь в больницу.

Больной: У меня инфаркт миокарда?

Врач Ян: Это выяснится после проведения коронарографии.

Больной: Коронарография? Очень больно? Доктор Ян, я очень боюсь.

Врач Ян: Нечего бояться. Это только минилапаротомная операция, не больно. Точнее, коронарография—это диагностическая процедура, она служит «золотым стандартом» диагностики ишемической болезни сердца. Только коронарография позволяет нам точно узнать о состоянии закупорки ваших сердечных сосудов и правильно определить дальнейшие процедуры лечения. При необходимости можно имплантировать подпорку для сердца или провести коронарное шунтирование.

xīnzàng zhījià, huòzhě zuò xīnzàng dāqiáo shǒushù.
心脏 支架，或者 做 心脏 搭桥 手术。

Bìngrén: Āiyā, wǒ kěshì quán zhǐwàng nín le.
病人：哎呀，我 可是 全 指望 您 了。

Yáng yīshēng: Bié dānxīn, wǒmen huì zhì hǎo nín de.
杨 医生：别 担心，我们 会 治 好 您 的。

Shísì、Bówùguǎn、zhǎnlǎnhuì
十四、博物馆、展览会

(Yī) Chángyòngyǔ
(一) 常用语

Běijīng (Nánjīng、Shànghǎi) dōu yǒu xiē shénme bówùguǎn, qǐng
北京 (南京、上海) 都 有 些 什么 博物馆，请

jièshào jièshào, hǎo ma?
介绍 介绍，好 吗？

Nǐ kàn, yīnggāi xiān cānguān nǎge bówùguǎn (jìniànguǎn) ne?
你 看，应该 先 参观 哪个 博物馆 (纪念馆) 呢？

Wǒ xiǎng cānguān Běijīng Gùgōng Bówùguǎn (Bówùyuàn).
我 想 参观 北京 故宫 博物馆 (博物院)。

Gùgōng nàme dà, gōngshì nàme duō, yào duō cháng shíjiān cái kàn
故宫 那么 大，宫室 那么 多，要 多 长 时间 才 看

de wán ne?
得 完 呢？

Nǐ qùguo Lìshǐ Bówùguǎn (Gémìng Bówùguǎn、Jūnshì Bówùguǎn、Zìrán
你 去过 历史 博物馆 (革命 博物馆、军事 博物馆、自然

Bówùguǎn) ma?
博物馆) 吗？

Больной: Ой, я возлагаю все надежды на вас.

Врач Ян: Не беспокойтесь, мы вас вылечим.

14. Музеи. Выставки

(А) *Общеупотребительные выражения и фразы*

Расскажите, пожалуйста, какие музеи есть в Пекине (Нанкине, Шанхае). Хорошо?

Как ты думаешь, какой музей (мемориальный музей) следует посетить прежде всего?

Я хочу посмотреть пекинский музей Гугун.

Гугун такой большой, там столько дворцов и палат! Сколько времени нужно, чтобы его осмотреть?

Ты был(-ла) в Историческом музее (Музее революции, Военном музее, Естественно-историческом музее)?

Xīn jiàn de bówùguǎn xiànzài yǒu shénme zhǎnlǎnhuì (zài zhǎnchū)?
新建的博物馆现在有什么展览会（在展出）？

Wǒ hái méi qùguo Nánjīng Dàtúshā Yùnàn Tóngbāo Jìniànguǎn.
我还没去过南京大屠杀遇难同胞纪念馆。①

Nǐ néng péi wǒ qù měishùguǎn kànkan Xú Bēihóng Huàzhǎn ma?
你能陪我去美术馆看看徐悲鸿画展吗？

Wǒmen jīngcháng dài háizi qù Lìshǐ Bówùguǎn, xiǎng ràng tā duō
我们经常带孩子去历史博物馆，想让他多

liǎojiě zǔguó de lìshǐ.
了解祖国的历史。

Zuótiān wǒ dài xiǎosūnnǚ qù cānguānle Zìrán Bówùguǎn. Tā duì
昨天我带小孙女去参观了自然博物馆。她对

shuòdà wúbǐ de kǒnglóng zuì gǎn xìngqù.
硕大无比的恐龙最感兴趣。

Jiǎngjiěyuán xiǎojiě, zhèxiē zhǎnpǐn dōu shì zhēnpǐn ma?
讲解员小姐，这些展品都是真品吗？

Zhōngguó de xǔduō dìfang dōu kèzhe huò xiùzhe lóng, zhè lóng
中国的许多地方都刻着或绣着龙，这龙

yìwèizhe shénme? Qǐng jiěshì yíxià.
意味着什么？请解释一下。

Zhège jīnguàn shì chúnjīn de ba? Shì nǎge cháodài de zhìpǐn?
这个金冠是纯金的吧？是哪个朝代的制品？

Tīngshuō yǒu gè Gǔmù Bówùguǎn, nín zhīdào zài nǎge chéngshì ma?
听说有个古墓博物馆，您知道在哪个城市吗？

Wéiwú'ěr Mínzú Bówùguǎn shì zài Xīnjiāng Wūlǔmùqí ma?
维吾尔民族博物馆是在新疆乌鲁木齐吗？

---

①南京大屠杀遇难同胞纪念馆——南京的一个历史博物馆，揭露1937年间侵华日军在南京屠杀30万无辜中国军民的暴行。

Какая выставка проходит сейчас в новом музее?

Я ещё не был(-ла) в Музее памяти жертв Нанкинской массовой резни. ①

Ты можешь пойти со мной в Художественный музей на выставку картин Сюй Бэйхуна?

Мы часто водим ребёнка в Исторический музей, чтобы он побольше узнал об истории Родины.

Вчера я водил(-ла) маленькую внучку в Естественно-исторический музей. Её больше всего заинтересовали гигантские динозавры.

Экскурсовод, эти экспонаты все подлинные?

Во многих местах Китая рисуют или вышивают дракона. Объясните, пожалуйста, что означает этот дракон.

Эта золотая корона сделана из чистого золота? В какую эпоху она была сделана?

Говорят, что есть Музей древних захоронений. Вы не знаете, в каком городе он находится?

Уйгурский национальный музей находится в синьцзянском городе Урумчи?

---

① Музей памяти жертв Нанкинской массовой резни — исторический музей, расположенный в Нанкине, демонстрирующий зверства японских агрессоров, которые в 1937 г. убили 300000 невинных китайских военных и мирных жителей в Нанкине.

南京大屠杀遇难同胞纪念馆如实地记载了日本军国主义分子的侵华暴行。

这里的展品有许多是实物,也有部分是复制品或照片。

陈列馆内禁止<u>拍照</u>(摄影、吸烟、喧哗)。

<u>陈列品</u>(展品)不<u>得</u>(能)用手触摸。

这幅<u>山水画</u>(花鸟画、油画)真不错,不知是出自<u>谁</u>(何)人之手?

今年10月,义乌梅湖会展中心将要举行14届 <u>义乌国际小商品博览会</u>(义博会),展览面积10万平方米,展位4500个,将有国内外2500多家企业参展。

第104届中国进出口商品交易会(广交会)第二期将于10月下旬举行,展出"日用消费品类"、"礼品类"、"家居装饰品类"等3个商品种类,设16个展区。届时将有

Музей памяти жертв Нанкинской массовой резни правдиво записывает зверства японских милитаристов в войне против Китая.

Многие экспонаты здесь подлинные, но часть из них составляют копии или фотографии.

В выставочном павильоне <u>фотографировать</u> (снимать на видео, курить, шуметь) запрещается.

Экспонаты трогать руками нельзя.

Как хороша эта <u>картина в жанре 《 горы и воды》</u> (картина в жанре《 цветы и птицы》, масляная картина)! Чьей она кисти?

В октябре этого года в Выставочном центре Мэйху города Иу будет проводиться <u>Международная ярмарка мелких товаров Иу</u> (Иуская ярмарка) 14 созыва, которая будет занимать территорию площадью в 100 тысяч кв. м. На ней будет разбито 4500 выставочных позиций. В ярмарке будет принимать участие более 2500 китайских и зарубежных предприятий.

В третьей декаде октября устраивают Вторую сессию <u>Китайской ярмарки импортно-экспортных товаров</u> (Гуандунской ярмарки) 104 созыва. Будут выставлены товары по трём направлениям: 《Повседневные потребительские товары》,《Сувениры》,《Аксессуары для дома》. Будет выделено 16 выставочных зон. В установленное время на деловые переговоры приедут десятки тысяч китайских и иностранных бизнесменов.

chéngqiānshàngwàn de zhōngwài kèshāng qiánlái qiàtán yèwù.
成千上万 的 中外 客商 前来 洽谈 业务。

Zhōngguó Huádōng Jìnchūkǒu Shāngpǐn Jiāoyìhuì (Huájiāohuì), měi nián
中国 华东 进出口 商品 交易会 （华交会）， 每 年

sān yuè zài Shànghǎi jǔxíng.
3 月 在 上海 举行。

Míngtiān Rénmín Guǎngchǎng jiāng yǒu túshū (shǒujī、 diànnǎo)
明天 人民 广场 将 有 图书 （手机、 电脑）

zhǎnxiāohuì, wǒmen hěn xiǎng qù kànkan (guàngguang).
展销会， 我们 很 想 去 看看 （逛逛）。

Bólǎnhuì zhǎnpǐn zhǒnglèi fēngfù, wùměijiàlián.
博览会 展品 种类 丰富， 物美价廉。

Wǒ jīngcháng guàng zhǎnxiāohuì (zhǎnlǎnhuì、 bólǎnhuì), kànkan
我 经常 逛 展销会 （展览会、 博览会）， 看看

rènao, shùnbiàn mǎi xiē piányihuò.
热闹， 顺便 买 些 便宜货。

Bólǎnhuì (zhǎnlǎnhuì、 zhǎnxiāohuì) yóu shéi (nǎge dānwèi)
博览会 （展览会、 展销会） 由 谁 （哪个 单位）

zhǔbàn?
主办?

Yǒu duōshao gōngsī (guójiā) cānzhǎn?
有 多少 公司 （国家） 参展?

Zhǎnlǎnhuì jǔbàn duō cháng shíjiān?
展览会 举办 多 长 时间?

Zhǎnxiāohuì chíxù dào jǐ hào?
展销会 持续 到 几 号?

Xiàcì bólǎnhuì shénme shíhou?
下次 博览会 什么 时候?

Zhǎnlǎnhuì yǒu duōshao gè zhǎnqū (zhǎntīng、 zhǎnwèi、 zhǎntái)?
展览会 有 多少 个 展区 （展厅、 展位、 展台）?

Zhǎnxiāohuì yǒu duōshao gè shāngpǐn zhǒnglèi?
展销会 有 多少 个 商品 种类?

Каждый год в марте в Шанхае устраивается Хуадунская ярмарка экспортных и импортных товаров Китая (Хуадунская ярмарка).

Завтра на Народной площади будет выставка-продажа книг (мобильных телефонов, компьютеров). Нам очень хочется посмотреть (погулять).

На ярмарке богатый выбор товаров, и дёшево и сердито.

Я часто гуляю по выставке-продаже (выставке, ярмарке), чтобы побывать в шумной толпе и купить дешёвые товары заодно.

Кто организатор ярмарки (выставки, выставки-продажи)?

Сколько компаний (стран) принимает участие в выставке?

Сколько времени работает выставка?

До какого числа будет работать выставка-продажа?

Когда будет следующая ярмарка?

Сколько выставочных зон (выставочных павильонов, выставочных позиций, стендов) на выставке?

По скольким направлениям выставлены товары на выставке-продаже?

Bólǎnhuì de shāngpǐn zhǎnwèi fēicháng jǐnquē.
博览会 的 商品 展位 非常 紧缺。

Yǒu……gè qǐyè dìjiāole cānzhǎn shēnqǐng.
有……个 企业 递交了 参展 申请。

Jīngguò yángé shāixuǎn yǒu……gè qǐyè huòdé cānzhǎn quánlì.
经过 严格 筛选 有……个 企业 获得 参展 权利。

Zhǎnlǎnhuì shàng yǒu zhìyuànzhě dāngchǎng tígōng fānyì fúwù.
展览会 上 有 志愿者 当场 提供 翻译 服务。

(Èr) Huìhuà
(二) 会话

1

Yóukè: Gùgōng kuài dào le ma?
游客: 故宫 快 到 了 吗?

Dǎoyóu: Zhè bu, wǒmen yǐjīng dào Tiān'ānmén le, tā de hòumian
导游: 这 不, 我们 已经 到 天安门 了, 它 的 后面

jiùshì Gùgōng Bówùyuàn.
就是 故宫 博物院。

Yóukè: Běijīng yǒu hěn duō bówùguǎn ba?
游客: 北京 有 很 多 博物馆 吧?

Dǎoyóu: Shì de. Chúle Gùgōng zhīwài, hái yǒu Lìshǐ Bówùguǎn、
导游: 是 的。 除了 故宫 之外, 还 有 历史 博物馆、

Gémìng Bówùguǎn、Jūnshì Bówùguǎn、Zìrán Bówùguǎn děngděng.
革命 博物馆、 军事 博物馆、 自然 博物馆 等等。

Búguò, zhèxiē bówùguǎn hé Gùgōng bù yíyàng, tāmen dōushì
不过, 这些 博物馆 和 故宫 不 一样, 它们 都是

jiěfàng hòu jiànzào de. Ér Gùgōng shì Míng、Qīng liǎng dài
解放 后 建造 的。 而 故宫 是 明、 清 两 代

huángdì de huánggōng, cóng jiànzhùwù dào chénlièpǐn dōushì
皇帝 的 皇宫, 从 建筑物 到 陈列品 都是

На ярмарке места для демонстрации товаров очень ограничены.

... предприятий подало заявление на участие в выставке.

... предприятий получило право на участие в выставке после строгого отбора.

На выставке волонтёры на месте предоставляют услуги по переводу с китайского на иностранные языки или наоборот.

(Б) *Диалоги*

1

Экскурсант: Скоро будет Гугун?

Экскурсовод: Да, вот мы уже пришли на площадь Тяньаньмэнь, а за ней и есть музей Гугун.

Экскурсант: В Пекине много музеев?

Экскурсовод: Да. Кроме Гугуна есть ещё Исторический музей, Музей революции, Военный музей, Естественно-исторический музей и другие. Однако в отличие от Гугуна, все эти музеи были построены после Освобождения. А Гугун был императорским дворцом в Минскую и Цинскую эпохи, и здесь всё, начиная от построек и кончая экспонатами, является историческими ценностями.

lìshǐ yíliú xiàlái de zhēnpǐn.
历史 遗留 下来 的 珍品。

Yóukè: Gùgōng yǒu duō cháng shíjiān de lìshǐ le?
游客：故宫 有 多 长 时间 的 历史 了？

Dǎoyóu: Yǐ yǒu wǔbǎi duō nián de lìshǐ le.
导游：已 有 500 多 年 的 历史 了。

Yóukè: Miànjī hěn dà ba?
游客：面积 很 大 吧？

Dǎoyóu: Duì. Tā de zǒng miànjī yǒu qīshí'èr wàn duō píngfāngmǐ, yǒu
导游：对。它 的 总 面积 有 72 万 多 平方米， 有

gōngshì jiǔqiān jiān zhī duō.
宫室 9000 间 之 多。

Yóukè: Nà wǒmen yào cānguān duō jiǔ ne? Yì tiān kànde wán ma?
游客：那 我们 要 参观 多 久 呢？一 天 看得 完 吗？

Dǎoyóu: Dāngrán kànbuwán. Zhèli gòng fēn sān tiáo xiànlù: dōnglù、
导游： 当然 看不完。这里 共 分 三 条 线路：东路、

xīlù、 zhōnglù.
西路、中路。

Yóukè: Wǒmen kàn nǎ tiáo xiànlù ya?
游客：我们 看 哪 条 线路 呀？

Dǎoyóu: Xiànzài kāifàng de shì zhōnglù, cānguān huángdì tīngzhèng
导游： 现在 开放 的 是 中路， 参观 皇帝 听政

hé qǐjū de zhǔyào gōngdiàn.
和 起居 的 主要 宫殿。

2

Wòluòjiā: Wǒmen yǐjīng kànle bùshǎo gōngdiàn le, wǒ juéde tāmen
沃洛佳：我们 已经 看了 不少 宫殿 了，我 觉得 它们

yǒu yí gè gòngtóngdiǎn.
有 一 个 共同点。

Xiǎo Zhāng: Shénme gòngtóngdiǎn?
小 张： 什么 共同点？

Экскурсант: Сколько лет насчитывает история Гугуна?

Экскурсовод: Уже более 500 лет.

Экскурсант: Его площадь очень большая?

Экскурсовод: Да, его общая площадь составляет более 720 тысяч квадратных метров, здесь имеется более 9 тысяч дворцов и палат.

Экскурсант: А сколько же времени мы будем его осматривать? Одного дня хватит?

Экскурсовод: Конечно, не хватит. Здесь всего три маршрута осмотра: восточный, западный и центральный.

Экскурсант: По какому маршруту пойдём мы?

Экскурсовод: Сейчас открыт центральный маршрут, по которому мы посмотрим главные дворцы, где работал и жил император.

2

Володя: Мы уже посмотрели немало дворцов, и у всех, как мне кажется, есть одна общая особенность.

Сяо Чжан: Какая?

沃洛佳：各宫殿的柱子上、宝座上、殿前面的大块石板上，到处都雕刻着龙。皇帝就这么喜欢龙？这是为什么？

小张：你算是说对了。皇帝之所以喜欢龙，因为龙是至高无上的权力的象征。所以连皇帝穿的衣服上面都用金银丝线绣了大大小小许多龙，叫"龙袍"，意思是说，皇帝就是龙。封建时代还把皇帝比做"真龙天子"呢！

沃洛佳：中国人都喜欢龙吗？

小张：那就不一定了，有不少人喜欢龙，也有很多人并不欣赏龙，反觉得它的样子很可怕。有知识的人明白，龙是人们想象中虚构的一种动物。

3

参观者：请问，这个南京大屠杀纪念馆是什么

Володя: В каждом из них на колоннах, тронах, каменных плитах перед входом, везде вырезаны изображения дракона. А что, императоры так любили дракона? Почему?

Сяо Чжан: Ты сказал совершенно верно. Императоры так любили дракона потому, что он является символом наивысшей власти. Поэтому даже на одежде императоров было вышито золотыми и серебряными нитками множество драконов различных размеров. Такая одежда называлась 《лунпао》 (т. е. халат дракона), это означает, что император и есть дракон. В феодальные времена императора иносказательно называли ещё и 《Истинным драконом и сыном неба》.

Володя: Все китайцы любят дракона?

Сяо Чжан: Не обязательно. Его любят немало китайцев, но есть много и таких, кто не восхищается драконом, а наоборот, считает, что у него страшный вид. Образованные люди понимают, что дракон — это вымышленное существо.

3

Посетитель: Вы не скажете, когда построен и открыт этот Музей Нанкинской массовой резни?

　　　　　　shíhou luòchéng kāifàng de?
　　　　　　时候　落成　开放　的？

Jiǎngjiěyuán: Zhè shì Nánjīng rénmín wèi jìniàn Kàngrì Zhànzhēng
讲解员：　　这　是　南京　人民　为　纪念　抗日　战争

　　　　　　shènglì sìshí zhōunián ér jiànzào de, zhèngshì duì wài kāifàng
　　　　　　胜利　四十　周年　而　建造　的，正式　对　外　开放

　　　　　　shì yījiǔbāqī nián qī yuè qī rì. Èrlínglíngqī nián yòu bèi kuòjiàn
　　　　　　是　1987　年　7　月　7　日。2007　年　又　被　扩建

　　　　　　chéng jīntiān de guīmó.
　　　　　　成　今天　的　规模。

Cānguānzhě: Tīngshuō yījiǔsānqī nián Rìběn jūnduì jìngōng Nánjīng shí
参观者：　　听说　　1937　年　日本　军队　进攻　南京　时

　　　　　　zhìzàole yì chǎng zhènjīng shìjiè de xuèxīng dà túshā, shāhàile
　　　　　　制造了　一　场　震惊　世界　的　血腥　大　屠杀，杀害了

　　　　　　jǐ shí wàn Nánjīng jūnmín. Zhēn de shì zhèyàng ma?
　　　　　　几　十　万　南京　军民。真　的　是　这样　吗？

Jiǎngjiěyuán: Shì de. Yījiǔsānqī nián dōng, Rìběn qīnhuá jūnduì zài
讲解员：　　是　的。　1937　年　冬，日本　侵华　军队　在

　　　　　　Nánjīng shāhàile sānshí duō wàn wúgū jūnmín. Zhège jìniànguǎn
　　　　　　南京　杀害了　30　多　万　无辜　军民。这个　纪念馆

　　　　　　suǒzàidì jiùshì dāngshí Rìjūn jítǐ túshā Nánjīng rénmín de yí
　　　　　　所在地　就是　当时　日军　集体　屠杀　南京　人民　的　一

　　　　　　ge wànrénkēng. Nǐmen kěyǐ kàn dào zhèli xiànzài hái bǎocún
　　　　　　个　万人坑。你们　可以　看　到　这里　现在　还　保存

　　　　　　zhe yíbùfen shíwù hé xīshēngzhě de shīgǔ. Zhè jiùshì zhènjīng
　　　　　　着　一部分　实物　和　牺牲者　的　尸骨。这　就是　震惊

　　　　　　zhōngwài de "Nánjīng Dàtúshā".
　　　　　　中外　的　"南京　大屠杀"。

Cānguānzhě: Tīngshuō zuìjìn yòu wā chū liǎngbǎi duō jù bèihàirén de
参观者：　　听说　最近　又　挖　出　两百　多　具　被害人　的

　　　　　　yígǔ.
　　　　　　遗骨。

Экскурсовод: Он был построен нанкинским народом в честь 40-ой годовщины победы в Антияпонской войне, а официально открыт он с седьмого июля 1987 года. В 2007 году он был расширен и принял сегодняшний вид.

Посетитель: Говорят, что в 1937 году во время нападения на Нанкин японские войска совершили кровавую массовую резню, которая потрясла весь мир. Были убиты несколько сотен тысяч нанкинских военных и мирных жителей. Это правда?

Экскурсовод: Да. Зимой 1937 года в Нанкине японские агрессоры убили больше 300 тысяч невинных китайских военных и мирных жителей. Именно на нынешнем месте нахождения музея было массовое захоронение, в котором лежали 10 тысяч нанкинцев, убитых японскими агрессорами. Вы увидите здесь часть сохранившихся до сих пор подлинных вещей и останки погибших. Это и есть Нанкинская массовая резня, которая шокировала Китай и весь мир.

Посетитель: Я слышал, что недавно выкопали ещё останки 200 с лишним погибших.

讲解员：是的。馆外有一大片石子儿，每一颗石子儿象征一位牺牲者。请看，这是一个生锈的铁皮水桶，日军当时就用它在尸体上浇汽油的。年老的母亲没有找到儿子，却找到了这个水桶……

参观者：这里陈列的这么多证据——文件、照片、报纸和实物能保存下来可真不容易呀！

讲解员：可不是吗？这都是事实，真正的历史见证。

参观者：听说当时还曾有两个日本兵比赛杀人呢！

讲解员：是有这么回事的。

参观者：可日本还有少数顽固坚持军国主义立场的人至今还企图否认有"南京大屠杀"呢！

讲解员：但日本一些有识之士或当年有过类似

Экскурсовод: Да. На территории музея лежит огромное количество камешков, каждый из них символизирует одного погибшего. Посмотрите, вот здесь ржавое железное ведро. Японские агрессоры этим ведром выливали бензин на трупы погибших. Старая мать не нашла своего сына, она нашла только это ржавое ведро...

Посетитель: Как трудно было сохранить до сих пор так много доказательств: документов, фотографий, газет и разных подлинных вещей!

Экскурсовод: Ещё бы! Всё это факты, подлинные исторические документальные данные.

Посетитель: Говорят, что в то время были ещё два японских солдата, которые соревновались в убийстве китайцев.

Экскурсовод: Да. Такой случай действительно был.

Посетитель: А в Японии есть люди, которые упрямо настаивают на позиции милитаризма, они до сих пор пытаются отрицать факт Нанкинской массовой резни.

Экскурсовод: Но в Японии есть и интеллигентные люди, а также те, кто в то время совершил подобные преступления, когда они осматривают наш музей, им на душе очень тяжело, они

zuìxíng de rìběnrén dào wǒmen jìniànguǎn cānguān de shíhou,
罪行 的 日本人 到 我们 纪念馆 参观 的 时候,

xīnqíng dōu hěn chénzhòng, dōu yào xiàng sǐzhě mò'āi, xiàng
心情 都 很 沉重, 都 要 向 死者 默哀, 向

Zhōngguó rénmín biǎoshì chànhuǐ.
中国 人民 表示 忏悔。

4

Sàshā: Běijīng Měishùguǎn zuìjìn zài jǔbàn shénme zhǎnlǎn, nǐ zhīdào
萨沙: 北京 美术馆 最近 在 举办 什么 展览, 你 知道

ma?
吗?

Zhìgāng: Shì yìxiē míngrén de shūhuàzhǎn, kàn de rén kě duō la!
志刚: 是 一些 名人 的 书画展, 看 的 人 可 多 啦!

Wǒ qiántiān gāng qù kànguo.
我 前天 刚 去 看过。

Sàshā: Wǒ duì shūhuà yǒu xìngqù, dàn bú dà zàiháng, nǐ néng péi
萨沙: 我 对 书画 有 兴趣, 但 不大 在行, 你 能 陪

wǒ yìqǐ qù zài kàn yí cì ma? Wǒ hěn xiǎng qǐng nǐ xiángxì
我 一起 去 再 看 一次 吗? 我 很 想 请 你 详细

de gěi wǒ jiǎngjiǎng.
地 给 我 讲讲。

Zhìgāng: Qíshí wǒ yě búshì tài dǒng, chōngqíliàng búguò shì gè yèyú
志刚: 其实 我 也 不是 太 懂, 充其量 不过 是 个 业余

àihàozhě éryǐ. Búguò, wǒ dàoshì yuànyì zài qù kàn yí cì.
爱好者 而已。 不过, 我 倒是 愿意 再 去 看 一次。

Sàshā: Nà wǒmen xià xīngqī'èr shàngwǔ qù, nǐ yǒukòng ma? Nàr
萨沙: 那 我们 下 星期二 上午 去, 你 有空 吗? 那儿

xīngqīyī xiūxi.
星期一 休息。

Zhìgāng: Hǎo, yìyánwéidìng. Rúguǒ nǐ yǒu xìngqù, yǐhòu kěyǐ cháng
志刚: 好, 一言为定。 如果 你 有 兴趣, 以后 可以 常

чтят память погибших и признают свою вину перед китайским народом.

4

Саша: Ты не знаешь, какая выставка проходит сейчас в Пекинском художественном музее?

Чжиган: Выставка каллиграфии и живописи знаменитых художников. Посетителей так много! Я только позавчера ходил смотреть.

Саша: Каллиграфией и живописью я интересуюсь, но не достаточно хорошо разбираюсь в них. Ты не мог бы пойти со мной на выставку ещё раз? Мне очень хотелось бы, чтобы ты всё подробно объяснил мне.

Чжиган: На самом деле я тоже не очень хорошо разбираюсь, я всего-навсего любитель. Однако я с удовольствием схожу ещё раз.

Саша: Тогда давай пойдём в следующий вторник утром. У тебя будет свободное время? В понедельник в музее выходной день.

Чжиган: Хорошо, договорились. Если тебе интересно, то можно ходить туда чаще, потому что там постоянно проводятся различные

去那儿跑跑,因为那儿经常举办各种展览会,比如摄影展览啦,书法展览啦,不少是个人展览。现在不少青年书法家、画家也常在那儿举办个人展览了。不像过去,大多展出名人的书画。

萨沙:这我知道。不过,好像水墨画、水粉画、工笔画比较多,油画比较少。

志刚:是的,这和我们的传统、历史有关。

萨沙:好,说定了,下星期二上午9点在美术馆门口碰头好吗?

志刚:行,一言为定。

5

李梅:张华,你好!我前天才从上海回来。这次五一节我是在上海过的。

张华:怪不得我五一节几次给你打电话,总是没人接呢。你在上海玩了些什么地方?

выставки, например, выставки фотографии, выставки каллиграфии, среди них немало частных выставок. Сейчас немало молодых каллиграфов и художников тоже часто устраивают там частные выставки. Теперь уже не так, как раньше, когда выставлялись главным образом произведения знаменитостей.

Саша: Это я знаю. Только вот, кажется, там преобладают картины тушью, гуашью, миниатюры, а картин маслом меньше.

Чжиган: Да, это связано с нашими традициями и историей.

Саша: Ну, ладно, договорились. Встретимся у входа в Художественный музей в 9 часов утра в следующий вторник. Хорошо?

Чжиган: Хорошо, договорились.

5

Ли Мэй: Чжан Хуа, привет! Я только позавчера вернулась из Шанхая. На этот раз я провела Первомайский праздник в Шанхае.

Чжан Хуа: Вот в чём дело. В Первомайский праздник я несколько раз звонил тебе, но никто не отвечал. Какие места ты посмотрела в Шанхае?

李梅：没玩什么地方，只是和几个老同学见见面，聊聊天。对了，我们一块去上海博物馆看了上海城市发展史展览，挺有意思的。

张华：我记得，上海在100多年前只是海边一个小渔村。

李梅：是的。后来，许许多多的外国商人看中了上海这块宝地。英国、法国、日本等国的商人纷纷跑到上海来投资发展。当时，上海被称做"冒险家乐园"。

张华：解放前上海有法租界、英租界、日租界等等。租界地区内中国人到处受外国人的气，这些是我们这一代人想象不到的。

李梅：当时在上海的俄国人也不少。他们大多是十月革命后从俄国逃出来的。这次展览会还展出了当年上海租界黄埔

Ли Мэй: Никакие, я просто повстречалась с несколькими бывшими товарищами и пообщалась с ними. Да, мы вместе ходили в Шанхайский музей на Выставку 《История развития города Шанхая》. Было очень интересно.

Чжан Хуа: Насколько я помню, 100 лет назад Шанхай ещё был маленькой рыболовецкой деревушкой у моря.

Ли Мэй: Да. Потом этот обетованный край приглянулся многочисленным иностранным бизнесменам. Бизнесмены из Англии, из Франции, из Японии и других стран стали наперебой приезжать в Шанхай и вкладывать свой капитал, чтобы разбогатеть. В то время Шанхай назывался 《Раем авантюристов》.

Чжан Хуа: До освобождения в Шанхае был Французский сеттльмент, Английский сеттльмент, Японский сеттльмент и т. д. В сеттльментах китайцы везде подвергались оскорблениям со стороны иностранцев. Такое унижение нашему поколению трудно представить себе.

Ли Мэй: Тогда в Шанхае были ещё немало русских, большинство из них бежали из России после Октябрьской революции. На этой выставке была представлена ещё табличка с вызывающей надписью 《Китайцам и собакам вход запрещён》, которая висела тогда у парка Хуанпу на территории шанхайских сеттльментов,

gōngyuán ménkǒu guà de yí kuài páizi, shàngmian hèrán xiě
公园　门口　挂　的　一　块　牌子，　上面　赫然　写

zhe "Huárén yǔ gǒu bùdé rùnèi", zhè chōngfèn shuōmíng
着　"华人　与　狗　不得　入内"，这　充分　说明

dāngshí wàiguórén zài Shànghǎi de xiāozhāng qìyàn.
当时　外国人　在　上海　的　嚣张　气焰。

Zhāng Huá: Shì a. Jiěfàng hòu wǒmen shōuhuíle zhèxiē zūjiè,
张　华：是　啊。解放　后　我们　收回了　这些　租界，

Zhōngguórén yě cóngcǐ tǐngzhíle yāogǎn.
中国人　也　从此　挺直了　腰杆。

6

Lǐ Méi: Nàtǎshā, nǐ xiàge zhōuliù yǒu shénme ānpái ma?
李　梅：娜塔莎，你　下个　周六　有　什么　安排　吗？

Nàtǎshā: Zànshí hái méiyǒu. Zěnme la?
娜塔莎：暂时　还　没有。怎么　啦？

Lǐ Méi: Xiàge xīngqī wǒmen shì zhǎnlǎn zhōngxīn jiāng yǒu yí ge
李　梅：下个　星期　我们　市　展览　中心　将　有　一　个

guójì shízhuāng zhǎnxiāohuì. Wǒ jìde nǐ duì shízhuāng hěn gǎn
国际　时装　展销会。我　记得　你　对　时装　很　感

xìngqù, wǒmen yìqǐ qù kànkan, zěnmeyàng?
兴趣，我们　一起　去　看看，　怎么样？

Nàtǎshā: Hǎo a. Dōuyǒu nǎxiē guójiā de qǐyè lái cānzhǎn ne?
娜塔莎：好　啊。都有　哪些　国家　的　企业　来　参展　呢？

Lǐ Méi: Yǒu Fǎguó de、Yìdàlì de、Hánguó de、Rìběn de, tīngshuō
李　梅：有　法国　的、意大利　的、韩国　的、日本　的，听说

háiyǒu Éluósī de ne.
还有　俄罗斯　的　呢。

Nàtǎshā: Shì ma? Nà tài hǎo le. Wǒ zuì xǐhuan Fǎguó hé Yìdàlì de
娜塔莎：是　吗？那　太　好　了。我　最　喜欢　法国　和　意大利　的

shízhuāng. Nǐ shuō, guójì zhǎnxiāohuì shàng de fúzhuāng
时装。你　说，　国际　展销会　上　的　服装

которая служит сильнейшим свидетельством заносчивости иностранцев в Шанхае в те годы.

Чжан Хуа: Да. После освобождения мы взяли обратно эти сеттльменты, и с тех пор китайцы поднялись с колен и выпрямились во весь рост.

6

Ли Мэй: Наташа, у тебя есть какой-нибудь план на следующую субботу?

Наташа: Пока ещё нет. А что?

Ли Мэй: На следующей неделе у нас в городском выставочном центре будет международная выставка-продажа моды. Я помню, что ты очень интересуешься модой. Давай вместе пойдём и посмотрим, хорошо?

Наташа: С удовольствием. А какие иностранные предприятия будут принимать участие в выставке?

Ли Мэй: Французские, итальянские, корейские, японские, говорят, ещё российские.

Наташа: Правда? Вот прекрасно! Я больше всего люблю французскую и итальянскую моду. Скажи, костюмы на международной выставке-продаже будут очень дорогими?

huìbuhuì hěn guì?
会不会 很 贵?

Lǐ Méi: Búhuì de. Zhǎnxiāohuì shàng de fúzhuāng dōushì chǎngjiā
李 梅：不会 的。 展销会 上 的 服装 都是 厂家

zhíxiāo de, yìbān huì bǐ shāngchǎng de piányi hěn duō, hěn
直销 的，一般 会 比 商场 的 便宜 很 多， 很

huásuàn de, érqiě dàduō yīfu kuǎnshì chāo xīncháo.
划算 的，而且 大多 衣服 款式 超 新潮。

Nàtǎshā: Zhǎntái duō ma?
娜塔莎：展台 多 吗？

Lǐ Méi: Duō, tīngshuō yǒu shàng qiān gè ne. Wǒmen jíbiàn shénme
李 梅：多， 听说 有 上 千 个 呢。 我们 即便 什么

dōu bù mǎi, kāikai yǎnjiè yě hǎo a.
都 不 买， 开开 眼界 也 好 啊。

Nàtǎshā: Wǒ hé nǐ xiǎngfǎ wánquán yíyàng. Xià zhōuliù wǒmen yìqǐ qù.
娜塔莎：我 和 你 想法 完全 一样。 下 周六 我们 一起 去。

Shíwǔ、 Qǐyè、nóngcūn
十五、 企业、农村

(Yī) Chángyòngyǔ
(一) 常用语

1. Qǐyè
1. 企业

Nín zài shénme qǐyè (gōngsī、gōngchǎng) gōngzuò (shàngbān)?
您 在 什么 企业 （公司、 工厂） 工作 （上班）？

Guì gōngsī shì shénme xìngzhì de qǐyè? Shàngshì le ma?
贵 公司 是 什么 性质 的 企业？ 上市 了 吗？

Ли Мэй: Не может быть. На выставке-продаже костюмы продают сами производители, они обычно гораздо дешевле, чем в универмагах, очень выгодно. К тому же, фасоны большинства из них супермодные.

Наташа: Будет много стендов?

Ли Мэй: Да, я слышала, что будет более тысячи. Хотелось бы увидеть модные новинки, даже если мы ничего не купим.

Наташа: Я совершенно согласна с тобой. В следующую субботу мы пойдём вместе.

15. На предприятии. В деревне

(А) *Общеупотребительные выражения и фразы*

1. На предприятии

<u>На каком предприятии</u> (в какой компании, на каком заводе) вы работаете?

Каким предприятием является ваша компания? Она уже вышла

Nǐmen qǐyè (gōngsī、gōngchǎng) shēngchǎn shénme chǎnpǐn?
你们 企业（公司、 工厂） 生产 什么 产品？

Nǐmen gōngsī dàbudà? Zhàndì miànjī wéi duōshao?
你们 公司 大不大？ 占地 面积 为 多少？

Nǐmen qǐyè (gōngsī、gōngchǎng) yǒu duōshao yuángōng?
你们 企业（公司、 工厂） 有 多少 员工？

Nǐmen gōngsī (jīngjì) xiàoyì rúhé (zěnmeyàng)?
你们 公司（经济）效益 如何 （怎么样）？

Guì gōngsī yuángōng gōngzī bàochou yǐjí fúlì dàiyù rúhé?
贵 公司 员工 工资 报酬 以及 福利 待遇 如何？

Guì gōngsī fùzé yuángōng de yīliáo bǎoxiǎn fèiyòng ma?
贵 公司 负责 员工 的 医疗 保险 费用 吗？

Nín zài gōngsī de nǎge bùmén (kēshì) gōngzuò?
您 在 公司 的 哪个 部门 （科室） 工作？

Nín zài nǎge gōngchǎng (chējiān) gōngzuò (shàngbān、gànhuór)?
您 在 哪个 工厂 （车间） 工作 （上班、干活儿）？

Guì gōngsī yǒu zìjǐ de pǐnpái ma? Chǎnpǐn shēngchǎn hé xiāoshòu
贵 公司 有 自己 的 品牌 吗？ 产品 生产 和 销售
　　qíngkuàng rúhé?
　　情况 如何？

Nǐmen gōngsī tóngshí yě zuò wàimào shēngyì ma?
你们 公司 同时 也 做 外贸 生意 吗？

Guì gōngsī duìwài màoyì de zhǔyào chǎnpǐn shì shénme? Zhǔyào xiāo
贵 公司 对外 贸易 的 主要 产品 是 什么？ 主要 销
　　wǎng nǎxiē guójiā hé dìqū?
　　往 哪些 国家 和 地区？

Wǒ xiǎng liǎojiě yīxià guì gōngsī de jīqì zīliào hé chǎnpǐn
我 想 了解 一下 贵 公司 的 机器 资料 和 产品
　　jiàgé.
　　价格。

на фондовый рынок?

Какую продукцию выпускает ваше предприятие (ваша компания, ваш завод)?

Ваша компания большая? Какую площадь она занимает?

Сколько рабочих и служащих у вас на предприятии (в компании, на заводе)?

Какова (экономическая) эффективность вашей компании?

Каковы зарплата и благосостояние у рабочих и служащих в вашей компании?

Ваша компания платит за медицинское страхование своих рабочих и служащих?

В каком отделе компании вы работаете?

На каком заводе (в каком цехе) вы работаете?

Имеет ли свои собственные бренды/марки ваша компания? Как обстоит дело с производством и сбытом товаров?

Ваша компания занимается также внешней торговлей?

Какие основные товары на экспорт производит ваша компания? В какие страны и районы они экспортируются чаще всего?

Мне хотелось бы ознакомиться с технической документацией и стоимостью продукции вашей компании.

我在**钢铁**（汽车制造、机床、炼油、化肥、化纤、塑料、自行车、洗衣机、搪瓷、棉纺、毛纺、针织、内衣、日用化工）集团工作。

我在**电机**（石化、纺织、胶合板、铝制品）有限责任公司工作。

我在**面粉**（啤酒、乳品、糖果、制药、玻璃、服装、摩托车）股份有限公司工作。

我们公司是一个**国有**（国营）**企业**（民营企业、集体企业、个体企业、中外合资经营企业、中外合作经营企业、外商独资企业）。

我们公司是一个**乡镇**（城乡联营）企业。

本公司拥有数亿元的注册资本。

本公司在日本、韩国、俄罗斯拥有自己的分公司，

Я работаю в металлургической корпорации (автомобильной корпорации, станкостроительной корпорации, нефтеперегонной корпорации, корпорации химических удобрений, корпорации химического волокна, корпорации пластмасс, велосипедной корпорации, корпорации стиральных машин, корпорации эмалированных изделий, хлопкопрядильной корпорации, корпорации шерстяных изделий, корпорации трикотажного белья, корпорации бытовой химии).

Я работаю в электромеханической (нефтехимической, текстильной, фанерной, алюминиевой) компании с ограниченной ответственностью.

Я работаю в мукомольной (пивоваренной, молочной, кондитерской, фармацевтической, стекольной, швейной, мотоциклетной) акционерной компании с ограниченной ответственностью.

Наша компания является государственным предприятием (народным предприятием, коллективным предприятием, частным предприятием, предприятием китайско-иностранного совместного капитала, предприятием китайско-иностранного совместного сотрудничества, предприятием иностранного капитала).

Наша компания — волостно-поселковое предприятие (предприятие сельско-городского совместного сотрудничества).

Наша компания владеет уставным капиталом в несколько сотен миллионов юаней.

Наша компания имеет филиалы в Японии, Южной Корее, России. Штаб-квартира компании находится...

公司 总部 设 在……。

我们 集团 公司 下 设 5 个 <u>工厂</u> (分公司)。

我们 公司 于 2008 年 在 <u>上海</u> (深圳、北京、香港、纽约、伦敦) 证券 交易所 成功 挂牌 上市。

我们 公司 主要 生产 <u>汽车</u> (自行车、摩托车、洗衣粉、塑料 制品、搪瓷 砂锅、热水瓶、化妆品)。

我们 集团 主要 产品 包括 电冰箱、电冰柜、空调器、洗衣机、微波炉、彩电、DVD、电饭煲、电脑、手机 等。①

我们 公司 主要 生产 台式 电脑、服务器、笔记本 电脑、数码 相机、打印机、复印机 等。

我们 公司 生产 优盘、mp3、mp4、移动 硬盘、各种 电子 词典 等。

---

①电饭煲——一种电锅,主要用于煮米饭。

В подчинении нашей корпорации находятся 5 заводов (филиалов).

В 2008 году наша компания успешно разместила свои акции на Шанхайской (Шэньчжэньской, Пекинской, Сянганской, Нью-Йоркской, Лондонской) фондовой бирже.

Наша компания в основном производит автомобили (велосипеды, мотоциклы, стиральный порошок, изделия из пластмасс, эмалированные кастрюли, термосы, косметические изделия).

Главную продукцию нашей корпорации составляют холодильники, морозильники, кондиционеры, стиральные машины, микроволновые печи, цветные телевизоры, DVD-плееры, рисоварки, компьютеры, мобильные телефоны и т. д. [1]

Наша компания в основном производит настольные компьютеры, мониторы, ноутбуки, цифровые фотоаппараты, принтеры, ксероксы и т. д.

Наша компания производит флешки, mp-3, mp-4, портативные жёсткие диски, различные электронные словари и т. д.

---

[1] Рисоварка — электрическая кастрюля, использующаяся в основном для варки риса.

Wǒmen gōngsī zhàndì miànjī……gōngqǐng, shēngchǎn chǎngfáng miànjī……píngfāngmǐ.
我们公司占地面积……公顷，生产厂房面积……平方米。

Wǒmen jítuán gōngsī xiàn yǒu yuángōng bāqiān yú rén, qízhōng gōngchéng jìshù rényuán yīqiān wǔbǎi yú rén, zhàn zǒng rénshù de bǎifēnzhīshíbā yǐshàng. Jítuán xiàn yǒu yuànshì sì míng、bóshì sānshí míng、shuòshì èrbǎi míng、wàiguó zhuānjiā shíwǔ míng.
我们集团公司现有员工8000余人，其中工程技术人员1500余人，占总人数的18%以上。集团现有院士4名、博士30名、硕士200名、外国专家15名。

Jìn nián lái, běn jítuán gōngsī jīngjì xiàoyì zhúnián pānshēng. Èrlínglíngqī nián, wǒmen jítuán shíxiàn zǒng chǎnzhí yīdiǎn'èr yì yuán, shàngjiǎo guójiā shuìfèi yìqiān wǔbǎi wàn yuán, chéngwéi wǒguó xībù dìqū jīngjì fāzhǎn de lóngtóu qǐyè.
近年来，本集团公司经济效益逐年攀升。2007年，我们集团实现总产值1.2亿元，上缴国家税费1500万元，成为我国西部地区经济发展的龙头企业。

Wǒmen gōngsī yuángōng gōngzī gāo, jiǎngjīn duō.
我们公司员工工资高，奖金多。

Wǒmen gōngsī fúlì dàiyù yōuyuè. Gōngsī wèi yuángōng zhīfù jiāotōngfèi、wǔcānfèi hé diànhuàfèi, wèi tāmen gòumǎi yǎnglǎo、yīliáo bǎoxiǎn. Lìngwài, wǒmen yuángōng měi nián háiyǒu shí tiān de dàixīn xiūjià.
我们公司福利待遇优越。公司为员工支付交通费、午餐费和电话费，为他们购买养老、医疗保险。另外，我们员工每年还有10天的带薪休假。

Wǒ zài běn gōngsī cáiwùbù (fǎlǜbù、shìchǎngbù、cǎigòubù、
我在本公司财务部（法律部、市场部、采购部、

Наша компания занимает ... га, площадь помещений заводов составляет ... квадратных метров.

Сейчас в нашей корпорации более 8000 рабочих и служащих, в том числе свыше 1500 инженерно-технических работников, они составляют более 18 процентов общего числа работающих. В корпорации работает 4 академика, 30 докторов, 200 магистров, 15 иностранных специалистов.

В последние годы экономическая эффективность нашей корпорации повышается с каждым годом. В 2007 году валовая продукция нашей корпорации достигла 120 миллионов юаней, корпорация заплатила налог государству в 15 миллионов юаней и стала ведущим предприятием в развитии экономики Запада нашей страны.

Зарплата у рабочих и служащих нашей компании довольно высокая, премиальных у них тоже очень много.

Благосостояние нашей компании очень хорошее. Компания оплачивает своим рабочим и служащим расходы на транспорт, обед и телефон, покупает им пенсионное и медицинское страхование. Кроме того, у нас ещё оплачивается 10 дней отпуска.

Я работаю в <u>финансовом отделе</u> (юридическом отделе, отделе маркетинга, отделе поставок, проектном отделе, отделе про-

（shèjìbù、xiāoshòubù、guǎnggàobù、xìnxī jìshùbù、bàngōngshì）gōngzuò.
（设计部、销售部、广告部、信息技术部、办公室）工作。

Qǐng rènshi yíxià! Zhè wèi shì wǒmen jítuán gōngsī de dǒngshìzhǎng
请 认识 一下！ 这 位 是 我们 集团 公司 的 董事长

(fùdǒngshìzhǎng、zǒngjīnglǐ、fùzǒngjīnglǐ).
（副董事长、 总经理、副总经理）。

Tā （tā） shì wǒmen de chǎngzhǎng （fùchǎngzhǎng、shìchǎngbù
他 （她） 是 我们 的 厂长 （副厂长、 市场部

zhǔrèn、guǎnggàobù zhǔrèn、chǎngzhǎng zhùlǐ).
主任、 广告部 主任、 厂长 助理）。

Chǎngzhǎng （zǒnggōngchéngshī、zǒngkuàijìshī、fǎlǜ gùwèn、shèjìshī、
厂长 （总工程师、 总会计师、 法律 顾问、设计师、

chējiān zhǔrèn、jìshùyuán、cǎigòuyuán、jiǎnyànyuán） zhèngzài
车间 主任、 技术员、 采购员、 检验员） 正在

kāihuì （chūchāi、xiūjià）.
开会 （出差、休假）。

Wǒmen gōngsī yǒu duō gè zìjǐ de zhùmíng pǐnpái, qízhōng ……pái
我们 公司 有 多 个 自己 的 著名 品牌， 其中 ……牌

qípáo hé ……pái nánshì xīzhuāng zài guónèiwài chímíng.
旗袍 和 ……牌 男式 西装 在 国内外 驰名。

Běn gōngsī de shēngchǎn hé xiāoshòu dōu hěn hónghuo, hěn duō
本 公司 的 生产 和 销售 都 很 红火， 很 多

chǎnpǐn gōngbùyìngqiú, yǒu de chǎnpǐn shènzhì xūyào tíqián yì
产品 供不应求， 有 的 产品 甚至 需要 提前 一

nián yùdìng.
年 预订。

Wǒmen gōngsī de chǎnpǐn zhìliàng hǎo、shǐyòng shòumìng cháng, zài
我们 公司 的 产品 质量 好、 使用 寿命 长， 在

guónèiwài shìchǎng shàng shēn shòu huānyíng.
国内外 市场 上 深 受 欢迎。

дажи, отделе рекламы, отделе информационных технологий, канцелярии) нашей компании.

Познакомьтесь, пожалуйста! Это <u>председатель правления</u> (заместитель председателя правления, гендиректор, заместитель гендиректора) нашей корпорации.

<u>Он</u> (она) наш <u>директор завода</u> (заместитель директора завода, заведующий отделом маркетинга, заведующий отделом рекламы, помощник директора).

<u>Директор завода</u> (главный инженер, главный бухгалтер, юридический советник, конструктор, начальник цеха, техник, заготовитель, контролёр) <u>на собрании</u> (в командировке, в отпуске).

Наша компания создала несколько своих собственных брендов/марок, в том числе, «ципао» (китайские дамские халаты) марки ... и мужские костюмы марки ... пользуются большой популярностью и в стране и за рубежом.

Производство и продажа товаров нашей компании в полном разгаре, спрос многих товаров перекрывает предложение, некоторые из них даже нужно заказывать на год раньше.

Продукция нашей компании отличается высоким качеством и прочностью, она пользуется большой популярностью на рынках и в стране и за рубежом.

我们公司成立于……年,至今已有……年的历史。

我们公司是几年前由一家小型街道企业发展起来的。

我们集团公司是由多家企业(工厂、公司、子公司)组建而成的。

我们公司是一个国营企业,前几年亏损严重,经过改革,现在不仅扭亏为盈,而且已经成功上市。

本公司从2002年开始做对外贸易的业务。主要是做各类纺织服装的出口交易。公司主要产品有:各式男装、女装,各式床上用品,各式窗帘,也出口纺织面料等。产品主要销往美国、西欧、日本、中东地区。

这里是细纱(粗纱、织布、印染、翻砂、装配、总装、包装、装订、高温)车间。

Наша компания была создана в ... году, в настоящее время ей уже... лет.

Наша компания появилась несколько лет назад в результате развития маленького предприятия, подведомственного уличному комитету.

Наша корпорация была объединена из нескольких <u>предприятий</u> (заводов, компаний, дочерних компаний).

Наша компания является государственным предприятием. Несколько лет назад у нас были очень большие убытки, но сейчас, после реформы, компания не только полностью покрыла свои убытки и начала получать прибыль, но и успешно вышла на фондовый рынок.

С 2002 года наша компания начала заниматься внешней торговлей, в основном экспортом различной текстильной одежды. Главные товары компании составляют различные мужские и женские костюмы, постельные принадлежности, шторы, а также текстильные ткани и т. д. В основном они экспортируются в Америку, Западную Европу, Японию и в районы Средней Азии.

Это <u>прядильный</u> (ровничный, ткацкий, красильно-печатный, литейный, сборочный, монтажный, упаковочный, брошюровочный, высокотемпературный) цех.

Tā gànle duō nián de chēgōng (qiángōng、diàngōng、diànqì
他 干了 多 年 的 车工 （钳工、 电工、 电气

ānzhuānggōng、xiūlǐgōng kuànggōng、zhuāngxiègōng).
安装工、 修理工、 矿工、 装卸工）。

2. Nóngcūn
2. 农村

Zhōngguó nóngcūn shì zěnyàng shíxíng gǎigé de?
中国 农村 是 怎样 实行 改革 的？

Nǐmen xiàn de liángshi shēngchǎn qíngkuàng zěnmeyàng?
你们 县 的 粮食 生产 情况 怎么样？

Nǐmen xiāng yǒu duōshao xiāngzhèn qǐyè?
你们 乡 有 多少 乡镇 企业？

Nǐmen cūn yǒu duōshao rén zài xiāngzhèn qǐyè zuògōng, duōshao rén
你们 村 有 多少 人 在 乡镇 企业 做工， 多少 人

wàichū jìn chéng dǎgōng, duōshao rén zài jiā wùnóng?
外出 进 城 打工， 多少 人 在 家 务农？

Nǐmen gēngzuò de jīxièhuà chéngdù zěnmeyàng?
你们 耕作 的 机械化 程度 怎么样？

Nǐmen de liángshi (miánhuā、yóucài) dānchǎn shì duōshao?
你们 的 粮食 （棉花、 油菜） 单产 是 多少？

Nóngmín zhòng de liángshi、shūguǒ néng ná dào shìchǎng shàng qù
农民 种 的 粮食、 蔬果 能 拿 到 市场 上 去

mài ma?
卖 吗？

Nǐmen jiā měi nián nénggòu shēngchǎn duōshao liángshi? Nǐmen shōurù
你们 家 每 年 能够 生产 多少 粮食？ 你们 收入

zěnmeyàng?
怎么样？

Nǐ jiā zhòng de liángshi gòu chī ma?
你 家 种 的 粮食 够 吃 吗？

Он много лет проработал токарем (слесарем, электромонтёром, электромонтажником, ремонтником, шахтёром, грузчиком).

2. В деревне

Как проходит реформа в китайских деревнях?

Как обстоит дело с производством продовольствия в вашем уезде?

Сколько волостно-поселковых предприятий у вас в волости?

Сколько человек у вас в деревне работает на волостно-поселковых предприятиях, сколько выезжает в города на работу, сколько занимается земледелием дома?

Какова у вас степень механизации земледельческих работ?

Какова у вас урожайность зерновых (хлопка, рапса) с единицы площади?

Можно ли крестьянам продавать на рынке выращиваемые ими зерно, овощи и фрукты?

Сколько зерна в год выращивает ваша семья? Каковы ваши доходы?

Хватает ли вашей семье зерна, которое вы выращиваете?

Nǐmen cūn yǒu xiē shénme fùyè?
你们 村 有 些 什么 副业?

Nín shì shénme zhuānyèhù?
您 是 什么 专业户?

Nǐmen cūn xiànzài zhòngzhí shénme?
你们 村 现在 种植 什么?

Zhè jǐ nián nóngmín de shōurù rúhé?
这 几 年 农民 的 收入 如何?

Nóngmín zhòngzhí jīngjì zuòwù de jījíxìng gāo ma?
农民 种植 经济 作物 的 积极性 高 吗?

Zhè jǐ nián guì xiàn shì kào shénme zhìfù de?
这 几 年 贵 县 是 靠 什么 致富 的?

Sānshí nián yǐqián, Zhōngguó nóngcūn jiù kāishǐle jīngjì gǎigé.
30 年 以前, 中国 农村 就 开始了 经济 改革。

Sānshí nián yǐlái, Zhōngguó nóngcūn de jīngjì gǎigé búduàn shēnrù
30 年 以来, 中国 农村 的 经济 改革 不断 深入

hé kuòdà.
和 扩大。

Zhōngguó nóngcūn guǎngfàn tuīxíngle "Jiātíng Liánchǎn Chéngbāo
中国 农村 广泛 推行了 "家庭 联产 承包

Zérènzhì", shǐ dàpī láodònglì dédàole jiěfàng.
责任制", 使 大批 劳动力 得到了 解放。①

---

①家庭联产承包责任制,是指农民以家庭为单位向集体组织承包土地等生产资料和生产任务的农业生产责任制形式。承包户根据承包合同规定的权限,独立作出经营决策,并在完成合同任务的前提下分享经营成果。

Какие побочные промыслы есть у вас в деревне?

На чём вы специализируетесь?

Что сажают у вас в деревне теперь?

Как доходы у крестьян в последние годы?

Какова активность сажать промышленные культуры у крестьян?

Благодаря чему ваш уезд стал зажиточным за эти годы?

30 лет назад в китайских деревнях уже началась экономическая реформа.

В течение 30 лет непрерывно углублялась и расширялась экономическая реформа в китайских деревнях.

В китайских деревнях была широко проведена 《Система семейной подрядной ответственности》, благодаря которой были освобождены многочисленные рабочие руки. ①

---

① Система семейной подрядной ответственности — это форма сельскохозяйственной производственной ответственности, согласно которой крестьянские семьи (т. е. в качестве подрядчика выступает семья) берут у коллектива подряд на участок земли и другие средства производства, а также берут подряд и на производственную задачу. Подрядчик по правам договора самостоятельно принимает решение ведения хозяйства и делится заработанной прибылью от сельскохозяйственных работ, но предпосылкой является выполнение задачи по договору.

中国政府取消了农副产品统购统派制度,对粮食、棉花等少数重要产品采取国家计划合同收购新政策,大大提高了农民的生产积极性。

中国农村大力兴办乡镇企业,大力发展多种经营、畜牧业。

从2006年1月1日起,中国政府全面取消了农业税。这是中国政府解决"三农"问题"的一项重要措施。

中国政府停止征收农业税,大大减轻了农民的负担,增加了农民收入,缩小了城乡差别。

经济改革使中国农村的面貌发生了天翻地覆的变化,农民的收入也得到了大幅度的提高。

我们现在不用给国家上缴粮食税,反而还能拿到政府给我们的种粮补贴。

Китайское правительство отменило систему закупки сельскохозяйственной и побочной продукции, а также применило новую политику касательно государственного планирования договоров на приобретение зерна, хлопка и других важных видов продукции, и таким образом, значительно повысило активность производства у крестьян.

В китайских деревнях в широких масштабах созданы волостно-поселковые предприятия, продвинуты многоотраслевое хозяйство и животноводство.

С 1 января 2006 г. китайское правительство полностью отменило сельскохозяйственный налог. Это одна из важнейших мер правительства Китая для разрешения 《трёх сельских проблем》(село, сельское хозяйство и крестьянство).

Китайское правительство отменило сельскохозяйственный налог, значительно уменьшило тяготы крестьян, увеличило их доходы и сократило разрыв между городом и деревней.

Экономическая реформа привела к тому, что облик китайских деревень изменился до неузнаваемости, и доходы крестьян тоже повысились очень значительно.

Теперь нам уже не надо платить сельскохозяйственный налог государству, наоборот, правительство ещё оказывает нам денежную помощь в выращивании зерна.

我们乡共有乡镇企业300多个，进厂务工农民8000余人。

我们村大概有1000人在乡镇企业做工，800人外出进城打工，1000人在家务农。

我们村的粮食种植和收割已经完全实现了机械化。

我们县的所有农村都已经达到小康水平。

我们村家家户户盖起了新楼房。

我省粮食可以自给自足，还有部分余粮可以调剂给其他省。

农民生产的农副产品都可以拿到自由市场去卖。

我是养鱼（养鸡、养鸭、养猪、养羊、养牛、种菜、种瓜、种果树、育树种、育蘑菇）专业户。

我不是专业户，我靠手艺吃饭。我是泥瓦匠（木匠、裁缝、理发师、鞋匠）。

У нас в волости всего 300 с лишним волостно-поселковых предприятий. Там работает более 8000 наших крестьян.

У нас в деревне приблизительно 1000 человек работает на волостно-поселковых предприятиях, 800 человек выезжает в города на работу, 1000 человек занимается земледелием дома. Посев и уборка зерновых культур в нашей деревне уже полностью механизированы.

Все деревни нашего уезда уже живут в достатке.

У нас в деревне каждая семья построила себе новый дом.

Наша провинция полностью обеспечивает себя зерном, а часть излишков может выделять соседним провинциям.

Все сельскохозяйственные и побочные продукты крестьяне могут вывозить на свободный рынок для продажи.

Я специализируюсь на <u>выращивании рыбы</u> (кур, уток, свиней, овец, коров, овощей, бахчевых культур, фруктовых деревьев, семян деревьев, грибов).

У меня нет специализированного хозяйства, я живу ремеслом. Я <u>каменщик</u> (плотник, портной, парикмахер, сапожник).

10年前，我开办了一个小型乡镇企业。现在，
我的小企业已经发展成为一家大公司。我
是公司的董事长兼总经理。

我在一家乡镇企业做工。

我在城里当钟点工。

我是一个农民工。我在广州（深圳、北京、
南京、杭州、苏州）的一个饭店（旅馆、建筑
公司、工厂、超市、私人企业、美容院）打工。

（二）会话

1

参观者：你们公司规模挺大的嘛！
经理：我们是中外合资公司，占地200多亩，①
生产厂房两万多平方米，职工
2000多人。

---

①亩——中国土地面积单位，1亩大约667平方米，15亩等于1公顷。

10 лет назад я создал маленькое волостно-посёлковое предприятие. Теперь из него уже выросла крупная компания. Я председатель правления и гендиректор компании.

Я работаю на волостно-посёлковом предприятии.

Я работаю в городе, я домработница.

Я крестьянин-рабочий. Я работаю в <u>Гуанчжоу</u> (Шэньчжэне, Пекине, Нанкине, Ханчжоу, Сучжоу), в <u>ресторане</u> (в гостинице, в строительной компании, на заводе, в супермаркете, на частном предприятии, в салоне красоты).

(Б) *Диалоги*

1

Посетитель: Какая у вас огромная компания!

Директор компании: У нас компания китайско-иностранного совместного капитала, площадь её занимает 200 с лишним му,[1] а площадь заводских помещений составляет более 20 тысяч квадратных метров. В компании работает более 2000 рабочих и служащих.

---

[1] Му — китайская мера площади земли, приблизительно равная 667 квадратным метрам, 1 га равен 15 му.

Cānguānzhě: Nǐmen zhǔyào shēngchǎn shénme chǎnpǐn?
参观者：你们主要生产什么产品？

Jīnglǐ: Wǒ gōngsī shì Chángjiāng Sānjiǎozhōu dìqū jiādiàn shēngchǎn
经理：我公司是长江三角洲地区家电生产
hé xiāoshòu de lóngtóu qǐyè, mùqián zhǔyào shēngchǎn
和销售的龙头企业，目前主要生产
xiāoshòu diànnǎo、kōngtiáo、cǎidiàn、bīngxiāng, háiyǒu xǐyījī、
销售电脑、空调、彩电、冰箱，还有洗衣机、
rèshuǐqì、yǐngdiéjī děng. Wǒmen de chǎnpǐn yě xiāo wǎng
热水器、影碟机等。我们的产品也销往
guówài, zhǔyào xiāo wǎng Dōngnányà、Lāměi hé Fēizhōu dìqū.
国外，主要销往东南亚、拉美和非洲地区。

Cānguānzhě: Qǐng wèn guì gōngsī yǒuxiē shénme xīn chǎnpǐn?
参观者：请问贵公司有些什么新产品？

Jīnglǐ: Wǒmen mùqián zhèngzài kāifā xīn yí dài yèjīng cǎisè
经理：我们目前正在开发新一代液晶彩色
diànshìjī.
电视机。

Cānguānzhě: Nǐmen gōngsī chǎnpǐn zhìliàng rúhé?
参观者：你们公司产品质量如何？

Jīnglǐ: Jù yònghù fǎnyìng zhìliàng hěn hǎo. Wǒmen de chǎnpǐn liánxù
经理：据用户反映质量很好。我们的产品连续
sān nián huòdé guójiā jīnzhìjiǎng, zài guójì shìchǎng shàng yě
3 年获得国家金质奖，在国际市场上也
xiǎngyǒu jiào gāo shēngyù.
享有较高声誉。

Cānguānzhě: Nà nǐmen de jìshù lìliang yídìng hěn qiáng ba?
参观者：那你们的技术力量一定很强吧？

Jīnglǐ: Nín shuōde fēicháng duì. Xiànzài wǒmen yǒu gè lèi zhuānyè jìshù
经理：您说得非常对。现在我们有各类专业技术

Посетитель: Какую продукцию выпускает ваша компания в основном?

Директор компании: Наша компания является ведущим предприятием по производству и продаже домашней техники в Золотом треугольнике реки Янцзы. Ныне наша компания занимается главным образом производством и продажей компьютеров, кондиционеров, цветных телевизоров, холодильников, а также стиральных машин, водонагревателей, видеодисков и т. д. Наши продукты экспортируются и за рубеж, в основном в Юго-восточную Азию, Латинскую Америку и Африку.

Посетитель: Вы не скажете, какую новую продукцию выпускает ваша компания?

Директор компании: Сейчас мы работаем над производством нового типа жидкокристаллического цветного телевизора.

Посетитель: Каково качество продукции вашей компании?

Директор компании: По отзывам покупателей качество нашей продукции прекрасное. За это она уже три года подряд удостоена государственной золотой медали, она славится также и на международном рынке.

Посетитель: У вас, вероятно, очень мощный технический персонал?

Директор компании: Совершенно верно. Сейчас у нас более 500

人员 500 多名，占职工总数的 25%，其中，博士、硕士毕业的有 350 多名。

参观者：请问贵公司经济效益怎么样？

经理：最近几年我们公司产品生产销售两旺，企业发展很快。2007年我们公司实现产值15个亿，上交国家税收近亿元。目前，职工奖金比较多，福利也很好，职工的工作积极性也很高。

2

哥：将近二十年没回大陆探亲了。这次回来一看，我们家乡的变化真大呀。公路都已经通到家门口了。

弟：是啊，要是我不来接你，恐怕你连路都不认识了。我们自己也没想到变化会这么大。本来我想这辈子只会当农民了，谁想到现在我自己也办起了公司，做了老板。

технических работников разных специальностей, они составляют 25 процентов от общего числа работающих, в том числе более 350 докторов и магистров.

Посетитель: Скажите, пожалуйста, какова экономическая эффективность вашей компании?

Директор компании: В последние годы производство и продажа продукции нашей компании в самом разгаре. Компания развивается стремительно. В 2007 году валовая продукция нашей компании достигла 1.5 миллиарда юаней, она заплатила государству налог на сумму почти 100 миллионов юаней. В настоящее время наши служащие и рабочие получают хорошие премиальные, у них прекрасное благосостояние, за счёт чего они работают с большим энтузиазмом.

2

Старший брат: Почти 20 лет не ездил на материк к родным. В этот раз я вернулся и увидел, что наша родина изменилась до неузнаваемости. Шоссе протянули уже прямо до дома.

Младший брат: Да, если бы я тебя не встретил, ты бы не нашёл даже дорогу. Да мы и сами не ожидали таких больших перемен. Раньше я думал, что всю жизнь буду только крестьянином, никто не ожидал, что я сам создам компанию и стану её боссом.

哥：Nǐmen de chǎnpǐn zài guónèi xiāolù zěnmeyàng?
哥：你们的产品在国内销路怎么样？

弟：Fēicháng hǎo a! Zhè jǐ nián wǒmen de chǎnpǐn hái chūkǒu dào
弟：非常好啊！这几年我们的产品还出口到
Ōuměi hé Dōngnányà ne!
欧美和东南亚呢！

哥：Zhēn liǎobuqǐ! Dìmèi ne?
哥：真了不起！弟妹呢？

弟：Zài yǎngzhíchǎng gōngzuò, yǎng yú、yǎng jī、yǎng zhū……
弟：在养殖场工作，养鱼、养鸡、养猪……

哥：Shì xiàng bàoshang jièshào de nàyàng, gǎo zōnghé fàngyǎng
哥：是像报上介绍的那样，搞综合放养
ma?
吗？

弟：Duì, tāmen shì chéngbāozhì, rén hěn xīnkǔ, dàn shōurù yě hěn
弟：对，她们是承包制，人很辛苦，但收入也很
gāo.
高。

哥：Guàibude nǐmen xiànzài de shēnghuó zhème hǎo ne.
哥：怪不得你们现在的生活这么好呢。

弟：Shì a, nǐ kàn, zhè jǐ nián wǒmen bùjǐn gàile xīn lóu,
弟：是啊，你看，这几年我们不仅盖了新楼，
zhuānghuáng shíshàng, hái pèi qí le gè zhǒng jiāyòng diànqì,
装潢时尚，还配齐了各种家用电器，
yǒu de rén hái mǎile xiǎo qìchē ne.
有的人还买了小汽车呢。

哥：Zhè liàng xiǎo qìchē shì nǐ zìjǐ de ma?
哥：这辆小汽车是你自己的吗？

弟：Shì de. Wǒmen jiā xiànzài yǒu liǎng liàng qìchē: yí liàng xiǎo
弟：是的。我们家现在有两辆汽车：一辆小
jiàochē, yí liàng huòchē.
轿车，一辆货车。

Старший брат: А какой рынок сбыта имеют ваши продукты в стране?

Младший брат: Очень широкий! В последние годы наши продукты даже экспортируются в Европу, Америку и Юго-восточную Азию!

Старший брат: Какой ты молодец! А как же твоя жена?

Младший брат: Работает на ферме, разводит рыбу, кур, свиней...

Старший брат: Они разводят, как пишут в газете, в комплексном пастушестве?

Младший брат: Да. Они берут подряд на это, работа очень тяжёлая, зато зарабатывают тоже неплохо.

Старший брат: Так вот почему теперь вы живёте так зажиточно.

Младший брат: Правда. Да ты посмотри, в последние годы мы не только построили новые дома, сделали современный ремонт, но и купили самую разную домашнюю бытовую электротехнику, у некоторых даже появились свои автомобили.

Старший брат: Этот автомобиль твой?

Младший брат: Да. Теперь у нас есть две машины: один автомобиль и один грузовик.

哥：说实话，我从来没有想到，你们会生活
得这么好。小伟，火车开到江南一带，我
看到沿途有许多农民的新楼房，不过以
咱们这一带的房子最漂亮，有凉台，三层
楼房也不少，有些房子设计得像欧式别墅。

弟：是啊。我们乡下的房子，城里来的人见了
个个都眼红：空气好，面积大，房间大得可以
用来办舞会。

哥：你们怎么一下子都变得这么阔气了？

弟：发财门路多了。办工厂、开公司是一个主要
门路，有的公司产品搞出口，挣的钱就更
多。此外，还有很多其他门路：有的承包鱼塘，
有的搞养殖场，有的种植蔬菜和水果，到
农贸市场去卖，有的买拖拉机跑运输，有的
买货车搞长途贩运……还有不少多余劳力
进城打工，也赚了不少钱。

Старший брат: Честно говоря, я никогда бы не подумал, что вы так хорошо живёте теперь. Сяо Вэй, когда поезд проходил мимо деревень, находящихся на южном берегу реки Янцзы, я видел много новых зданий крестьян, но самые красивые из них находятся у нас здесь, с балконом, немало трёхэтажных, некоторые даже спроектированы как европейские особняки.

Младший брат: Да. Все горожане, которые приезжают сюда, очень завидуют зданиям в наших деревнях: свежий воздух, большая площадь, комнаты такие большие, что можно в них устраивать танцы.

Старший брат: Как вам удалось так быстро разбогатеть?

Младший брат: Способы разбогатеть самые разнообразные, в том числе, самый надёжный способ — это строительство заводов, создание компаний. А некоторые компании вывозят свои товары на экспорт, они зарабатывают ещё больше. Кроме этого, есть ещё много других способов: кто берёт подряд на выращивание рыбы, кто работает на ферме, кто сажает овощи и фрукты и вывозит их на рынок на продажу, кто покупает трактор для перевозок, кто приобретает грузовик для торговли в отдалённых районах... Есть ещё много лишних рабочих рук, они выезжают в города работать, где тоже зарабатывают немало.

哥：我们家乡的变化这么快，超出了我的想象。不过，我听说，现在中国大陆有些地区农村还很贫穷，农民的温饱问题至今还没有解决。

弟：是的，特别是偏远山区，还没有脱贫。我出去跑了不少地方，相比之下，我们江浙一带农村生活在全国算是最好的。

3

弟：大伟，这就是我的家。

哥：啊，多漂亮的房子啊！还是五层楼的呢！

弟：大伟，你快进来歇一歇吧！从台湾回大陆，又是飞机，又是火车，又是汽车，坐这么长时间的车子也挺累人的。

哥：还好，还好。我特意在广州转乘火车，这样正好可以多看看大陆的变化。哇，你们家装修得真漂亮！是欧式的吧？

Старший брат: Наша родина изменилась до неузнаваемости, этого я совсем не ожидал. Но я слышал, что теперь в некоторых районах на материке существуют ещё очень бедные деревни, там проблемы обеспечения крестьян питанием и одеждой до сих пор остались неразрешёнными.

Младший брат: Да, особенно в отдалённых и глухих горных местах, там крестьяне живут пока ещё в бедности. Я ездил по многим местам, по сравнению с ними, наши деревни, находящиеся в провинциях Цзянсу и Чжэцзян, достигли высочайшего уровня жизни во всей стране.

3

Младший брат: Да Вэй, вот мой дом.

Старший брат: Ого, какой красивый дом! Даже пятиэтажный!

Младший брат: Да Вэй, скорее входи и отдыхай! Ты так долго добирался с Тайваня на материк: и на самолёте, и на поезде, и на автомобиле, такая дорога очень утомительна.

Старший брат: Ничего, ничего. В Гуанчжоу я специально пересел на поезд, чтобы побольше посмотреть, какие перемены произошли на материке. Ой, как красиво отремонтирован ваш дом! По-европейски?

弟：是的。大伟，你是不是来一杯咖啡？
Dì: Shì de. Dà Wěi, nǐ shìbushì lái yì bēi kāfēi?

哥：不。你给我泡一杯碧螺春吧。多少年都没有喝到我们家乡正宗的碧螺春了。
Gē: Bù. Nǐ gěi wǒ pào yì bēi Bìluóchūn ba. Duōshao nián dōu méiyǒu hē dào wǒmen jiāxiāng zhèngzōng de Bìluóchūn le.

弟：大伟，我给你放在茶几上了。你坐到沙发上来吧！
Dì: Dà Wěi, wǒ gěi nǐ fàng zài chájī shàng le. Nǐ zuò dào shāfā shàng lái ba!

哥：好吧。小伟，你们的彩电是日本产的吧？
Gē: Hǎo ba. Xiǎo Wěi, nǐmen de cǎidiàn shì Rìběn chǎn de ba?

弟：不是。这是我们中国产的。34英寸，液晶的。大伟，你需要和嫂子打个电话、报个平安吗？我们有电话，你可以直拨国际长途。
Dì: Bú shì. Zhè shì wǒmen Zhōngguó chǎn de. Sānshísì yīngcùn, yèjīng de. Dà Wěi, nǐ xūyào hé sǎozi dǎ ge diànhuà、bào ge píng'ān ma? Wǒmen yǒu diànhuà, nǐ kěyǐ zhíbō guójì chángtú.

哥：现在已经有点儿迟了，打电话不太方便。你们镇里有网吧吗？我给她发个电子邮件就可以了。
Gē: Xiànzài yǐjīng yǒudiǎnr chí le, dǎ diànhuà bú tài fāngbiàn. Nǐmen zhèn lǐ yǒu wǎngbā ma? Wǒ gěi tā fā ge diànzǐ yóujiàn jiù kěyǐ le.

弟：镇里什么都有，有俱乐部，有学校，有医院，网吧当然也有。你大概还不知道，现在我们很多农民都喜欢上网，网络已经成为我们搜集技术信息、销售农副产品、娱乐身心
Dì: Zhèn lǐ shénme dōu yǒu, yǒu jùlèbù, yǒu xuéxiào, yǒu yīyuàn, wǎngbā dāngrán yě yǒu. Nǐ dàgài hái bù zhīdào, xiànzài wǒmen hěn duō nóngmín dōu xǐhuan shàngwǎng, wǎngluò yǐjīng chéngwéi wǒmen sōují jìshù xìnxī、xiāoshòu nóngfù chǎnpǐn、yúlè shēnxīn

Младший брат: Да. Да Вэй, тебе стакан кофе?

Старший брат: Нет. Налей мне стакан чая Билочунь (Изумрудные спирали весны). Уже много лет не пил настоящего Билочуня нашей родины.

Младший брат: Да Вэй, я подал тебе чай на журнальный столик. Ты садись на диван, пожалуйста.

Старший брат: Хорошо. Сяо Вэй, ваш цветной телевизор японский?

Младший брат: Нет. Это наша китайская продукция. 34 инча, жидкокристаллический. Да Вэй, хочешь ли ты позвонить своей жене и сказать ей о твоём благополучном прибытии? У нас есть телефон, по нему ты можешь прямо звонить за рубеж.

Старший брат: Теперь уже поздновато, звонить неудобно. У вас в посёлке есть Интернет-кафе? Я отправлю ей электронное письмо и всё.

Младший брат: В посёлке чего только нет. Тут есть и клуб, и школа, и больница, Интернет-кафе, конечно, тоже есть. Ты, пожалуй, ещё не знаешь, теперь многие из нас, крестьян, очень любят сидеть в Интернете. Интернет уже стал нашей новой платформой для поиска технической информации, продажи сельскохозяйственных и побочных продуктов,

的新平台。不过，你干吗要到网吧里去发呢？我的书房里就有一台电脑，可以24小时上网。

哥：真是太好了！你家真舒适，既有淋浴、热水，又有电脑、空调，还能随时上网……

弟：是啊！这都是改革开放政策给我们农民带来的实惠啊。

哥：咦，弟妹呢？还有你们的儿子呢？

弟：呵呵，老婆上农民俱乐部去啦。她现在天天晚上在那里上课，说是要当一名真正的养殖业专家呢。儿子今年考上了北大的博士生，学经济，毕业后准备回乡大展身手。

哥：我相信，他肯定会成为一个出色的企业家！小伟，我决定，这两天在这里好好儿考察一下，准备明年也在我们家乡办个公司，

а также и для развлечения. Но зачем ты пойдёшь в Интернет-кафе? У меня в кабинете есть компьютер с круглосуточным выходом в Интернет.

Старший брат: Вот здорово! Как уютно в твоём доме, у вас есть и душ, и горячая вода, и компьютер, и кондиционер, ещё можно выходить в Интернет в любое время...

Младший брат: Да! Всё это благодаря политике реформ и открытости, она принесла нам, крестьянам, реальную пользу.

Старший брат: А где твоя жена? И где ваш сын?

Младший брат: Хэ-хэ-хэ, жена пошла в клуб крестьян. Теперь она ходит туда каждый вечер на учёбу, сказала, что хочет стать настоящим специалистом по животноводству. В этом году сын поступил в докторантуру Пекинского университета, изучает экономику, мечтает вернуться на родину и хорошо показать свои способности после окончания учёбы.

Старший брат: Я уверен, что из него обязательно выйдет замечательный предприниматель! Сяо Вэй, я уже решил, в эти дни я постараюсь тщательно прозондировать почву, а в следующем году тоже открою компанию у нас на родине, с одной стороны, чтобы заработать больше денег, с другой стороны, чтобы внести вклад в развитие нашей родины.

yīlái zìjǐ duō zhèng diǎn qián, èrlái yě wèi jiāxiāng de
一来自己多挣点钱，二来也为家乡的
fāzhǎn zuò diǎn gòngxiàn.
发展做点贡献。

Shíliù、Jiàoyù
十六、教育

(Yī) Chángyòngyǔ
（一）常用语

Wǒ duì guì guó de jiàoyù tǐzhì hěn gǎn xìngqù.
我对贵国的教育体制很感兴趣。

Qǐng nín jièshào yíxià Zhōngguó xiànxíng jiàoyù tǐzhì.
请您介绍一下中国现行教育体制。

Zhōngguó yǒu nǎxiē lèixíng de xuéxiào?
中国有哪些类型的学校？

Yījiǔbāliù nián, Zhōngguó kāishǐ shíxíng jiǔ nián yìwù jiàoyù. Dànshì,
1986年，中国开始实行九年义务教育。但是，
hěn duō nián yǐlái, wǒ guó de yìwù jiàoyù réngrán shì shōu
很多年以来，我国的义务教育仍然是收
xuézáfèi de.
学杂费的。

Cóng èrlínglíngbā nián kāishǐ, Zhōngguó quánmiàn miǎnchú yìwù
从2008年开始，中国全面免除义务
jiàoyù jiēduàn xuéshēng xuézáfèi.
教育阶段学生学杂费。

Xiànzài, wǒ guó yìwù jiàoyù jiēduàn shì bù shōu xuézáfèi de.
现在，我国义务教育阶段是不收学杂费的。

16. Образование

(А) *Общеупотребительные выражения и фразы*

Меня очень интересует система образования в вашей стране.

Расскажите, пожалуйста, о нынешней системе образования Китая.

Какие типы учебных заведений существуют в Китае?

В 1986 году в Китае начали проводить обязательное девятилетнее образование. Однако в течение многих лет обязательное образование в нашей стране оставалось платным.

С 2008 года в Китае полностью отменены все школьные расходы на стадии обязательного образования.

Теперь у нас в стране обязательное образование бесплатное.

Zài Zhōngguó jiēshòu zhōngděng (gāoděng) jiàoyù yào jǐ nián?
在 中国 接受 <u>中等</u> （高等） 教育 要 几 年？

Nǐmen Zhōngguó háizi jǐ suì kāishǐ shàngxué (dúshū)?
你们 中国 孩子 几 岁 开始 <u>上学</u> （读书）？

Yījiǔbājiǔ nián, wǒmen Zhōngguó kāishǐ shíshī Xīwàng Gōngchéng, yóu
1989 年， 我们 中国 开始 实施 希望 工程， 由

àixīn rénshì juānkuǎn, bāngzhù pínkùn dìqū jiànshè Xīwàng
爱心 人士 捐款， 帮助 贫困 地区 建设 希望

Xiǎoxué, gǎishàn bàn xué tiáojiàn, zīzhù jiātíng pínkùn de háizi
小学， 改善 办 学 条件， 资助 家庭 贫困 的 孩子

shàngxué.
上学。

Xiànzài wǒ guó shíxíng fēiyìwù jiàoyù jiēduàn jiǎofèi shàngxué
现在 我 国 实行 非义务 教育 阶段 缴费 上学

zhìdù.
制度。

Gǎigé kāifàng yǐlái, wǒ guó chūxiànle xǔxǔduōduō mínbàn xuéxiào,
改革 开放 以来， 我 国 出现了 许许多多 民办 学校，

rú mínbàn yòu'éryuán、mínbàn xiǎoxué、mínbàn zhōngxué, hái
如 民办 幼儿园、 民办 小学、 民办 中学， 还

yǒu hěn duō mínbàn gāoxiào.
有 很 多 民办 高校。

Mínbàn xuéxiào de shōufèi yìbān dōu hěn gāo, búguò jiàoxué guǎnlǐ
民办 学校 的 收费 一般 都 很 高， 不过 教学 管理

móshì xiāngduì línghuó.
模式 相对 灵活。

Xiànzài, bùshǎo jiāzhǎng gèng yuànyì ràng zìjǐ háizi shàng gōngbàn
现在， 不少 家长 更 愿意 让 自己 孩子 上 <u>公办</u>

(mínbàn) xuéxiào.
（民办） 学校。

Nǐmen gāokǎo yào kǎo nǎ jǐ mén kēmù (kèchéng)?
你们 高考 要 考 哪 几 门 <u>科目</u> （课程）？

Сколько лет требуется для получения среднего (высшего) образования в Китае?

В каком возрасте дети начинают ходить в школу (учиться в школе) у вас в Китае?

В 1989 году у нас в Китае начали осуществлять проект 《Надежда》, который предназначен помогать бедным районам построить школы 《Надежда》, улучшить социальные условия в школах, финансировать образование детей из бедных семей за счёт добровольных пожертвований.

Теперь у нас в стране проводится платная система на этапе необязательного обучения.

После реформ и открытости в нашей стране было открыто огромное количество частных учебных заведений, такие как частные детские сады, частные начальные школы, частные средние школы, даже появилось много частных вузов.

Цена обучения в частных школах обычно очень высокая, зато там проводится сравнительно гибкая система обучения.

Теперь немало родителей предпочитают выбирать государственные (частные) учебные заведения для своих детей.

По каким дисциплинам вам нужно сдавать вступительные экзамены в вузы?

从1952年起,我国开始实行全国统一高考制度。

文革期间,我国取消了全国统一高考制度。

1977年,我国恢复了全国统一高考制度。

1988年,我国建立学位制度。

改革开放以来,我国高等学校的招生(考试)制度有了很大的改变。

目前我国基本实行各省市单独招生。

2003年起,我国开始推行自主招生政策,使全国统一高考不再是考生进入高校的唯一途径。

现在,我国部分名牌大学可以自主招生。

自主招生是我国高校招生体系改革中的一个重要步骤。

С 1952 года у нас в стране начали проводить единую всекитайскую экзаменационную систему приёма в вузы.

Во время Культурной революции у нас в стране была отменена единая всекитайская экзаменационная система приёма в вузы.

В 1977 году у нас в стране была восстановлена единая всекитайская экзаменационная система приёма в вузы.

В 1988 году у нас в стране была установлена система учёных степеней.

За годы реформ у нас в стране произошли большие изменения в системе приёма (приёмных экзаменов) в вузы.

Теперь у нас в стране в основном проводится отдельный приём студентов в каждой провинции и в каждом городе центрального подчинения.

С 2003 года у нас в стране начали проводить политику индивидуального приёма студентов, и единые всекитайские экзамены перестали быть единственным путём поступления в вузы для абитуриентов.

Теперь у нас в стране часть престижных вузов имеет право проводить индивидуальный приём студентов.

Индивидуальный приём студентов стал важным шагом в реформе системы приёма студентов в вузы нашей страны.

Zhèxiē xuésheng yǐjīng bèi bǎosòng dào……dàxué.
这些 学生 已经 被 保送 到……大学。

Tā bèi bǎosòng chūguó liúxué.
他 被 保送 出国 留学。

Zhè wèi xuésheng yǐjīng huòdé Měiguó gāoxiào de quán'é (bùfen) jiǎngxuéjīn.
这 位 学生 已经 获得 美国 高校 的 全额 (部分) 奖学金。

Xiànzài guówài yǒu xǔduō míngpái dàxué dào Zhōngguó lái zhāoshēng.
现在 国外 有 许多 名牌 大学 到 中国 来 招生。

Xiānggǎng、Àomén yě yǒu bùshǎo dàxué dào nèidì lái zhāoshēng.
香港、 澳门 也 有 不少 大学 到 内地 来 招生。

Èrshí shìjì mò, wǒguó kāishǐ shíshī "Èryāoyāo Gōngchéng", mùdì
二十 世纪 末, 我国 开始 实施 "211 工程", 目的

zàiyú miànxiàng èrshíyī shìjì, zhòngdiǎn jiànshè yìbǎi suǒ zuǒyòu
在于 面向 21 世纪, 重点 建设 100 所 左右

de gāoděng xuéxiào hé yì pī zhòngdiǎn xuékē.
的 高等 学校 和 一 批 重点 学科。

Wǒ xiào shì yí gè Èryāoyāo Gōngchéng yuànxiào.
我 校 是 一 个 211 工程 院校。

Wǒmen xuéxiào zǎoyǐ jìnrù Èryāoyāo Gōngchéng yuànxiào hángliè.
我们 学校 早已 进入 211 工程 院校 行列。

Wǒmen hěn xiǎng gēn Zhōngguó de dàxuéshēng jiànjianmiàn.
我们 很 想 跟 中国 的 大学生 见见面。

Nín zài nǎr xuéxí (dúshū)?
您 在 哪儿 学习 (读书)?

Nín zài nǎge dàxué (xuéyuàn、xì) xuéxí?
您 在 哪个 大学 (学院、系) 学习?

Nǐmen xuéyuàn (xì) péiyǎng shénmeyàng de zhuānyè réncái?
你们 学院 (系) 培养 什么样 的 专业 人才?

Dàxué bìyè hòu nín dǎsuan (xiǎng、jiāng) zài nǎr gōngzuò?
大学 毕业 后 您 打算 (想、将) 在 哪儿 工作?

Эти ученики/студенты уже рекомендованы в ... университет.

Он был рекомендован на учёбу за границу.

Этот ученик/студент уже получил полную (частичную) стипендию американского вуза на обучение.

Теперь много престижных иностранных вузов принимает студентов из Китая.

Немало сянганских и аомэньских вузов тоже принимает студентов из внутренних районов страны.

В конце 20-ого века у нас в стране начали реализовывать 《Проект 211》, который направлен на концентрацию ресурсов с целью строительства около 100 наиболее важных вузов и создания ряда ключевых учебных дисциплин, которые отвечали бы всем требованиям 21-ого века.

Наш университет является одним из вузов 《Проекта 211》.

Наш университет давно вошёл в список вузов 《Проекта 211》.

Нам очень хотелось бы встретиться с китайскими студентами.

Где вы учитесь?

В каком университете (в каком институте, на каком факультете) вы учитесь?

Каких специалистов готовит ваш институт (факультет)?

Где вы собираетесь (хотите, будете) работать после окончания университета?

我大学毕业后打算在外交部（高校、旅游局、外贸公司、政府部门）工作。

我不打算大学一毕业就开始工作，我想考研究生。

我们系有很多学生打算考研究生，有的人硕士读（念）完还要读（念）博士。

大学生有奖学金（助学金、贷款、勤工俭学）吗？

大学生有宿舍吗？

前不久这儿建了三座大学生宿舍（公寓）。

我们院每年都要邀请……个外教。

张教授学问渊博，讲课深受学生欢迎。每次他上课时，教室总是挤得满满的。

俄罗斯外教正在给学生上口语课（听力课）。

李教授带6个硕士生、2个博士生。

今天是我的博士（硕士）论文答辩（预答辩）。我

После окончания университета я собираюсь работать в Министерстве иностранных дел (вузе, турбюро, компании внешней торговли, правительстве).

Я не собираюсь начинать работать сразу после окончания университета, я хочу поступить в аспирантуру.

У нас на факультете много студентов собираются поступить в аспирантуру, некоторые из них ещё хотят учиться на доктора после окончания аспирантуры.

Получают ли студенты повышенную/именную стипендию (стипендию, ссуду, подработку)?

Студентам предоставляется общежитие?

Недавно здесь построили три студенческих общежития.

Каждый год наш институт приглашает ... иностранных преподавателей.

Профессор Чжан обладает огромной эрудицией, его лекции пользуются большим успехом у студентов. Каждый раз, когда он читает лекцию, аудитория всегда переполнена.

Русская преподавательница сейчас занимается со студентами по устной речи (аудированию).

Профессор Ли руководит 6 аспирантами и 2 докторантами.

Сегодня у меня защита (предзащита) докторской (магистерской)

fēicháng jǐnzhāng.
非常　紧张。

Nǐmen xuéxiào xuésheng shì zěnme guò jiàqī de?
你们　学校　学生　是　怎么　过　假期　的?

Xiànzài wǒmen fāzhǎn chéngrén jiàoyù, yǐ tígāo zàizhí zhígōng de
现在　我们　发展　成人　教育，以　提高　在职　职工　的

zhīshi hé yèwù shuǐpíng.
知识　和　业务　水平。

Zài wǒmen guójiā, xuésheng yì xuénián zhōng tōngcháng yǒu hánjià、
在　我们　国家，学生　一　学年　中　通常　有　寒假、

shǔjià liǎng gè chángjià. Lìngwài, háiyǒu yìxiē jiéjiàrì.
暑假　两　个　长假。另外，还有　一些　节假日。

Xuésheng zhèngzài jǐnzhāng fùxí, yíngjiē jíjiāng dàolái de qīmò
学生　正在　紧张　复习，迎接　即将　到来　的　期末

(qīzhōng) kǎoshì.
（期中）考试。

Zuìjìn, xuésheng dōu zài mángzhe zhǔnbèi cānjiā Éyǔ (Yīngyǔ)
最近，学生　都　在　忙着　准备　参加　俄语　（英语）

zhuānyè sì jí (bā jí) shuǐpíng cèshì.
专业　四级（八级）水平　测试。

Xiànzài, Zhōngguó gāoxiào yǒu bùshǎo xuésheng lìyòng yèyú shíjiān
现在，中国　高校　有　不少　学生　利用　业余　时间

qíngōngjiǎnxué (dǎgōng).
勤工俭学　（打工）。

Wǒmen xuéxiào wèi pínkùnshēng tígōng xiàonèi qíngōngjiǎnxué
我们　学校　为　贫困生　提供　校内　勤工俭学

gǎngwèi.
岗位。

Kèyú shíjiān wǒ dāng jiājiào (túshū guǎnlǐyuán、qīngjiégōng), shōurù
课余　时间　我　当　家教（图书　管理员、清洁工），收入

hái búcuò.
还　不错。

диссертации. Я очень волнуюсь.

Как проводят каникулы студенты вашего института?

Теперь мы развиваем образование взрослых, чтобы повысить уровень знания и квалификации рабочих и служащих.

У нас в стране у учащихся обычно бывают длительные каникулы два раза в год: зимой и летом. Кроме того, бывает ещё несколько праздничных выходных дней.

Студенты (ученики) напряжённо повторяют уроки, они готовятся к предстоящим семестровым (промежуточным) экзаменам.

В последние дни все студенты заняты подготовкой к тесту по русскому (английскому) языку четвёртого (восьмого) уровня для студентов-филологов.

Теперь в китайских вузах немало студентов используют свободное время для подработки.

Наш университет предоставляет малообеспеченным студентам внутриуниверситетские должности для подработки.

В свободное от занятий время я подрабатываю репетитором (библиотекарем, уборщиком) и заработок у меня неплохой.

本市为发展少年儿童校外教育创办了少年宫（少年之家），这里有绘画、音乐、舞蹈、无线电、电脑、航模等各种兴趣小组。

这所大学是名牌大学。

这所大学的教授中有很多是国内外知名的专家学者，其中，还有不少院士。

赵老师从事教育事业已经五十个春秋了。她现在是桃李满天下。

小玉兰今年进（上）幼儿园（小学、中学、大学）。

她是小学（初中、高中）二年级的学生。

我现在已经上初三（高二、大四、研一）了。

他很快就要小学（中学、大学、研究生）毕业了。

他正在准备小升初（中考、高考、考研、

В нашем городе построен пионерский дворец (дом пионеров) для развития внешкольного образования подростков и детей, здесь организованы разные кружки, например, кружок по рисованию, кружок по музыке, кружок по танцам, радиокружок, компьютерный кружок, авиамодельный кружок и т. д.

Этот университет очень известный.

Среди профессоров этого университета много специалистов и учёных, которые известны и в стране и за рубежом, в том числе ещё немало академиков.

Учительница Чжао посвятила себя преподавательскому делу уже 50 лет. Теперь её ученики работают во всех уголках страны.

В этом году маленькая Юйлань поступит в детский сад (начальную школу, среднюю школу, университет).

Она ученица второго класса начальной (низшей средней, высшей средней) школы.

Теперь я уже учусь в третьем классе низшей средней школы (во втором классе высшей средней школы, на четвёртом курсе университета/института, на первом курсе аспирантуры).

Скоро он окончит начальную школу (среднюю школу, университет, аспирантуру).

Теперь он готовится к экзаменам в низшую среднюю школу (высшую среднюю школу, вуз, аспирантуру, докторантуру).

考博)。

目前，我国的中小学生学习负担太重了。

现在，我国很多中小学生利用休息日参加各种校外补习班，什么奥数班、奥英班、奥语班、奥物班、奥化班等等，他们根本没有休息时间。

他参加世界（国家、省、市）奥林匹克物理竞赛，得了金奖（一等奖、二等奖）。

现在有很多家长非常重视孩子的素质教育，他们花费大量的时间和金钱送孩子去学钢琴（小提琴、书法、绘画）。

今年报考重点中学（普通中学、职业中学、中专、艺术学校……）的人很多，竞争相当激烈。

他以优异的成绩考取（上）了本市有名的（名牌）中学（大学、学院）。

Теперь у школьников нашей страны слишком большая учебная нагрузка.

Теперь у нас в стране много школьников используют выходные дни для учёбы на разных внешкольных дополнительных курсах. Например, на курсах по подготовке к олимпиадам по математике, английскому языку, китайскому языку, физике, химии и т. д. Поэтому у них совсем нет времени для отдыха.

Он участвовал в международной (во всекитайской, в провинциальной, в городской) олимпиаде по физике и завоевал золотую медаль (первый приз, второй приз).

Теперь многие родители уделяют большое внимание развитию способностей детей, они тратят большое количество времени и денег и водят детей на уроки игры на пианино (игры на скрипке, каллиграфии, рисования).

В этом году многие записываются на вступительные экзамены в ведущую среднюю школу (общеобразовательную среднюю школу, профессиональное училище, среднее специальное учебное заведение, художественное училище...). Конкурс довольно жёсткий.

Он поступил в известную среднюю школу (известный университет, известный институт) нашего города с отличными отметками.

张文考上了工（农、师范、林、医、化工、气象、水利……）学院。

她去年高考落榜（失败）了。今年，她终于顺利考上了外国语学院。

王芳小学（中学、初中、高中、大学）毕业了。

张文学习努力（勤奋、刻苦、用功、马马虎虎、不认真）。

他各门功课的成绩都优秀（良好、及格、不及格、很好、不错、不怎么样、不好、很差）。

他的历史课考试不及格，要补考。

请问，什么是汉语水平考试？

什么人可以参加汉语水平考试？

初、中等汉语水平考试的题量和时间是多少？

Чжан Вэня приняли в политехнический (сельскохозяйственный, педагогический, лесной, медицинский, химико-технологический, метеорологический, гидротехнический...) институт.

В прошлом году она провалилась на вступительных экзаменах в вуз. В этом году она наконец-то удачно поступила в институт иностранных языков.

Ван Фан окончила начальную школу (среднюю школу, низшую среднюю школу, высшую среднюю школу, университет).

Чжан Вэнь учится старательно (усердно, упорно, настойчиво, кое-как, несерьёзно).

По всем предметам он учится на «отлично» (на «хорошо», на «удовлетворительно», на «неудовлетворительно», очень хорошо, ничего, кое-как, плохо, очень плохо).

Он провалился на экзамене по истории, ему нужно пересдавать.

Скажите, пожалуйста, что такое Экзамен по определению уровня китайского языка?

Какие люди могут участвовать в Экзамене по определению уровня китайского языка?

Какое количество заданий на экзамене HSK начального и среднего уровня? Сколько времени отводится на экзамен?

HSK 是考试名称汉语拼音（Hànyǔ Shuǐpíng Kǎoshì）的缩写词。

汉语水平考试（HSK）是为测试母语非汉语者，包括外国人、华侨和中国国内少数民族人员的汉语水平而设立的国家级标准化考试。

现在，汉语水平考试包括四个等级：基础汉语水平考试，初、中等汉语水平考试和高等汉语水平考试。

近年来，随着中国经济的突飞猛进，越来越多的外国人学习汉语，与此同时，也有越来越多的外国人参加汉语水平测试。

目前，汉语水平考试证书已经成为进入中国高校就读的一个必备的资质证书，也是很多国家进入机构或企业就业的一个重要砝码。

HSK — это аббревиатура наименования экзамена с китайской транскрипции Hanyu Shuiping Kaoshi.

HSK — это государственный стандартизированный тест КНР для тестирования уровня владения китайским языком лицами, не являющимися носителями китайского языка, включая иностранцев, хуацяо и представителей национальных меньшинств КНР.

В настоящее время HSK включает в себя экзамены четырёх уровней: HSK базового уровня, HSK начального уровня, HSK среднего уровня и HSK высшего уровня.

В последние годы с бурным развитием экономики Китая всё больше и больше иностранцев изучают китайский язык. Между тем, иностранцев, участвующих в экзамене HSK, также становится всё больше и больше.

Теперь сертификат HSK уже стал необходимым сертификатом при поступлении на учёбу в вуз в Китае, а также важным плюсом при устройстве на работу в учреждения или на предприятия во многих странах.

一年一度的世界大学生中文比赛"汉语桥"始于2002年,旨在全球推广汉语及汉文化。

马上就要举行第……届世界大学生中文比赛了。俄罗斯来的留学生都在积极准备。"汉语桥"大赛已经成了全世界大学生学习汉语和汉文化的一个重要平台。

他在第……届"汉语桥"大赛中荣获<u>特等奖</u>(一等奖、二等奖、三等奖)。

他们被授予"汉语使者"称号。

她获得了在中国留学的机会和"中国桥"奖学金。

近年来,俄罗斯有不少城市开办了孔子学院,比如,莫斯科、圣彼得堡、海参崴、新西伯利亚等。

2006年12月,俄罗斯的第一所孔子学院

Международный конкурс по китайскому языку среди иностранных студентов 《Мост китайского языка》, который проводится раз в год, начался с 2002 года. Конкурс преследует цели распространения китайского языка и китайской культуры на всей планете.

Скоро будет ... Международный конкурс по китайскому языку среди иностранных студентов. К нему активно готовятся все студенты из России.

Конкурс 《Мост китайского языка》 уже стал важной платформой изучения китайского языка и культуры для студентов во всём мире.

На ... конкурсе 《Мост китайского языка》 он завоевал особую премию (первую премию, вторую премию, третью премию).

Им было присвоено звание 《Посланец китайского языка》.

Она получила возможность обучаться в Китае и стипендию 《Мост китайского языка》.

В последние годы во многих городах России были открыты Институты Конфуция, например, в Москве, в Санкт-Петербурге, во Владивостоке, в Новосибирске и т. д.

В декабре 2006 года первый в России Институт Конфуция был официально основан в Дальневосточном государствен-

在远东国立大学挂牌成立。孔子学院的创办宗旨在于教授汉语和传播中国文化。孔子学院总部，也就是"国家汉语国际推广领导小组办公室"（"汉办"）设在北京。

（二）会话

1

副校长：您好！欢迎您到我们学校来参观。我能代表学校来接待您，感到万分荣幸。

外宾：能有机会到贵校来参观访问，我感到非常高兴。

副校长：请问，您对什么最感兴趣，要不要先看看整个学校的布局？

外宾：当然，非常乐意。

ном университете.

Основная цель создания Института Конфуция состоит в том, чтобы преподавать китайский язык и распространять китайскую культуру.

Главное управление Институтов Конфуция, т. е. 《Канцелярия Китайской государственной руководящей группы по распространению китайского языка за рубежом》(《Ханьбань》) находится в Пекине.

(Б) *Диалоги*

1

Заместитель ректора: Здравствуйте! Добро пожаловать к нам в университет. Я очень счастлив, что имею честь принимать вас от имени университета.

Иностранный гость: Я очень рад иметь возможность посетить ваш университет.

Заместитель ректора: Скажите, пожалуйста, что вас интересует больше всего? Может быть, сначала посмотрим университет в целом?

Иностранный гость: Конечно, с большим удовольствием.

副校长：我们学校是全国重点高校之一，成立于1902年。

外宾：一开始就叫南京大学吗？

副校长：不。这是建国后的校名。我们现在有21个学院，62个系，80个专业，120多个研究所和研究中心。

外宾：贵校规模真大，真不愧是一所百年名校！

2

副校长：请进！这是我们的新图书馆，现有藏书500多万册，在我国高校中名列前茅。

外宾：贵校图书馆的藏书真丰富！你们的图书管理情况怎么样？实现自动化了吗？

Заместитель ректора: Наш университет—один из ведущих вузов страны. Он был основан в 1902 году.

Иностранный гость: Он называется Нанкинским университетом с самого начала?

Заместитель ректора: Нет. Это название он получил после образования КНР. Сейчас у нас 21 институт, 62 факультета, 80 специальностей, 120 с лишним научно-исследовательских институтов и центров.

Иностранный гость: Ваш университет имеет очень большие масштабы, это настоящий престижный университет со столетней историей.

2

Заместитель ректора: Входите, пожалуйста! Это наша новая библиотека. В настоящее время в фонде библиотеки насчитывается более 5 миллионов томов. Это одна из ведущих вузовских библиотек нашей страны.

Иностранный гость: Какой большой фонд у вас в библиотеке! А как библиотечные процессы у вас? Они уже автоматизированы?

副校长：我校图书馆已经基本实现自动化管理。读者利用OPAC系统可以非常迅速地查找和借阅图书。①另外，我们图书馆还拥有丰富的中外文电子资源。最近几年，我们正在建设数字图书馆。请看，这是我们的电子阅览室。

外宾：你们图书馆的设备相当棒。

副校长：……这幢楼原来是我们的老图书馆，现在是中外文期刊室，现有中外文报刊杂志6000多种。

外宾：这里的外文期刊真不少！有哪几种文字的？

副校长：有英文的、德文的、法文的、俄文的……

外宾：南京大学有俄语系吗？

---

① "OPAC"是一个图书馆学术语，是英语词组"Online Public Access Catalogue"（"联机公共目录查询系统"）的缩写词。

Заместитель ректора: У нас в библиотеке автоматизированы основные библиотечные процессы. Пользуясь системой OPAC[①], наши читатели могут очень быстро осуществить поиск и заказ литературы. Кроме того, наша библиотека ещё обладает богатыми электронными ресурсами как на китайском языке, так и на иностранных языках. В последние годы мы строим цифровую библиотеку. Посмотрите, пожалуйста, это наш электронный читальный зал.

Иностранный гость: Ваша библиотека очень хорошо оборудована.

Заместитель ректора: В этом здании раньше была расположена наша старая библиотека, а теперь в ней находится Зал китайских и иностранных периодических изданий. В настоящее время он располагает 6000 с лишним наименований газет и журналов на китайском и иностранных языках.
Иностранный гость: Как много здесь иностранных изданий! На каких языках они?
Заместитель ректора: На английском, немецком, французском, русском...
Иностранный гость: В Нанкинском университете есть факультет русского языка?

[①] "OPAC" — это один из терминов библиотековедения, он является аббревиатурой от английского словосочетания "Online Public Access Catalogue" (Онлайновый библиографический каталог открытого доступа).

Fùxiàozhǎng: Yǒu. Wǒ xiào de Éluósī Yǔyán Wénxuéxì chénglì yú
副校长： 有。我 校 的 俄罗斯 语言 文学系 成立 于

jiànguó qián, shì wǒguó gāoxiào zhōng zuì lǎo de Éyǔ yuànxì
建国 前， 是 我国 高校 中 最 老 的 俄语 院系

zhī yī.
之一。

Wàibīn: Wǒ néngbunéng cānguān yíxià Éyǔ xì?
外宾： 我 能不能 参观 一下 俄语 系？

Fùxiàozhǎng: Dāngrán kěyǐ.
副校长： 当然 可以。

3

Wàibīn: Qiánmiàn nà zhuàng lóu zhēn piàoliang, yě shì Nánjīng Dàxué
外宾： 前面 那 幢 楼 真 漂亮， 也 是 南京 大学

de ma?
的 吗？

Fùxiàozhǎng: Shì de. Zhè shì Zhōng-Měi Wénhuà Yánjiū Zhōngxīn, shì
副校长： 是 的。这 是 中美 文化 研究 中心， 是

wǒmen Nánjīng Dàxué hé Měiguó Yuēhànsī · Huòpǔjīnsī Dàxué hé
我们 南京 大学 和 美国 约翰斯 · 霍普金斯 大学 合

bàn de yígè yánjiū Zhōngguó wénhuà hé Měiguó wénhuà de
办 的 一个 研究 中国 文化 和 美国 文化 的

jīgòu.
机构。

Wàibīn: Xuésheng dōu shì xiē shénme rén?
外宾： 学生 都 是 些 什么 人？

Fùxiàozhǎng: Dōu shì kǎo lái de dàxué bìyèshēng, yíbànr shì
副校长： 都 是 考 来 的 大学 毕业生， 一半儿 是

Zhōngguórén, yíbànr shì Měiguórén. Yóu Zhōng-Měi liǎngguó de
中国人， 一半儿 是 美国人。 由 中美 两国 的

jiàoshòu gòngtóng zhíjiào.
教授 共同 执教。

Заместитель ректора: Есть. Факультет русского языка и литературы нашего университета был основан до образования КНР. Это один из старейших факультетов русского языка в вузах нашей страны.

Иностранный гость: Могу ли я посетить факультет русского языка?

Заместитель ректора: Конечно.

3

Иностранный гость: Вон то здание впереди очень красивое. Оно тоже принадлежит Нанкинскому университету?

Заместитель ректора: Да. Это Научно-исследовательский центр китайской и американской культур. Он представляет собой заведение, созданное Нанкинским университетом совместно с университетом Джонса Хопкинса из Соединённых Штатов Америки. Центр занимается изучением китайской и американской культур.

Иностранный гость: А кто там учится?

Заместитель ректора: Выпускники вузов, сдавшие вступительные экзамены в центр. Половину составляют китайцы, половину — американцы. Преподают здесь и китайские профессора, и американские.

Wàibīn: Nà jiàoshī yòng shénme yǔyán jiǎngkè ne?
外宾：那 教师 用 什么 语言 讲课 呢？

Fùxiàozhǎng: Yòng Hàn Yīng liǎng zhǒng yǔyán jiǎngkè, yīncǐ yāoqiú
副校长： 用 汉 英 两 种 语言 讲课，因此 要求
xuésheng bìxū jīngtōng zhè liǎng zhǒng yǔyán.
学生 必须 精通 这 两 种 语言。

Wàibīn: Zhè dàoshì yì zhǒng xīnxíng de jiàoyù jīgòu, hěn yǒu
外宾：这 倒是 一 种 新型 的 教育 机构，很 有
yìsi.
意思。

4

Wáng Píng: Yú Hóng, nǐ érzi yě zài zhèr shàng yòu'éryuán?
王 萍：余 红，你 儿子 也 在 这儿 上 幼儿园？

Yú Hóng: Shì de, tā dōu yǐjīng shàng zhōngbān le.
余 红：是 的，他 都 已经 上 中班 了。

Wáng Píng: Wǒ nǚ'ér cái shàng tuōbān. Nǐ juéde zhège yòu'éryuán
王 萍：我 女儿 才 上 托班。你 觉得 这个 幼儿园
zěnmeyàng?
怎么样？

Yú Hóng: Tǐng búcuò. Zhège yòu'éryuán de lǎoshī dàdōu
余 红：挺 不错。这个 幼儿园 的 老师 大都
duōcáiduōyì, jiāo xiǎohái yě hěn yòngxīn. Zhèli de xiǎohái
多才多艺，教 小孩 也 很 用心。这里 的 小孩
jīběnshàng dōu nénggēshànwǔ, yǒuxiē xiǎohái huàhuàr yě
基本上 都 能歌善舞，有些 小孩 画画儿 也
xiāngdāng bàng.
相当 棒。

Wáng Píng: Shì ma? Wǒ dàoshì juéde, zhè hé jiāzhǎng de xīnkǔ yě
王 萍：是 吗？我 倒是 觉得，这 和 家长 的 辛苦 也
shì fēnbukāi de. Wǒ tīngshuō, yǒu bùshǎo jiāzhǎng sòng xiǎohái
是 分不开 的。我 听说，有 不少 家长 送 小孩

Иностранный гость: На каком языке ведут занятия преподаватели?

Заместитель ректора: На двух языках, и на китайском и на английском. Поэтому от студентов требуется прекрасное знание обоих языков.

Иностранный гость: Это учебное заведение совершенно нового типа, оно весьма интересное.

4

Ван Пин: Юй Хун, твой сынок тоже ходит в этот садик?

Юй Хун: Да, он уже ходит в среднюю группу.

Ван Пин: А моя дочка только начала ходить в ясельную группу. Что ты думаешь об этом садике?

Юй Хун: Очень неплохой садик. Здесь большинство воспитательниц обладают разносторонними способностями, они учат детей очень старательно. Здесь почти все дети умеют хорошо петь и танцевать, некоторые из них ещё прекрасно рисуют.

Ван Пин: Правда? А мне кажется, что это тоже благодаря стараниям родителей. Я слышала, что немало родителей водят своего ребёнка на разные внеаудиторные курсы, например, курсы

在外面上各种培训班,什么画画儿、
跳舞、唱歌、英语、游泳等等,可费心啦。

余 红:你说得也有道理。都是独生子女,哪个
家长不是望子成龙呢!

5

张 珍:我把儿子送到……学校去读书了。这个
学校实行小班上课,老师非常负责,
因材施教搞得相当好。

赵美菱:我听说,除了教学外,这个学校素质
教育也抓得很好。

张 珍:我送儿子上这个学校就是为了这一
点。从小抓孩子的素质教育很重要,这
对于他以后的成才很有好处。

赵美菱:看来,我也应该把女儿送到这个学校
读书。现在许多学校只抓学习,从小就搞
题海战术,孩子根本没有童年的快乐。

по рисованию, танцам, пению, английскому языку, плаванию и т. д., они тратят на это много сил.

Юй Хун: Ты в чём-то права. Ведь каждый ребёнок единственный в семье, именно поэтому все родители хотят воспитать из него талантливого человека!

5

Чжан Чжэнь: Я повела сына в школу... на учёбу. Там проводятся уроки в маленьких группах, учителя очень ответственные, они прекрасно обучают детей в соответствии с их способностями.

Чжао Мэйлин: Я слышала, что кроме обучения, в этой школе большое внимание уделяют также способностям и наклонностям детей.

Чжан Чжэнь: Именно поэтому я повела сына в эту школу. С детства воспитывать способности и развивать талант у ребёнка весьма важно, это пойдёт ему на пользу для того, чтобы он потом стал талантливым человеком.

Чжао Мэйлин: Пожалуй, мне тоже стоит отдать дочку в эту школу учиться. Теперь во многих школах все силы сосредоточены только на обучении, с детства применяется тактика «море заданий», которая отнимает у детей детство.

6

Sūn Wénlín: Xiànzài wǒguó zhōngxiǎoxuéshēng xuéxí fùdān tài zhòng,
孙 文霖： 现在 我国 中小学生 学习 负担 太 重，
tǐzhì dōu zài míngxiǎn xiàjiàng.
体质 都 在 明显 下降。

Zhōu Xiǎoyǎ: Hěnduō jiāzhǎng hé lǎoshī dōu yǐjīng gǎndàole zhège
周 小雅： 很多 家长 和 老师 都 已经 感到了 这个
wèntí de yánzhòngxìng. Wǒguó de jiàoyù tǐzhì bìxū gǎigé, bù
问题 的 严重性。 我国 的 教育 体制 必须 改革，不
néng shàngxué jiù shì wèile kǎo dàxué.
能 上学 就 是 为了 考 大学。

Sūn Wénlín: Qiānjūnwànmǎ guò dúmùqiáo. Gè xuéxiào dōu zài
孙 文霖： 千军万马 过 独木桥。 各 学校 都 在
bǐ shēngxuélǜ, nòngde jiàoshī zhǐnéng yìménxīnsi zhuā
比 升学率， 弄得 教师 只能 一门心思 抓
xuésheng de xuéxí. Xuésheng zhīshimiàn tài zhǎi, tāmen
学生 的 学习。 学生 知识面 太 窄， 他们
gēnběn méiyǒu shíjiān kàn kèwàishū, yě méiyǒu shíjiān
根本 没有 时间 看 课外书， 也 没有 时间
cānjiā shèhuì shíjiàn. Zhè shì wǒguó mùqián jiàoyù fāngmiàn
参加 社会 实践。 这 是 我国 目前 教育 方面
de zuì dà wèntí.
的 最 大 问题。

Zhōu Xiǎoyǎ: Búguò, nǐ yě búyòng bēiguān. Xiànzài wǒguó yǐjīng
周 小雅： 不过， 你 也 不用 悲观。 现在 我国 已经
kāishǐ jìnxíng jiàoyù tǐzhì gǎigé, wǒ xiāngxìn yíqiè dōu huì hǎo
开始 进行 教育 体制 改革，我 相信 一切 都 会 好
qǐlái de.
起来 的。

6

Сунь Вэньлинь: Теперь у школьников нашей страны ужасно тяжёлая учебная нагрузка, в связи с чем у них заметно ухудшается здоровье.

Чжоу Сяо-я: Многие родители и учителя уже ощущают серьёзность этого вопроса. Система образования нашей страны нуждается в реформе. Нельзя допустить, чтобы поступление в вуз стало единственной целью учёбы.

Сунь Вэньлинь: 《Через мостик из одного бревна переходят тысячи солдат》. Все школы соревнуются в проценте поступления выпускников в вуз, и учителя вынуждены сосредоточить все мысли и силы на обучении учеников. Знания у учеников слишком ограниченные, им некогда заниматься внеаудиторным чтением, некогда проходить общественную практику. Вот в чём состоит основной недостаток в образовании нашей страны.

Чжоу Сяо-я: Однако тебе незачем быть пессимистом. Теперь у нас в стране уже начали проводить реформу системы образования, и я уверена, что всё будет хорошо.

Shíqī、Huìyì
十七、会议

(Yī) Chángyòngyǔ
(一) 常用语

Shí yuè èrshíwǔ rì zhì èrshíbā rì, Nánjīng Dàxué jiāng yào jǔbàn
10 月 25 日 至 28 日，南京 大学 将 要 举办
dì……jiè Zhōngguó Éyǔ Yǔyán Wénhuà Yántǎohuì.
第……届 中国 俄语 语言 文化 研讨会。

Zhè shì……xuéshù huìyì（yántǎohuì）de dì yī cì（dì èr cì、zuìhòu）
这 是…… 学术 会议（研讨会）的 第一次（第二 次、最后）
tōngzhī.
通知。

Yuànyì cānjiā……yántǎohuì（lùntán）de lǎoshī hé yánjiūshēng qǐng zài
愿意 参加……研讨会（论坛）的 老师 和 研究生 请 在
liù yuè shí'èr hào yǐqián dào mìshū nàli bàomíng.
6 月 12 号 以前 到 秘书 那里 报名。

Nǎwèi（shéi）yuànyì cānjiā……yántǎohuì?
哪位（谁）愿意 参加……研讨会？

Huìyì yóu shénme（nǎge）dānwèi zhǔbàn?
会议 由 什么（哪个）单位 主办？

Xūyào tíjiāo lùnwén（lùnwén zhāiyào）ma?
需要 提交 论文（论文 摘要）吗？

Huìyì zài shénme dìfang kāi?
会议 在 什么 地方 开？

Huìyì bàomíng shénme shíhou jiézhǐ?
会议 报名 什么 时候 截止？

17. Конференции

(А) *Общеупотребительные выражения и фразы*

С 25 по 28 октября в Нанкинском университете состоится Всекитайская конференция 《Русский язык и культура》... созыва.

Это первое (второе, финальное) извещение о конференции 《...》.

Преподавателей и аспирантов, которые желают принять участие в конференции (форуме) 《...》, просим подать заявку секретарю до 12 июня.

Кто хочет участвовать в конференции 《...》?

Какое учреждение организует конференцию?

Нужно ли представить статью (реферат статьи)?

Где будет проходить конференция?

Когда кончится приём заявок на участие в конференции?

会议要开多长时间（几天）？

会议主题是什么？

会议有哪些议题？

这是国际性的研讨会吗？

会议主办单位是黑龙江大学俄语中心。

大会协办单位有……

大会主题为"俄语语言文化学的理论与实践"。届时将邀请俄罗斯著名语言学专家作大会主题发言。

本次会议工作语言为汉语和俄语（英语）。

欢迎中外专家学者（包括在读博士、硕士研究生）参加本次国际学术研讨会。

提交学术会议的论文必须是尚未正式发表的。

请与会代表通过E-mail将中文发言稿全文发送到指定电子邮箱，并请附上

Сколько времени (дней) продлится конференция?

На какую тему конференция?

Какие разделы включает тематика конференции?

Это международная конференция?

Организатором конференции является Центр русского языка при Хэйлунцзянском университете.

Содействующие организаторы конференции: ...

Тема конференции—《Теория и практика русской лингвокультурологии》. В установленное время будут приглашать известных русских лингвистов выступить с докладами на конференции.

Рабочие языки нашей конференции—китайский и русский (английский) языки.

Китайские и иностранные специалисты и учёные (включая докторантов и аспирантов), добро пожаловать на нашу международную конференцию!

Статьи, представленные на конференцию, должны быть ещё не опубликованными.

Просим участников конференции прислать полный текст доклада на китайском языке по электронной почте по данному адресу и приложить реферат на русском языке

liǎngbǎi cí yǐnèi de Éwén zhāiyào.
200 词以内的俄文摘要。

Qǐng gè wèi yùhuì dàibiǎo zhǔnbèi fāyán yòng de PPT, bìng zuì chí
请各位与会代表准备发言用的PPT,并最迟
zài yántǎohuì kāishǐ qián shí tiān nèi jiāng PPT tíjiāo gěi
在研讨会开始前10天内将PPT提交给
huìwùzǔ.
会务组。

Wǒ shōu dào le ⋯⋯ xuéshù huìyì(yántǎohuì)de tōngzhī(yāoqǐngxìn).
我收到了⋯⋯学术会议(研讨会)的通知(邀请信)。

Wǒ zuìjìn yàodào Běijīng qù cānjiā yí gè kēxué tǎolùn(jìshù jiàndìng)
我最近要到北京去参加一个科学讨论(技术鉴定)
huì.
会。

Huìyì jiāng zài Mòsīkē zhàokāi(jǔxíng).
会议将在莫斯科召开(举行)。

Cānjiā huìyì de rén yāoqiú zài sì yuè shí rì yǐqián bàodào.
参加会议的人要求在4月10日以前报到。

Cānjiā zhè cì huìyì de yǒu láizì quánguó wǔshí suǒ gāoxiào
参加这次会议的有来自全国50所高校
(shìjiè èrshí gè guójiā)de zhuānjiā、xuézhě.
(世界20个国家)的专家、学者。

Bàodàochù shè zài ⋯⋯ bīnguǎn(fàndiàn).
报到处设在⋯⋯宾馆(饭店)。

Huìyì yào kāi yí gè xīngqī zuǒyòu.
会议要开一个星期左右。

Huìyì de jùtǐ ānpái qǐng kàn rìchéngbiǎo.
会议的具体安排请看日程表。

Gè wèi láibīn, nǚshìmen、xiānshengmen, dàjiā qǐng zhùyì.
各位来宾,女士们、先生们,大家请注意。

максимум 200 слов.

Просим всех участников сделать презентацию PPT своего доклада и представить её оргкомитету не позже чем за 10 дней до открытия конференции.

Я получил(-ла) извещение о научной конференции (приглашение на научную конференцию) «...».

В ближайшее время я поеду в Пекин для участия в научной дискуссии (технической экспертизе).

Конференция состоится в Москве.

Участники конференции должны прибыть не позднее 10 апреля.

В этой конференции участвуют специалисты и учёные из 50 вузов страны (20 стран мира).

Регистрация будет проходить в гостинице (ресторане)...

Конференция продлится около недели.

Порядок работы конференции можно узнать из программы.

Уважаемые гости, дамы и господа, прошу внимания.

尊敬的各位专家、学者（老师），大家好。

我宣布……研讨会正式开始。

今天会议的（执行）主席（主持人）是……先生。

请……先生致开幕词（闭幕词）。

请允许我代表……向所有与会代表表示热烈欢迎！

预祝大会圆满成功！

今天上午将有三位代表在大会上发言。

……教授将要在会上作报告。

现在请……先生发言（讲话）。

现在开始讨论，请（希望）大家踊跃发言（畅所欲言）。

现在自由发言。

下午进行分组讨论。第一（二、三）组由……教授主持。

Уважаемые специалисты и учёные (преподаватели), здравствуйте.

Я объявляю конференцию ... открытой.

Сегодня (исполняющим) председателем (ведущим) конференции является господин ...

Вступительное (заключительное) слово предоставляется господину...

Разрешите мне от имени ... горячо поприветствовать всех участников конференции.

Желаю конференции успешной и плодотворной работы!

Сегодня утром на конференции будут выступать три участника.

Профессор ... будет выступать с докладом на конференции.

Теперь слово предоставляется господину...

Теперь начинаем дискуссию. Прошу всех активно участвовать в обсуждении (хотелось бы, чтобы каждый высказал своё мнение).

Теперь свободные выступления.

После обеда будет обсуждение в секциях. Руководителем первой (второй, третьей) секции будет профессор...

Xiànzài qǐng gè xiǎozǔ fùzérén zuò tǎolùn zǒngjié fāyán.
现在 请 各 小组 负责人 作 讨论 总结 发言。

Qǐng……zuò zhòngyào zhǐshì.
请…… 作 重要 指示。

Nín yǒu shénme jiànyì (tíyì), qǐng jiǎng.
您 有 什么 建议（提议），请 讲。

Zhǔxí xiānsheng, wǒ xiǎng fāyán.
主席 先生，我 想 发言。

Wǒ dàibiǎo……gōngsī (……guójì zǔzhī、……bù).
我 代表…… 公司（…… 国际 组织、……部）。

Wǒ yǒu jǐ diǎn yìjiàn (jǐ gè wèntí).
我 有 几 点 意见（几 个 问题）。

Wǒ tóngyì (zànchéng).
我 同意 （赞成）。

Wǒ fǎnduì (kàngyì、qìquán、bǎoliú yìjiàn).
我 反对（抗议、弃权、保留 意见）。

Wǒ zhīchí (zàntóng)……de kànfǎ.
我 支持（赞同）…… 的 看法。

Wǒ bù tóngyì (fǎnduì)……de yìjiàn.
我 不 同意（反对）…… 的 意见。

Wǒ bù tóngyì zhèyàng tíchū wèntí.
我 不 同意 这样 提出 问题。

Qǐng bǎ tā (tā) de tíyì jìlù xiàlái.
请 把 他（她）的 提议 记录 下来。

Xiànzài wǒmen (jǔ shǒu) biǎojué.
现在 我们（举手）表决。

Biǎojué jiéguǒ rúhé (zěnmeyàng)?
表决 结果 如何（怎么样）?

Qǐng……chàngpiào (tǒngjì piàoshù).
请…… 唱票（统计 票数）。

Теперь мы предоставляем слово руководителям секций с изложением итогов обсуждения.

Просим ... дать важные указания.

Какое у вас предложение? Скажите, пожалуйста!

Господин председатель, прошу слова.

Я представляю фирму ... (международную организацию по..., министерство ...).

У меня есть несколько замечаний (вопросов).

Я за.

Я против (протестую, воздерживаюсь, настаиваю на своём).

Я разделяю ... мнение.

Я возражаю против ... мнения.

Я против такой постановки вопроса.

Внесите, пожалуйста, его (её) предложение в протокол.

Теперь давайте проголосуем (поднятием руки).

Каковы результаты голосования?

Просим ... огласить (подсчитать) голоса.

Qǐng……xuānbù tóupiào jiéguǒ.
请……宣布 投票 结果。

Biǎojué jiéguǒ rú xià…… piào zànchéng……piào fǎnduì……piào
表决 结果 如 下…… 票 赞成 ……票 反对 ……票

qìquán。
弃权。

Shǎoshù fúcóng duōshù.
少数 服从 多数。

Tíyì（yǐ duōshù piào、yǐ juédàduōshù piào、yǐ yādǎoxìng duōshù
提议（以 多数 票、以 绝大多数 票、以 压倒性 多数

piào、yízhì） tōngguò（fǒujué）.
票、一致） 通过 （否决）。

Xiànzài shì xiūxi（cháxiē）shíjiān.
现在 是 休息（茶歇）时间。

Xiànzài yǒuqǐng……xiānsheng jìnxíng dàhuì zǒngjié fāyán.
现在 有请…… 先生 进行 大会 总结 发言。

Wǒmen de huìyì kāide hěn chénggōng.
我们 的 会议 开得 很 成功。

Qǐng yǔnxǔ wǒ dàibiǎo suǒyǒu yùhuì rényuán xiàng dàhuì zhǔbàn
请 允许 我 代表 所有 与会 人员 向 大会 主办

dānwèi……、xiàng huìwùzǔ quántǐ chéngyuán biǎoshì zhōngxīn
单位……、向 会务组 全体 成员 表示 衷心

gǎnxiè.
感谢。

Xiànzài wǒ xuānbù……huìyì yuánmǎn jiéshù（shènglì bìmù）.
现在 我 宣布…… 会议 圆满 结束（胜利 闭幕）。

Просим ... объявить результаты голосования.

Результаты голосования: ... голосов 《За》, ... голосов 《Против》, ... голосов 《Воздерживаюсь》.

Меньшинство подчиняется большинству.

Предложение (большинством голосов, абсолютным большинством голосов, подавляющим большинством голосов, единогласно) <u>принято</u> (отвергнуто).

Сейчас <u>перерыв</u> (кофе-брейк).

Теперь мы просим господина ... выступить с подведением итогов конференции.

Наша конференция прошла очень успешно.

Разрешите мне от имени всех участников выразить сердечную благодарность основному организатору конференции ... и всем членам оргкомитета.

Сейчас я объявляю нашу конференцию 《...》 <u>успешно завершённой</u>.

(Èr) Huìhuà
(二) 会话

1

Xìzhǔrèn: Huáng jiàoshòu, wǒmen shōudàole yì fēng cānjiā guójì
系主任：黄 教授，我们 收到了 一 封 参加 国际

xuéshù huìyì de yāoqǐngxìn. Wǒmen juédìng qǐng nín cānjiā.
学术 会议 的 邀请信。我们 决定 请 您 参加。

Huáng jiàoshòu: Huìyì zhǔtí shì shénme?
黄 教授：会议 主题 是 什么？

Xìzhǔrèn: Dàhuì zhǔtí shì "Duìwài Éyǔ Jiàoxué Lǐlùn yǔ Shíjiàn".
系主任：大会 主题 是 "对外 俄语 教学 理论 与 实践"。

Huáng jiàoshòu: Dōu yǒuxiē shénme rén cānjiā?
黄 教授：都 有些 什么 人 参加？

Xìzhǔrèn: Gè guó Éyǔ jiàoxuéfǎ de zhuānjiā、xuézhě. Nín shì wǒmen
系主任：各 国 俄语 教学法 的 专家、学者。您 是 我们

xuéxiào Éyǔ jiàoxuéfǎ fāngmiàn de quánwēi, suǒyǐ wǒmen
学校 俄语 教学法 方面 的 权威，所以 我们

juédìng qǐng nín cānjiā zhège guójì yántǎohuì.
决定 请 您 参加 这个 国际 研讨会。

Huáng jiàoshòu: Quánwēi gēnběn tánbushàng, búguò wǒ quèshí hěn gǎn
黄 教授：权威 根本 谈不上，不过 我 确实 很 感

xìngqù. Wǒmen cānjiā zhè zhǒng guójì huìyì de jīhuì tài shǎo
兴趣。我们 参加 这 种 国际 会议 的 机会 太 少

le.
了。

Xìzhǔrèn: Suǒyǒu yùhuìzhě bìxū xiàng dàhuì tíjiāo lùnwén, hái yào
系主任：所有 与会者 必须 向 大会 提交 论文，还 要

zhǔnbèi dàhuì fāyán yòng de PPT.
准备 大会 发言 用 的 PPT。

(Б) *Диалоги*

1

Декан: Мы получили приглашение на участие в международной конференции. Мы решили попросить вас принять участие в ней.

Профессор Хуан: Какая тема конференции?

Декан: Тема конференции: 《Теория и практика РКИ》.

Профессор Хуан: А кто будет участвовать?

Декан: Специалисты и учёные по методике обучения русскому языку из разных стран. Вы авторитет в методике обучения русскому языку в нашем университете, поэтому мы решили попросить вас участвовать в этой международной конференции.

Профессор Хуан: Я вовсе не авторитет, зато я действительно очень интересуюсь этой проблемой. У нас возможностей участвовать в таких международных конференциях слишком мало.

Декан: Все участники должны представить на конференцию статью и приготовить презентацию PPT для выступления.

Huáng jiàoshòu: Huìyì shénme shíhou kāi? Zài nǎli kāi? Dàhuì gōngzuò
黄　教授：会议　什么　时候　开？在　哪里　开？大会　工作

yǔyán shì Éyǔ ma?
语言　是　俄语　吗？

Xìzhǔrèn: Éyǔ hé Yīngyǔ. Liù gè yuè hòu zài Shèngbǐdébǎo kāi, nín
系主任：俄语　和　英语。六　个　月　后　在　圣彼得堡　开，您

wánquán láidejí zhǔnbèi.
完全　来得及　准备。

Huáng jiàoshòu: Wǒ jìnliàng ba. Gǎigé kāifàng sānshí nián yǐlái, wǒ
黄　教授：我　尽量　吧。改革　开放　三十　年　以来，我

guó Éyǔ jiàoxuéfǎ de yánjiū gōngzuò fāzhǎn hěn kuài,
国　俄语　教学法　的　研究　工作　发展　很　快，

tóngkhángmen jìnxíngle xǔduō xīn de chángshì, wǒmen zìjǐ yě
同行们　进行了　许多　新　的　尝试，我们　自己　也

yǒu yìxiē xīn de tǐhuì. Xīwàng zài zhè cì dàhuì shàng néng xué
有　一些　新　的　体会。希望　在　这　次　大会　上　能　学

dào gèng duō de xīn de Éyǔ jiàoxué lǐlùn hé fāngfǎ. Tài hǎo
到　更　多　的　新　的　俄语　教学　理论　和　方法。太　好

le, wǒ hái kěyǐ shùnbiàn hǎohāor cānguān cānguān Běifāng
了，我　还　可以　顺便　好好儿　参观　参观　北方

Wēinísī.
威尼斯。

2

A: Nǚshìmen, xiānshengmen! Qǐng dàjiā zuò hǎo. Huìyì jiù yào kāishǐ
女士们，　先生们！　请　大家　坐　好。会议　就　要　开始

le. Xiànzài wǒ xuānbù huìyì zhèngshì kāishǐ. Jīntiān huìyì de
了。现在　我　宣布　会议　正式　开始。今天　会议　的

zhíxíng zhǔxí shì Hé Dàmíng xiānsheng.
执行　主席　是　何　大明　先生。

B: Zhǔxí xiānsheng, wǒ yāoqiú fāyán.
主席　先生，我　要求　发言。

Профессор Хуан: Когда будет конференция? Где? Рабочим языком конференции будет русский?

Декан: Русский и английский. Через 6 месяцев конференция состоится в Санкт-Петербурге. Вы вполне успеете подготовиться.

Профессор Хуан: Я постараюсь. За 30 лет реформ и открытости научно-исследовательская работа по методике преподавания русского языка в нашей стране получила стремительное развитие. Коллеги предприняли много новых попыток, и у нас тоже имеются кое-какие новые мысли по этому поводу. Надеюсь, что на этой конференции смогу ознакомиться с новыми теориями и методами обучения русскому языку. Замечательно, что мне заодно предоставляется возможность осмотреть Северную Венецию.

2

А: Дамы и господа! Займите свои места, пожалуйста. Начинается собрание. Объявляю собрание открытым. Сегодня на собрании председательствует господин Хэ Дамин.

В: Господин председатель, я прошу слова.

A：Xiànzài qǐng Lǐ Yì xiānsheng fāyán.
现在 请 李 义 先生 发言。

B：Wǒ dàibiǎo Wùlǐ Huàxué Yánjiūsuǒ tántan wǒmen de yìjiàn.
我 代表 物理 化学 研究所 谈谈 我们 的 意见。

A：Xiànzài kāishǐ tǎolùn, qǐng dàjiā yǒngyuè fāyán.
现在 开始 讨论，请 大家 踊跃 发言。

C：Wǒ yǒu jǐ diǎn yìjiàn.
我 有 几 点 意见。

D：Wǒ yǒu ge jiànyì……
我 有 个 建议……

E：Wǒ bù tóngyì zhèyàng tíchū wèntí.
我 不 同意 这样 提出 问题。

F：Wǒ rènwéi zhège yìjiàn shì duì de.
我 认为 这个 意见 是 对 的。

A：Tǎolùn dào cǐ jiéshù. Xiànzài biǎojué. Tóngyì de, qǐng jǔ shǒu.
讨论 到 此 结束。现在 表决。同意 的，请 举 手。

Hǎo, yízhì tōngguò. Xiànzài qǐng Zhāng Wén jiàoshòu zhì
好，一致 通过。现在 请 张 文 教授 致

bìmùcí.
闭幕词。

G：Zhè cì huìyì kāide hěn chénggōng, dàjiā tǎolùnde hěn rèliè,
这 次 会议 开得 很 成功， 大家 讨论得 很 热烈，

chōngfèn de fābiǎole zìjǐ de yìjiàn…… Wǒ de huà wán le,
充分 地 发表了 自己 的 意见…… 我 的 话 完 了，

xièxie dàjiā.
谢谢 大家。

A：Xiànzài wǒ xuānbù huìyì yuánmǎn jiéshù.
现在 我 宣布 会议 圆满 结束。

3

Lǐ jiàoshòu：Zhāng jiàoshòu, hǎojiǔ méi kàn dào nǐ le. Nǐ chūchāi le
李 教授：张 教授，好久 没 看 到 你 了。你 出差 了

A: Сейчас слово имеет господин Ли И.

B: Я хочу сказать несколько слов от имени Физико-химического института.

A: Начнём обсуждение. Прошу всех активно высказывать свою точку зрения.

C: У меня несколько замечаний.

D: У меня есть предложение, ...

E: Я не согласен с такой постановкой вопроса.

F: Я считаю это мнение правильным.

A: Обсуждение на этом закончено. Теперь переходим к голосованию. Кто за, поднимите руку. Хорошо, принято единогласно. Теперь заключительное слово предоставляется профессору Чжан Вэню.

G: Собрание прошло очень успешно. Все активно обсуждали поставленные проблемы, высказали своё мнение. ... Всё. Спасибо за внимание.

A: Объявляю собрание закрытым.

3

Профессор Ли: Профессор Чжан, давно тебя не видел. Ты был в

ma?
吗?

Zhāng jiàoshòu: Shì de. Wǒ dào Hēilóngjiāng Dàxué qù kāi le ge huì.
张 教授：是 的。我 到 黑龙江 大学 去 开 了 个 会。

Lǐ jiàoshòu: Shénme huì?
李 教授：什么 会?

Zhāng jiàoshòu: Shì yí gè xuéshù yántǎohuì. Dàhuì zhǔtí shì "Éyǔ
张 教授：是 一 个 学术 研讨会。大会 主题 是 "俄语

Yǔyánxué Yánjiū Xiànzhuàng hé Qiánzhān".
语言学 研究 现状 和 前瞻"。

Lǐ jiàoshòu: Cānjiā huìyì de rén duō ma?
李 教授：参加 会议 的 人 多 吗?

Zhāng jiàoshòu: Huìyì guīmó xiāngdāng dà. Yǒu wǔshí duō wèi zhuānjiā
张 教授：会议 规模 相当 大。有 50 多 位 专家

xuézhě cānjiāle huìyì, láizì quánguó sānshí duō suǒ gāoxiào.
学者 参加了 会议，来自 全国 30 多 所 高校。

Háiyǒu bùshǎo Éluósī zhuānjiā.
还有 不少 俄罗斯 专家。

Lǐ jiàoshòu: Ò, kànlái, zhè shì yí gè guójìxìng de xuéshù huìyì.
李 教授：哦，看来，这 是 一 个 国际性 的 学术 会议。

Zhāng jiàoshòu: Shì de. Xiànzài dàduōshù xuéshù huìyì dōu shì
张 教授：是 的。现在 大多数 学术 会议 都 是

guójìxìng de. Zhè duì wǒmen liǎojiě guónèiwài xuéshù dòngtài hěn
国际性 的。这 对 我们 了解 国内外 学术 动态 很

yǒu hǎochu.
有 好处。

Lǐ jiàoshòu: Nǐ zài dàhuì shàng fāyán le ma?
李 教授：你 在 大会 上 发言 了 吗?

Zhāng jiàoshòu: Shì de. Jīhū měi gè dàibiǎo dōu zuòle dàhuì fāyán.
张 教授：是 的。几乎 每 个 代表 都 作了 大会 发言。

Hòulái, hái jìnxíngle xiǎozǔ tǎolùn.
后来，还 进行了 小组 讨论。

командировке?

Профессор Чжан: Да. Я ездил в Хэйлунцзянский университет на конференцию.

Профессор Ли: На какую конференцию?

Профессор Чжан: Это была научная конференция. Тема конференции: 《Нынешнее состояние и перспективы русской лингвистики》.

Профессор Ли: Участников было много?

Профессор Чжан: Масштаб конференции был довольно большим. В конференции принимали участие больше 50 специалистов и учёных из 30 с лишним вузов нашей страны. Были ещё немало российских специалистов.

Профессор Ли: Так это была международная конференция.

Профессор Чжан: Да. Теперь большинство конференций с участием международных специалистов. Это даёт нам хороший шанс ознакомиться с научными тенденциями в стране и за рубежом.

Профессор Ли: Ты выступал с речью на конференции?

Профессор Ли: Да. Почти все участники выступали с речью на конференции. Потом ещё было обсуждение в секциях.

李教授：怎么样？收获很大吧？

张教授：是的。认识了很多新朋友，还获得了大量新的信息。不过，我发现，研讨会上绝大多数人都用了PPT，发言效果明显好得多。我准备以后好好儿学学PPT的制作。

李教授：是吗？看来，我也应该好好儿学学。否则，我们这些老夫子太落伍了。

Профессор Ли: Ну и как? Было много полезной и интересной информации?

Профессор Чжан: Да. Познакомился со многими новыми друзьями, получил большое количество новой информации. Но я заметил, что на конференции подавляющее большинство участников пользовались презентацией PPT, их выступления были намного удачнее. Я собираюсь потом научиться делать презентацию в Power Point как следует.

Профессор Ли: Да? Пожалуй, мне тоже надо учиться этому новшеству как следует. А то мы, старые педанты, ужасно отстаём от времени.

十八、贸易 (Shíbā、Màoyì)

（一）常用语 (Yī) Chángyòngyǔ

我们欢迎世界各国的企业到中国来投资。
Wǒmen huānyíng shìjiè gè guó de qǐyè dào Zhōngguó lái tóuzī.

我们坚持对外开放政策，在平等互利、互通有无的基础上与世界各国开展贸易。
Wǒmen jiānchí duìwài kāifàng zhèngcè, zài píngděng hùlì、hù tōng yǒu wú de jīchǔ shàng yú shìjiè gè guó kāizhǎn màoyì.

请允许我代表我们公司对你们表示热烈欢迎。
Qǐng yǔnxǔ wǒ dàibiǎo wǒmen gōngsī duì nǐmen biǎoshì rèliè huānyíng.

见到您很荣幸。
Jiàn dào nín hěn róngxìng.

公司委托我和你们具体洽谈业务。
Gōngsī wěituō wǒ hé nǐmen jùtǐ qiàtán yèwù.

如果您不反对，我们定个时间谈谈吧。
Rúguǒ nín bù fǎnduì, wǒmen dìng ge shíjiān tántan ba.

怎么和您联系？
Zěnme hé nín liánxì?

贵方打算什么时候再谈？
Guì fāng dǎsuan shénme shíhou zài tán?

我们现在就开始谈吧。
Wǒmen xiànzài jiù kāishǐ tán ba.

18. Торговля

(А) *Общеупотребительные выражения и фразы*

Мы приветствуем капиталовложения предприятий из разных стран мира в Китай.

Мы строго придерживаемся политики расширения внешних связей, развиваем торговлю со всеми странами мира на основе равенства, взаимной выгоды и взаимного обмена.

Разрешите мне горячо поприветствовать вас от имени нашей компании.

Для меня большая честь видеть вас.

Компания поручила мне провести деловую беседу с вами.

Если вы не возражаете, давайте назначим время и побеседуем.

Как с вами связаться?

Когда вы предлагаете встретиться в следующий раз?

Сейчас мы приступим к делу.

Wǒmen gǎn xìngqù de shì, guì fāng néng xiàng wǒmen tígōng shénme
我们 感 兴趣 的 是，贵 方 能 向 我们 提供 什么
shāngpǐn.
商品。

Wǒmen de shāngpǐn huòzhēnjiàshí.
我们 的 商品 货真价实。

Wǒmen jiù cóng shāngpǐn jiàgé(jiāohuòqī) kāishǐ tán ba!
我们 就 从 商品 价格（交货期）开始 谈 吧！

Wǒmen zài huídào yìhuò(bǎoxiūqī、zhīfù tiáojiàn) wèntí shàng lái ba.
我们 再 回到 易货（保修期、支付 条件）问题 上 来 吧。

Xiàmian wǒmen lái tán yíxià jiāo huò dìdiǎn.
下面 我们 来 谈 一下 交 货 地点。

Xīwàng wǒ fāng de yōuhuì tiáojiàn huì shǐ guì fāng mǎnyì.
希望 我 方 的 优惠 条件 会 使 贵 方 满意。

Nǐmen de jiànyì wǒmen xūyào hǎohāor kǎolù kǎolù, guò jǐ tiān zài gěi
你们 的 建议 我们 需要 好好儿 考虑 考虑，过 几 天 再 给
guì fāng dáfù.
贵 方 答复。

Hěn yíhàn, zhè bú zài wǒ de quánxiàn zhī nèi.
很 遗憾，这 不 在 我 的 权限 之内。

Wǒ xūyào xiān tóng wǒmen gōngsī zǒngjīnglǐ liánxì yíxià, xiàng tā
我 需要 先 同 我们 公司 总经理 联系 一下，向 他
zhuǎndá guì fāng de qǐngqiú, ránhòu cái néng gěi nǐmen míngquè
转达 贵 方 的 请求，然后 才 能 给 你们 明确
de dáfù.
的 答复。

Wǒmen juédìng jiēshòu(jùjué) guì fāng tíchū de fāng'àn.
我们 决定 接受（拒绝）贵 方 提出 的 方案。

Xīwàng guì gōngsī néng hé wǒmen zhēnchéng hézuò.
希望 贵 公司 能 和 我们 真诚 合作。

Нас интересует, какие товары вы можете нам предоставить.

Наши товары высокого качества и по приемлемым ценам.

Давайте начнём с вопроса о цене товара (о сроке поставки).

Давайте вернёмся к вопросу о товарообмене (о гарантийном периоде, об условиях платежа).

Дальше мы поговорим о месте сдачи товара.

Надеемся, что наши выгодные условия вас устроят.

Ваше предложение мы должны хорошенько продумать. Свой ответ сообщим вам через несколько дней.

К сожалению, это не в моей компетенции.

Мне нужно сначала связаться с гендиректором нашей компании и передать ему вашу просьбу, только после этого я смогу дать вам точный ответ.

Мы решили принять предложенный вами проект (отказаться от предложенного вами проекта).

Надеемся на искреннее сотрудничество вашей компании с нами.

Qǐng àn wǒmen tígōng de yàngpǐn zuò zhè pī huò, yuánliào kěyǐ
请 按 我们 提供 的 样品 做 这 批 货，原料 可以
yòng nǐmen de.
用 你们 的。

Qǐng nín jièshào yíxià guì fāng jiàgé.
请 您 介绍 一下 贵 方 价格。

Zhè shì wǒmen de zuì xīn jiàmùdān.
这 是 我们 的 最新 价目单。

Rúguǒ guì fāng jiàgé yōuhuì, wǒmen kěyǐ mǎshàng dìnghuò.
如果 贵 方 价格 优惠，我们 可以 马上 订货。

Wǒ gōngsī shì yì jiā jīqì shēngchǎnshāng, xiàn xū yì pī shíwǔ pǐ
我 公司 是 一家 机器 生产商，现 需 一 批 十五 匹
mǎlì de diàndòng mǎdá.
马力 的 电动 马达。

Zhèxiē chǎnpǐn de huāsè dōu shì guójì shìchǎng shàng liúxíng de.
这些 产品 的 花色 都 是 国际 市场 上 流行 的。

Zhè pī huò shì wǒ gōngsī shēngchǎn de míngpáihuò(pǐnpáihuò), rú nín
这 批 货 是 我 公司 生产 的 名牌货（品牌货），如您
néng dàixiāo, yóu wǒmen tígōng shòuhòu wéixiū fúwù.
能 代销，由 我们 提供 售后 维修 服务。

Wǒmen de dìnghuò shùliàng qǔjué yú huòwù jiàgé.
我们 的 订货 数量 取决 于 货物 价格。

Běn gōngsī chǎnpǐn mùqián zhǐ gōngyìng běndì shìchǎng, zànshí bù
本 公司 产品 目前 只 供应 本地 市场，暂时 不
chūkǒu.
出口。

Qǐng xiān bàojià.
请 先 报价。

Zhè shì wǒmen de dìnghuòdān.
这 是 我们 的 订货单。

Изготовьте эту партию товаров по предлагаемым нами образцам, можете использовать ваше сырьё.

Назовите, пожалуйста, ваши цены.

Это наш последний прейскурант.

Если вы предоставите нам льготные цены, мы сразу же сделаем заказ.

Наша компания является изготовителем машин, теперь нуждается в партии электрических моторов в 15 лошадиных сил.

Ассортимент всех этих товаров является ходовым на мировом рынке.

Товары этой партии являются фирменными товарами, выпускаемыми нашей компанией. Если вы будете осуществлять комиссионную продажу, то мы будем предлагать послепродажное обслуживание.

Количество заказываемого нами товара будет зависеть от его цены.

Продукция нашей компании продаётся только на местных рынках, пока не экспортируется.

Назовите сначала вашу цену.

Это наш список заказов.

Qǐng guì fāng jǐnkuài xiàng wǒ fāng tígōng yànghuò (shāngpǐn jìshù
请贵方尽快向我方提供样货（商品技术

zīliào、shāngpǐn mùlù、jiàmùbiǎo）。
资料、商品目录、价目表）。

Pīliàng dà kěyǐ yōuhuì.
批量大可以优惠。

Guì fāng xīwàng (néng gěi) wǒ fāng dǎ duōshao zhékòu?
贵方希望（能给）我方打多少折扣？

Wǒ fāng bù tóngyì zhège jiàgé, yāoqiú jiǎn jià bǎifēnzhīshíwǔ.
我方不同意这个价格，要求减价15%。

Wǒmen dìnggòu de zhè pī yǔróng zhìpǐn, nǐmen dǎsuan gěi duōshao
我们订购的这批羽绒制品，你们打算给多少

zhékòu?
折扣？

Rúguǒ zhékòu hélǐ, wǒ hái kěyǐ gěi nín zài jièshào jǐ gè kèhù.
如果折扣合理，我还可以给您再介绍几个客户。

Rǔguǒ bù gěi bǎifēnzhībā de zhékòu, wǒmen hěn nán chéngjiāo.
如果不给8%的折扣，我们很难成交。

Guì fāng zuìzhōng bàojià shì zěnyàng de?
贵方最终报价是怎样的？

Zhè shì wǒ fāng de zuìzhōng jiàgé, wǒmen bù néng zài ràng le.
这是我方的最终价格，我们不能再让了。

Shāngpǐn jiàgé yǐ měiyuán jìsuàn.
商品价格以美元计算。

Kěyǐ yòng rénmínbì (lúbù、xiànkuǎn、zhuǎnzhàng、diànhuì、
可以用人民币（卢布、现款、转账、电汇、

xìnyòngzhèng) zhīfù.
信用证）支付。

Fù kuǎn fāngshì bú xiàn.
付款方式不限。

Zhè pī huò qǐng nín fù xiànjīn.
这批货请您付现金。

Просим вас предоставить нам образцы (документацию по техническим свойствам, каталог, прейскурант) товара как можно скорее.

На крупные партии предоставляются скидки.

Какую скидку вы надеетесь получить у нас (можете дать нам)?

Мы не согласны с этими ценами. Мы просим скидку в 15 процентов.

Какую скидку вы собираетесь дать на заказанную нами партию пуховых изделий?

Если скидка разумная, то я могу познакомить вас ещё с несколькими клиентами.

Если вы не дадите скидку в 8 процентов, то нам будет очень трудно заключить сделку.

Какое ваше окончательное предложение?

Это наша окончательная цена, и уступить больше мы не можем.

Цены на товары устанавливаются в долларах США.

Возможна оплата в жэньминьби (в рублях, наличными, по перечислению, телеграфным переводом, по аккредитиву).

Форма оплаты любая.

За эту партию товаров заплатите, пожалуйста, наличными.

Jīngxiāo zhè zhǒng zhìpǐn, wǒmen lìrùn'é hěn shǎo.
经销 这 种 制品，我们 利润额 很 少。

Nǐmen tōngcháng xūyào duō cháng shíjiān jiāo huò?
你们 通常 需要 多 长 时间 交 货？

Wǒmen yìbān zài shōudào xìnyòngzhèng hòu sān gè yuè yǐnèi kěyǐ
我们 一般 在 收到 信用证 后 三 个 月 以内 可以

quánbù jiāo huò.
全部 交 货。

Néngbunéng zài tíqián yìdiǎnr jiāo huò ne?
能不能 再 提前 一点儿 交 货 呢？

Suí hán fù shàng zhè pī huòwù de fāpiào, qǐng cháshōu.
随 函 附 上 这 批 货物 的 发票，请 查收。

Wǒmen gōngsī chūpǐn (chǎnpǐn) xiǎngyǒu chūkǒu tuìshuì yōudài.
我们 公司 出品（产品） 享有 出口 退税 优待。

Wǒ gōngsī zài guónèiwài shǐzhōng xiǎngyǒu liánghǎo shēngyù.
我 公司 在 国内外 始终 享有 良好 声誉。

Jīnnián wǒguó chūkǒu shùnchā (nìchā) jiào dà, bìxū yǐnqǐ zhòngshì.
今年 我国 出口 顺差（逆差）较 大，必须 引起 重视。

Wǒmen jīntiān de qiàtán hěn yǒu chéngxiào.
我们 今天 的 洽谈 很 有 成效。

Wǒmen de hézuò hěn shùnlì, tánpàn shuāngfāng dōu gǎndào mǎnyì.
我们 的 合作 很 顺利，谈判 双方 都 感到 满意。

Wǒmen xīwàng yǔ guì gōngsī jiànlì chángqī de jīngmào guānxì.
我们 希望 与 贵 公司 建立 长期 的 经贸 关系。

Wǒ shēn xìn, wǒmen zhījiān de hézuò bì jiāng wèi liǎng guó de jīngjì
我 深 信，我们 之间 的 合作 必 将 为 两 国 的 经济

fánróng zuòchū gòngxiàn.
繁荣 作出 贡献。

У нас очень маленькая прибыль от продажи этих изделий.

Сколько времени вам обычно требуется на поставку товара?

Обычно в течение 3-х месяцев после получения аккредитива мы полностью осуществляем поставку товара.

Можно ли поставить товар ещё немного раньше?

В приложении к настоящему письму присылаем квитанцию на данную партию товара, проверьте, пожалуйста.

Продукция нашей компании имеет право на экспортную бонификацию.

Наша компания пользуется постоянной безупречной репутацией в стране и за рубежом.

В этом году сравнительно большое положительное (отрицательное) сальдо баланса внешней торговли нашей страны заслуживает внимания.

Сегодня наши переговоры были очень плодотворными.

Наше сотрудничество идёт очень успешно. Обе стороны переговоров довольны.

Мы хотели бы установить с вашей компанией долговременные торгово-экономические связи.

Я глубоко уверен, что наше сотрудничество непременно внесёт вклад в дело экономического процветания обеих стран.

Wǒmen yǐjīng zhǔnbèi hǎo le hétong cǎo'àn, qǐng guì fāng yánjiū.
我们 已经 准备 好 了 合同 草案，请 贵 方 研究。

Guì fāng duì hétong cǎo'àn yǒu hé yìjiàn(xiǎngfǎ)?
贵 方 对 合同 草案 有 何 意见（想法）？

Wǒ fāng duì hétong cǎo'àn jìnxíngle xiángxì tǎolùn, yuánzé shàng
我 方 对 合同 草案 进行了 详细 讨论，原则 上

tóngyì qiānshǔ cǐ hétong.
同意 签署 此 合同。

Wǒ fāng duì hétong zhōng de mǒuxiē tiáokuǎn yǒuxiē yìjiàn.
我 方 对 合同 中 的 某些 条款 有些 意见。

Wǒmen tóngyì(bù tóngyì)jiāng zhè yì diǎn xiě jìn hétong.
我们 同意（不 同意）将 这 一 点 写 进 合同。

Zhè shì gěi guì fāng de Zhōngwén(Éwén) zhèng fù běn gè yí fèn.
这 是 给 贵 方 的 中文 （俄文） 正 副 本 各 一 份。

Wèi qìnghè hétong qiānshǔ, wǒmen gōngsī jīnwǎn shèyàn, qǐng dàjiā
为 庆贺 合同 签署，我们 公司 今晚 设宴，请 大家

cānjiā.
参加。

Wǒ zhè cì lái shì yào hé nǐmen jiāoshè zhè pī niúròu guàntou de
我 这 次 来 是 要 和 你们 交涉 这 批 牛肉 罐头 的

zhìliàng wèntí.
质量 问题。

Yīyào wèishēng guānyuán duì zhè pī guàntou fāchūle "Tíngshòu
医药 卫生 官员 对 这 批 罐头 发出 了 "停售

Tōngzhī".
通知"。

Wǒmen yào duì huòwù zhìliàng bù hégé jìnxíng suǒpéi.
我们 要 对 货物 质量 不 合格 进行 索赔。

Мы уже подготовили проект контракта и просим вас изучить его.

Есть ли у вас какие-нибудь замечания насчёт проекта контракта?

Мы провели детальное обсуждение проекта контракта и в принципе согласились подписать его.

У нас есть кое-какие замечания по некоторым статьям контракта.

Мы согласны (не согласны) зафиксировать это в нашем контракте.

Вот вам один оригинал и одна копия на китайском языке (на русском языке).

Сегодня вечером наша компания устраивает банкет в честь заключения контракта, приглашаем всех.

На этот раз я приехал(-ла) сюда на переговоры по качеству этой партии консервированной говядины.

В отношении этой партии консервов чиновник санитарной инспекции выдал «Извещение о приостановке продажи».

Мы будем требовать возмещения убытков из-за неудовлетворительного качества товара.

Wǒ fāng xiǎng tíxǐng guì fāng, shì guì fāng méiyǒu lǚxíng hétong
我 方 想 提醒 贵方，是 贵 方 没有 履行 合同

guīdìng de yìwù.
规定 的 义务。

Xīwàng guì fāng tígōng wèishēng jiǎnyìsuǒ qiānfā de zhèngshū.
希望 贵方 提供 卫生 检疫所 签发 的 证书。

Zhè pī huò zài zhuāng chuán qián yóu Zhōngguó Shāngpǐn Jiǎnyànjú
这 批 货 在 装 船 前 由 中国 商品 检验局

jìnxíngguo jiǎnchá.
进行过 检查。

Huòwù shì zài zhuāng chuán shí fāshēng sǔnhuài de.
货物 是 在 装 船 时 发生 损坏 的。

Duìyú yùnshū tú zhōng chǎnshēng de rènhé sǔnshī yāoqiú suǒpéi,
对于 运输 途 中 产生 的 任何 损失 要求 索赔，

wǒmen bù yǔ jiēshòu (mǎnzú).
我们 不 予 接受（满足）。

Qǐng wèn huòwù zhìliàng bù hégé de quèqiè yuányīn shì shénme?
请 问 货物 质量 不 合格 的 确切 原因 是 什么？

Duì huòwù zhōng de cìpǐn、fèipǐn wǒmen bù yǔ jiēshòu, bìyào shí
对 货物 中 的 次品、废品 我们 不 予 接受，必要 时

wǒmen yào xiàng yǒuguān bùmén tóusù.
我们 要 向 有关 部门 投诉。

(Èr) Huìhuà
（二） 会话

1

Wàishāng: Tīngshuō guì shěng yě kāishǐ jiēshòu wàiguó de tóuzī le.
外商： 听说 贵 省 也 开始 接受 外国 的 投资 了。

Мы хотим напомнить вам, что вы не выполнили обязательства по контракту.

Надеюсь, что вы нам представите сертификат санитарно-эпидемиологической службы.

Перед погрузкой на судно эта партия прошла проверку Китайского управления по инспекции качества товаров.

Товар был повреждён во время погрузки на судно.

Мы не принимаем (удовлетворяем) претензии по возмещению убытков, связанные с повреждением товара при транспортировке.

Скажите пожалуйста, каковы точные причины неудовлетворительного качества товара?

Мы не можем принять недоброкачественные и забракованные товары, в случае необходимости мы будем обращаться в соответствующие органы.

(Б) *Диалоги*

1

Иностранный бизнесмен: Я слышал, что ваша провинция тоже начала принимать иностранные капиталовложения.

Zhōngguórén: Shì de. Wǒmen shěng xiànzài fēicháng xūyào jiànshè
中国人： 是 的。我们 省 现在 非常 需要 建设
zījīn, jiéchéng huānyíng shìjiè gè guó wàishāng lái wǒmen zhèlǐ
资金，竭诚 欢迎 世界 各 国 外商 来 我们 这里
tóuzī.
投资。

Wàishāng: Wǒmen wèi néng yǒu jīhuì zài gè gè lǐngyù hé guì shěng
外商： 我们 为 能 有 机会 在 各 个 领域 和 贵 省
jìnxíng hézuò ér gǎndào fēicháng gāoxìng.
进行 合作 而 感到 非常 高兴。

Zhōngguórén: Wǒmen yě xīwàng shìjiè gè guó shāngjiè rénshì néng hé
中国人： 我们 也 希望 世界 各 国 商界 人士 能 和
wǒmen jìnxíng zhēnchéng de hézuò. Wǒmen jiānchí duìwài kāifàng
我们 进行 真诚 的 合作。我们 坚持 对外 开放
zhèngcè, zài píngděng hùlì、hù tōng yǒu wú de jīchǔ shàng yǔ
政策，在 平等 互利、互 通 有 无 的 基础 上 与
shìjiè gè guó kāizhǎn màoyì.
世界 各 国 开展 贸易。

Wàishāng: Nǐmen de duìwài kāifàng zhèngcè shì wǒmen shífēn huānyíng
外商： 你们 的 对外 开放 政策 是 我们 十分 欢迎
de.
的。

2

Mǎifāng: Guì fāng tōngcháng xūyào duō cháng shíjiān jiāo huò?
买方：贵 方 通常 需要 多 长 时间 交 货？

Màifāng: Yībān lái shuō, zài shōudào xìnyòngzhèng yǐhòu sān gè yuè
卖方：一般 来 说，在 收到 信用证 以后 三 个 月
nèi kěyǐ quánbù jiāo huò.
内 可以 全部 交 货。

Mǎifāng: Shìbushì kěyǐ zài tíqián yìdiǎnr ne? Nǐmen de jiāo huò
买方：是不是 可以 再 提前 一点儿 呢？你们 的 交 货

Китаец: Да. Теперь нашей провинции очень нужны средства для строительства, и поэтому мы от всей души приветствуем капиталовложения иностранных бизнесменов из всех стран мира.

Иностранный бизнесмен: Мы очень рады, что у нас есть возможность сотрудничать в различных областях с вашей провинцией.

Китаец: Мы тоже надеемся, что представители торговли из разных стран мира будут вести искреннее сотрудничество с нами. Мы строго придерживаемся политики расширения внешних связей, развиваем торговлю со всеми странами мира на основе равенства, взаимной выгоды и взаимного обмена.

Иностранный бизнесмен: Мы очень одобряем вашу политику расширения внешних связей.

2

Покупатель: Сколько времени вам обычно требуется для поставки товара?

Продавец: Обычно в течение 3-х месяцев после получения аккредитива мы можем полностью осуществить поставку товара.

Покупатель: А можно ли ещё немного пораньше? Ваши сроки поставки для нас чрезвычайно важны.

shíjiān duì wǒmen lái shuō tài zhòngyào le.
时间对我们来说太重要了。

Màifāng: Zhè wǒ yě zhīdào, kěshì shēngchǎn chǎngjiā hěn kěnéng gǎn bu chūlái.
卖方：这我也知道，可是生产厂家很可能赶不出来。

Mǎifāng: Wèile gǎn shàng xīnnián zhīqián de xiāoshòu wàngjì, nǐmen zuìhǎo néng zài shí yuèfèn jiāo huò.
买方：为了赶上新年之前的销售旺季，你们最好能在十月份交货。

Màifāng: Hǎo ba, wǒmen zài hé chǎngjiā shāngliang yíxià, liǎng tiān hòu gěi nín dáfù.
卖方：好吧，我们再和厂家商量一下，两天后给您答复。

3

Zhōngfāng: Zhōngguó de wánjù zài guì guó shìchǎng xiāoshòu qíngkuàng zěnmeyàng?
中方：中国的玩具在贵国市场销售情况怎么样？

Wàifāng: Hěn shòu huānyíng.
外方：很受欢迎。

Zhōngfāng: Wǒmen xīwàng jìnyíbù kuòdà wǒmen zhījiān de màoyì'é.
中方：我们希望进一步扩大我们之间的贸易额。

Wàifāng: Wǒmen yě yǒu zhège yuànwàng. Bù zhī nín yǒu shénme jùtǐ jiànyì?
外方：我们也有这个愿望。不知您有什么具体建议？

Zhōngfāng: Wǒmen xiǎng hé guì fāng hézuò, búduàn kuòdà wǒguó wánjù de shēngchǎn pǐnzhǒng, nín kàn zěnmeyàng?
中方：我们想和贵方合作，不断扩大我国玩具的生产品种，您看怎么样？

Продавец: Это я тоже знаю, но производитель скорее всего не успеет.

Покупатель: Чтобы успеть к предновогоднему сезону торговли, вам лучше всего поставить товар в октябре.

Продавец: Хорошо, мы ещё посоветуемся с производителем и дадим вам ответ через два дня.

3

Китайская сторона: Как реализуются китайские игрушки на рынке вашей страны?

Иностранная сторона: Они пользуются большим спросом.

Китайская сторона: Мы надеемся на дальнейшее увеличение объёма торговли между нами.

Иностранная сторона: Мы тоже так надеемся. Не знаю, какие у вас конкретные предложения?

Китайская сторона: Мы хотели бы сотрудничать с вами и постоянно расширять ассортимент игрушек нашего производства. Как вы на это смотрите?

外方：等我回去和公司领导商量以后再给您答复吧。

中方：希望你们尽快答复。

4

外国客户：这次你们出口到我国的劳保用品质量不错，我们很满意。我们准备和你们签订一个供销合同。

外贸人员：欢迎！不知你们具体需要订购哪些劳保用品？

外国客户：钢盔、帆布手套、帆布工作服、雨衣和雨靴。

外贸人员：这没问题。请你们具体提出各种货物的数量和交货时间。

外国客户：这次我们要买的数量比较大，你们能给多少折扣？

外贸人员：还是和原来一样，百分之三的折扣。

Иностранная сторона: Я дам вам ответ после того, как посоветуюсь с руководителями нашей компании.

Китайская сторона: Надеюсь на ваш скорый ответ.

4

Иностранный клиент: На этот раз товары по охране труда, которые вы экспортировали в нашу страну, были доброкачественными, и мы очень довольны. Мы намерены подписать с вами договор о снабжении и сбыте.

Работник внешней торговли: Приветствуем! Не знаю, какие товары по охране труда вы хотите заказать?

Иностранный клиент: Стальные шлемы, брезентовые перчатки, брезентовые комбинезоны, дождевики и галоши.

Работник внешней торговли: Это не проблема. Определите, пожалуйста, конкретное количество и срок поставки каждого товара.

Иностранный клиент: На этот раз наш заказ большой, какую скидку вы можете сделать?

Работник внешней торговли: Скидку в 3 процента, как раньше.

外国客户：如果你们能多加一个百分点，我还可以再给你们介绍几个客户。

外贸人员：这个我不能马上答复您。我必须先向我们公司领导请示，然后才能给您明确答复。因为这种产品我们的利润很少。

外国客户：请您尽快给我们答复。

外贸人员：好的。我大概两天后再和您联系。

Иностранный клиент: Если вы можете дать на один процент больше, я познакомлю вас ещё с несколькими клиентами.

Работник внешней торговли: По этому вопросу я пока не могу дать вам ответ. Мне нужно сначала обратиться к руководителям нашей компании за указаниями, и только потом смогу дать вам точный ответ. Потому что от реализации таких товаров у нас очень маленькая прибыль.

Иностранный клиент: Прошу вас дать нам ответ как можно скорее.

Работник внешней торговли: Хорошо. Я снова свяжусь с вами дня через два.

Shíjiǔ、Diànnǎo、wǎngluò
十九、电脑、网络

(Yī) Chángyòngyǔ
(一) 常用语

Wǒ xiàge yuè yào dào Běijīng qù chūchāi, yàobuyào dàishang
我 下个 月 要 到 北京 去 出差, 要不要 带上

bǐjìběn diànnǎo (shǒutí diànnǎo、shǒutí)?
笔记本 电脑(手提 电脑、手提)?

Nín rúguǒ shì qù kāi xuéshù yántǎohuì, dàishang shǒutí huì gèng
您 如果 是 去 开 学术 研讨会, 带上 手提 会 更

fāngbiàn yìxiē.
方便 一些。

Nǐmen dānwèi yǒu diànnǎo (dǎyìnjī、sǎomiáoyí、chuánzhēnjī、fùyìnjī) ma?
你们 单位 有 电脑 (打印机、扫描仪、传真机、复印机)吗?

Wǒ xiǎng gěi zìjǐ mǎi yī tái diànnǎo (pǐnpáijī、zápáijī、jiānróngjī).
我 想 给 自己 买 一 台 电脑 (品牌机、杂牌机、兼容机)。①

Nín kěyǐ bāng wǒ tiāoxuǎn ma?
您 可以 帮 我 挑选 吗?

Wǒ jiànyì nín mǎi yī tái guóchǎn de (jìnkǒu de) táishì diànnǎo.
我 建议 您 买 一 台 国产 的 (进口 的) 台式 电脑。

---

① 汉语中的"兼容机"表示由用户自己或商家工作人员,用不同厂家的配件组装而成的电脑。

19. Компьютер. Интернет

(А) *Общеупотребительные выражения и фразы*

В следующем месяце я поеду в командировку в Пекин. Нужно ли мне взять с собой ноутбук (портативный компьютер)?

Если вы поедете на научную конференцию, с ноутбуком вам будет удобнее.

У вас на работе есть компьютер (принтер, сканер, факс, ксерокс)?

Я хочу купить себе компьютер (компьютер известной марки, компьютер малоизвестной марки, совместимый компьютер). ①

Можете ли вы помочь мне выбрать?

Я советую вам купить отечественный (импортный) настольный компьютер.

---

① В китайском языке выражение "совместимый компьютер" обозначает компьютер, который собран юзером самим или работником магазина, из комплектующих разных производителей.

我想先自己挑选各种电脑配件,然后再请你们组装。

请问,在哪里可以买到价格便宜的大容量移动硬盘(优盘)?

这个电脑有俄文(中文、英文)输入法吗?

您不用担心,这个电脑的语言栏中有俄文(中文、英文)输入法。

您能不能帮我在这个电脑上装上俄文版(英文版、中文版)操作系统?

对不起,我从来没有用过中文版的操作系统,这里有很多按钮(按键)我不认识。

这是"文件"("编辑"、"视图"、"插入"、"格式"、"工具"、"表格"、"窗口"、"帮助")按钮(按键)。

我是一个初级用户,我只会用电脑打字和编辑文本。

我用电脑打字很快,我会十指盲打,根本就不需要看电脑键盘。

Я хочу сначала выбрать различные комплектующие сам(-а) и потом попросить вас собрать компьютер.

Скажите, пожалуйста, где можно купить дешёвый портативный жёсткий диск (дешёвую флешку) большого объёма?

На этом компьютере установлена русская (китайская, английская) раскладка клавиатуры?

Не беспокойтесь, в списке выбора языков этого компьютера установлен русский (китайский, английский).

Можете ли вы помочь мне установить на этом компьютере русскую (английскую, китайскую) версию операционной системы?

Извините, я никогда не пользовался (-лась) китайской версией операционной системы, здесь много вкладок (клавиш) мне непонятно.

Это вкладка (клавиша) 《Файл》(《Правка》, 《Вид》, 《Вставка》, 《Формат》, 《Сервис》, 《Таблица》, 《Окно》, 《Справка》).

Я начинающий пользователь, я умею только набирать и редактировать тексты на компьютере.

На компьютере я набираю тексты очень быстро. Я умею печатать вслепую десятью пальцами, мне вовсе не надо глядеть на клавиатуру.

Qǐng bāng wǒ ānzhuāng yí ge Éwén(Yīngwén) diànzǐ cídiǎn. Wǒ dǎ
请 帮 我 安装 一个 俄文（英文）电子 词典。我 打

Éwén(Yīngwén) shí, chángcháng yǒu hěn duō dǎyìn cuòwù.
俄文（英文）时， 常常 有 很 多 打印 错误。

Wǒ xūyào dǎyìn yí ge wénjiàn. Nín néng jiāo wǒ zěnme cāozuò ma?
我 需要 打印 一个 文件。您 能 教 我 怎么 操作 吗？

Qǐng bāng wǒ bǎ zhège wénjiàn cúnrù ruǎnpán (yōupán、yídòng
请 帮 我 把 这个 文件 存入 软盘 （优盘、移动

yìngpán).
硬盘）。

Wǒ xiǎng bǎocún(biānjí、chārù、shānchú、fùzhì、zhāntiē、dǎyìn、chóngxīn
我 想 保存（编辑、插入、删除、复制、粘贴、打印、重新

mìngmíng、yāsuō、zhuǎncún) zhège wénjiàn. Qǐng wèn, wǒ yīnggāi
命名、 压缩、 转存） 这个 文件。请 问，我 应该

zěnme cāozuò?
怎么 操作？

Nín yòng shǔbiāo zuǒjiàn diǎnjī (dānjī、shuāngjī) zhège ànniǔ (túbiāo、
您 用 鼠标 左键 点击（单击、双击） 这个 按钮（图标、

ànjiàn).
按键）。

Zěnme bàn? Zhège diànnǎo shàng méiyǒu ruǎnqū.
怎么 办？这个 电脑 上 没有 软驱。

Wǒ mǎile hěnduō Zhōngwén(Éwén、Yīngwén) diànyǐng guāngpán. Wǒ
我 买了 很多 中文 （俄文、英文） 电影 光盘。 我

néng zài nǐmen zhège diànnǎo shàng shìkàn yíxià ma?
能 在 你们 这个 电脑 上 试看 一下 吗？

Wǒmen yǒu jīguāng(pēnmò) dǎyìnjī.
我们 有 激光 （喷墨）打印机。

Qǐng yòng A-sān(A-sì) zhǐ dānmiàn(shuāngmiàn) dǎyìn.
请 用 A3（A4）纸 单面 （双面） 打印。

Помогите мне, пожалуйста, установить электронный словарь русского языка (английского языка). Когда я набираю тексты на русском языке (на английском языке), у меня всегда много опечаток.

Мне нужно распечатать файл. Можете ли вы научить меня, как это делается?

Помогите мне, пожалуйста, сохранить этот файл на гибкий диск (флешку, портативный жёсткий диск).

Я хочу сохранить (отредактировать, вставить, удалить, скопировать, склеить, распечатать, переименовать, заархивировать, пересохранить) этот файл. Скажите, пожалуйста, как мне это сделать?

Щелкните левой кнопкой мышки (один раз, дважды) по этой вкладке (иконке, клавише).

Что делать? На этом компьютере нет дисковода для гибких дисков.

Я купил(-а) много дисков с китайскими (русскими, английскими) фильмами. Могу ли я посмотреть их на вашем компьютере?

У нас есть лазерный (струйный) принтер.

Печатайте на бумаге формата А3 (А4), на одной стороне (на обеих сторонах).

A-sān(A-sì)zhǐ(yóumò)yòng wán le.
A3（A4）纸（油墨）用 完 了。

Dǎyìnjī yǒu wèntí. Qiǎ zhǐ le.
打印机 有 问题。卡 纸 了。

Nín wàngle kāi dǎyìnjī le.
您 忘了 开 打印机 了。

Wǒ de diànnǎo chū wèntí le. Xiǎnshì (shǔbiāo、yìngpán、shēngkǎ、
我 的 电脑 出 问题 了。显示器（鼠标、硬盘、声卡、

xiǎnkǎ、yīnxiāng) huài le.
显卡、音箱）坏 了。

Wǒ de diànnǎo shàng yǒu fánghuǒqiáng, dànshì bù guǎnyòng.
我 的 电脑 上 有 防火墙，但是 不 管用。

Wǒ de diànnǎo shòudàole láizì…… IP dìzhǐ de hēikè (bìngdú、
我 的 电脑 受到了 来自…… IP 地址 的 黑客（病毒、

rúchóng、Tèluòyīmùmǎ Chéngxù) de gōngjī.
蠕虫、特洛伊木马 程序）的 攻击。

Wǒ de diànnǎo xūyào zhuāng shādú ruǎnjiàn.
我 的 电脑 需要 装 杀毒 软件。

Wǒ de cāozuò xìtǒng shàng cúnzài lòudòng, xūyào lìjí xiàzài
我 的 操作 系统 上 存在 漏洞，需要 立即 下载

bǔdīng.
补丁。

Wǒ de diànnǎo hěn kěnéng rǎnshàng bìngdú le. Qǐng bāng wǒ shādú
我 的 电脑 很 可能 染上 病毒 了。请 帮 我 杀毒

(qīngchú).
（清除）。

Wǒ de diànnǎo tānhuàn (sǐjī) le. Shìbushì xūyào chóngzhuāng
我 的 电脑 瘫痪（死机）了。是不是 需要 重装

xìtǒng?
系统？

Nǐmen bàngōngshì (diànnǎo) néng shàngwǎng ma?
你们 办公室（电脑）能 上网 吗？

Бумага формата А3 (А4) (краска) кончилась.

Проблема с принтером. Замялся лист.

Вы забыли включить принтер.

У меня проблема с компьютером. Не работает монитор (мышка, жёсткий диск, звуковая карта, видеокарта) (не работают колонки).

У меня на компьютере установлен сетевой экран (Firewall), но он плохо защищает.

Мой компьютер атакован хакером (вирусом, червем, троянской программой) с IP адреса ...

На моём компьютере нужно установить антивирусную программу.

В моей операционной системе есть уязвимости, нужно срочно скачать патч.

Мой компьютер, вероятно, заражен вирусами. Помогите мне убить их (избавиться от них).

Мой компьютер не работает (завис). Нужно переустановить систему?

У вас в кабинете есть выход в интернет (с вашего компьютера можно выходить в интернет)?

Zhèli de měi gè fángjiān dōu jiēle wǎngxiàn. Nín suíshí dōu kěyǐ
这里的每个房间都接了网线。您随时都可以

shàngwǎng.
上网。

Nín tiāntiān shàngwǎng ma?
您天天上网吗?

Wǒ de gōngzuò bù xūyào jīngcháng shàngwǎng, wǒ yìbān yì xīngqī
我的工作不需要经常上网,我一般一星期

shàng liǎng cì.
上两次。

Nǐmen de wǎngsù shì duōshao?
你们的网速是多少?

Wǒ jiāli shì yòng māo (Modem) shàngwǎng de, sùlǜ shì měi
我家里是用猫(Modem)上网的,速率是每

miǎo······ κbps。
秒······ κbps。

Wǒmen bàngōngshì wǎngluò bú shì hěn wěndìng, jīngcháng diàoxiàn.
我们办公室网络不是很稳定,经常掉线。

Wǒmen de fúwùqì huài le, suǒyǐ méi bànfǎ shàngwǎng le.
我们的服务器坏了,所以没办法上网了。

Zài wǒmen chéngshì yǒu hěn duō wǎngbā. Nín kěyǐ zài nàli
在我们城市有很多网吧。您可以在那里

shàngwǎng.
上网。

Duìbuqǐ, wǒ méiyǒu QQ, zhǐyǒu ICQ。Rúguǒ yǒu rén gěi wǒ zhùcè
对不起,我没有QQ,只有ICQ。如果有人给我注册

QQ-hào, wǒ jiāng gǎnjī bújìn.
QQ号,我将感激不尽。

Zài zhège wǎngzhàn shàng nín kěyǐ xiàzài bìng ānzhuāng zuìxīnbǎn
在这个网站上您可以下载并安装最新版

de QQ。
的QQ。

Здесь в каждую комнату проведена отдельная линия интернета. Вы можете выходить в интернет в любое время.

Вы <u>сидите</u> (работаете) в интернете каждый день?

Моя работа не требует постоянного выхода в интернет, обычно я выхожу в интернет два раза в неделю.

Какая у вас скорость доступа к интернету?

У меня дома выход в сеть через модем со скоростью ... кбпс /с.

У нас в офисе плохая связь с интернетом, постоянно разъединяется.

Наш сервер вышел из строя, поэтому невозможно выйти в интернет.

У нас в городе очень много интернет-кафе. Там вы можете выходить в интернет.

К сожалению, QQ у меня нет, есть только ICQ. Если кто-нибудь поможет мне зарегистрироваться и получить номер QQ, буду очень признателен(-льна).

С этого сайта вы сможете скачать и установить новейшую версию QQ.

Zài wǒmen Zhōngguó yǒu yí gè fēicháng liúxíng de liáotiān chéngxù
在 我们 中国 有 一 个 非常 流行 的 聊天 程序

—— QQ, lèisì yú ICQ.
—— QQ, 类似 于 ICQ。

Yòng QQ nín hái kěyǐ jìnxíng shìpín (yǔyīn) liáotiān.
用 QQ 您 还 可以 进行 视频（语音）聊天。

Nín zuìhǎo gěi wǒ nín de QQ-hào, míngtiān wǎnshang bā diǎn wǒmen
您 最好 给 我 您 的 QQ号， 明天 晚上 8 点 我们

zài QQ shàng jiànmiàn.
在 QQ 上 见面。

Qǐng jiā wǒ wéi hǎoyǒu, wǒ de hàomǎ shì……
请 加 我 为 好友，我 的 号码 是……

Wèile fāngbiàn bǐcǐ jiāoliú, wǒ jiànle yí gè QQ-qún "Hànyǔ
为了 方便 彼此 交流，我 建了 一 个 QQ群 "汉语

Àihàozhě", hàomǎ shì: ……, huānyíng jiārù.
爱好者"，号码 是：……， 欢迎 加入。

Wǒ yòng Yīngyǔ (Éyǔ、Hànyǔ) liáotiān gèng qīngsōng yìxiē.
我 用 英语（俄语、汉语）聊天 更 轻松 一些。

Zāogāo, wǒ wàngle mìmǎ, bìxū zhǎohuí.
糟糕，我 忘了 密码，必须 找回。

Wǒ shàng liáotiānshì shì wèile jiāo péngyou (yúlè、dǎfa shíjiān、
我 上 聊天室 是 为了交 朋友（娱乐、打发 时间、

páiqiǎn jìmò).
排遣 寂寞）。

Wǒ zài liáotiānshì měi tiān yào dāi liǎngsān gè xiǎoshí, yǒushíhou
我 在 聊天室 每 天 要 呆 两三 个 小时，有时候

shènzhì dōu bú kàn shíjiān.
甚至 都 不 看 时间。

Wǒ zuìjìn pāile hěn duō zhàopiàn. Wǒ xiǎng tōngguò e-mail fā gěi
我 最近 拍了 很 多 照片。我 想 通过 e-mail 发 给

jiārén kànkan. Dànshì, wǒ bù zhīdào zěnme fā.
家人 看看。但是，我 不 知道 怎么 发。

У нас в Китае есть очень популярная программа для общения— QQ, типа ICQ.

QQ позволяет ещё вести видеочат (звуковой чат).

Лучше дайте мне ваш номер QQ, завтра вечером в 8 часов мы встретимся в QQ.

Добавьте меня в друзья, мой номер ...

Чтобы было удобнее общаться друг с другом, я создал QQ-сообщество «Любители китайского языка», номер: ..., добро пожаловать.

Мне на английском языке (на русском языке, на китайском языке) чатить легче.

Беда, я забыла пароль, нужно его восстановить.

Я посещаю чаты для общения (для развлечения, чтобы убить время, чтобы развеять скуку).

Каждый день я провожу в чате два-три часа, иногда даже не слежу за временем.

В последние дни я сделал(-а) много фотографий. Я хочу послать их моим родным по электронной почте. Но я не знаю, как это сделать.

Wǒ xiǎng zài Hotmail wǎng shàng kāi yí gè xīn de diànzǐ yóuxiāng.
我 想 在 Hotmail 网 上 开 一 个 新 的 电子 邮箱。

Nín néng bāng wǒ zhùcè ma?
您 能 帮 我 注册 吗?

Nín yǒu diànzǐ yóuxiāng ma?
您 有 电子 邮箱 吗?

Wǒ zài Éwén(Zhōngwén) wǎng shàng kāile liǎng gè diànzǐ yóuxiāng.
我 在 俄文 (中文) 网 上 开了 两 个 电子 邮箱。

Wǒ zài Xīnlàngwǎng shàng yǒu yí gè miǎnfèi yóuxiāng, róngliàng hěn
我 在 新浪网 上 有 一 个 免费 邮箱, 容量 很

dà, yǒu liǎng gè G.
大, 有 2 个 G。

Qǐng nín bǎ suǒyǒu zhèxiē wénjiàn fā dào wǒ de diànzǐ xìnxiāng. Qǐng
请 您 把 所有 这些 文件 发 到 我 的 电子 信箱。 请

nín jì yíxià wǒ de yóuxiāng dìzhǐ.
您 记 一下 我 的 邮箱 地址。

Nín měi tiān dōu chákàn zìjǐ de diànzǐ yóuxiāng ma?
您 每 天 都 查看 自己 的 电子 邮箱 吗?

Wǒ yìbān yì tiān chá yí cì (yì xīngqī chá liǎng cì) yóuxiāng.
我 一般 一 天 查 一 次 (一 星期 查 两 次) 邮箱。

Měi tiān wǒ de yóuxiāng zhōng yǒu bù shǎo lājī yóujiàn (guǎnggào).
每 天 我 的 邮箱 中 有 不 少 垃圾 邮件 (广告)。

Wǒ de diànnǎo bùnéng dú Zhōngwén, nǐ fā lái de Zhōngwén yóujiàn
我 的 电脑 不能 读 中文, 你 发 来 的 中文 邮件

quánbù xiǎnshì wéi luànmǎ. Jiànyì nǐ yòng lādīng zìmǔ (pīnyīn)
全部 显示 为 乱码。建议 你 用 拉丁 字母(拼音)

gěi wǒ xiě xìn.
给 我 写 信。

Wǒ yòng fùjiàn xíngshì gěi nín fāle yì piān wénzhāng (jǐ zhāng
我 用 附件 形式 给 您 发了 一 篇 文章 (几 张

zhàopiàn), qǐng cháshōu.
照片), 请 查收。

Я хочу завести новый электронный почтовый ящик на сайте《Hotmail》. Вы не поможете мне зарегистрироваться?

У вас есть электронный почтовый ящик?

Я завёл(-ла) 2 электронных почтовых ящика на русских (китайских) сайтах.

У меня на сайте Sina бесплатный почтовый ящик, объём очень большой, 2 ГБ.

Прошу вас отправить все эти файлы на мой электронный ящик.

Запишите, пожалуйста, адрес моего почтового ящика.

Вы каждый день проверяете свою электронную почту?

Обычно я проверяю электронную почту раз в день (два раза в неделю).

Каждый день в моём ящике много спама (рекламы).

В моём компьютере нет китайских шрифтов, поэтому все твои письма на китайском языке искажены. Советую тебе писать мне латинскими буквами (пиньинь).

Я отправил(-ла) вам статью (несколько снимков) прикреплённым файлом, проверьте почту, пожалуйста.

Nǐ de wénjiàn tài dà le. Nǐ bìxū yào dǎbāo (yāsuō) cáinéng fā de
你 的 文件 太 大 了。你 必须 要 打包（压缩）才能 发 得
chūqù.
出去。

Wǒ shōudào yí gè yāsuō wénjiàn. Nín néng bāng wǒ jiěyā ma?
我 收到 一 个 压缩 文件。您 能 帮 我 解压 吗？

Qǐng chákàn yíxià zìjǐ de xìnxiāng. Wǒ de xìn yīnggāi dào le.
请 查看 一下 自己 的 信箱。我 的 信 应该 到 了。

Zài jiēshōu mòshēngrén de xìnjiàn shí yào duō jiā xiǎoxīn, zhèxiē
在 接收 陌生人 的 信件 时 要 多 加 小心，这些
xìnjiàn kěnéng xiédài bìngdú.
信件 可能 携带 病毒。

Rúguǒ nín bù xiǎng jì pǔtōng hèkǎ, nàme nín kěyǐ fā diànzǐ hèkǎ.
如果 您 不 想 寄 普通 贺卡，那么 您 可以 发 电子 贺卡。

Wǎngshàng yǒu hěnduō miǎnfèi diànzǐ hèkǎ, nín kěyǐ suíyì tiāoxuǎn.
网上 有 很多 免费 电子 贺卡，您 可以 随意 挑选。

Wǒ xiǎng chuàngjiàn zìjǐ de bókè (wǎngzhàn、wǎngyè), dànshì, wǒ
我 想 创建 自己 的 博客 （网站、 网页），但是，我
bù zhīdào rúhé cāozuò.
不 知道 如何 操作。

Duìbuqǐ, wǒ zuìjìn hěn shǎo gēngxīn bókè, yīnwèi kǎoshì tài duō.
对不起，我 最近 很 少 更新 博客，因为 考试 太 多。

Dàjiā hǎo! Qǐng cháng lái wǒ de bókè, qǐng liúyán.
大家 好！请 常 来我的博客，请 留言。

Zài zhège wǎngzhàn nín kěyǐ miǎnfèi xiàzài (zàixiàn shōukàn) Éwén
在 这个 网站 您 可以 免费 下载（在线 收看）俄文
diànyǐng (diànshìjù).
电影 （电视剧）。

Твой файл слишком большой, тебе можно переслать его только в архиве.

Я получила заархивированный файл. Вы не поможете мне его распаковать?

Проверьте свой ящик. Моё письмо должно было уже прийти.

Будьте осторожны при получении писем от незнакомых отправителей, они могут содержать вирус.

Если вы не хотите отправлять обычную поздравительную открытку, вы можете отправить электронную.

В интернете большой выбор бесплатных электронных поздравительных открыток, вы можете выбрать на любой вкус.

Я хочу создать <u>свой блог</u> (свой сайт, свою страницу), но не знаю, как это сделать.

Простите, что в последние дни редко обновляю блог, так как экзаменов много.

Привет всем! Посещайте почаще мой блог и оставляйте свои комментарии.

На этом сайте вы можете бесплатно <u>скачивать</u> (смотреть онлайн) <u>фильмы</u> (телесериалы) на русском языке.

Zài zhège lùntán (bókè) shàng nín kěyǐ liúyán (fātiě、gēntiě、huítiě).
在 这个 论坛（博客）上 您 可以 留言（发贴、跟贴、回贴）。

Zhōngguó zuì dà de sōusuǒ yǐnqíng shì Bǎidù, tōngguò tā nín kěyǐ
中国 最 大 的 搜索 引擎 是 百度， 通过 它 您 可以
zhǎodào rènhé xìnxī.
找到 任何 信息。

Zài Zhōngguó zuì liúxíng de wǎngluò yóuxì shì Móshòu Shìjiè
在 中国 最 流行 的 网络 游戏 是 魔兽 世界
（Wold of Warcraft）.
（Wold of Warcraft）。

(Èr) Huìhuà
（二）会话

1

Yíngyèyuán: Xiānsheng, nín yào mǎi diànnǎo ma?
营业员： 先生， 您 要 买 电脑 吗？

Éluósī liúxuéshēng: Wǒ hěn xiǎng mǎi yì tái pǐnpái diànnǎo.
俄罗斯 留学生： 我 很 想 买 一 台 品牌 电脑。

Yíngyèyuán: Qǐng wèn, nín yào táishìjī háishi yào shǒutí?
营业员： 请 问， 您 要 台式机 还是 要 手提？

Éluósī liúxuéshēng: Wǒ xiǎng yào yì tái táishìjī.
俄罗斯 留学生： 我 想 要 一 台 台式机。

Yíngyèyuán: Hǎo de. Nà nín yào Zhōngguó chǎn de háishi yào jìnkǒu de?
营业员： 好 的。那 您 要 中国 产 的 还是 要 进口 的？

Éluósī liúxuéshēng: Jìnkǒu de shìbushì hěn guì?
俄罗斯 留学生： 进口 的 是不是 很 贵？

Yíngyèyuán: Dāngrán. Bǐrú shuō, yì tái Rìběn chǎn de "Dōngzhī"
营业员： 当然。 比如 说， 一 台 日本 产 的 "东芝"

На этом форуме (в этом блоге) вы можете оставлять (отправлять, добавлять, отвечать на) комментарии.

Крупнейшая китайская поисковая система—это Байду, с её помощью вы можете найти любую информацию.

Самая популярная в Китае сетевая игра—это 《World of Warcraft》.

(Б) *Диалоги*

1

Продавец: Господин, вам нужно купить компьютер?

Русский стажёр: Мне очень хотелось бы купить компьютер известной марки.

Продавец: Скажите, пожалуйста, вам нужен настольный или портативный?

Русский стажёр: Мне нужен настольный.

Продавец: Хорошо. Вы хотите купить китайский или импортный?

Русский стажёр: Импортный очень дорогой?

Продавец: Конечно. Например, японский компьютер 《Тошиба》 стоит 10000 юаней.

电脑要1万元。

俄罗斯留学生：那中国产的呢？

营业员：那就便宜多了。比如说，这一款新出的"清华同方"只要4千元。

俄罗斯留学生：啊，价格差得太多了。请问，中国品牌电脑质量怎么样？

营业员：质量很好。您能不能告诉我，您为什么要在中国买电脑？

俄罗斯留学生：我在中国要学习三年。我在这里学汉语。我买电脑，也只是为了写文章、做功课、上网收发邮件、查资料、看电影。

营业员：那您玩游戏吗？

俄罗斯留学生：很少玩。

营业员：既然这样，我就建议您买这一款"联想"，它完全可以满足您的所有需求，而且还很便宜：3500元。

Русский стажёр: А китайский?

Продавец: Гораздо дешевле. Например, эта новая продукция 《Цинхуа Тунфан》 стоит только 4000 юаней.

Русский стажёр: Ой, разница в стоимости очень большая. Вы не скажете, какое качество китайских фирменных компьютеров?

Продавец: Качество очень хорошее. Можете ли вы сказать мне, почему вы захотели купить компьютер в Китае?

Русский стажёр: Я буду учиться в Китае три года. Здесь я учусь китайскому языку. Я хочу купить компьютер только для того, чтобы писать статьи, делать уроки, получать и отправлять письма в интернете, искать информацию, смотреть фильмы.

Продавец: А в игры вы не играете?

Русский стажёр: Очень редко.

Продавец: Раз так, я советую вам купить вот этот компьютер 《Ляньсян》, он вполне сможет удовлетворить все ваши потребности, к тому же, он очень дешёвый: 3500 юаней.

俄罗斯留学生：好的。那我就买一台"联想"。
另外，我还需要买一个移动硬盘。

营业员：也是要买中国产的吗？

俄罗斯留学生：不。我要买美国产的，就这款"苹果"的。三年后我要带回俄罗斯。

营业员：好的，"苹果"牌的移动硬盘1500元，共5000元，请到收款处去付款。谢谢！

2

尼娜：小张，你好！请进！很抱歉，这么热的天，我还麻烦你。

小张：不客气，我们是好朋友。

尼娜：这边请，这边请。我的电脑已经打开了。

小张：你说吧，你有什么事需要我帮忙？

尼娜：我想用俄文给父母写e-mail，但是，我在语言栏中没找到俄文输入法。你能帮我装一个吗？

Русский стажёр: Хорошо. Я возьму вот этот《Ляньсян》. Кстати, мне ещё нужен портативный жёсткий диск.

Продавец: Тоже китайский?

Русский стажёр: Нет. Я куплю американский, вот этот《Apple》. Через три года я увезу его в Россию.

Продавец: Хорошо, портативный жёсткий диск《Apple》стоит 1500 юаней, с вас всего 5000 юаней, платите в кассу, пожалуйста. Спасибо!

2

Нина: Сяо Чжан, привет! Проходи! Прошу прощения, я доставляю хлопоты тебе в такую жару.

Сяо Чжан: Ничего, ведь мы большие друзья.

Нина: Сюда, сюда. Мой компьютер уже включён.

Сяо Чжан: Да ты скажи, чем я могу тебе помочь?

Нина: Я хочу написать электронное письмо родителям на русском языке, но в списке языков я не нашла русского. Ты не поможешь мне установить?

小张：不用装，电脑自带了俄文输入法，我帮你调出来就行了……已经调好了。现在，在你的语言栏中有中文、英文、俄文三种文字的输入法。

尼娜：太好了，我来试试。真是太谢谢你了！对不起，我还有个问题。你知不知道，哪儿有英俄键盘卖？我在俄罗斯一直喜欢用英俄键盘，我觉得这种键盘打字特别方便。

小张：据我所知，中国没有这种键盘。

尼娜：那你们打俄文怎么办？

小张：我一般盲打。我用电脑打字很快，我会十指盲打，根本就不需要看电脑键盘。如果你盲打有困难，我建议你把俄文字母写在小纸片上，然后贴在键盘上。

尼娜：好主意。可是，我记不清楚哪个俄文字母对哪个英文字母。

Сяо Чжан: Не надо устанавливать, на компьютере уже есть русская раскладка клавиатуры, я помогу тебе подключить и всё. ... Уже подключена. Теперь в твоём списке языков есть три языка: китайский, английский, русский.

Нина: Прекрасно, дай я попробую. Огромное тебе спасибо! Извини, у меня ещё вопрос. Ты не знаешь, где продаются англо-русские клавиатуры? В России я всегда любила пользоваться англо-русской клавиатурой, по-моему, набирать тексты на такой клавиатуре очень удобно.

Сяо Чжан: Насколько мне известно, в Китае нет таких клавиатур.

Нина: А как же вы набираете на русском языке?

Сяо Чжан: Я обычно набираю вслепую. Я набираю тексты на компьютере очень быстро, я умею печатать вслепую десятью пальцами, мне вовсе не надо глядеть на клавиатуру. Если тебе трудно набирать вслепую, я предлагаю тебе написать русские буквы на листочках, потом наклеить их на клавиатуру.

Нина: Идея. Но я не помню, какая русская буква соответствует какой английской.

小张：很简单。中文网上有很多英俄文键盘对照表。我帮你找一下……喏，这就是。

尼娜：……所有俄文字母都已经贴好了，连标点符号都贴好了。太棒了！以后我用俄文给家里人写信就很方便了。小张，我太感激你了。你帮了我的大忙。

小张：你说什么呢！以前我在俄罗斯的时候，你不是也经常帮我忙的吗！

3

俄罗斯留学生：王老师，您好！① 我想帮我的中国朋友修改一篇俄语论文，可是，我的电脑出了点问题，现在正在修理。我能不能用一下您的电脑？

---

① 王老师——汉语中的称谓语形式。在俄语中称呼老师只能用名字＋父称，而汉语中称谓语往往取决于职务，例如，姓＋"老师"、姓＋"医生"等。

Сяо Чжан: Очень просто. На китайских сайтах есть много сопоставительных таблиц английской и русской клавиатур. Я помогу тебе найти. ...Ну, вот она.

Нина: ...Все русские буквы уже наклеены, даже знаки препинания тоже. Вот здорово! Потом мне будет очень удобно писать письма моим родным на русском языке. Сяо Чжан, я тебе очень благодарна. Ты оказал мне огромную помощь.

Сяо Чжан: Что ты! Ведь раньше, когда я был в России, ты тоже часто помогала мне!

3

Русский стажёр: Здравствуйте, преподаватель Ван! [1] Я хотел бы помочь китайскому другу исправить статью на русском языке, но у меня с компьютером какие-то проблемы, сейчас он в ремонте. Могу ли я воспользоваться вашим компьютером?

---

[1] преподаватель Ван — это буквальный перевод формы обращения в китайском языке. Если в русском языке обращение к преподавателю только по имени и отчеству, то в китайском языке форма обращения чаще всего зависит от профессиональной принадлежности, например: фамилия+《преподаватель》, фамилия+《врач》 и т. п.

Wáng lǎoshī: Dāngrán kěyǐ! Nǐ děng yíxià! Wǒ bāng nǐ bǎ yǔyánlán
王　老师：当然　可以！你　等　一下！我　帮　你把　语言栏
　　zhōng de Éwén shūrùfǎ tiáo chūlái …… Hǎo le. Qǐng ba.
　　中　的 俄文 输入法　调　出来 ……　好　了。请　吧。

Éluósī liúxuéshēng: Xièxie! …… Wáng lǎoshī, duìbuqǐ, wǒ bù shúxī
俄罗斯　留学生：谢谢！ …… 王　老师，对不起，我　不　熟悉
　　Zhōngwénbǎn de cāozuò xìtǒng, hǎoduō ànniǔ wǒ bú rènshi.
　　中文版　的　操作　系统，好多　按钮　我　不　认识。

Wáng lǎoshī: Bié dānxīn, wǒ lái jiāo nǐ. Zhè shì "wénjiàn", zhè shì
王　老师：别　担心，我　来　教　你。这　是"文件"，这　是
　　"biānjí", zhè shì "shìtú", zhè shì "chārù", zhè shì "géshì"……
　　"编辑"，这　是"视图"，这　是"插入"，这　是"格式"……

Éluósī liúxuéshēng: Ā, wǒ xiǎng qǐlái le, hòumian sì gè cí wǒmen
俄罗斯　留学生：啊，我　想　起来　了，后面　四　个　词　我们
　　yǐjīng xuéguo le. Zhè shì "gōngjù", zhè shì "biǎogé", zhè shì
　　已经　学过　了。这　是"工具"，这　是"表格"，这　是
　　"chuāngkǒu", zuìhòu yí gè ànniǔ shì "bāngzhù".
　　"窗口"，　最后　一　个　按钮　是"帮助"。

Wáng lǎoshī: Wánquán zhèngquè.
王　老师：完全　正确。

Éluósī liúxuéshēng: ……Yǐjīng gǎi hǎo le. Wáng lǎoshī, wǒ xūyào
俄罗斯　留学生： …… 已经　改　好　了。王　老师，我　需要
　　jiǎnchá yíxià pīnxiě cuòwù, yīnggāi diǎnjī nǎ yí gè ànjiàn?
　　检查　一下　拼写　错误，应该　点击　哪　一　个　按键？

Wáng lǎoshī: Nǐ xiān diǎnjī "gōngjù", ránhòu zài diǎnjī "pīnxiě hé
王　老师：你　先　点击"工具"，然后　再　点击"拼写　和
　　yǔfǎ", nuò, zhè jiù shì …… Nǐ Éwén dǎzì hǎo kuài a!
　　语法"，喏，这　就　是 …… 你 俄文　打字　好　快　啊！

Éluósī liúxuéshēng: Xièxie nín de kuājiǎng! Wǒ bù dǎjiǎo nín le.
俄罗斯　留学生：谢谢　您　的　夸奖！我　不　打搅　您　了。
　　Wáng lǎoshī, zàijiàn!
　　王　老师，再见！

Wáng lǎoshī: Zàijiàn! Huānyíng zài lái!
王　老师：再见！欢迎　再　来！

Преподаватель Ван: Конечно! Подожди, минуточку! Я помогу тебе выбрать русский в списке языков. ... Уже выбран. Пожалуйста!

Русский стажёр: Спасибо! ... Преподаватель Ван, извините, я плохо разбираюсь в китайской версии операционной системы, многие вкладки мне непонятны.

Преподаватель Ван: Не беспокойся, я тебя научу. Это 《Файл》, это 《Правка》, это 《Вид》, это 《Вставка》, это 《Формат》...

Русский стажёр: Ага, я вспомнил, последующие четыре слова мы уже проходили. Это 《Сервис》, это 《Таблица》, это 《Окно》, последняя вкладка —《Справка》.

Преподаватель Ван: Совершенно верно.

Русский стажёр: ... Я уже исправил. Преподаватель Ван, мне нужно проверить орфографические ошибки, по какой клавише нужно щелкнуть?

Преподаватель Ван: Сначала щелкните по 《Сервису》, потом по 《Орфографии и грамматике》, вот она. ... Как быстро ты набираешь на русском языке!

Русский стажёр: Спасибо за комплимент! Больше я не буду мешать вам. До свидания, преподаватель Ван!

Преподаватель Ван: До свидания! Приходи ещё, добро пожаловать!

4

俄罗斯留学生：我听说，中国流行一种聊天软件，叫QQ，我也想试试。你能帮我装一个吗？

中国学生：当然可以。不过先要上网下载。……现在已经装好了。你有QQ号吗？

俄罗斯留学生：我没有，你帮我申请一个吧。

中国学生：好，我帮你。……你记住，你的QQ号是：88882008。我已经帮你把我加为你的好友了。以后有什么事情，直接上QQ来找我。顺便问一下，你们俄罗斯也有人用QQ聊天吗？

俄罗斯留学生：不，我们在俄罗斯一般用ICQ。

中国学生：ICQ？我好像在哪儿听说过，但是，从来没有用过。你能不能给我简单介绍一下有关ICQ的情况？

Русский стажёр: Я слышал, что в Китае очень популярна программа общения, которая называется QQ, мне тоже хотелось бы попробовать. Ты не поможешь мне установить?

Китайский студент: Конечно. Но сначала нужно выйти в интернет и скачать. ...Сейчас уже установлена. У тебя есть номер QQ?

Русский стажёр: У меня нет, помоги мне зарегистрироваться.

Китайский студент: Хорошо, я помогу тебе. ...Запомни, твой номер QQ:88882008. Я уже помог тебе добавить меня в друзья. Потом, если тебе понадобится, обращайся ко мне прямо в QQ. Кстати, у вас в России тоже пользуются QQ для общения?

Русский стажёр: Нет, в России мы обычно пользуемся ICQ.

Китайский студент: ICQ? Кажется, где-то я слышал, но никогда не пользовался. Ты можешь коротко рассказать мне о ICQ?

俄罗斯留学生：好的。ICQ是I seek you（我找你）的首字母缩写词，是一家以色列公司开发出来的免费在线聊天软件，被称做"世界网上寻呼机"。

中国学生：它的功能怎么样？

俄罗斯留学生：它的功能很像你们的QQ。在ICQ上你可以在几秒钟之内与朋友联系上，可以即时发送消息、传达文件、上聊天室、玩网络游戏，甚至可以语音聊天，如果你有耳麦的话。

中国学生：在俄罗斯ICQ用户多吗？

俄罗斯留学生：ICQ在俄罗斯相当流行。我建议你也注册一个ICQ号，这样，你就可以和很多俄罗斯人在线聊天。这对你的俄语学习将会有很大帮助。

中国学生：是啊，这样我就可以天天和

Русский стажёр: С удовольствием. ICQ является сокращением по первым буквам от I Seek You (Я ищу тебя), это бесплатная программа для общения в интернете, которую создала израильская компания, программу называют 《Мировым сетевым пейджером》.

Китайский студент: Каковы её функции?

Русский стажёр: По функциям она очень напоминает вашу QQ. В ICQ ты можешь в считанные секунды связаться с друзьями, ты можешь отправлять сообщения в реальном времени, передавать файлы, сидеть в чате, играть в сетевые игры и даже общаться голосом при наличии микрофона.

Китайский студент: В России много пользователей ICQ?

Русский стажёр: ICQ довольно популярна в России. Я советую тебе тоже зарегистрироваться и получить номер ICQ, так ты сможешь общаться со многими русскими в интернете. Это пойдёт тебе на большую пользу для изучения русского языка.

Китайский студент: Да, таким образом я смогу каждый день говорить по-русски с русскими. Но, говорят, в ICQ зарегист-

俄罗斯人 说 俄语 了。可是，听说 ICQ 注册 起来
非常 麻烦。

俄罗斯 留学生：没 关系，我 帮 你 注册 …… 终于
注册 成功。我 也 帮 你 把 我 加为 好友。

中国 学生：太 好 了！非常 非常 感谢！

5

娜塔莎：小 杨，你 来 啦，太 好 了！请 进！请 进！

小 杨：娜塔莎，你 好！你 的 电脑 出 什么 问题 了？

娜塔莎：我 的 电脑 运行 速度 太 慢 了，开机 要 用
整整 5 分钟 时间，我 已经 受不了 了。你 看，
是不是 要 重装 系统 了？

小 杨：不 一定。我 来 看看。

娜塔莎：对不起，我 的 文件 还 没有 保存。你 等 一下。

小 杨：我 来 帮 你 保存 吧 …… 你 的 电脑 中了
很 多 病毒，所以 运行 缓慢。我 来 帮 你
清除。

рироваться очень трудно.

Русский стажёр: Ничего, я тебе помогу зарегистрироваться. ... Наконец зарегистрирован. Я тоже помогу тебе добавить меня в друзья.

Китайский студент: Вот здорово! Огромное спасибо!

5

Наташа: Сяо Ян, как хорошо, что ты пришёл! Входи! Входи!

Сяо Ян: Здравствуй, Наташа! Что случилось с твоим компьютером?

Наташа: Мой компьютер работает слишком медленно, он загружается целых 5 минут, у меня уже не хватает терпения ждать. Ты посмотри, нужно ли переустановить операционную систему?

Сяо Ян: Не обязательно. Сейчас я посмотрю.

Наташа: Извини, я ещё не сохранила мой файл. Подожди, минуточку.

Сяо Ян: Я помогу тебе сохранить. ... Твой компьютер заражен многими вирусами, поэтому медленно работает. Я помогу тебе убить их.

娜塔莎：啊，太感谢了！但是，我不明白，我的电脑不是有防火墙的吗？为什么还会中很多病毒呢？

小　杨：你的Windows防火墙根本没有用，必须要装杀毒软件。

娜塔莎：对不起，我没有杀毒软件。怎么办？

小　杨：没关系，我有。我给你安装一个"瑞星"，这是一个相当可靠的杀毒软件。我们都很喜欢用。

娜塔莎：太好了！谢谢！

小　杨：我建议你以后上网要小心，要浏览正规网站，不要打开陌生人的邮件，网上下载的文件要先查毒后打开。

娜塔莎：我明白了。非常感谢！我们去餐厅吃饭吧，我请客。

小　杨：不用了。谢谢！对不起，我该走了。我还有

Наташа: Ой, большое спасибо! Но, мне непонятно, ведь у меня на компьютере установлен сетевой экран, почему он ещё был заражен многими вирусами?

Сяо Ян: Твой сетевой экран 《Windows》 совсем бесполезен, обязательно нужно установить антивирусную программу.

Наташа: Извини, у меня нет антивирусной программы. Что делать?

Сяо Ян: Ничего, у меня есть. Я установлю тебе 《Жуйсин》, это довольно надёжная антивирусная программа. Все мы очень любим пользоваться ей.

Наташа: Прекрасно! Спасибо!

Сяо Ян: Я советую тебе быть осторожной в интернете, надо просматривать официальные сайты, нельзя открывать письма от незнакомых, файлы, скачиваемые из интернета, открывать можно только после проверки на вирусы.

Наташа: Я поняла. Очень благодарна! Давай вместе пойдём в ресторан, я угощу тебя.

Сяо Ян: Не надо. Спасибо! Извини, мне пора. У меня ещё дела. Звони мне в любое время, если с твоим компьютером ещё

shì. Nǐ diànnǎo chū wèntí, suíshí kěyǐ gěi wǒ dǎ diànhuà.
事。你电脑出问题，随时可以给我打电话。
Zàijiàn!
再见！

娜塔莎：再见！

случится что-нибудь. До свидания!

Наташа: Всего хорошего!

二十、中国传统习俗
Èrshí、Zhōngguó chuántǒng xísú

(一) 常用语
(Yī) Chángyòngyǔ

您能不能简单介绍一下,你们中国有哪些民间传统习俗?
Nín néngbunéng jiǎndān jièshào yíxià, nǐmen Zhōngguó yǒu nǎxiē mínjiān chuántǒng xísú?

请问,十二"生肖"("属相")是什么?
Qǐngwèn, shí'èr "shēngxiào" ("shǔxiang") shì shénme?

您能介绍一下十二"生肖"("属相")的来历吗?
Nín néng jièshào yíxià shí'èr "shēngxiào" ("shǔxiang") de láilì ma?

请您告诉我,十二"生肖"("属相")所包括的十二种动物是如何(怎样)排序的。
Qǐng nín gàosu wǒ, shí'èr "shēngxiào" ("shǔxiang") suǒ bāokuò de shí'èr zhǒng dòngwù shì rúhé (zěnyàng) páixù de.

您是属什么的?
Nín shì shǔ shénme de?

您属什么?
Nín shǔ shénme?

一个人的"生肖"("属相"),是按照阳历还是按照阴历来算的?
Yí gè rén de "shēngxiào" ("shǔxiang"), shì ànzhào yánglì háishi ànzhào yīnlì lái suàn de?

20. Китайские традиции и обычаи

(А) *Общеупотребительные выражения и фразы*

Можете ли вы коротко рассказать, какие народные традиции и обычаи существуют в вашей стране?

Вы не скажете, что такое 12 《шэнсяо》 (《шусян》)?

Можете ли вы рассказать о происхождении 12 《шэнсяо》 (《шусян》)?

Расскажите мне, пожалуйста, в каком порядке расположены 12 животных, включённых в 12 《шэнсяо》 (《шусян》).

В год какого животного вы родились?

В чей год вы родились?

《Шэнсяо》 (《шусян》) человека определяется по солнечному календарю или по лунному?

Zhōngguó yǒu nǎxiē mínjiān shēngyù xísú?
中国 有 哪些 民间 生育 习俗?

Zhōngguó yǒu xiē shénmeyàng de mínjiān hūnlǐ xísú?
中国 有 些 什么样 的 民间 婚礼 习俗?

Zhōngguórén duì zhǎngbèi shì rúhé (zěnyàng) chēnghu de?
中国人 对 长辈 是 如何（怎样）称呼 的?

Zhōngguó de yǐhūn nánnǚ rúhé chēnghu duìfāng de fùmǔ?
中国 的 已婚 男女 如何 称呼 对方 的 父母?

Zài Zhōngguó yìbān dōu sòng xiē shénmeyàng de shēngrì lǐwù?
在 中国 一般 都 送 些 什么样 的 生日 礼物?

Zhōngguó shì yí gè lìshǐ yōujiǔ de duō mínzú guójiā, Zhōngguó de
中国 是 一 个 历史 悠久 的 多 民族 国家， 中国 的

mínjiān chuántǒng fēngsú jíqí fēngfùduōcǎi.
民间 传统 风俗 极其 丰富多彩。

Zhōngguó de mínjiān chuántǒng xísú xiāngdāng fùzá, gè mínzú、gè
中国 的 民间 传统 习俗 相当 复杂，各 民族、各

dìqū dōu yǒuzhe hěn duō zìjǐ dútè de mínjiān chuántǒng
地区 都 有着 很 多 自己 独特 的 民间 传统

xísú.
习俗。

Guānyú Zhōngguó mínjiān chuántǒng xísú zhè yī wèntí, sānyánliǎngyǔ
关于 中国 民间 传统 习俗 这 一 问题，三言两语

gēnběn shuō bu qīngchu.
根本 说 不 清楚。

Shí'èr "shēngxiào" yě jiào shí'èr "shǔxiang". Zhè shì yònglái jì rén
十二 "生肖" 也 叫 十二 "属相"。 这 是 用来 记人

de chūshēngnián de shí'èr zhǒng dòngwù: shǔ、niú、hǔ、tù、lóng、
的 出生年 的 十二 种 动物：鼠、牛、虎、兔、龙、

shé、mǎ、yáng、hóu、jī、gǒu、zhū. Shí'èr "shēngxiào" ("shǔxiang")
蛇、马、羊、猴、鸡、狗、猪。十二 "生肖" ("属相")

shì Zhōngguó gǔdài tiānwén lìfǎ de yí gè zǔchéng bùfen, shí'èr
是 中国 古代 天文 历法 的 一 个 组成 部分，十二

Какие народные обычаи, связанные с рождением ребёнка, существуют в Китае?

Какие народные свадебные традиции бывают в Китае?

Как китайцы обращаются к старшим?

Как называют родителей жены или мужа китайские женатые мужчины и замужние женщины?

Какие подарки принято дарить на день рождения в Китае?

Китай—многонациональная страна с древней историей, китайские народные традиции и обычаи чрезвычайно богаты и разнообразны.

Китайские народные традиции и обычаи довольно сложны, у каждой национальности и в каждом районе есть много своих оригинальных народных традиций и обычаев.

О китайских народных традициях и обычаях в двух словах никак не расскажешь.

12 《шэнсяо》 называется ещё 12 《шусян》. Это 12 животных, используемых для обозначения года рождения человека: мышь, бык, тигр, заяц, дракон, змея, лошадь, овца, обезьяна, петух, собака, свинья. 12 《шэнсяо》 (《шусян》) является составной частью древнего китайского астрономического календаря, 12 животных символизируют 12 《дичжи》

种 动物 代表着 十二 "地支"：子、丑、寅、卯、
辰、巳、午、未、申、酉、戌、亥。

有关 十二 "生肖" （"属相"） 的 来历，中国 流传
着 很 多 神话 故事。

我 属 龙，我 妻子 属 羊，我们 女儿 属 蛇。

一 个 人 的 "生肖" （"属相"） 是 按照 阴历 来 算 的。

中国 有 不少 人 相信，一 个 人 的 命运 和 他 的
"生肖" （"属相"） 有 很 大 的 关系。

我 属 龙。今年 是 龙年，也 就 是 我 的 本命年。
中国人 时兴 在 自己 的 本命年 系 红腰带、穿
红内衣，或者 带上 红绳子 系 的 生肖 动物
坠子。据说，这样 就 可以 辟邪。

自古 以来 中国人 有 爱护 孕妇 和 年轻 妈妈 的
传统。

在 中国 孕妇 不能 参加 红白喜事（婚礼 和 葬礼），
不能 看 产妇 分娩（生 孩子），不能 钉 钉子、抬

(Земных ветвей): "Цзы", "Чоу", "Инь", "Мао", "Чэнь", "Сы", "У", "Вэй", "Шэнь", "Ю", "Сюй", "Хай".

О происхождении 12 《шэнсяо》 (《шусян》) в Китае существуют многочисленные легенды.

Я родился в год дракона, моя жена—в год овцы, а наша дочь— в год змеи.
《Шэнсяо》 (《шусян》) человека определяется по лунному календарю.
В Китае немало людей верят, что судьба человека во многом связана с его 《шэнсяо》 (《шусян》).

Я дракон. Текущий год—это год дракона, т. е. мой 《Свой год》.

У китайцев принято в 《Свой год》 носить красный пояс, красное бельё или красную верёвочку с кулончиком, на котором вырезан свой животный знак. Говорят, что это защищает человека от нечистой силы.

С древних времён у китайцев существует традиция бережно относиться к беременным женщинам и молодым мамам.

В Китае беременным женщинам не разрешается присутствовать на чужой свадьбе или на похоронах, нельзя наблюдать роды, вбивать гвозди, поднимать тяжести, пользоваться нож-

重物、拿剪刀、干针线活儿等。

产后的一个月期间,产妇必须要躺在床上休息,不能干活儿,不能哭,不能碰冷水,不能吃生冷的东西,甚至不能洗澡和洗头发。据说,这是为了保证她的身体健康。这就叫"坐月子"。

在中国,当小孩(孩子)满月时,父母通常要邀请亲朋好友来吃饭,给他们发红鸡蛋。

当小孩满周岁时,中国人通常要请客吃饭。在吃饭之前,还要举行"抓周"仪式:在小孩面前放上一些带有象征意义的不同物品,如书、印章、算盘、钱、球、玩具、兵器等,让小孩随意抓一样东西,由此来判断小孩的未来志趣和发展方向。

中国人在婚嫁前有送彩礼、陪嫁妆、定吉日等民间习俗。

ницами, нельзя шить и вязать.

Роженица в течение месяца после родов должна лежать на кровати, ей нельзя работать, нельзя плакать, нельзя трогать холодную воду, нельзя есть сырую и холодную пищу, даже нельзя принимать ванну и мыть голову, говорят, это для того, чтобы беречь её здоровье. Это называется 《цзо юэцзы》 (месячный отдых после рождения ребёнка).

В Китае, когда ребёнку исполняется месяц, его родители по традиции приглашают родственников и друзей на праздничный обед, дарят им яйца, крашеные в красный цвет.

Когда ребёнку исполняется год, китайцы обычно приглашают гостей на праздничный обед. Перед обедом ещё устраивается процедура 《чжуачжоу》: перед ребёнком раскладывают разнообразные вещи, которые имеют символическое значение, например, книгу, печать, счёты, деньги, мяч, игрушку, оружие и т. д. , чтобы ребёнок взял по своему желанию любой предмет, и таким образом определяют будущее увлечение или направление развития ребёнка.

Перед свадьбой у китайцев бывают такие народные обычаи: платить калым, отдавать приданое, определять день свадьбы и т. д.

Xiàndài Zhōngguó qīngnián zài zhǔnbèi jiéhūn shí, tōngcháng yào mǎi xīnfáng、gǎo zhuāngxiū、pāi hūnshāzhào. Xiànzài Zhōngguó liúxíng zài fàndiàn jǔxíng hūnlǐ. Xīnláng hé xīnniáng zài yāoqǐng qīn péng hǎo yǒu de tóngshí, tōngcháng hái huì qǐng lái zhuānyè de sīyí hé shèxiàngshī. Zhōngguórén tōngcháng huì zài xīnhūn fūfù de xīnfáng lǐ tiē shàng hěnduō hóng shuāng xǐ zì, mén shàng、chuānghu shàng、qiáng shàng、jiājù shàng dōu yào tiē. Zhōngguórén jiéhūn, tōngcháng yào gěi suǒyǒu rènshi de rén fā xǐtáng, bāokuò qīnqi、péngyou、línjū、tóngshì. Zhōngguórén chēnghu zìjǐ zhǎngbèi shí, bùnéng zhí hū qí míng, zhǐ néng jiào "yéye"、"nǎinai"、"wàigōng"、"wàipó"、"bàba"、"māma"、"shūshu"、"gūgu"、"jiùjiu"、"āyí" děng.

现代中国青年在准备结婚时，通常要买新房、搞装修、拍婚纱照。现在中国流行在饭店举行婚礼。新郎和新娘在邀请亲朋好友的同时，通常还会请来专业的司仪和摄像师。中国人通常会在新婚夫妇的新房里贴上很多红双喜字，门上、窗户上、墙上、家具上都要贴。中国人结婚，通常要给所有认识的人发喜糖，包括亲戚、朋友、邻居、同事。中国人称呼自己长辈时，不能直呼其名，只能叫"爷爷"、"奶奶"、"外公"、"外婆"、"爸爸"、"妈妈"、"叔叔"、"姑姑"、"舅舅"、"阿姨"等。

Zhōngguórén tōngcháng yòng "zhíwù jiā xìng" lái zuòwéi chēnghu, rú "Zhào lǎoshī"、"Wáng yuànzhǎng"、"Sūn zhǔrèn" děng.

中国人通常用"职务＋姓"来作为称呼，如"赵老师"、"王院长"、"孙主任"等。

Готовясь к свадьбе, современные китайские молодые люди обычно покупают новую квартиру, делают ремонт, фотографируются в свадебных нарядах.

Теперь в Китае принято устраивать свадьбу в ресторане. Жених и невеста обычно приглашают родственников и друзей, а также профессинальных тамаду и кинооператора.

У китайцев принято наклеивать много красных надписей 《шуанси》 (двойная радость) в доме новобрачных, и на двери, и на окна, и на стены, и на мебель.

Когда женятся, у китайцев в традициях дарить всем знакомым свадебные конфеты: родственникам, друзьям, соседям, коллегам.

У китайцев не принято обращаться к своим старшим просто по имени, а принято использовать такие обращения: 《дедушка》 (со стороны отца), 《бабушка》 (со стороны отца), 《дедушка》 (со стороны матери), 《бабушка》 (со стороны матери), 《папа》, 《мама》, 《дядя》 (брат отца), 《тётя》 (сестра отца), 《дядя》 (брат матери), 《тётя》 (сестра матери) и т. д.

Китайцы обычно употребляют словосочетание 《должность + фамилия》 как обращение, например, 《преподаватель Чжао》, 《директор Ван》, 《заведующий Сунь》 и т. д.

Zhōngguó de yǐhūn nánnǚ tōngcháng yě chēnghu duìfāng de fùmǔ wéi
中国 的已婚男女 通常 也 称呼 对方 的父母为

"bàba"、"māma"。
"爸爸"、"妈妈"。

"Wǔsì" yùndòng yǐqián, Zhōngguó fùnǚ shíxīng chuān qúnzi. Xiànzài,
"五四" 运动 以前， 中国 妇女 时兴 穿 裙子。现在，

Zhōngguó fùnǚ jì shíxīng chuān qúnzi, yě shíxīng chuān kùzi.
中国 妇女 既 时兴 穿 裙子，也 时兴 穿 裤子。

Qípáo jǐnguǎn shì Zhōngguó fùnǚ de chuántǒng fúzhuāng, dànshì,
旗袍 尽管 是 中国 妇女 的 传统 服装，但是，

xiànzài zài rìcháng shēnghuó zhōng hěn shǎo yǒu rén chuān
现在 在 日常 生活 中 很 少 有 人 穿

qípáo, yě zhǐyǒu zài tèbié lóngzhòng de chǎnghé cái yǒu rén
旗袍，也 只有 在 特别 隆重 的 场合 才 有 人

chuān qípáo.
穿 旗袍。

Zhōngguórén xǐhuan yòng rèshuǐpíng lái zhuāng kāishuǐ.
中国人 喜欢 用 热水瓶 来 装 开水。

Yòng kuàizi chīfàn, zhè shì Zhōngguórén de chuántǒng.
用 筷子 吃饭，这 是 中国人 的 传统。

Bāo jiǎozi guò jié, zhè shì Zhōngguó běifāngrén de xísú.
包 饺子 过 节，这 是 中国 北方人 的 习俗。

Zhōngguórén ànzhào chuántǒng zài chīfàn kuài yào jiéshù shí cái shàng
中国人 按照 传统 在 吃饭 快 要 结束 时 才 上

tāng. Dànshì xiànzài wǒmen yě yǒu xiān shàng tāng de.
汤。但是 现在 我们 也 有 先 上 汤 的。

Zhōngguórén xǐhuan hē chá. Tāmen dàduōshù rén tōngcháng hē lǜ
中国人 喜欢 喝 茶。他们 大多数 人 通常 喝 绿

chá, bú fàng táng, yě jiù shì shuō, hē qīngchá. Bùguǎn shì zài
茶，不 放 糖，也 就 是 说，喝 清茶。不管 是 在

dānwèi, xuéxiào, háishi zài jiāli, Zhōngguórén yì nián sì jì、
单位、学校，还是 在 家里，中国人 一 年 四 季、

Китайские женатые мужчины и замужние женщины обычно называют родителей жены или мужа также 《папа》, 《мама》.

До движения 《4 мая》 у китайских женщин было принято ходить в юбке. А теперь у китайских женщин принято ходить как в юбке, так и в брюках.

Хотя 《ципао》 (китайские дамские халаты) являются традиционной одеждой для китайских женщин, теперь в обычной жизни мало кто ходит в 《ципао》, их надевают только в особенно торжественных случаях.

Китайцы любят хранить кипяток в термосе.

Есть палочками—это китайская традиция.

Лепить пельмени на праздник—это обычай северных китайцев.

У китайцев по традиции суп подают в конце обеда. Но теперь у нас подавать суп в начале обеда тоже принято.

Китайцы любят пить чай. Большинство из них обычно пьют зелёный чай, без сахара, т. е. пьют пустой чай. И на работе, и в школе, и дома, круглый год с утра до вечера китайцы пьют чай.

cóng zǎo dào wǎn dōu yào hē chá.
从 早 到 晚 都 要 喝 茶。

Zhōngguó nánfāngrén tōngcháng yǐ mǐfàn wéi zhǔshí, ér běifāngrén zé
中国 南方人 通常 以 米饭 为 主食，而 北方人 则

xǐhuan chī miànshí, bǐrú, mántou、bāozi、shuǐjiǎo、miàntiáo děng.
喜欢 吃 面食，比如，馒头、包子、水饺、面条 等。

Zhōngguórén jīhū shénme dōu chī: tiānshang fēi de、tǔli zhǎng de、
中国人 几乎 什么 都 吃：天上 飞 的、土里 长 的、

dìshang pá de、shuǐli yóu de.
地上 爬 的、水里 游 的。

Zhōngguórén guò shēngrì shí, tōngcháng yào chī miàntiáo, bìngqiě yào
中国人 过 生日 时，通常 要 吃 面条，并且 要

bǎ miàntiáo jiàozuò "shòumiàn", yīnwèi miàntiáo shì cháng de,
把 面条 叫做 "寿面"，因为 面条 是 长 的，

xiàngzhēngzhe chángshòu.
象征着 长寿。

Zhōngguórén yǒu yòng qǐngkè chīfàn lái yíng sòng wàidì kèren de
中国人 有 用 请客 吃饭 来 迎 送 外地 客人 的

xíguàn. Lái shí qǐng chīfàn jiào "xǐchén", zǒu shí qǐng chīfàn jiào
习惯。来 时 请 吃饭 叫 "洗尘"，走 时 请 吃饭 叫

"jiànxíng".
"饯行"。

Zài Zhōngguó gěi lǎorén zuòshòu (gěi xiǎohái guò shēngrì) shí,
在 中国 给老人做寿 （给 小孩 过 生日） 时,

tōngcháng zèngsòng hóngbāo, yě kěyǐ zèngsòng shēngrì dàngāo
通常 赠送 红包，也 可以 赠送 生日 蛋糕

huò qítā lǐpǐn.
或 其他 礼品。

Zài Zhōngguó shúrén jiànmiàn shí, yìbān hěnshǎo xiānghù yōngbào、
在 中国 熟人 见面 时，一般 很少 相互 拥抱、

qīnwěn, tāmen tōngcháng zhǐ shì wò ge shǒu、dǎ ge zhāohu,
亲吻，他们 通常 只是 握 个 手、打 个 招呼，

В Китае южане основным продуктом питания считают рис, а северяне предпочитают мучные продукты, например, пампушки, пампушки с начинкой, пельмени, лапшу и т. д. Китайцы едят почти всё, что летает, растёт, ползает, плавает.

В день рождения у китайцев принято есть лапшу, которую называют 《шоумянь》, потому что лапша длинная, она символизирует долголетие.

У китайцев есть традиция встречать и провожать приезжих гостей вкусным обедом, встречать гостей обедом называется 《сичэнь》, а провожать гостей обедом—《цзяньсин》.

В Китае, когда празднуют день рождения пожилых людей (детей), принято дарить красные конвертики с деньгами, или торт и другие подарки.

В Китае, когда встречаются знакомые, они редко обнимаются и целуются, они обычно только пожимают руку, приветствуют, или просто кивают головой, улыбаются.

或者仅仅点点头、微微笑一下。

在中国熟人之间互相打招呼时,可以说"你好!"也可以直接问"你上哪儿?""你吃过饭了?""你吃了吗?"等,这是中国人的传统。

中国人到家时,一般都要换上家里穿的拖鞋。有客人来的时候,客人通常也会主动换上主人指定的拖鞋,或者套上鞋套。

中国人可以问妇女的年龄,甚至可以问姑娘的年龄。

中国人熟人之间可以相互问对方的收入、婚姻状况、年龄。

中国人过新年、春节时,通常会互相寄贺卡。

现在中国人在过节日时,喜欢相互发手机短信表示祝贺。

中国人一般不给小孩起和他长辈相同的

В Китае, когда знакомые приветствуют друг друга, принято говорить 《Здравствуй!》, или прямо спрашивать 《Куда ты идёшь》, 《Ты уже обедал(-ла)》, 《Ты уже ел(-ла)》 и т. д., это китайская традиция.

Когда китайцы приходят домой, они обычно переобуваются в домашние шлёпанцы. Когда приходят гости, они обычно тоже охотно переобуваются в предложенные хозяевами шлёпанцы, или надевают бахиллы.

У китайцев принято спрашивать о возрасте женщин, даже девушек.

В Китае между знакомыми принято спрашивать друг друга о зарплате, семейном положении, возрасте.

У китайцев принято посылать друг другу поздравительные открытки, когда они отмечают Новый год, праздник Весны.

Теперь китайцы любят посылать друг другу поздравительное сообщение на мобильный телефон, когда они отмечают какой-нибудь праздник.

Китайцы обычно не называют ребёнка именем кого-нибудь из его старших.

名字。

中国人最喜欢的数字就是"8"。因为汉语中的"8"字和"发"字谐音,所以"8"代表"发财"。

很多中国人忌讳数字"4",因为汉语"4"字的发音会让他们联想到"死"。

中国人通常喜欢双数(偶数)。

中国人参加葬礼,一般都会出"白份",也就是送给死者家属的钱,但必须是单数,例如,101元、201元、301元等。

改革开放以来,中国人越来越多地受到西方文化的影响,并且开始接受西方人的传统习俗,比如,到教堂举办婚礼;过生日时,吃生日蛋糕;庆贺"金婚""银婚"。中西文化之间的藩篱正在逐渐消失。

随着生活水平的不断提高,中国有越来越多的人喜欢养狗、养猫、养花、养鱼等。

Самая любимая цифра у китайцев—это 《8》. 《8》 символизирует 《богатство》, потому что в китайском языке цифра 《8》 созвучна с иероглифом 《发》(разбогатеть).

Многие китайцы избегают цифры 《4》, потому что в китайском языке произношение цифры 《4》 ассоциируется с иероглифом 《死》(умереть).

Китайцы обычно любят чётные числа.

У китайцев в обычаях приходить на похороны с 《байфэнь》, т. е. деньгами, которые дарят родным умершего, но сумма денег должна быть нечётной, например, 101 юань, 201 юань, 301 юань и т. д.

После проведения политики реформ и открытости, на китайцев всё больше влияет западная культура, и они начинают принимать европейские традиции и обычаи, например, играть свадьбу в церкви; в день рождения есть торт; отмечать 《золотую свадьбу》, 《серебряную свадьбу》. Постепенно исчезают преграды между китайской и западной культурой.

С непрерывным повышением жизненного уровня в Китае всё больше людей любят заводить собак и кошек, разводить цветы и рыбок.

这是一个美好的（新的、古老的、富有教育意义的、丑陋的）习俗。

这种习俗具有很大的教育意义。

这种习俗只有在农村（在南方、在北方、在少数民族地区）才能见到。

这种习俗早已过时。

这种习俗也只是在最近几年里才恢复时兴的。

这种习俗在中国有着悠久的历史。

这种习俗在中国早就开始，代代流传，至今不衰。

应该珍视民间习俗。

应该尊重他人的习俗。

（二）会话

1

玛莎：李娜，我可以向你请教一个问题吗？

Это красивый (новый, старинный, поучительный, уродливый) обычай.

Этот обычай имеет большое поучительное значение.

Такой обычай бывает только в деревнях (на юге, на севере, у народных меньшинств).

Такой обычай давно ушёл в прошлое.

Такой обычай возрождён только в последние годы.

В Китае этот обычай имеет древнюю историю.

В Китае этот обычай давно начал распространяться, он передаётся из поколения в поколение и хорошо сохранён до сих пор.

Надо беречь народные обычаи.

Надо уважать чужие обычаи.

(Б) *Диалоги*

1

Маша: Ли На, могу ли я задать тебе один вопрос?

李娜：Dāngrán kěyǐ! Qǐng shuō ba!
当然 可以！请 说 吧！

玛莎：Nǐmen Zhōngguó yǒu nǎxiē mínjiān chuántǒng xísú?
你们 中国 有 哪些 民间 传统 习俗？

李娜：Nǐ de wèntí tài dà le. Yào zhīdào Zhōngguó shì yí gè lìshǐ
你 的 问题 太 大 了。要 知道 中国 是 一个 历史
yōujiǔ de duō mínzú guójiā, Zhōngguó de mínjiān chuántǒng xísú
悠久 的 多 民族 国家，中国 的 民间 传统 习俗
jíqí fēngfùduōcǎi. Nǐ néngbunéng wènde jùtǐ yìdiǎn?
极其 丰富多彩。你 能不能 问得 具体 一点？

玛莎：Hǎo ba. Wǒ hěn xiǎng zhīdào, nǐmen Zhōngguó zài yǐnshí shàng
好 吧。我 很 想 知道，你们 中国 在 饮食 上
yǒu shénme chuántǒng xísú?
有 什么 传统 习俗？

李娜：Wǒmen xiān shuō zhǔshí ba! Zài Zhōngguó, běifāngrén ài chī
我们 先 说 主食 吧！在 中国，北方人 爱 吃
miànshí, bǐrú, mántou, bāozi, shuǐjiǎo, miàntiáo děng; ér
面食，比如，馒头、包子、水饺、面条 等；而
nánfāngrén zé gèng xǐhuan chī mǐfàn.
南方人 则 更 喜欢 吃 米饭。

玛莎：Nà Zhōngguórén chī miànbāo ma?
那 中国人 吃 面包 吗？

李娜：Yě chī, dàn hěn shǎo chī. Lìngwài, wǒmen Zhōngguórén de
也 吃，但 很 少 吃。另外，我们 中国人 的
càiyáo xiāngdāng fēngfù. Nǐ kěnéng yǐjīng tīngshuō le,
菜肴 相当 丰富。你 可能 已经 听说 了，
Zhōngguórén jīhū shénme dōu chī: tiānshang fēi de、tǔli zhǎng
中国人 几乎 什么 都 吃：天上 飞 的、土里 长
de、dìshang pá de、shuǐli yóu de……
的、地上 爬 的、水里 游 的……

玛莎：Tài yǒu yìsi le! Nà nǐmen chī zhūròu、yángròu、niúròu ma?
太 有 意思 了！那 你们 吃 猪肉、羊肉、牛肉 吗？

Ли На: Конечно! Пожалуйста!

Маша: Какие народные традиции и обычаи существуют у вас в Китае?

Ли На: Твой вопрос чересчур сложный. Ведь Китай—многонациональная страна с древней историей, китайские народные традиции и обычаи чрезвычайно богаты и разнообразны. Можешь ли ты задать более конкретные вопросы?

Маша: Ладно! Я хотела бы узнать, какие традиции и обычаи в питании у вас в Китае?

Ли На: Начнём с основного продукта питания! В Китае северяне любят мучные продукты, например, пампушки, пампушки с начинкой, пельмени, лапшу и т. д. ; а южане предпочитают рис.

Маша: Едят ли хлеб китайцы?

Ли На: Тоже едят, но очень редко. Кроме того, наша китайская кухня довольно богатая. Ты, наверное, уже слышала, что китайцы едят почти всё, что летает, растёт, ползает, плавает...

Маша: Как интересно! А свинину, баранину, говядину вы едите?

李娜：那还用说嘛！对了，我忽然想起来一个非常重要的中国习俗：我们一般用筷子吃饭。

玛莎：用筷子吃饭？我不会用筷子。我们从小就只会用刀叉吃饭。怎么办？我很快就要到中国去留学了。

李娜：也可以用勺子吃。不过，你不用担心。用筷子吃饭并不难，你很快就能学会的。

玛莎：如果我怀念西餐怎么办？

李娜：别担心。我们中国现在有很多西餐馆，你可以到那里去享用西餐。再说了，到处都有麦当劳、肯德基。

玛莎：太好了！不过，我会尽量去适应中餐的。谢谢你，李娜！

2

王红：玛莎，你好！

Ли На: Ещё бы! Да, я вдруг вспомнила один очень важный китайский обычай: у нас принято есть палочками.

Маша: Есть палочками? Я не умею пользоваться палочками. С детства мы едим только ножом и вилкой. Что делать? Скоро поеду в Китай на стажировку.

Ли На: Есть ложкой тоже принято. Но тебе не надо беспокоиться, есть палочками вовсе не трудно, ты очень скоро научишься.

Маша: А если я буду скучать по европейской кухне?

Ли На: Не беспокойся. Теперь у нас в Китае много ресторанов европейской кухни, там ты можешь полакомиться европейскими кушаньями. Потом ещё Макдоналдс и КФС встречаются на каждом шагу.

Маша: Это замечательно, но я постараюсь привыкнуть к китайской кухне. Спасибо тебе, Ли На!

2

Ван Хун: Маша, здравствуй!

玛莎：你好，王红！你过得怎样？

王红：一切正常。而你呢？在中国生活习惯吗？

玛莎：我对中国生活适应得很快，我已经学会了用筷子吃饭。

王红：你真厉害！你中餐吃得惯吗？

玛莎：不止是习惯，我已经迷恋上了中餐。我很喜欢吃南京盐水鸭，尤其喜欢吃鸭爪、鸭翅。

王红：鸭爪、鸭翅的确是美味佳肴，很多南京妇女都喜欢吃。

玛莎：是吗？王红，有一点我怎么也想不通，很多中国朋友和我打招呼时，都喜欢问我"你吃了吗？"我听了感觉很奇怪，难道说他们都想请我吃饭吗？

王红：哈哈哈，当然不是。这只是中国人的习惯问候语。还有"您上哪？"这个问题，这也

Маша: Здравствуй, Ван Хун! Как ты живёшь?

Ван Хун: Всё в порядке. А ты? Привыкла жить в Китае?

Маша: Я очень быстро привыкла к китайской жизни, я уже научилась есть палочками.

Ван Хун: Какая ты молодец! А к китайской кухне ты уже привыкла?

Маша: Я не только привыкла к китайской кухне, но и увлеклась ей. Мне очень нравится нанкинская солёная утка, больше всего мне пришлись по вкусу утиные лапки и крылышки.

Ван Хун: Утиные лапки и крылышки—это настоящие лакомства. Их любят есть многие нанкинские женщины.

Маша: Да? Ван Хун, я никак не могу понять одно: когда китайские друзья здороваются со мной, многие из них любят спрашивать меня《Ты уже обедала?》. Это меня очень удивляет, разве все они хотят пригласить меня на обед?

Ван Хун: Ха-ха-ха, конечно, нет. Это просто китайское привычное приветствие. Потом ещё вопрос《Куда вы идёте?》, это тоже наше привычное приветствие, на самом деле, нас не интересует, куда именно ты идёшь. Кроме того, вероятно,

shì wǒmen de xíguàn wènhòuyǔ, qíshí, wǒmen bìngfēi yídìng yào
是 我们 的 习惯 问候语，其实，我们 并非 一定 要

zhīdào, nǐ dàodǐ yào dào nǎlǐ qù. Lìngwài, hěn kěnéng hái huì
知道，你 到底 要 到 哪里 去。另外， 很 可能 还 会

yǒu hěn duō Zhōngguó péngyou wèn nǐ de niánlíng、hūnyīn
有 很 多 中国 朋友 问 你 的 年龄、婚姻

zhuàngkuàng、shōurù děng, nǐ búyào shēngqì, búyào yǐwéi tāmen
状况、 收入 等，你 不要 生气，不要 以为 他们

shì xiǎng gànshè nǐ de sīrén shēnghuó, tāmen zhǐ shì xiǎng yào
是 想 干涉 你 的 私人 生活，他们 只 是 想 要

guānxīn nǐ, zhè shì wǒmen Zhōngguórén de chuántǒng.
关心 你，这 是 我们 中国人 的 传统。

Mǎshā: Ā, yuánlái rúcǐ.
玛莎：啊，原来 如此。

3

Mǎshā: Yáng Fēi, nǐ míngtiān xiàwǔ yǒu kòng ma?
玛莎：杨 菲，你 明天 下午 有 空 吗？

Yáng Fēi: Wǒ míngtiān quán tiān dōu yǒu kòng. Zěnme la?
杨 菲：我 明天 全 天 都 有 空。怎么 啦？

Mǎshā: Wǒ hòutiān yào dào Wáng Hóng jiā qù zuòkè. Míngtiān xiàwǔ
玛莎：我 后天 要 到 王 红 家 去 做客。明天 下午

nǐ néngbunéng péi wǒ qù shāngdiàn tiāoxuǎn yíxià lǐwù?
你 能不能 陪 我 去 商店 挑选 一下 礼物？

Yáng Fēi: Dāngrán kěyǐ. Nǐ zhīdào Wáng Hóng wèishénme qǐng nǐ qù
杨 菲：当然 可以。你 知道 王 红 为什么 请 你 去

zuòkè ma?
做客 吗？

Mǎshā: Hòutiān Wáng Hóng de xiǎohái mǎn wǔ zhōusuì. Nǐ juéde wǒ
玛莎：后天 王 红 的 小孩 满 5 周岁。你 觉得 我

mǎi shénme lǐwù bǐjiào shìhé ne?
买 什么 礼物 比较 适合 呢？

578

ещё многие китайские друзья спрашивают тебя о твоём возрасте, семейном положении, зарплате и т. д. Не обижайся, не думай, что они хотят вмешаться в твою личную жизнь, они только хотят позаботиться о тебе, это наша китайская традиция.

Маша: А, вот в чём дело!

3

Маша: Ян Фэй, завтра после обеда у тебя будет время?

Ян Фэй: Завтра весь день я буду свободна. А что?

Маша: Послезавтра я пойду к Ван Хун в гости. Можешь ли ты пойти со мной завтра после обеда в магазин и выбрать подарок?

Ян Фэй: Конечно, могу. Ты знаешь, почему Ван Хун приглашает тебя в гости?

Маша: Послезавтра ребёнку Ван Хун исполнится 5 лет. Как по-твоему, какой подарок мне лучше купить?

杨菲：Gěi xiǎohái guò shēngrì, wǒmen yìbān sòng hóngbāo, huòzhě
给小孩过生日，我们一般送红包，或者
shì sòng dàngāo, yě kěyǐ sòng qítā lǐwù.
是送蛋糕，也可以送其他礼物。

玛莎：Rúguǒ sòng hóngbāo, wǒ bù zhīdào yīnggāi sòng duōshao qián.
如果送红包，我不知道应该送多少钱。
Rúguǒ sòng dàngāo, wǒ dānxīn Wáng Hóng zǎo jiù dìng hǎo le.
如果送蛋糕，我担心王红早就订好了。

杨菲：Nà jiù sòng qítā lǐwù ba. Wáng Hóng de xiǎohái hǎoxiàng
那就送其他礼物吧。王红的小孩好像
shì nǚhái ba?
是女孩吧？

玛莎：Bú shì, shì ge nánhái.
不是，是个男孩。

杨菲：Nà wǒ jiànyì nǐ gěi tā mǎi yì hé qiǎokèlì, lìngwài, zài
那我建议你给他买一盒巧克力，另外，再
suíbiàn mǎi ge shénme wánjù.
随便买个什么玩具。

玛莎：Hǎo, jiù zhème bàn. Míngtiān xiàwǔ liǎng diǎn wǒmen zài
好，就这么办。明天下午两点我们在
xuéxiào ménkǒu jiàn, xíng ma?
学校门口见，行吗？

杨菲：Yìyánwéidìng!
一言为定！

4

娜塔莎：Lǐ Bīng, nǐ hǎo! Hǎojiǔ méi jiàn dào nǐ le. Nǐ zài máng
李冰，你好！好久没见到你了。你在忙
shénme ne? Shìbushì tiāntiān mángzhe hé nánpéngyou yuēhuì
什么呢？是不是天天忙着和男朋友约会
a?
啊？

Ян Фэй: На день рождения ребёнка мы обычно дарим красные конвертики с деньгами, или торт, или другие какие-нибудь подарки.

Маша: Если подарю красный конвертик, я не знаю, сколько денег нужно положить. Если подарю торт, я боюсь, что Ван Хун давно уже его заказала.

Ян Фэй: Тогда подари что-нибудь другое. У Ван Хун, кажется, девочка?

Маша: Нет, мальчик.

Ян Фэй: Тогда я советую тебе купить ему коробку шоколадок, потом ещё какую-нибудь игрушку.

Маша: Ладно, так и сделаю. Завтра в 2 часа дня мы встретимся у ворот университета, хорошо?

Ян Фэй: Договорились!

4

Наташа: Ли Бин, привет! Давно тебя не видела. Чем ты занята? Каждый день спешишь на встречу со своим молодым человеком?

李冰：不是忙着约会，而是准备结婚。

娜塔莎：准备结婚？结婚是人生一大喜事，但是，你好像有一点不高兴。

李冰：你大概还不知道，在我们中国结婚是一件极其烦琐的事情。我快要发疯啦。

娜塔莎：怎么啦？

李冰：整整六个月我们忙着买房子，搞装修。最近两个月正在挑选家具、家电、床上用品、餐具等，我的腿都要跑断啦。

娜塔莎：等你一切都买好了，你也就可以好好儿休息了。

李冰：还早着呢！我们还要到饭店去订婚宴，要去请专业司仪和摄像师，要给所有的亲朋好友发喜帖，要准备好红包、喜字、鞭炮、烟、酒、瓜子、花生、糖果、水果等等等等，

Ли Бин: Не спешу на свидание с молодым человеком, а готовлюсь к свадьбе.

Наташа: Готовишься к свадьбе? Свадьба—это большое счастье в жизни человека, но ты, кажется, чем-то не довольна.

Ли Бин: Ты, наверное, ещё не знаешь, что у нас в Китае свадьба—это чрезвычайно сложное дело. Я скоро сойду с ума.

Наташа: В чём же дело?

Ли Бин: Целых шесть месяцев мы были заняты покупкой квартиры и её ремонтом. Последние два месяца мы выбираем мебель, домашнюю технику, постельные принадлежности, посуду и т. д. Я уже стёрла ноги от бесконечных походов по магазинам.

Наташа: Когда ты всё купишь, тогда сможешь отдохнуть как следует.

Ли Бин: До этого ещё далеко! Нам нужно ещё заказать свадебный банкет в ресторане, пригласить профессиональных тамаду и кинооператора, раздать всем родственникам и друзьям свадебные приглашения, подготовить красные конвертики с деньгами, надписи 《шуанси》 (двойное счастье), хлопушки, сигареты, вино, семечки, арахис, конфеты, фрукты и т. д. и т. п., ещё нужно заказать свадебные машины...

hái yào qù dìng hūnchē……
　　还　要　去　订　婚车……

Nàtǎshā：Wǒ tīngde tóu dōu fāyūn le. Duō lèirén a! Bù néng jiǎndān
娜塔莎：我　听得　头　都　发晕　了。多　累人　啊！不　能　简单

　　yìdiǎn ma?
　　一点　吗？

Lǐ Bīng：Shì a! Suǒyǐ, xiànzài Zhōngguó yě yǒu yìxiē qīngnián nánnǚ
李　冰：是　啊！所以，现在　中国　也　有　一些　青年　男女

　　nìngyuàn zài jiàotáng bàn xīshì hūnlǐ, ránhòu zài chūguó qù dù
　　宁愿　在　教堂　办　西式　婚礼，然后　再　出国　去　度

　　mìyuè. Wǒ hé nánpéngyou yě hěn xiǎng zhèyàng, dànshì, wǒmen
　　蜜月。我　和　男朋友　也　很　想　这样，但是，我们

　　shuāngfāng de fùmǔ dōu bù tóngyì.
　　双方　的　父母　都　不　同意。

Nàtǎshā：Tīngshuō, nǐmen tōngcháng hái yào pāi hěn duō hūnshāzhào.
娜塔莎：听说，你们　通常　还要　拍　很　多　婚纱照。

Lǐ Bīng：Shì a. Shàngge xīngqīliù, wǒmen huāle zhěngzhěng yì tiān
李　冰：是　啊。上个　星期六，我们　花了　整整　一　天

　　de shíjiān pāi hūnshāzhào.
　　的　时间　拍　婚纱照。

Nàtǎshā：Zhàopiàn nádàole yǐhòu bié wàngle gěi wǒ xīnshǎng
娜塔莎：照片　拿到了　以后　别　忘了　给　我　欣赏

　　xīnshǎng.
　　欣赏。

Lǐ Bīng：Hǎo de. Nàtǎshā, shí yuè yī hào nà tiān nǐ hé Āndéliè yǒu
李　冰：好　的。娜塔莎，10月　1号　那　天　你　和　安德烈　有

　　kòng ma? Wǒ hěn xiǎng yāoqǐng nǐmen liǎng wèi lái cānjiā wǒ de
　　空　吗？我　很　想　邀请　你们　两　位　来　参加　我的

　　hūnlǐ. Xǐtiě wǒ míngtiān gěi nǐ.
　　婚礼。喜帖　我　明天　给　你。

Nàtǎshā：Fēicháng lèyì! Dànshì, nǐ néngbunéng gàosu wǒ, nǐ zuì
娜塔莎：非常　乐意！但是，你　能不能　告诉　我，你　最

Наташа: От твоих слов у меня уже кружится голова. Как утомительно! Разве нельзя попроще?

Ли Бин: Да! Поэтому теперь в Китае некоторые юноши и девушки предпочитают играть европейскую свадьбу в церкви и потом отправляться за границу на медовый месяц. Мы с парнем тоже очень хотели бы так сделать, но родители с обеих сторон не согласны.

Наташа: Говорят, у вас принято ещё много фотографироваться в свадебных нарядах.

Ли Бин: Да. В прошлую субботу мы потратили целый день на фотосъёмку.

Наташа: Когда ты получишь фотографии, не забудь показать мне.

Ли Бин: Хорошо. Наташа, 1 октября вы с Андреем будете свободны? Мне очень хотелось бы пригласить вас обоих на мою свадьбу. Завтра я принесу тебе свадебное приглашение.

Наташа: С удовольствием! Но, можешь ли ты сказать мне, какой подарок ты хочешь получить больше всего?

想得到什么样的礼物?

李冰:买礼物很费事的。我看,你们也和我们所有的亲戚朋友一样,送个红包就行了。

娜塔莎:谢谢你的邀请!我们一定来参加你的婚礼!

5

小魏:玛莎,祝你新年快乐!这是我给你的新年贺卡!

玛莎:非常感谢!也祝你新年快乐!这是给你的一个俄罗斯小礼品。小魏,为什么贺卡上画了很多马啊?是不是因为中国人特别喜欢马?

小魏:不是。这是因为明年是马年。

玛莎:马年?这是什么意思?

小魏:看来,我得给你介绍一下我们中国的十二"生肖"。

玛莎:十二"生肖"?我以前好像在哪本书上

Ли Бин: Выбрать подарок очень не легко. По-моему, вам лучше, как всем нашим родственникам и друзьям, тоже подарить красный конвертик с деньгами и всё.

Наташа: Спасибо за твоё приглашение! Мы придём на твою свадьбу обязательно!

5

Сяо Вэй: Маша, поздравляю тебя с Новым годом! Это тебе новогодняя открытка от меня!

Маша: Большое спасибо! И тебя тоже поздравляю с Новым годом! Это тебе маленький русский сувенир. Сяо Вэй, почему на открытке нарисованы много лошадей? Это потому что китайцы особенно любят лошадей?

Сяо Вэй: Нет. Это потому что следующий год будет годом лошади.

Маша: Годом лошади? Что это такое?

Сяо Вэй: Видно, мне придётся познакомить тебя с нашим китайским 12 《шэнсяо》.

Маша: 12 《шэнсяо》? Кажется, раньше я в какой-то книге

kàn dào guo. Dànshì, yǐjīng quán wàng guāng le.
看 到 过。但是，已经 全 忘 光 了。

Xiǎo Wèi：Shí'èr"shēngxiào"yě jiào shí'èr"shǔxiang". Zhè shì yòng lái
小 魏：十二 "生肖" 也 叫 十二 "属相"。这 是 用 来

jì rén de chūshēng niánfèn de shí'èr zhǒng dòngwù：shǔ、niú、hǔ、
记人的 出生 年份 的 十二 种 动物：鼠、牛、虎、

tù、lóng、shé、mǎ、yáng、hóu、jī、gǒu、zhū. Bǐrú shuō, wǒ shì zài
兔、龙、蛇、马、羊、猴、鸡、狗、猪。比如 说，我 是 在

shénián chūshēng de, suǒyǐ, wǒ shǔ shé.
蛇年 出生 的，所以，我 属 蛇。

Mǎshā：Zhè hé wǒmen de shí'èr xīngzuò yǒu yìdiǎn lèisì. Búguò,
玛莎：这 和 我们 的 十二 星座 有 一点 类似。不过，

shí'èr xīngzuò shì yòng lái jì rén de chūshēng yuèfèn de.
十二 星座 是 用 来 记人 的 出生 月份 的。

Xiǎo Wèi：Shì a! Suǒyǐ, hěn duō wàiguórén bǎ shí'èr"shēngxiào"jiào
小 魏：是 啊！所以，很 多 外国人 把 十二 "生肖" 叫

zuò "Zhōngguóshì xīngzuò".
做 "中国式 星座"。

Mǎshā：Xiǎo Wèi, nà nǐ zhīdào shí'èr"shēngxiào"de láilì ma?
玛莎：小 魏，那 你 知道 十二 "生肖" 的 来历 吗？

Xiǎo Wèi：Yǒuguān shí'èr"shēngxiào" de láilì, Zhōngguó liúchuánzhe
小 魏：有关 十二 "生肖" 的 来历，中国 流传着

yì zé shénhuà gùshi. Shuō shì Zhōnghuá mínzú de shǐzǔ ——
一 则 神话 故事。说 是 中华 民族 的 始祖 ——

Huángdì yào tōngguò bǐsài xuǎnbá shí'èr zhǒng dòngwù zuò
黄帝 要 通过 比赛 选拔 十二 种 动物 做

shìwèi, zhè yì xiāoxi hōngdòngle shòuqún. Māo tuō lǎoshǔ bāng
侍卫，这 一 消息 轰动了 兽群。猫 托 老鼠 帮

tā bàomíng, jiéguǒ lǎoshǔ wàng le, yúshì cóngcǐ māo shǔ jiù jié-
它 报名，结果 老鼠 忘 了，于是 从此 猫 鼠 就 结

shàngle chóu. Dàxiàng yīnwèi lǎoshǔ zuānjìnle tā de bízi ér
上了 仇。大象 因为 老鼠 钻进了 它 的 鼻子 而

читала об этом. Но уже всё забыла.

Сяо Вэй: 12 《шэнсяо》 называется ещё 12 《шусян》. Это 12 животных, используемых для обозначения года рождения человека: крыса, бык, тигр, заяц, дракон, змея, лошадь, овца, обезьяна, петух, собака, свинья. Например, я родился в год змеи, и мой животный знак—это змея.

Маша: Это чем-то напоминает наши 12 знаков Зодиака. Но 12 знаков Зодиака употребляются для обозначения месяца рождения человека.

Сяо Вэй: Да! Поэтому многие иностранцы называют 12 《шэнсяо》《китайским гороскопом》.

Маша: Сяо Вэй, а знаешь ли ты о происхождении 12 《шэнсяо》?

Сяо Вэй: О происхождении 12 《шэнсяо》 в Китае существует легенда, которая гласит, что родоначальник китайской нации Хуанди решил выбрать 12 животных своими охранниками по результатам соревнований, и это известие вызвало сенсацию во всём мире животных. Кошка попросила крысу записаться, но крыса забыла об этом, и с тех пор крысы и кошки остались смертельными врагами. Слон провалился на сорев-

落败。结果老鼠、牛、老虎、兔子等12个动物获胜。由此而产生我们今天的十二"生肖"。

玛莎：小魏，我看到商店里有很多项链坠子上刻着各种动物。它们大概就是十二生肖动物吧？

小魏：聪明！你看，我的项链坠子上刻着一条小蛇。今年是我的"本命年"，这是我妈妈给我买的，说是为了辟邪。

玛莎：那我是属什么的？我是1992年出生的。

小魏：让我想一下。啊，你是属猴的。怪不得你这么聪明伶俐，善于随机应变。

玛莎：但是我往往耐心不够。

小魏：哈哈，很多属猴的人都是这样的。

玛莎：我觉得你们的十二"生肖"非常有趣。你能不能向我推荐一本这方面的书？

нованиях, потому что крыса залезла к нему в хобот. Под конец победителями оказались 12 животных: крыса, бык, тигр, заяц и др. И так появилось сегодняшнее 12 《шэнсяо》.

Маша: Сяо Вэй, я видела, что в магазинах на многих кулонах вырезаны различные животные. Пожалуй, это и есть 12 животных знаков?

Сяо Вэй: Молодец! Да ты посмотри, вот на моём кулоне вырезана змея. Этот год является моим 《Своим годом》, моя мама купила мне этот кулон, сказала, что это для защиты от нечистой силы.

Маша: А какой мой животный знак? Я родилась в 1992 году.

Сяо Вэй: Дай я подумаю. А, ты обезьяна. Так вот почему ты такая умная и находчивая.

Маша: Но у меня всегда не хватает терпения.

Сяо Вэй: Ха-ха, многие люди, которые родились в год обезьяны, именно такие.

Маша: Мне кажется, ваше 12 《шэнсяо》 очень интересное. Можешь ли ты порекомендовать мне какую-нибудь книгу об этом?

小 魏：好啊!我自己手头刚巧有一本这样的书,我下次带来给你看看。但是,你不能过于相信书上的说法。我觉得,人的命运主要还是在自己的手上。

玛莎：放心吧,我只是好奇而已!

6

玛莎：李丽,你来啦,太好了!请进,请进!

李丽：玛莎,你好!你今天需要我帮你做些什么呢?

玛莎：我写了一篇文章,想请你检查一下。不过,不着急。我们先喝点咖啡吧。

李丽：说实话,我不喜欢喝咖啡。来点茶吧。

玛莎：好的。李丽,你是一个典型的中国人。以前我们汉语老师曾经多次说过,茶是中国人的首选饮料。

李丽：是啊!茶是中国人的生活必备品之一。

Сяо Вэй: Хорошо! У меня на руках как раз есть такая книга, в следующий раз я принесу тебе. Но тебе нельзя слепо верить в книгу. По-моему, судьба человека всё-таки в его собственных руках.

Маша: Не беспокойся, я только для удовлетворения любопытства!

6

Маша: Ли Ли, как хорошо, что ты пришла! Входи, входи!

Ли Ли: Маша, привет! Чем я могу помочь тебе сегодня?

Маша: Я написала статью, и мне хотелось бы попросить тебя проверить её. Но не надо спешить. Давай сначала попьём кофе.

Ли Ли: Честно говоря, я не люблю пить кофе. Чаю, пожалуйста.

Маша: Хорошо. Ли Ли, ты типичная китаянка. Раньше наш преподаватель китайского языка много раз говорил, что чай—первый напиток китайцев.

Ли Ли: Да! Чай считается одним из непременных предметов в

中国有句古话说:"开门七件事:柴、米、油、盐、酱、醋、茶"。可见,饮茶在我们生活中占据着极其重要的地位。我们中国人认为,茶是最佳饮料。所以,我们中国有一个习俗:客人一进门,主人首先就要给客人上茶。

玛莎:那我也像中国人一样待客吧。李丽,你想喝红茶还是绿茶?

李丽:绿茶。我们中国人大多数都喜欢喝绿茶。

玛莎:要不要放糖?

李丽:不要放糖。我们通常都喝不放糖的茶。

玛莎:而我们俄罗斯人正好相反。我们都喜欢喝红茶,而且要放糖,浓浓的,烫烫的,甜甜的,一家人围在茶炊旁,一边喝茶,一边吃饼干、小蛋糕等其他美食,这是一件

жизни китайцев. Старинная китайская поговорка гласит: «Переступив через порог своего дома, прежде всего позаботьтесь о семи вещах: топливе, рисе, масле, соли, соевом соусе, уксусе и чае». Видно, что чаепитие занимает чрезвычайно важное место в нашей жизни. Мы, китайцы, считаем, что чай—самый лучший напиток. Поэтому у нас в Китае существует такой обычай: едва как гость входит в дом, хозяин прежде всего подаёт ему чашку чая.

Маша: Тогда я принимаю гостью так, как китайцы. Ли Ли, тебе чёрный чай или зелёный?

Ли Ли: Зелёный. Большинство из нас, китайцев, предпочитают зелёный.

Маша: С сахаром?

Ли Ли: Нет. У нас принято пить чай без сахара.

Маша: А мы, русские, как раз наоборот. Мы все любим пить чёрный чай, к тому же, с сахаром, крепкий, горячий, сладкий, всей семьёй собираемся у самовара, пьём чай, едим печенье, пирожные и другие лакомства, какое счастье! Ли

多么幸福的事啊!李丽,你怎么不吃蛋糕呢?

李丽:谢谢,我喝茶的时候一般不吃东西。

玛莎:我听说,中国人几乎随时随地都喝茶。

李丽:是的。很多中国人一年四季从早到晚都要喝茶,在家里喝,在单位也喝。我们喝茶,讲究的是茶叶的色、香、味、形,所以,我们喝茶通常都不放糖,也不吃甜点。这是中国人的一种养生之道。从中医角度来讲,经常喝清茶,有益于身体健康:帮助延缓衰老、防止多种疾病、减肥、美容、提神等。据说,还能抗癌呢!

玛莎:我明白了,怪不得中国人普遍都显得比较苗条、年轻。看来,尽管我们俄罗斯人早就从中国引进了茶叶,但是,中国的饮茶文化我们还知之甚少。

Ли, почему ты не ешь пирожное?

Ли Ли: Спасибо, я обычно пью чай без ничего.

Маша: Я слышала, что китайцы пьют чай почти всегда и везде.

Ли Ли: Да. Многие китайцы пьют чай круглый год, с утра до вечера, пьют и дома, и на работе. Когда мы пьём чай, мы уделяем внимание только цвету, аромату, вкусу и виду чайного листа, поэтому, у нас принято пить чай без сахара, без сладостей. Это одно из правил для сохранения здоровья китайцев. С точки зрения китайской медицины, часто пить пустой чай полезно для здоровья. Это помогает замедлить старение, предохраняет от многих различных болезней, помогает избавиться от лишнего веса, обрести красоту, прибавляет бодрости и т. д. Говорят, даже предохраняет от рака!

Маша: Я поняла, вот почему почти все китайцы выглядят стройнее, моложе. Видно, хотя мы, русские, давно заимствовали из Китая чай, но мало знаем о китайской культуре чаепития.

李丽：这毫不奇怪。饮茶在中国已有几千年的历史，我们中国的饮茶文化博大精深，要想彻底了解几乎是不可能的。玛莎，你可能还不知道，我们中国还时兴到茶社去喝茶。那里有优雅的环境，柔和的灯光，美妙的音乐。在那里一边喝茶，一边和好朋友聊天，绝对是一种享受。

玛莎：中国这种茶社多吗？那里是不是一切都很贵？

李丽：在中国的每个城市都可以看到很多这样的茶社。那里的消费不是太贵，我们学生也消费得起。下次，我带你去享受享受。啊，我们好像聊得太多了。赶紧看你的文章吧。我还有课呢。

玛莎：好吧。

Ли Ли: Тут ничего странного. Чаепитие в Китае насчитывает уже несколько тысяч лет, и наша китайская культура чаепития богатая и глубокая, сразу узнать её до конца почти невозможно. Маша, может быть, ты ещё не знаешь, у нас в Китае ещё принято ходить в чайную пить чай. Там изысканная обстановка, мягкий свет, чудесная музыка. Там пить чай и разговаривать с хорошими друзьями—абсолютное наслаждение.

Маша: В Китае много таких чайных? Там всё стоит очень дорого?

Ли Ли: В каждом городе Китая можно встретить много таких чайных. Там не очень дорого, нам, студентам, тоже по карману. В следующий раз я поведу тебя туда насладиться китайским чаепитием. А, кажется, слишком долго мы проболтали. Давай скорее почитаем твою статью. У меня ещё будут занятия.

Маша: Хорошо.

二十一、中国 节日
Èrshíyī、Zhōngguó jiérì

（一）常用语
(Yī) Chángyòngyǔ

请问，中国有哪些节日（法定节日、传统节日、民间节日）?
Qǐngwèn, Zhōngguó yǒu nǎxiē jiérì (fǎdìng jiérì、chuántǒng jiérì、mínjiān jiérì)?

中国最重要的传统节日是什么?
Zhōngguó zuì zhòngyào de chuántǒng jiérì shì shénme?

您最喜欢哪个节日?
Nín zuì xǐhuan nǎge jiérì?

请您简单地介绍一下，你们中国人是怎样过春节（元宵节、清明节、端午节、七夕节、中秋节、重阳节）的。
Qǐng nín jiǎndān de jièshào yíxià, nǐmen Zhōngguórén shì zěnyàng guò Chūnjié (Yuánxiāojié、Qīngmíngjié、Duānwǔjié、Qīxījié、Zhōngqiūjié、Chóngyángjié) de.

您能说一下这个节日的来历吗?
Nín néng shuō yíxià zhège jiérì de láilì ma?

中国人也过圣诞节（愚人节、情人节）吗?
Zhōngguórén yě guò Shèngdànjié (Yúrénjié、Qíngrénjié) ma?

21. Китайские праздники

(А) *Общеупотребительные выражения и фразы*

Скажите, пожалуйста, какие праздники (официальные праздники, традиционные праздники, национальные праздники) существуют в Китае?

Какой праздник является самым важным традиционным праздником в Китае?

Какой ваш самый любимый праздник?

Коротко расскажите, пожалуйста, как вы, китайцы, проводите праздник Чуньцзе /праздник Весны (праздник Юаньсяо / праздникФонарей, праздник Цинмин /Праздник Чистого света, праздник Дуаньу /праздник Двойной пятёрки, праздник Циси /праздник Двойной семёрки, праздник Чжунцю / праздник Луны или праздник Середины осени, праздник Чунъян /праздник Двойной девятки)?

Можете ли вы рассказать о происхождении этого праздника?

Китайцы тоже празднуют Рождество (День дурака, День влюб-

Zhōngguó nǎxiē jiérì shì fǎdìng de?
中国 哪些 节日 是 法定 的?

Qǐng wèn, Chūnjié (Wǔyījié、Guóqìngjié、Zhōngqiūjié、Yuándàn) zhèngshì
请 问, 春节 (五一节、国庆节、中秋节、元旦) 正式

fàngjià jǐ tiān?
放假 几 天?

Nǐmen Zhōngguó Sānbā Fùnǚjié (Jiàoshījié) fàngjià ma?
你们 中国 三八 妇女节 (教师节) 放假 吗?

Nín dǎsuan zěnyàng (hé shéi yìqǐ、zài nǎr) guò Guóqìngjié?
您 打算 怎样 (和 谁 一起、在 哪儿) 过 国庆节?

Qǐng wèn, shénme shì "Shíyī Huángjīnzhōu" ("Chūnjié Huángjīnzhōu")?
请 问, 什么 是 "十一 黄金周" ("春节 黄金周")?

Hěn kuài jiù yào guòjié le. Nín yǒu shénme dǎsuan?
很 快 就 要 过节 了。您 有 什么 打算?

Nín jiérì guòde zěnmeyàng?
您 节日 过得 怎么样?

Wǒmen yìqǐ dào jùlèbù yíng Xīnnián, hǎo ma?
我们 一起 到 俱乐部 迎 新年, 好 吗?

Nín néng lái cānjiā wǒ de shēngrì jùhuì (pàiduì) ma?
您 能 来 参加 我 的 生日 聚会 (派对) 吗?

Wǒ yǒu wèi Zhōngguó péngyou mǎshàng jiù yào guò shēngrì le. Wǒ
我 有 位 中国 朋友 马上 就 要 过 生日 了。我

sòng shénme lǐwù gěi tā bǐjiào hǎo ne?
送 什么 礼物 给 他 比较 好 呢?

Zhōngguó de fǎdìng jiérì yǒu: Yuándàn、Chūnjié、Wǔyījié、Guóqìngjié、
中国 的 法定 节日 有:元旦、春节、五一节、国庆节、

Qīngmíngjié、Duānwǔjié hé Zhōngqiūjié.
清明节、端午节 和 中秋节。

Zhōngguó de chuántǒng jiérì yǒu: Chūnjié、Yuánxiāojié、Qīngmíngjié、
中国 的 传统 节日 有:春节、元宵节、清明节、

лённых)?

Какие китайские праздники являются официальными?

Скажите, пожалуйста, сколько дней официально отдыхают на праздник Весны (1 мая, Национальный праздник, праздник Луны, Новый год)?

Отдыхают ли у вас в Китае на Женский день 8 марта (день Учителя)?

Как (с кем, где) вы собираетесь провести Национальный праздник?

Скажите, пожалуйста, что такое 《Золотая неделя 1 октября》 (《Золотая неделя праздника Весны》)?

Скоро будет праздник. Какие планы у вас на праздник?

Как вы провели праздник?

Давайте вместе пойдём в клуб встречать Новый год, хорошо?

Сможете ли вы прийти на мой день рождения?

У одного из моих китайских друзей скоро будет день рождения. Какой подарок мне лучше подарить ему?

Официальные праздники в Китае: Новый год, праздник Весны, 1 мая, Национальный праздник, праздник Цинмин, праздник Дуаньу и праздник Луны.

Традиционные праздники в Китае: праздник Весны, праздник Фонарей, праздник Цинмин, праздник Дуаньу, праздник

Duānwǔjié、Qīxījié、Zhōngqiūjié、Chóngyángjié děng.
端午节、七夕节、中秋节、重阳节 等。

Wǒ zuì xǐhuan Chūnjié(Yuánxiāojié、Zhōngqiūjié).
我最喜欢春节（元宵节、中秋节）。

Chūnjié shì Zhōngguó zuì zhòngyào de chuántǒng jiérì.
春节是中国最重要的传统节日。

Nónglì zhēngyuè chūyī shì Chūnjié, àn yánglì suàn yìbān shì zài yī yuè
农历正月初一是春节，按阳历算一般是在一月
xiàxún huò èr yuè shàngxún.
下旬或二月上旬。

Chūnjié yǒuzhe yōujiǔ de lìshǐ.
春节有着悠久的历史。

Ànzhào zhōngguórén de xísú, Chūnjié yídìng yào hé jiārén yìqǐ guò.
按照中国人的习俗，春节一定要和家人一起过。

Chūnjié wǒmen tōngcháng quánjiārén jùzài yìqǐ chī niányèfàn, zài
春节我们通常全家人聚在一起吃年夜饭，在
mén shàng tiē chūnlián hé "fú"zì, fàng yànhuǒ, fàng biānpào,
门上贴春联和"福"字，放焰火，放鞭炮，
hái yào zǒu qīnqi.
还要走亲戚。

Nónglì zhēngyuè shíwǔ shì Yuánxiāojié. Yuánxiāojié wǒmen yìbān yào
农历正月十五是元宵节。元宵节我们一般要
chī yuánxiāo、shǎng huādēng、cāi dēngmí.
吃元宵、赏花灯、猜灯谜。

Yánglì sì yuè wǔ rì qiánhòu shì Qīngmíngjié. Zài Qīngmíngjié, wǒmen
阳历4月5日前后是清明节。在清明节，我们
tōngcháng yào gěi yǐ gù qīnrén shàngfén sǎomù, hái yào jìsǎo
通常要给已故亲人上坟扫墓，还要祭扫
lièshìmù.
烈士墓。

Циси, праздник Луны, праздник Чунъян и т. д.

Я больше всего люблю праздник Весны (праздник Фонарей, праздник Луны).

Праздник Весны является важнейшим традиционным праздником в Китае.

1 января по лунному календарю—праздник Чунцзе (праздник Весны), по солнечному календарю он обычно приходится на третью декаду января или первую декаду февраля.

Праздник Весны имеет древнюю историю.

По обычаю китайцев, праздник Весны обязательно нужно проводить с семьёй.

В праздник Весны мы обычно всей семьёй собираемся на новогодний ужин, наклеиваем на дверь новогодние парные надписи и надпись《Фу》(иероглиф, обозначающий счастье), пускаем фейерверк, зажигаем хлопушки и ходим к родственникам в гости.

15 января по лунному календарю—праздник Юаньсяо (праздник Фонарей). В праздник Фонарей мы обычно едим《юаньсяо》(круглые шарики из рисовой муки с начинкой), любуемся фонарями, разгадываем загадки на фонарях.

Примерно 5 апреля по солнечному календарю отмечается праздник Цинмин (праздник Чистого света, День поминовения умерших). В праздник Цинмин мы обычно приходим на могилы умерших родственников, приводим их могилы в поря-

Nónglì wǔ yuè chū wǔ shì Duānwǔjié. Duānwǔjié wǒmen chī zòngzi、hē
农历五月初五是端午节。端午节我们吃粽子、喝
mǐjiǔ、sài lóngzhōu, jìniàn wěidà de Zhōngguó gǔdài shīrén Qū
米酒、赛龙舟，纪念伟大的中国古代诗人屈
Yuán.
原。

Nónglì qī yuè chū qī shì Qīxījié. Qīxījié shì Zhōngguó de
农历七月初七是七夕节。七夕节是中国的
Qíngrénjié, shì Zhōngguó zuì làngmàn de chuántǒng jiérì. Ànzhào
情人节，是中国最浪漫的传统节日。按照
Zhōngguó gǔdài shénhuà, zhè shì Niúláng Zhīnǚ Quèqiáo xiānghuì
中国古代神话，这是牛郎织女鹊桥相会
de rìzi.
的日子。

Nónglì bā yuè shíwǔ shì Zhōngqiūjié. Zhōngqiūjié zài Zhōngguó shì
农历八月十五是中秋节。中秋节在中国是
jiārén tuánjù de rìzi. Zài Zhōngqiūjié, wǒmen yìbān yào chī
家人团聚的日子。在中秋节，我们一般要吃
yuèbing、shǎng yuèliang.
月饼、赏月亮。

Nónglì jiǔ yuè chū jiǔ shì Chóngyángjié. Chóngyángjié yòu chēng
农历九月初九是重阳节。重阳节又称
"Lǎorénjié". Chóngyáng zhè yì tiān, rénmen dēngshān、shǎngjú、
"老人节"。重阳这一天，人们登山、赏菊、
chī chóngyánggāo、yǐn júhuājiǔ.
吃重阳糕、饮菊花酒。

Wǔyī Láodòngjié Zhōngguó fàngjià yì tiān.
五一劳动节中国放假一天。

док и посещаем кладбища павших героев.

Праздник Дуаньу (праздник Двойной пятёрки) приходится на 5 мая по лунному календарю. В праздник Дуаньу мы едим 《цзунцзы》 (клейкий рис, завёрнутый в тростниковые листья), пьём рисовое вино, устраиваем гонки на драконьих лодках, чтим память великого древнекитайского поэта Цюй Юаня.

Праздник Циси (праздник Двойной семерки) приходится на 7 июля по лунному календарю. Праздник Циси—китайский праздник Влюблённых, самый романтичный традиционный праздник в Китае. По древней китайской легенде это день, когда Пастух и Ткачиха встречаются на Сорочьем мосту.

Праздник Чжунцю (праздник Середины осени, праздник Луны) приходится на 15 августа по лунному календарю. Праздник Луны в Китае является днём встречи после разлуки членов семьи. В праздник Луны мы обычно едим 《юэбин》 (лунные пряники), любуемся луной.

Праздник Чунъян (праздник Двойной девятки) приходится на 9 сентября по лунному календарю. Праздник Чунъян называется ещё 《Днём пожилых людей》. В день Чунъян люди поднимаются на гору, любуются хризантемами, едят 《чунъянгао》 (пирожные из рисовой или пшеничной муки), пьют хризантемное вино.

В Китае на 1 мая отдыхают 1 день.

Qīngmíngjié(Duānwǔjié、Zhōngqiūjié)fàngjià yì tiān.
清明节　（端午节、中秋节）　放假　一　天。

Chūnjié fàngjià sān tiān, cóng dàniányè dào niánchū'èr. Jiā shàng
春节　放假　3　天，从　大年夜　到　年初二。加　上
lìngwài sì tiān tiáoxiū(liǎng gè xīngqīliù hé xīngqītiān), kěyǐ
另外　四　天　调休（两　个　星期六　和　星期天），可以
xiūxi zhěngzhěng yì xīngqī, xíngchéng "Chūnjié Huángjīnzhōu".
休息　整整　一　星期，形成　"春节　黄金周"。

Xīnnián(Yuándàn)fàngjià yì tiān.
新年　（元旦）　放假　一　天。

Guóqìngjié fàngjià sān tiān.
国庆节　放假　3　天。

"Shíyī Huángjīnzhōu" jiù shì zhǐ Guóqìngjié de sān tiān gōngxiūrì jiā
"十一　黄金周"　就　是　指　国庆节　的　三　天　公休日　加
shàng sì tiān tiáoxiūrì, xíngchéng yì zhōu chángjià, tèbié shìhé
上　四　天　调休日，形成　一　周　长假，特别　适合
chūmén lǚyóu.
出门　旅游。

Jìnnián lái, yǒu yuè lái yuè duō de Zhōngguórén zài "Huángjīnzhōu"
近年　来，有　越　来　越　多　的　中国人　在　"黄金周"
qījiān jìnxíng lǚyóu.
期间　进行　旅游。

Zhù nín jiérì kuàilè!
祝　您　节日　快乐！

Qǐng yǔnxǔ wǒ zhùhè nín jiérì kuàilè!
请　允许　我　祝贺　您　节日　快乐！

Zhōngxīn zhùyuàn nín jiérì kuàilè!
衷心　祝愿　您　节日　快乐！

Fēicháng gǎnxiè! Wǒ yě zhōngxīn zhù nín jiérì kuàilè!
非常　感谢！我　也　衷心　祝　您　节日　快乐！

Jiérì(Xīnnián、Sānbājié、Guóqìngjié、Chūnjié、Shèngdànjié) kuàilè!
节日（新年、三八节、国庆节、春节、圣诞节）　快乐！

На праздник Цинмин (праздник Дуаньу, праздник Луны) отдыхают 1 день.

На праздник Весны отдыхают 3 дня, с 30 декабря по 2 января по лунному календарю. За счёт переноса других 4 выходных дней (2 субботних дней и 2 воскресных дней) получается целая неделя отдыха, 《Золотая неделя праздника Весны》.

На Новый год (праздник Юаньдань) отдыхают 1 день.

На Национальный праздник (праздник 1 октября) отдыхают 3 дня.

《Золотая неделя 1 октября》 — это три праздничных дня по случаю 1 октября, объединённых с 4 перенесёнными выходными днями, получаются недельные каникулы, которые идеально подходят для экскурсии.

В последние годы всё больше китайцев во время 《Золотой недели》 совершают туристические поездки.

Поздравляю вас с праздником!

Разрешите мне поздравить вас с праздником!

От всей души поздравляю вас с праздником!

Большое спасибо! И я вас тоже от души поздравляю!

С праздником (Новым годом, 8 Марта, Национальным праздником, праздником Весны, Рождеством)!

Tónglè tónglè (tóngxǐ tóngxǐ、bǐcǐ bǐcǐ)!
同乐 同乐（同喜 同喜、彼此 彼此）!

Xīnnián hǎo!
新年 好!

Gōnghè xīnxǐ!
恭贺 新禧!

Zhùhè nín qiáoqiān zhī xǐ!
祝贺 您 乔迁 之 喜!

Zhù nín shēngrì kuàilè!
祝 您 生日 快乐!

Zhù nǐmen xīnhūn (yínhūn、jīnhūn) zhī xǐ!
祝 你们 新婚（银婚、金婚）之 喜!

Tì (dài) wǒ zhùhè tā (tā、tāmen、nín fùmǔ、nín zhàngfu、nín qīzi).
替（代）我 祝贺 他（她、他们、您 父母、您 丈夫、您 妻子）。

Yùzhù nín Xīnnián kuàilè!
预祝 您 新年 快乐!

Zhù nín shēnghuó xìngfú、shēntǐ jiànkāng、gōngzuò (xuéxí) jìnbù!
祝 您 生活 幸福、身体 健康、工作（学习）进步!

Zhù nín xīnxiǎngshìchéng、wànshìrúyì!
祝 您 心想事成、万事如意!

Zhù nín yǒngyuǎn niánqīng、piàoliang、kuàilè、xìngfú!
祝 您 永远 年轻、漂亮、快乐、幸福!

Zhù nín chángshòu!
祝 您 长寿!

Zhù nín fú rú Dōnghǎi, shòu bǐ Nánshān!
祝 您 福 如 东海，寿 比 南山!

Zhù nǐmen hūnyīn měimǎn、shēnghuó xìngfú!
祝 你们 婚姻 美满、生活 幸福!

Zhù nǐmen ēn'ēn'ài'ài、tiántiánmìmì、báitóudàolǎo、yǒngjiétóngxīn!
祝 你们 恩恩爱爱、甜甜蜜蜜、白头到老、永结同心!

И вас также!

С Новым годом!

С Новым годом, с новым счастьем!

Поздравляю вас с новосельем!

Поздравляю вас с днём рождения!

Поздравляю вас со свадьбой (с Серебряной свадьбой, с Золотой свадьбой)!

Поздравьте его (её, их, ваших родителей, вашего мужа, вашу жену) от моего имени.

С наступающим Новым годом!

Желаю вам счастья в жизни, здоровья, успехов в работе (учёбе)!

Желаю вам исполнения всех ваших желаний!

Будьте всегда молодой, красивой, весёлой, счастливой!

Желаю вам долголетия!

Желаю вам огромного счастья и долгой жизни!

Желаю вам крепкого брака, счастливой жизни!

Желаю вам крепкой любви, сладкой жизни, счастливого супружества до глубокой старости.

Zhù nǐmen ēn'ēn'ài'ài、shēntǐ jiànkāng、chángmìngbǎisuì!
祝 你们 恩恩爱爱、身体 健康、 长命百岁!

Qǐng xiàng nín jiārén zhuǎndá wǒ zuì měihǎo de zhùyuàn!
请 向 您家人 转达 我 最 美好 的 祝愿!

Qǐng yǔnxǔ wǒ dàibiǎo wǒmen quán bān xiàng nín zèngsòng zhè shù
请 允许 我 代表 我们 全 班 向 您 赠送 这 束

  xiānhuā, zhù nín Sānbā Fùnǚjié kuàilè!
  鲜花, 祝 您 三八 妇女节 快乐!

Wǒ dǎsuan huíjiā guò Chūnjié(nián).
我 打算 回家 过 春节 (年)。

Jiérì li wǒmen jiāng dào péngyoujiā qù zuòkè.
节日里 我们 将 到 朋友家 去 做客。

Guóqìngjié wǒmen jiāng zài jiāli zhāodài kèren.
国庆节 我们 将 在 家里 招待 客人。

Wǒmen xuéxiào jiāng huì zǔzhī yí gè Xīnnián wǎnhuì.
我们 学校 将 会组织 一 个 新年 晚会。

Wǒmen jiāng zài jiāli chī niányèfàn, kàn Chūnjié liánhuān wǎnhuì.
我们 将 在 家里 吃 年夜饭, 看 春节 联欢 晚会。

"Shíyī Huángjīnzhōu" qījiān, wǒ xiǎng yāoqǐng nǐ hé wǒ yìqǐ dào
"十一 黄金周" 期间, 我 想 邀请 你和我 一起 到

  Běijīng qù wǔrìyóu.
  北京 去 五日游。

Jīntiān shì wǒ de shēngrì. Wǒ juédìng hé tóngxuémen yìqǐ zài
今天 是 我 的 生日。 我 决定 和 同学们 一起 在

  xuéxiào li qìnghè.
  学校 里 庆贺。

Chūnjié qījiān wǒ yào qù Hángzhōu lǚyóu.
春节 期间 我 要 去 杭州 旅游。

Wǒ tíyì wǒmen dào Guǎngzhōu qù guò Chūnjié.
我 提议 我们 到 广州 去 过 春节。

Желаю вам счастливой любви, крепкого здоровья, долгой жизни!

Передайте, пожалуйста, мои наилучшие пожелания вашей семье!

Разрешите мне от имени всей нашей группы подарить вам этот букет цветов и поздравить вас с Женским днём 8 Марта!

Я собираюсь поехать домой на праздник Весны.

В праздник мы будем ходить к друзьям в гости.

В Национальный праздник мы будем принимать гостей дома.

У нас в университете устроят новогодний вечер.

Мы будем дома есть 《няньефань》 (новогодний ужин на тридцатое декабря по лунному календарю), смотреть Всекитайский новогодний гала-концерт.

Во время 《Золотой недели 1 октября》 я хочу пригласить тебя съездить со мной в Пекин на 5-дневную экскурсию.

Сегодня мой день рождения. Я решил отметить его в университете вместе с ребятами.

В праздник Весны я поеду в Ханчжоу на экскурсию.

Я предлагаю поехать в Гуанчжоу на праздник Весны.

Jiàoshījié jiù yào dào le. Wǒ juédìng gěi měi wèi lǎoshī fāsòng yí gè
教师节 就 要 到 了。我 决定 给 每 位 老师 发送 一 个
diànzǐ hèkǎ (shǒujī hèxìn).
电子 贺卡（手机 贺信）。

(Èr) Huìhuà
（二） 会话

1

Wáng Hóng: Ānnà, nǐ hǎo!
王 红：安娜，你 好！

Ānnà: Wáng Hóng, nǐ hǎo! Nǐ jíjímángmáng shàng nǎr qù a?
安娜：王 红，你 好！你 急急忙忙 上 哪儿 去 啊？

Wáng Hóng: Wǒ gǎnzhe qù chāoshì. Nǐ ne?
王 红：我 赶着 去 超市。你 呢？

Ānnà: Tài qiǎo le! Wǒ zhènghǎo yě xiǎng qù chāoshì, wǒ xiǎng mǎi
安娜：太 巧 了！我 正好 也 想 去 超市，我 想 买
diǎn xīnxiān shuǐguǒ. Wǒmen yìqǐ qù ba! Wáng Hóng, nǐ zhǔnbèi
点 新鲜 水果。我们 一起 去 吧！王 红，你 准备
qù mǎi shénme ne?
去 买 什么 呢？

Wáng Hóng: Wǒ yào qù mǎi niánhuò……
王 红：我 要 去 买 年货……

Ānnà: Wèi shénme hái yào mǎi niánhuò? Xīnnián wǒmen zǎo jiù qìngzhù
安娜：为 什么 还 要 买 年货？新年 我们 早 就 庆祝
guo le. Jīntiān dōu yǐjīng èr yuè èr hào le.
过 了。今天 都 已经 2 月 2 号 了。

Wáng Hóng: Hěn xiǎnrán, nǐ hái bù zhīdào, jīnnián de èr yuè bā hào
王 红：很 显然，你 还 不 知道，今年 的 2 月 8 号
shì wǒmen de Chūnjié, yě jiù shì Zhōngguó de nónglì Xīnnián. Zhè
是 我们 的 春节，也 就 是 中国 的 农历 新年。这

Скоро будет день Учителя. Я решил отправить каждому преподавателю электронную поздравительную открытку (поздравительное сообщение).

(Б) Диалоги·

1

Ван Хун: Привет, Анна!

Анна: Привет, Ван Хун! Куда ты спешишь?

Ван Хун: Я спешу в супермаркет. А ты?

Анна: Какое совпадение! Я как раз тоже собираюсь пойти в супермаркет, хочу купить свежие фрукты. Пойдём вместе! Ван Хун, что ты собираешься купить?

Ван Хун: Я хочу купить новогодние товары ...

Анна: Зачем тебе ещё нужны новогодние товары? Новый год мы давно отметили. Сегодня уже 2 февраля.

Ван Хун: Очевидно, ты ещё не знаешь, в этом году на 8 февраля придётся наш праздник Весны, т. е. китайский Новый год по лунному календарю. Это самый важный традиционный

…是我们中国人最重要的传统节日。

安娜：春节每年都是在2月8号吗？

王红：不一定是2月8号。春节是在农历的正月初一，按照阳历算，也就是在一月下旬或者二月上旬。

安娜：你们通常都买些什么年货呢？

王红：这个问题太复杂了。我尽量说得简单一些吧。第一，要买肉、鱼、鸡、鸭、蛋，各种蔬菜和水果；第二，要买烟、酒、饮料、瓜子、花生、糖果、年糕和其他各种甜点；第三，要买焰火、鞭炮、炮仗、春联、"福"字；第四，要给亲戚朋友买礼物。另外，还要给全家人买新衣服。

安娜：我的上帝！要买这么多的东西，太累人了。

王红：是啊。但是，毫无办法。我们一般都要用好几天来买年货。不过，现在也有不少

праздник для нас, китайцев.

Анна: Каждый год праздник Весны приходится на 8 февраля?

Ван Хун: Не обязательно на 8 февраля. Праздник весны отмечается 1 января по лунному календарю, а по солнечному календарю—в третьей декаде января или в первой декаде февраля.

Анна: Какие новогодние товары вы обычно покупаете?

Ван Хун: Этот вопрос слишком сложный. Я постараюсь рассказать попроще. Во-первых, нужно купить мясо, рыбу, курицу, утку, яйца, разные овощи и фрукты; во-вторых, нужно купить сигареты, вино, напитки, семечки, арахис, конфеты, 《няньгао》(новогодние пирожные из рисовой или пшеничной муки) и другие разные сладкие продукты; в-третьих, нужно купить фейерверк, хлопушки, ракеты, новогодние парные надписи, надписи 《фу》; в-четвёртых, нужно купить подарки родственникам и друзьям. Потом ещё нужно купить новую одежду всем членам семьи.

Анна: Боже мой! Как много вещей нужно купить! Не слишком ли это утомительно?!

Ван Хун: Да. Но ничего не поделаешь. Мы обычно тратим несколько дней подряд на покупку новогодних товаров. Но теперь немало семей заранее заказывает новогодний ужин в ресторане, тогда им становится гораздо легче.

rénjiā dào fàndiàn qù yùdìng niányèfàn, zhèyàng jiù shěngshì duō
人家到饭店去预订年夜饭,这样就省事多
le.
了。

Ānnà: Guàibude zuìjìn chāoshì lǐ rén tèbié duō.
安娜:怪不得最近超市里人特别多。

Wáng Hóng: Ānnà, dàniányè, yě jiùshì èr yuè qī hào, nǐ yǒu shénme
王 红:安娜,大年夜,也就是2月7号,你有什么
ānpái?
安排?

Ānnà: Zànshí hái méiyǒu.
安娜:暂时还没有。

Wáng Hóng: Wǒ xiǎng yāoqǐng nǐ dào wǒmen jiā lái zuòkè. Nǐ jiāng
王 红:我想邀请你到我们家来做客。你将
qīnyǎn kàn dào, wǒmen Zhōngguórén shì zěnyàng guònián de.
亲眼看到,我们中国人是怎样过年的。

Ānnà: Tài hǎo le! Fēicháng gǎnxiè nǐ, Wáng Hóng! Wǒ yídìng lái.
安娜:太好了!非常感谢你,王红!我一定来。

2

Nàtǎshā: Ānnà, wǒ zuótiān hé Āndéliè yìqǐ lái zhǎo nǐ, xiǎng qǐng
娜塔莎:安娜,我昨天和安德烈一起来找你,想请
nǐ hé wǒmen yìqǐ qù kàn Zhōngguó zhùmíng dǎoyǎn Féng
你和我们一起去看中国著名导演冯
Xiǎogāng de hèsuìpiàn《Jíjiéhào》, kěxī, nǐ bú zài jiā. Nǐ shàng
小刚的贺岁片《集结号》,可惜,你不在家。你上
nǎli qù le?
哪里去了?

Ānnà: Wǒ zuótiān dào wǒ de Zhōngguó péngyou Wáng Hóng jiā zuòkè
安娜:我昨天到我的中国朋友王红家做客
qù le. Wǒ qīnyǎn kàn dào, Zhōngguórén shì zěnyàng guònián de.
去了。我亲眼看到,中国人是怎样过年的。

Анна: Вот почему в последние дни в супермаркетах особенно много людей.

Ван Хун: Анна, какие планы у тебя в канун праздника Весны, т. е. 7 февраля?

Анна: Пока ещё никаких.

Ван Хун: Я хотела бы пригласить тебя к нам в гости. Ты увидишь своими глазами, как мы, китайцы, проводим праздник Весны.

Анна: Прекрасно! Огромное тебе спасибо, Ван Хун! Я приду обязательно.

2

Наташа: Анна, вчера мы с Андреем приходили к тебе, чтобы пригласить тебя пойти с нами на новогодний фильм известного китайского режиссёра Фэн Сяогана «Сигнал к отступлению». Очень жаль, что тебя не было дома. Куда ты ходила?

Анна: Вчера я ходила к моей китайской подруге Ван Хун в гости. Я увидела своими глазами, как китайцы проводят праздник Весны. Очень интересно!

太有意思了!

娜塔莎:你快点给我介绍介绍。

安娜:好的。一到他们家,我就发现,他们家里收拾得干干净净,一尘不染。据说,这是中国人的传统:春节前家家户户都要进行大扫除。还有一件非常有趣的事情:他们的门上贴着春联和"福"字,而且,"福"字是倒着贴的。

娜塔莎:这是为什么?

安娜:王红说,关于这种习俗的来源,中国流传着不少说法,而近几年流行这样一个说法:因为汉字"倒"和"到"谐音,"福"字倒着贴,表示"福到了"。

娜塔莎:那他们的晚餐是不是很丰盛?

安娜:简直就是宴会!鸡鸭鱼肉,应有尽有!我最喜欢王红做的"麻婆豆腐",比饭店里做的

Наташа: Расскажи мне поскорее.

Анна: С удовольствием. Как только я вошла в их квартиру, я заметила, что всё убрано, чисто, ни пылинки. Говорят, это китайская традиция: перед праздником Весны в каждом доме обязательно проводится генеральная уборка. Потом ещё очень интересно: на их двери наклеены новогодние парные надписи и надпись 《фу》, к тому же, надпись 《фу》 наклеена головой вниз.

Наташа: Это почему?

Анна: Ван Хун сказала, что о происхождении этого обычая в Китае существует немало версий, а в последние годы распространяется такая версия: в связи с тем, что китайские иероглифы "倒" и "到" звучат одинаково, надпись 《фу》 наклеена головой вниз, это символизирует 《Приход счастья》.

Наташа: А их ужин был очень богатым?

Анна: Прямо банкет! Курица, утка, рыба, мясо, чего там только не было! Мне больше всего понравился 《острый соевый творог》, приготовленный Ван Хун, он вкуснее в сто раз, чем в ресторане!

　　　　hái yào hàochī yì bǎi bèi!
　　　　还　要　好吃　一　百　倍!

Nàtǎshā: Tāmen jiā yǒu lǎorén hé xiǎohái ma?
娜塔莎:他们　家　有　老人　和　小孩　吗?

Ānnà: Yǒu. Wáng Hóng de gōnggong、pópo、bàba、māma, hái yǒu
安娜:有。　王　红　的　公公、婆婆、爸爸、妈妈,还有
　　　Wáng Hóng de érzi Yángyang.
　　　王　红　的　儿子　杨杨。

Nàtǎshā: Hā, Zhōngguó diǎnxíng de "qī kǒu zhī jiā". Zhè zhǒng jiātíng
娜塔莎:哈,　中国　典型　的"七　口　之　家"。这　种　家庭
　　　de xiǎohái kěndìng hěn xìngfú.
　　　的　小孩　肯定　很　幸福。

Ānnà: Shì a. Chī niányèfàn de shíhou, wǒ kànjiàn, tāmen měi gè
安娜:是　啊。吃　年夜饭　的　时候,我　看见,他们　每　个
　　　dàren dōu gěi Yángyang yí ge xiǎo hóngbāo, shuō shì
　　　大人　都　给　杨杨　一　个　小　红包,　说　是
　　　yāsuìqián. Kěxī wǒ méiyǒu zhǔnbèi, yīnwèi wǒ shìxiān bìng bù
　　　压岁钱。可惜我　没有　准备,　因为　我　事先　并　不
　　　zhīdào. Hǎo zài wǒ gěi tā sòngle yí tào fēicháng piàoliang de
　　　知道。好　在　我　给　他　送了　一　套　非常　漂亮　的
　　　biànxíng jīngāng.
　　　变形　金刚。

Nàtǎshā: Tā xǐhuan nǐ de lǐwù ma?
娜塔莎:他　喜欢　你　的　礼物　吗?

Ānnà: Nà hái yòng shuō! Xiànzài de xiǎonánhái dōu xǐhuan biànxíng
安娜:那　还　用　说!　现在　的　小男孩　都　喜欢　变形
　　　jīngāng. Wǎnfàn hòu, nǐ cāicai wǒmen gàn shénme le?
　　　金刚。　晚饭　后,你　猜猜　我们　干　什么　了?

Nàtǎshā: Hēchá hé liáotiān?
娜塔莎:喝茶　和　聊天?

Ānnà: Bú duì. Wǒmen zài yuànzi lǐ fàng yànhuǒ、fàng biānpào. Wáng
安娜:不　对。我们　在　院子　里　放　焰火、放　鞭炮。王

Наташа: У них в семье есть пожилые люди и дети?

Анна: Есть. Свёкор и свекровь, папа и мама Ван Хун, ещё сын Ван Хун—Янъян.

Наташа: Ой, типичная китайская 《Семья из семи человек》. В такой семье ребёнок, конечно, очень счастлив.

Анна: Да. За новогодним ужином я увидела, что каждый из них, взрослых, дал Янъяну красный конвертик, сказал, что это 《новогодние деньги》. К сожалению, я не приготовила конвертик, так как раньше не знала об этой традиции. Хорошо, что я подарила ему набор очень красивых трансформеров.

Наташа: Ему понравился твой подарок?

Анна: Ещё бы! Теперь все мальчики любят трансформеры. Угадай, что мы делали после ужина?

Наташа: Пили чай и разговаривали?

Анна: Нет. Мы пускали фейерверк и хлопушки во дворе. Муж Ван Хун ещё зажигал очень много ракет.

Hóng àirén hái fàngle hěn duō pàozhang.
红爱人还放了很多炮仗。

Nàtǎshā: Hòulái ne?
娜塔莎：后来呢？

Ānnà: Hòulái wǒmen hēchá, chī guāzǐ、huāshēng hé shuǐguǒ, kàn
安娜：后来我们喝茶，吃瓜子、花生和水果，看

diànshì shàng de Chūnjié liánhuān wǎnhuì.
电视上的春节联欢晚会。

Nàtǎshā: Yǒu xiē shénme jiémù ne?
娜塔莎：有些什么节目呢？

Ānnà: Fēicháng jīngcǎi. Yǒu chànggē、tiàowǔ、zájì、wǔshù、xìjù、
安娜：非常精彩。有唱歌、跳舞、杂技、武术、戏剧、

xiàngsheng, zuì yǒuqù de shì Zhào Běnshān zhǔyǎn de yōumò
相声，最有趣的是赵本山主演的幽默

xiǎopǐn.
小品。

Nàtǎshā: Nǐ tài xìngfú le! Wǒ hěn xiànmù nǐ.
娜塔莎：你太幸福了！我很羡慕你。

3

Āndéliè: Nàtǎshā, Jīntiān wǎnshang nǐ yǒu kòng ma?
安德烈：娜塔莎，今天晚上你有空吗？

Nàtǎshā: Shì de, dànshì wǒ xiǎng zài jiāli dú Zhōngwén xiǎoshuō.
娜塔莎：是的，但是我想在家里读中文小说。

Āndéliè: Zài jiāli dú Zhōngwén xiǎoshuō? Nǐ huì gǎndào hěn wúliáo
安德烈：在家里读中文小说？你会感到很无聊

de. Jīntiān shì Zhōngguó de chuántǒng jiérì —— Yuánxiāojié.
的。今天是中国的传统节日——元宵节。

Wǒmen yìqǐ dào Fūzǐmiào qù kàn dēngzhǎn ba.
我们一起到夫子庙去看灯展吧。

Nàtǎshā: Shénme dēngzhǎn?
娜塔莎：什么灯展？

Наташа: А потом?

Анна: Потом мы пили чай, ели семечки, арахис и фрукты, смотрели Всекитайский новогодний гала-концерт по телевизору.

Наташа: Какие номера были?

Анна: Очень интересные. Были песни, танцы, цирковые номера, ушу, спектакли, шуточные диалоги, интереснее всего была юмористическая миниатюра, в которой главную роль играл Чжао Бэньшань.

Наташа: Какая ты счастливая! Я тебе очень завидую.

3

Андрей: Наташа, сегодня вечером ты свободна?

Наташа: Да, но мне хотелось бы почитать роман на китайском языке дома.

Андрей: Будешь читать роман на китайском языке дома? Тебе не будет скучно? Сегодня китайский традиционный праздник— праздник Фонарей. Давай вместе пойдём на выставку фонарей на улицу Фуцзымяо.

Наташа: Что это за выставка фонарей?

Āndéliè: Měi nián Yuánxiāojié Nánjīng de Fūzǐmiào dōu huì jǔbàn
安德烈：每 年 元宵节 南京 的 夫子庙 都 会 举办
"Qínhuái Dēngzhǎn". Zìgǔ yǐlái, zhè shì quán Zhōngguó zuì
"秦淮 灯展"。自古 以来，这 是 全 中国 最
zhùmíng de dēngzhǎn. Nàli huì yǒu gè zhǒng gè yàng de
著名 的 灯展。那里 会 有 各 种 各 样 的
huādēng: yǒu de xiàng yú, yǒu de xiàng niǎo, yǒu de xiàng huā,
花灯：有 的 像 鱼，有 的 像 鸟，有 的 像 花，
hái yǒu hěn duō yǐ Zhōngguó gǔdài shénhuà wéi zhǔtí de
还 有 很 多 以 中国 古代 神话 为 主题 的
huādēng. Jùshuō, jīnnián hái yǒu yǐ Běijīng Àoyùn wéi zhǔtí de
花灯。据说，今年 还 有 以 北京 奥运 为 主题 的
huādēng. Měi nián Yuánxiāojié wǎnshang, Fūzǐmiào zǒng shì huì
花灯。每 年 元宵节 晚上， 夫子庙 总 是 会
yǒu chéngqiānshàngwàn de yóukè, tāmen shǎng huādēng、cāi
有 成千上万 的 游客，他们 赏 花灯、猜
dēngmí, huòzhě shì zuòzhe yóuchuán xīnshǎng Qínhuáihé yán'àn
灯谜，或者 是 坐着 游船 欣赏 秦淮河 沿岸
fēngguāng.
风光。

Nàtǎshā: Guāng shì kàn wǒ juéde méi yìsi.
娜塔莎：光 是 看 我 觉得 没 意思。

Āndéliè: Chúle dēngzhǎn, hái yǒu dēngshì. Wǒmen kěyǐ mǎi jǐ gè
安德烈：除了 灯展，还 有 灯市。我们 可以 买 几 个
wǒmen xǐhuan de dēng. Lìngwài, wǒmen hái kěyǐ pǐncháng
我们 喜欢 的 灯。另外，我们 还 可以 品尝
yuánxiāo.
元宵。

Nàtǎshā: Yuánxiāo shì shénme? Hǎochī ma?
娜塔莎：元宵 是 什么？ 好吃 吗？

Āndéliè: Yuánxiāo jiù shì nuòmǐfěn zuò de xiǎo yuánqiú, bāo yǒu gè
安德烈：元宵 就是 糯米粉 做 的 小 圆球，包 有 各

Андрей: Каждый год в праздник Фонарей на улице Фуцзымяо в Нанкине устраивается 《Цинхуайская выставка фонарей》. С давних времён она считается самой известной выставкой фонарей во всём Китае. Там демонстрируют разнообразные фонари: рыбы, птицы, цветы, а также много фонарей на темы древних китайских сказок. Говорят, в этом году ещё выставлены фонари на тему Пекинской Олимпиады. Каждый год в вечер праздника Фонарей на улице Фуцзымяо гуляют тысячи туристов, они любуются фонарями, разгадывают загадки на фонарях, или плавают на теплоходе по реке Цинхуай, любуясь пейзажами на обоих берегах.

Наташа: Только смотреть мне не интересно.

Андрей: Кроме выставки фонарей ещё открывается базар фонарей. Мы можем купить несколько фонарей, которые нам понравятся. Потом мы ещё можем попробовать 《юаньсяо》.

Наташа: Что такое 《юаньсяо》? Вкусно?

Андрей: 《Юаньсяо》—это круглые шарики из рисовой муки с раз-

种馅儿，以甜的居多。对于像你一样特别

喜欢甜食的人来说，元宵相当美味。

娜塔莎：太好了！那我们赶紧打车走吧。

4

李燕：娜塔莎，很快就要到"十一黄金周"了。你

有什么打算？

娜塔莎：什么是"十一黄金周"？

李燕："十一黄金周"就是指国庆节的三天

公休日加上四天调休日，形成一周长假，

特别适合出门旅游。

娜塔莎：啊，我明白了。但是，暂时我和安德烈还没有

具体的计划。

李燕：我和王红决定到北京去旅游。我们很

想邀请你和安德烈和我们一起去。

娜塔莎：太好了！我们早就想到北京去旅游，只

是觉得我们汉语不好，恐怕听不懂导游的

нообразной начинкой, чаще всего сладкой. Для людей, как ты, которые обожают сладости, они очень вкусные.

Наташа: Прекрасно! Давай скорее возьмём такси и поедем туда.

4

Ли Янь: Наташа, 《Первооктябрьская золотая неделя》 уже на носу. Какие у тебя планы?

Наташа: Что такое 《Первооктябрьская золотая неделя 》?

Ли Янь: 《Первооктябрьская золотая неделя》—это три праздничных дня по случаю 1 октября, объединённых с 4 перенесёнными выходными днями, получаются недельные каникулы, которые идеально подходят для экскурсии.

Наташа: А, я поняла. Но у нас с Андреем конкретных планов пока ещё нет.

Ли Янь: Мы с Ван Хун решили поехать в Пекин на экскурсию. Нам очень хотелось бы пригласить вас с Андреем поехать вместе с нами.

Наташа: Прекрасно! Мы давно мечтали поехать в Пекин на экскурсию, но мы думали, что у нас очень плохой китайский язык, и боялись, что не сможем понять экскурсоводов.

jiěshuō.
解说。

李燕：这个 你们 就 不用 担心 了。我 和 王 红 会 帮助 你们 的。

娜塔莎：我们 在 北京 将 会 参观 一些 什么 地方 呢？

李燕：9月 30号 下午 我们 从 南京 出发，晚上 在 北京 天安门 广场 上 观看 焰火。10月1号 早晨，我们 将 在 那里 观看 中华 人民 共和国 国旗 升旗 仪式。白天 我们 参观 天安门 城楼、金水桥，当然，还要 观赏 广场 上 的 花坛……

娜塔莎：我 觉得，观赏 花坛 没 意思。哪个 城市 都 有 花坛。

李燕：天安门 广场 的 花坛 举世 闻名。每年 国庆节，天安门 广场 上 一般 都 会 布置 各 种 大 小 型 花坛，它们 由 几十 万 盆 花

Ли Янь: Об этом вам не надо беспокоиться. Мы с Ван Хун поможем вам.

Наташа: Какие места мы посетим в Пекине?

Ли Янь: После обеда 30 сентября мы собираемся отправиться из Нанкина в Пекин, а вечером будем любоваться фейерверком на площади Тяньаньмэнь. Утром 1 октября мы побываем на церемонии подъёма Государственного флага КНР. Днём мы посетим трибуну《Тяньаньмэнь》(ворота Небесного спокойствия), каменные мостики через《Цзиньшуйхэ》(Реку золотых вод), конечно, ещё будем любоваться клумбами на площади...

Наташа: По-моему, любоваться клумбами не интересно. Ведь клумбы есть во всех городах.

Ли Янь: Клумбы на площади Тяньаньмэнь известны во всём мире. Каждый год в Национальный праздник на площади Тяньаньмэнь разбивают разнообразные огромные и миниатюрные клумбы, они состоят из нескольких сотен тысяч горшков с

zǔchéng, yǒu gè zhǒng zhǔtí huātán, yǒu huàjuàn huātán, yǒu jǐngguān huātán, huātán zǒng miànjī duō dá guǎngchǎng miànjī de bǎifēnzhī'èrshí—sānshí, fēicháng zhuàngguān! Měi tiān qiánlái cānguān de yóukè chéngqiānshàngwàn.
组成，有各种主题花坛，有画卷花坛，有景观花坛，花坛总面积多达广场面积的20—30%，非常壮观！每天前来参观的游客成千上万。

Nàtǎshā: Yuánlái rúcǐ a! Quèshí hěn zhíde yí kàn! Nà hòumiàn jǐ tiān ne?
娜塔莎：原来如此啊！确实很值得一看！那后面几天呢？

Lǐ Yàn: Shí yuè èr hào, cānguān Gùgōng; shí yuè sān hào, pá Chángchéng; shí yuè sì hào, yóu Yíhéyuán; shí yuè wǔ hào, cānguān Tiāntán, guàng Qiánmén Dàjiē; shí yuè liù hào, shàngwǔ guàng Běijīng hútòng hé sìhéyuàn, xiàwǔ cānguān Àoyùn chǎngguǎn "Niǎocháo" hé "Shuǐlìfāng", wǎnshang fǎnhuí Nánjīng.
李燕：10月2号，参观故宫；10月3号，爬长城；10月4号，游颐和园；10月5号参观天坛、逛前门大街；10月6号，上午逛北京胡同和四合院，下午参观奥运场馆"鸟巢"和"水立方"，晚上返回南京。

Nàtǎshā: Wǒ hái xiǎng kànkan jīngjù.
娜塔莎：我还想看看京剧。

Lǐ Yàn: Zhè hǎo bàn. Wǎnshang wǒmen yǒu kòngxián shíjiān, wǒmen kěyǐ dào Guójiā Dàjùyuàn qù kàn jīngjù, hái kěyǐ dào bié de jùyuàn qù kàn Zhōngguó zájì, mù'ǒuxì, píyǐngxì děng.
李燕：这好办。晚上我们有空闲时间，我们可以到国家大剧院去看京剧，还可以到别的剧院去看中国杂技、木偶戏、皮影戏等。

Nàtǎshā: Wǒmen shénme shíhou chūfā?
娜塔莎：我们什么时候出发？

цветами, бывают клумбы на разные темы, клумбы-картины, клумбы-пейзажи, общая площадь клумб достигает до 20—30% территории площади, очень величественно! Каждый день сюда приходят тысячи посетителей.

Наташа: Вот в чём дело! Тогда действительно стоит посмотреть! А как же в последующие дни?

Ли Янь: 2 октября будет осмотр Музея Гугун; 3 октября—подъём на Великую китайскую стену; 4 октября—экскурсия в парк Ихэюань; 5 октября—осмотр храма Неба и прогулка по улице Цяньмэнь; 6 октября утром—прогулка по пекинским 《хутунам》 (переулкам) и 《сыхэюаням》 (традиционным пекинским четырехугольным жилым домам дворового типа), после обеда—осмотр олимпийских стадионов 《Птичье гнездо》 и 《Водный куб》, а вечером мы вернёмся в Нанкин.

Наташа: Мне ещё хотелось бы посмотреть пекинскую оперу.

Ли Янь: Это не проблема. По вечерам у нас будет свободное время, мы можем сходить в Государственный Большой театр на пекинскую оперу и в другие театры, на представление китайского цирка, кукольный спектакль и теневой спектакль и т. д.

Наташа: Когда мы отправляемся?

李燕：9月30号中午一点我和王红一起到你宿舍来接你们。

娜塔莎：一言为定。我和安德烈太感谢你们了！

5

尼娜：紫云，你怎么弄这么多菜？

紫云：今天是中秋节，应该吃好点儿。

尼娜：中秋节是什么节呀？

紫云：中秋节是在农历的八月十五号，这正好是秋天的正中，所以叫中秋节。这天月亮特别圆、特别美。按老传统全家人要一起吃团圆饭，一起赏月，吃月饼。这一天不能回家和家人团聚的人，仰望天空一轮明月，会不由自主地思念自己的故乡和亲人。唐朝著名诗人王维有一句诗叫"每逢佳节倍思亲"……

尼娜：给你这么一说，引得我也想家了。

Ли Янь: 30 сентября в 1 час дня мы с Ван Хун придём к тебе в общежитие за вами.

Наташа: Договорились. Мы с Андреем очень благодарны вам.

5

Нина: Цзыюнь, зачем ты приготовила столько блюд?

Цзыюнь: Сегодня праздник Середины осени, надо поесть получше.

Нина: А что это за праздник Середины осени?

Цзыюнь: Праздник Середины осени приходится на 15 августа по лунному календарю. Это самая середина осени, поэтому он и называется праздником Середины осени. В этот день луна бывает особенно круглой и красивой. По старинной традиции все члены семьи собираются вместе на семейный ужин, вместе любуются луной, едят лунные пряники. Те, кто не может встретиться с родными, смотрят в небо на светлую луну и невольно скучают по родине и родным. У известного поэта Танской эпохи Ван Вэя есть такая строчка: 《Когда праздник приходит, сильнее тоскую по родным》...

Нина: Ты так рассказываешь, что я тоже затосковала по семье.

紫云：所以我今天特意请你和我们一起过团圆节呀。

尼娜：真难为你想得周到。你们还有什么别的传统节日吗？

紫云：还有端午节，在农历五月初五。传说是为了纪念中国古代诗人屈原。按照习俗，这一天要吃粽子，就是粽叶包的糯米饭。

尼娜：还有别的节日吗？

紫云：还有一个清明节，多半在公历4月5日。清明前后要上坟祭扫，怀念已故的亲人。

尼娜：俄罗斯也有类似的祭扫日。今天我在你们家既吃了团圆饭，又听了一堂中国民俗课，真是收获不小。

6

张峰：安德烈，我们明天去爬紫金山。你和娜塔莎

Цзыюнь: Именно поэтому я специально пригласила тебя отметить этот праздник вместе с нами.

Нина: Спасибо, что ты так хорошо всё продумала. А ещё какие традиционные праздники у вас есть?

Цзыюнь: Ещё есть праздник 《Дуаньу》, который приходится на 5 мая по лунному календарю. По преданию, он посвящён памяти древнекитайского поэта Цюй Юаня. В соответствии с обычаем в этот день надо есть 《цзунцзы》, это клейкий рис, завёрнутый в тростниковые листья.

Нина: А ещё какие праздники есть?

Цзыюнь: Есть ещё праздник 《Цинмин》, он отмечается чаще всего 5 апреля по новому календарю. До или после этого дня принято приходить на могилы, прибирать их и поминать умерших родственников.

Нина: В России тоже есть подобный день поминания. Сегодняшний день принёс мне большую пользу: и на праздничный семейный ужин попала, и выслушала лекцию о китайских народных обычаях.

6

Чжан Фэн: Андрей, завтра мы собираемся подняться на гору

xiǎngbuxiǎng cānjiā wǒmen de huódòng?
想不想 参加 我们 的 活动？

Āndéliè：Dāngrán. Wǒ hé Nàtǎshā dōu hěn xǐhuan dēngshān. Jǐ
安德烈：当然。我 和 娜塔莎 都 很 喜欢 登山。几

diǎnzhōng zài nǎli jíhé?
点钟 在 哪里 集合？

Zhāng Fēng：Zǎochen liù diǎn zhěng zài xiào ménkǒu jíhé. Wǒmen
张 峰：早晨 6 点 整 在 校 门口 集合。我们

chéng xiàochē qù.
乘 校车 去。

Āndéliè：Míngtiān wǒmen guāng shì páshān ma?
安德烈：明天 我们 光 是 爬山 吗？

Zhāng Fēng：Bù, zǎochen páshān, dàgài shí diǎnzhōng zuǒyòu jiù kěyǐ
张 峰：不，早晨 爬山，大概 10 点钟 左右 就 可以

jiéshù. Ránhòu wǒmen zuò chē qù Nánjīng Zhíwùyuán. Zài nàli
结束。然后 我们 坐 车 去 南京 植物园。在 那里

wǒmen cānguān júhuāzhǎn.
我们 参观 菊花展。

Āndéliè：Zhōngfàn xūyào dàishàng ma?
安德烈：中饭 需要 带上 吗？

Zhāng Fēng：Bú yòng le. Wǒmen bānzhǎng yǐjīng gěi dàjiā zhǔnbèi
张 峰：不用 了。我们 班长 已经 给 大家 准备

hǎo le yíqiè. Míngtiān zhōngwǔ wǒmen hē júhuājiǔ, chī
好 了 一切。明天 中午 我们 喝 菊花酒，吃

chóngyánggāo.
重阳糕。

Āndéliè：Hē júhuājiǔ、chī chóngyánggāo? Ā, wǒ xiǎng qǐlái le,
安德烈：喝 菊花酒、吃 重阳糕？啊，我 想 起来 了，

míngtiān nónglì jiǔ yuè chū jiǔ, shì Chóngyángjié, yě jiào
明天 农历 九 月 初 九，是 重阳节， 也 叫

Dēnggāojié.
登高节。

Цзыцзиньшань. Вы с Наташей хотите присоединиться к нам?

Андрей: Конечно. Мы с Наташей очень любим лазить по горам. Во сколько часов и где собираемся?

Чжан Фэн: Сбор будет у университетских ворот ровно в 6 часов утра. Мы поедем на университетском автобусе.

Андрей: Завтра мы будем только подниматься на гору?

Чжан Фэн: Нет, утром будет подъём на гору, и он кончится часов в 10. Потом мы поедем в Нанкинский ботанический сад. Там мы осмотрим выставку хризантем.

Андрей: Обед нужно взять с собой?

Чжан Фэн: Не надо. Наш староста уже приготовил всё для всех. Завтра на обед мы будем пить хризантемное вино, есть 《чунъянгао》 (пирожные из рисовой или пшеничной муки).

Андрей: Пить хризантемное вино, есть 《чунъянгао》? А, я вспомнил, завтра 9 сентября по лунному календарю, будет праздник Чунъян, он называется ещё 《Дэнгаоцзе》 (днём Поднятия на возвышенности).

张　峰：还有一个名称："老人节"。

安德烈：那是不是只有老人才过这个节日啊？哈哈哈，我们明天都化装成老头儿和老太太吧。

张　峰：这不光是老人的节日，年轻人也很喜欢这个节日。

安德烈：我明白了。吃完中饭我们干什么？

张　峰：我们就在植物园找个场地打扑克、下象棋。

安德烈：太棒了！我们一定参加。对不起，我忘了几点钟集合。

张　峰：明天早晨6点整在校门口集合。你们千万别迟到了。

安德烈：好的。明天见！

张　峰：明天见！

7

尼娜：我们学院12月28号将要举行一个

Чжан Фэн: Ещё одно название: 《День пожилых людей》.

Андрей: Значит, только пожилые люди отмечают этот праздник? Ха-ха-ха, давай завтра все мы нарядимся стариками и старухами.

Чжан Фэн: Это не только праздник для стариков, молодёжь тоже очень любит этот праздник.

Андрей: Я понял. Что мы будем делать после обеда?

Чжан Фэн: Мы найдём участок в ботаническом саду, поиграем в карты и в шахматы.

Андрей: Вот здорово! Мы обязательно присоединимся. Извини, я забыл, во сколько будет сбор.

Чжан Фэн: Сбор будет у университетских ворот ровно в 6 часов утра. Смотрите, не опоздайте.

Андрей: Хорошо. До завтра!

Чжан Фэн: До завтра!

7

Нина: 28 декабря у нас в институте будет новогодний вечер студентов-иностранцев. Студенты из каждой страны будут

wàiguó liúxuéshēng Xīnnián wǎnhuì. Měi gè guójiā lái de
外国 留学生 新年 晚会。每 个 国家 来 的

liúxuéshēng dōu yào chū liǎng gè jiémù. Wǒmen Éluósī
留学生 都 要 出 两 个 节目。我们 俄罗斯

liúxuéshēng chū shénme jiémù ne?
留学生 出 什么 节目 呢?

Nàtǎshā: Bǐdé jíta tánde fēicháng bàng, gē yě chàngde hěn hǎotīng,
娜塔莎:彼得 吉他 弹得 非常 棒,歌 也 唱得 很 好听,

tā huì chàng hěn duō Zhōngguó liúxíng gēqǔ. Jiù ràng tā lái
他 会 唱 很 多 中国 流行 歌曲。就 让 他 来

liǎng shǒu Zhōngwén gēqǔ ba.
两 首 中文 歌曲 吧。

Bǐdé: Méi wèntí. Wǒ jiù chàng Zhōu Jiélún de gē.
彼得:没 问题。我 就 唱 周 杰伦 的 歌。

Nínà: Wǒmen gūniang jiù lái ge Éluósī mínjiān wǔdǎo ba.
尼娜:我们 姑娘 就 来 个 俄罗斯 民间 舞蹈 吧。

Ānnà: Wǒ fǎnduì. Wǒ juéde, jìrán wǒmen xiànzài shì zài Zhōngguó xué
安娜:我 反对。我 觉得,既然 我们 现在 是 在 中国 学

Zhōngwén, jiù yīnggāi biǎoyǎn hé Zhōngguó wénhuà yǒu guānxì
中文, 就 应该 表演 和 中国 文化 有 关系

de jiémù.
的 节目。

Nàtǎshā: Shì a. Wǒmen kěyǐ yǎn yí gè Zhào Běnshān hé Sòng
娜塔莎:是 啊。我们 可以 演 一 个 赵 本山 和 宋

Dāndān de xiǎopǐn.
丹丹 的 小品。

Ānnà: Wǒ zànchéng. Dànshì, yóu shéi lái yǎn ne?
安娜:我 赞成。但是,由 谁 来 演 呢?

Āndéliè: Wǒ kàn Wéikèduō Zhōngwén shuōde hǎo, érqiě tā hěn yǒu
安德烈:我 看 维克多 中文 说得 好, 而且 他 很 有

yōumògǎn. Wǒ juéde tā hěn shìhé yǎn Zhào Běnshān.
幽默感。我 觉得 他 很 适合 演 赵 本山。

выступать с 2 номерами. Какие номера будут у нас, русских студентов?

Наташа: Пётр прекрасно играет на гитаре, поёт песни тоже превосходно, он может исполнить много китайских популярных песен. Пусть он споёт две китайские песни.

Пётр: Не проблема. Я спою песни Чжоу Чзелуня.

Нина: Мы, девушки, выступим с русским народным танцем.

Анна: Я против. По-моему, раз теперь мы изучаем китайский язык в Китае, то мы должны выступить с номерами, которые связаны с китайской культурой.

Наташа: Да. Нам можно выступить с юмористической миниатюрой Чжао Бэньшаня и Сун Даньдань.

Анна: Я за. Но кто будет играть?

Андрей: По-моему, Виктор очень хорошо говорит по-китайски, к тому же, он с большим юмором. Мне кажется, он очень подходит к роли Чжао Бэньшаня.

奥莉娅：我很喜欢宋丹丹，我是她的粉丝。如果
你们不反对的话，我来演宋丹丹。

尼娜：太好了！我们就演这两个节目。顺便说
一下，新年晚会在12月28号下午两点
在大学生俱乐部举行。晚会结束后，我们院
有一个新年晚宴。我们每个人都会得到一
份礼物。

Оля: Я очень люблю Сун Даньдань, я её фанатка. Я буду исполнять роль Сун Даньдань, если вы не против.

Нина: Прекрасно! Выступим именно с этими двумя номерами. Кстати, новогодний вечер будет 28 декабря, в 2 часа дня, в студенческом клубе. После вечера у нас в институте будет новогодний ужин. Каждый из нас получит подарок.

Èrshí'èr、Gàobié
二十二、告别

(Yī) Chángyòngyǔ
（一）常用语

Shíjiān bù zǎo le, wǒ(wǒmen) gāi zǒu(huí jiā) le.
时间不早了，我（我们）该走（回家）了。

Bù dǎrǎo nǐ le, wǒ gàocí le.
不打扰你了，我告辞了。

Zhūwèi, shīpéi le, wǒ xiān gàocí le, jiāli yǒu rén zài děng wǒ.
诸位，失陪了，我先告辞了，家里有人在等我。

Zhēn bàoqiàn, dāngele nín bùshǎo shíjiān.
真抱歉，耽搁了您不少时间。

Xièxie nǐmen de shèngqíng kuǎndài, gàocí le.
谢谢你们的盛情款待，告辞了。

Gǎnxiè nín ràng wǒmen dùguòle yí gè yúkuài de yèwǎn(zhōumò、jiérì).
感谢您让我们度过了一个愉快的夜晚（周末、节日）。

Qǐng shōu xià wǒ zhè xiǎoxiǎo de lǐwù, liú zuò jìniàn.
请收下我这小小的礼物，留作纪念。

Zhè shì wǒ gěi nín de xiǎo lǐpǐn, qǐng nín shōu xià. Zhōngxīn gǎnxiè nín wèi wǒ suǒ zuò de yíqiè.
这是我给您的小礼品，请您收下。衷心感谢您为我所做的一切。

22. Прощание

(А) *Общеупотребительные выражения и фразы*

Уже поздно, мне (нам) пора уходить (идти домой).

Больше не буду тебе мешать, я пошёл/пошла.

Извините, что сейчас мне приходится покинуть всех вас. Мне нужно уйти пораньше, дома меня ждут.

Простите, что я отнял(-ла) у вас немало времени.

Спасибо вам за тёплый приём, я пошёл/пошла.

Спасибо вам за приятный вечер (уик-энд, праздник).

Примите, пожалуйста, мой скромный подарок на память.

Это вам маленький подарок от меня, примите, пожалуйста. От всей души благодарю вас за всё, что вы сделали для меня.

Bié sòng le, qǐng liúbù.
别 送 了，请 留步。

Zài zuò yíhuìr ba, hái zǎo ne.
再 坐 一会儿 吧，还 早 呢。

Xièxie nín lái kàn wǒ.
谢谢 您 来 看 我。

Wǒ néng sòngsong nǐ ma?
我 能 送送 你 吗？

Nǐ zǒuhǎo(mànzǒu), wǒ bú sòng le.
你 走好（慢走），我 不 送 了。

Shíjiān guòde zhēn kuài, yìzhuǎnyǎn yǐjīng dàole fēnshǒu de shíhou
时间 过得 真 快，一转眼 已经 到了 分手 的 时候
le.
了。

Xīwàng jīnhòu bǎochí liánxì.
希望 今后 保持 联系。

Bié nánguò, wǒ hěn kuài jiù huílái de.
别 难过，我 很 快 就 回来 的。

Bié guàniàn wǒ, nǐ zìjǐ duō bǎozhòng.
别 挂念 我，你 自己 多 保重。

Wǒ huì cháng lái xìn de.
我 会 常 来 信 的。

Wǒ yí dào jiù gěi nǐ xiě xìn.
我 一 到 就 给 你 写 信。

Fēicháng gǎnxiè nín duì wǒmen de bāngzhù, kěxī wǒmen xiāngchǔ de
非常 感谢 您 对 我们 的 帮助，可惜 我们 相处 的
shíjiān tài duǎn le.
时间 太 短 了。

Fēicháng yíhàn nǐmen zhème kuài jiù yào zǒu le.
非常 遗憾 你们 这么 快 就 要 走 了。

Hěn yíhàn, nǐ bù néng zài duō dāi xiē rìzi.
很 遗憾，你 不 能 再 多 待 些 日子。

Не провожайте.

Посидите немного, пока ещё рано.

Спасибо, что вы пришли ко мне.

Можно мне тебя проводить?

Доброго пути, я тебя дальше не провожаю.

Как быстро пролетело время. Не успели мы оглянуться, как наступило время расставаться.

Надеюсь, что потом мы будем поддерживать связь друг с другом.

Не переживайте, я скоро вернусь.

Не беспокойся обо мне, береги себя.

Я буду часто писать письма.

Как только доеду до места, напишу тебе письмо.

Большое спасибо вам за помощь. Жаль, что мы так мало были вместе.

Очень жаль, что так быстро наступил день вашего отъезда.

Очень жаль, что ты не можешь побыть ещё несколько дней.

Zhēn bú yuàn nín líkāi wǒmen.
真不愿您离开我们。

Zhè yì bié bù zhī shénme shíhou cái néng zài jiànmiàn le.
这一别不知什么时候才能再见面了。

Tiānxià méiyǒu bú sàn de yánxí, wǒmen jiù cǐ fēnshǒu ba.
天下没有不散的筵席,我们就此分手吧。

Sòng jūn qiān lǐ, zhōng yǒu yì bié, wǒ jiù bù yuǎn sòng le.
送君千里,终有一别,我就不远送了。

Dào fēnshǒu de shíhou le, xīwàng nǐmen zài lái.
到分手的时候了,希望你们再来。

Bié wàngle yí dào nàr jiù lái xìn, miǎnde wǒ guàniàn.
别忘了一到那儿就来信,免得我挂念。

Bú yào wàngle wǒmen, cháng lái xìn.
不要忘了我们,常来信。

Hòu huì yǒu qī.
后会有期。

Zhù nǐ(nín) yí lù píng'ān!
祝你(您)一路平安!

Zhù nǐ(nín) lǔtú yúkuài!
祝你(您)旅途愉快!

Zhù nǐ(nín) wàn shì rúyì!
祝你(您)万事如意!

(Èr) Huìhuà
(二) 会话

1

Tóngxué jiǎ: Sòng jūn qiān lǐ, zhōng yǒu yì bié, nǐmen dōu huíqù ba.
同学甲:送君千里,终有一别,你们都回去吧。

Как не хочется, чтобы вы уезжали от нас.

Сейчас мы расстанемся. Неизвестно, когда ещё встретимся.

《На свете нет бесконечного банкета》, нам пришла пора прощаться.

《Провожай гостя хоть на тысячу ли, а расстаться всё равно придётся》. Я вас дальше не буду провожать.

Вот и время расставаться. Надеюсь, что вы ещё приедете.

Не забудь по прибытии сразу же прислать письмо, чтобы я не беспокоился(-лась).

Не забывай нас, пиши почаще.

Мы ещё увидимся.

Желаю тебе (вам) счастливого пути!

Желаю тебе (вам) приятного путешествия!

Желаю тебе (вам) всего хорошего!

(Б) *Диалоги*

1

Студент А: 《Провожай гостя хоть на тысячу ли, а расстаться всё равно придётся》. Дальше не провожайте.

同学乙：四年同窗相处，一旦分手，心里还真有点儿那个呢。

同学丙：这一别还不知哪年哪月才能再见面。

同学甲：我想，机会总会有的。

同学丙：让我们保持联系。

同学乙：车来了，准备上车。

同学甲：不，你们不用去车站了，再见吧。

同学乙、丙：别忘了给我们写信。祝你一路平安！

2

客人：朋友们，我们这次访问很成功。请允许我代表我们代表团全体成员谢谢你们，谢谢你们为我们所做的一切。

主人：你们太客气了。我们照顾多有不周，还请你们多多<u>原谅</u>（包涵）。欢迎你们以后再来！

Студент Б: Мы вместе учились четыре года, а теперь вдруг расстаёмся, честно говоря, на душе тоскливо.

Студент В: Сейчас мы расстаёмся, неизвестно, когда ещё встретимся.

Студент А: Я думаю, возможность всё равно будет.

Студент В: Давайте поддерживать связь друг с другом.

Студент Б: Вот автобус идёт. Давайте сядем.

Студент А: Нет, вам не надо на вокзал ездить. Прощайте.

Студент Б и В: Не забудь нам писать. Счастливого пути!

2

Гость: Друзья, наш визит успешно завершён. Разрешите мне от имени всех членов нашей делегации поблагодарить вас за всё, что вы сделали для нас.

Хозяин: Вы очень любезны. Пожалуйста, извините за возможные недоработки и недочёты в нашем обслуживании. Приезжайте к нам ещё, добро пожаловать!

客人：我们很喜欢你们这个城市，有机会一定再来。不过我们更希望能在我们国家接待你们。我们期待你们的到来！

主人：谢谢，谢谢你们的邀请！有机会的话，我们一定去拜访你们。好了，我们是不是就此分手吧？祝你们旅途愉快！

客人：再见了，朋友们！

Гость: Нам очень понравился ваш город, при возможности мы обязательно ещё раз приедем. Но мы предпочитаем принимать вас в нашей стране. Будем ждать вас!

Хозяин: Спасибо, спасибо вам за приглашение! Если будет возможность, мы обязательно навестим вас. Ну, давайте на этом и расстанемся. Желаем вам счастливого пути!

Гость: До свидания, друзья!

Fùlù
附录
Приложение

Yī、Rìcháng jiāojì yòngyǔ
一、日常 交际 用语
1. Обиходные этикетные выражения

(Yī) Wènhòu、yíngsòng、gàobié
（一）问候、 迎送、 告别

А. Приветствие, встреча и проводы, прощание

Nǐ (nín、nǐmen) hǎo!
你（您、你们）好!

Здравствуй (здравствуйте)!

Nín zǎo! Zǎoshang hǎo!
您 早! 早上 好!

Доброе утро!

Wǎnshang hǎo!
晚上 好!

Добрый вечер!

Yílùshang hǎo (lèi、shùnlì……) ma?
一路上 好（累、顺利……）吗?

Хорошо доехали (устали с дороги, благополучно доехали)?

Lùshang zěnmeyàng?
路上 怎么样?

Как доехали?

Huānyíng nǐmen de dàolái!
欢迎 你们 的 到来!

Приветствуем вас!

Nín (nǐ) shēntǐ hǎo ma?
您(你)身体 好 吗?

Как ваше (твоё) здоровье?

Lùshang xīnkǔ le!
路上 辛苦了!

Вы устали с дороги?

Hǎojiǔ bú jiàn, nín jìnlái kě hǎo?
好久 不 见,您 近来 可 好?

Давно не виделись. Как ваши дела в последнее время?

Nín jiālirén hǎo ma?
您 家里人 好 吗?

Как поживают ваши родные?

Huānyíng, huānyíng!
欢迎, 欢迎!

Добро пожаловать!

Rèliè huānyíng nín dào wǒ jiā (chǎng、xiào……) lái!
热烈 欢迎 您 到 我 家(厂、校……)来!

Горячо приветствуем вас у нас дома (на заводе, в университете...)!

Jiàn dào nín, (wǒ) hěn gāoxìng.
见 到 您,(我)很 高兴。

(Я) очень рад(-а) вас видеть.

Rènshi nín, wǒ gǎndào fēicháng róngxìng.
认识 您,我 感到 非常 荣幸。

Для меня большая честь познакомиться с вами.

Rènshi nín, hěn gāoxìng.
认识 您,很 高兴。

Очень приятно с вами познакомиться.

Néng rènshi nín, zhēn shì tài hǎo le (sānshēngyǒuxìng).
能 认识 您，真 是 太好了 （三生有幸）。

Как хорошо (какое счастье), что я могу познакомиться с вами.

Wǒ gāi zǒu le.
我 该 走 了。

Мне пора идти.

Shíjiān bù zǎo le, gàocí le.
时间 不 早 了，告辞 了。

Уже поздно, мне пора уходить.

Bù dǎrǎo nǐ le, wǒ zǒu le.
不 打扰 你 了，我 走 了。

Больше не буду тебе мешать, я пошёл (пошла).

Duìbuqǐ, wǒ yào gàocí le. Jiāli yǒu rén děng wǒ.
对不起，我 要 告辞 了。家里 有 人 等 我。

Извините, мне пора уходить. Дома меня ждут.

Xièxie nín de shèngqíng kuǎndài! Zàijiàn!
谢谢 您 的 盛情 款待！再见！

Спасибо вам за радушный приём! До свидания!

Wǒ sòngsong nǐ ba.
我 送送 你 吧。

Давай я тебя провожу.

Nǐ mànzǒu (zǒuhǎo). Wǒ bú sòng nǐ le.
你 慢走 （走好）。我 不 送 你 了。

Доброго пути, я тебя дальше не провожаю.

Yǒukòng lái wánr.
有空 来 玩儿。

Приходи(-те), когда будет свободное время.

Bié sòng le, qǐng liúbù (qǐng huí ba).
别 送 了，请 留步 （请 回 吧）。

Не провожайте!

Wǎn'ān!
晚安!

Спокойной ночи!

Míngtiān jiàn!
明天 见!

До завтра!

Huítóu jiàn!
回头 见!

Пока!

Yuàn wǒmen hěn kuài zài jiànmiàn.
愿 我们 很 快 再 见面。

Надеюсь, что скоро мы ещё увидимся.

Yí lù píng'ān!
一 路 平安!

Счастливого пути!

Yí lù shùnfēng!
一 路 顺风!

Счастливого пути!

Wǒmen hòuhuìyǒuqī.
我们 后会有期。

Мы ещё увидимся.

Zhù nǐ (nín、nǐmen) lǚtú yúkuài!
祝 你(您、你们)旅途 愉快!

Желаю тебе (вам) приятного путешествия!

(Èr) Xúnwèn、qǐngqiú
(二) 询问、 请求

Б. *Вопрос, просьба*

Qǐngwèn ……
请 问 ……

Скажите, пожалуйста...

Láojià (duìbuqǐ、dǎting yíxià) ……
劳驾（对不起、打听 一下）……

Будьте добры （извините, скажите, пожалуйста)...

Nín zhīdào ma?
您 知道 吗？

Вы не знаете?

Xūyào bāngmáng ma?
需要 帮忙 吗？

Вам (тебе) помочь?

Nín néng gàosu wǒ …… ma?
您 能 告诉 我 …… 吗？

Вы не скажете мне, ... ?

Xíng (hǎo、kěyǐ) ma?
行 （好、可以）吗？

Можно (хорошо, можно)?

Xíng bu xíng (kě bu kěyǐ)?
行 不 行 （可 不 可以）？

Можно?

Wǒ néng bu néng qù (lái)?
我 能 不 能 去 (来)？

Можно ли мне пойти (прийти)?

Nín néng bāng wǒ yíxià ma?
您 能 帮 我 一下 吗？

Можете ли вы мне помочь?

Kěyǐ chūqù (xīyān、fāngbiàn yíxià) ma?
可以 出去 (吸烟、方便 一下) 吗？

Можно ли выйти (покурить, кое-куда сходить)?

Kěyǐ jìnlái ma?
可以 进来 吗?

Можно войти?

Qǐng jìn!
请 进!

Входите (проходите), пожалуйста!

Qǐng zuò!
请 坐!

Садитесь, пожалуйста!

Qǐng gěi wǒ……
请 给 我……

Пожалуйста, дайте мне...

Qǐng shāoděng piànkè (děng yíxià)!
请 稍等 片刻 (等 一下)!

Подождите (минуточку)!

(Sān) Yāoqǐng
(三) 邀请

B. *Приглашение*

Wǒ xiǎng qǐng nín dào wǒ jiā qù wánwanr.
我 想 请 您 到 我 家 去 玩玩儿。

Мне бы хотелось пригласить вас ко мне в гости.

Míngtiān wǒ shēngrì (jiějie jiéhūn), qǐng nín lái zuòkè.
明天 我 生日 (姐姐 结婚), 请 您 来 做客。

Завтра у меня день рождения (свадьба моей старшей сестры), приглашаю вас к нам в гости.

Huānyíng nín dào wǒmen xuéxiào lái cānguān.
欢迎 您 到 我们 学校 来 参观。

Приветствуем вас в нашем университете на экскурсии.

Wǒmen míngtiān qù jiāowài lǚyóu, huānyíng nín hé wǒmen yìqǐ qù.
我们 明天 去 郊外 旅游，欢迎 您 和 我们 一起 去。

Завтра мы поедем за город на экскурсию, приглашаем вас поехать вместе с нами.

Wǒ jīntiān bāo le jiǎozi, tèdì qǐng nín lái chī.
我 今天 包 了 饺子，特地 请 您 来 吃。

Сегодня я приготовила пельмени и специально приглашаю вас попробовать.

Nín jīn wǎn yǒu kòng ma? Wǒ xiǎng qǐng nín qù kàn diànyǐng.
您 今 晚 有 空 吗？我 想 请 您 去 看 电影。

Сегодня вечером вы свободны? Я хочу пригласить вас в кино.

Zhōumò wǒmen jǔxíng wǔhuì, qǐng nín hé fūrén cānjiā.
周末 我们 举行 舞会，请 您 和 夫人 参加。

В конце недели у нас будет бал, приглашаю вас с женой участвовать в нём.

(Sì) Zhùhè
(四) 祝贺

Г. Поздравление

Zhùhè nǐ (nín、nǐmen)!
祝贺 你(您、你们)！

Поздравляю тебя (вас)!

Gōngxǐ! Gōngxǐ!
恭喜！恭喜！

Поздравляю, поздравляю!

Zhù nǐ shēngrì kuàilè!
祝 你 生日 快乐！

Поздравляю тебя с днём рождения!

Zhù nín (nǐ) Xīnnián kuàilè!
祝 您(你) 新年 快乐！

Поздравляю вас (тебя) с Новым годом!

Gōnghè xīnxǐ!
恭贺　新禧!

С Новым годом! С новым счастьем!

Jiérì hǎo!
节日　好!

С праздником!

Zhùhè nǐmen qiáoqiān zhī xǐ!
祝贺　你们　乔迁　之喜!

Поздравляю вас с новосельем!

Zhù dàjiā kuàilè、xìngfú!
祝　大家　快乐、幸福!

Желаю всем радости, счастья!

Zhù nǐ yíqiè shùnlì!
祝　你　一切　顺利!

Желаю тебе всяческого благополучия!

Zhù nǐ wàn shì rúyì!
祝　你　万　事　如意!

Желаю тебе исполнения всех твоих желаний!

Wèi wǒmen shìyè chénggōng gānbēi!
为　我们　事业　成功　干杯!

Выпьем за успех нашего дела!

Wèile wǒmen de yǒuyì gānbēi!
为了　我们　的　友谊　干杯!

Выпьем за нашу дружбу!

Wèi ……xiānsheng hé fūrén de jiànkāng gānbēi!
为……　先生　和夫人　的　健康　干杯!

Выпьем за здоровье господина ... и его супруги!

Wèile zhùhè ……xiānsheng hé ……nǚshì xǐ jié liángyuán, ràng wǒmen
为了祝贺……　先生　和……女士 喜结　良缘，让　我们

dàjiā gān yìbēi!
大家 干 一杯!

Предлагаю всем выпить за счастливую свадьбу господина ... и госпожи ... !

(Wǔ) Gǎnxiè
(五) 感谢

Д. Благодарность

Xièxie!
谢谢!

Спасибо!

Xièxie nín(nǐmen)!
谢谢 您(你们)!

Спасибо вам!

Fēicháng gǎnxiè nǐ de bāngzhù!
非常 感谢 你 的 帮助!

Большое спасибо тебе за помощь!

Duì nín de guānhuái, wǒmen biǎoshì wànfēn gǎnxiè (gǎnjī).
对 您 的 关怀, 我们 表示 万分 感谢(感激)。

Мы чрезвычайно благодарны вам за заботу.

Tài gǎnxiè(xièxie) nín le.
太 感谢(谢谢)您 了。

Огромное вам спасибо!

Duōxiè nín de guānzhào.
多谢 您 的 关照。

Большое спасибо вам за заботу!

Wǒ zhēn bù zhīdào shuō shénme cáinéng biǎodá wǒ duì nín de xièyì.
我 真 不 知道 说 什么 才能 表达 我 对 您 的 谢意。

Я не нахожу слов, чтобы выразить вам свою благодарность.

(Liù) Kěndìng、tóngyì
(六) 肯定、同意

Е. *Утверждение, согласие*

Shì de.
是的。

Да.

Hǎo ba.
好吧。

Хорошо.

Xíng.
行。

Ладно.

Kěyǐ.
可以。

Можно.

Duì de.
对的。

Верно.

Dāngrán kěyǐ.
当然可以。

Конечно, можно.

Nǐ shuōde hěn duì, wǒ wánquán tóngyì (zànchéng).
你说得很对,我完全同意(赞成)。

Ты сказал(-ла) совершенно правильно, я полностью согласен(-сна) (одобряю).

Wǒ tóngyì.
我同意。

Я согласен(-сна).

Wǒ bù fǎnduì.
我 不 反对。

Я не против.

Nín shì duì de.
您 是 对 的。

Вы правы.

Wǒ méi(yǒu) yìjiàn.
我 没（有）意见。

У меня нет возражений.

Quèshí rúcǐ.
确实 如此。

Действительно так.

Zhè shì qiānzhēnwànquè de, wǒ jǔ shuāng shǒu zànchéng.
这 是 千真万确 的，我 举 双 手 赞成。

Это абсолютно правильно, я голосую двумя руками за.

Yìdiǎnr yě búcuò, shìqing jiùshì zhèyàng.
一点儿 也 不错，事情 就是 这样。

Ни малейшей неточности, всё так и было.

(Qī) Fǒudìng、jùjué
（七）否定、拒绝

Ё. Отрицание, отказ

Bú shì.
不 是。

Нет.

Bù hǎo.
不 好。

Плохо.

Bù xíng (kěyǐ).
不 行（可以）。

Нельзя.

Bú duì.
不 对。

Неправильно.

Wǒ bù tóngyì (bú zànchéng).
我 不 同意（不 赞成）。

Я не согласен(-сна) (одобряю).

Wǒ bù tóngyì tā de yìjiàn (kànfǎ, jiànyì……).
我 不 同意 他 的 意见（看法、建议……）。

Я не согласен(-сна) с его мнением (взглядом, предложением...).

Wǒ fǎnduì (jiānjué fǎnduì).
我 反对（坚决 反对）。

Я против (решительно против).

Shìshí wánquán bú shì zhèyàng.
事实 完全 不 是 这样。

На самом деле совсем не так.

Zhè shì wánquán (gēnběn) méiyǒu de shì.
这 是 完全 （根本）没有 的 事。

Такого вовсе не было.

Wǒ gēn (hé) nǐ de kànfǎ bù yíyàng.
我 跟（和）你 的 看法 不 一样。

У нас с тобой разные мнения.

Duìbuqǐ, wǒ méi shíjiān.
对不起，我 没 时间。

Извините, у меня нет времени.

Duìbuqǐ, wǒ bù néng zhèyàng zuò (shuō).
对不起，我 不 能 这样 做（说）。

Извините, я не могу так сделать (сказать).

667

Hěn bàoqiàn, zhè shì wǒ zuòbuliǎo (bànbudào).
很 抱歉，这 事 我 做不了（办不到）。

Простите, это не в моих силах.

Wǒ hěn xiǎng bāngzhù nǐ, kěshì wúnéngwéilì.
我 很 想 帮助 你，可是 无能为力。

При всём моём желании никак не могу тебе помочь.

(Bā) Zhìqiàn、yíhàn
(八) 致歉、遗憾

Ж. *Извинение, сожаление*

Duìbuqǐ!
对不起！

Извините!

Qǐng yuánliàng!
请 原谅！

Прошу прощения!

Shízài duìbuqǐ!
实在 对不起！

Простите великодушно!

Zhēn duìbuqǐ, wǒ lái wǎn le.
真 对不起，我 来 晚 了。

Извините, я опоздал(-ла).

Duìbuqǐ (hěn bàoqiàn、shízài bàoqiàn、tài bàoqiàn le), ràng nín
对不起（很 抱歉、实在 抱歉、太 抱歉 了），让 您

jiǔ děng le (dānwùle nín zhème cháng shíjiān).
久 等 了（耽误了 您 这么 长 时间）。

Простите, заставил(-ла) вас долго ждать (отнял/отняла у вас столько времени).

Zhēn kěxī, zhème hǎo de diànyǐng méi kàn chéng.
真 可惜，这么 好 的 电影 没 看 成。

Очень жаль, что пропустил(-ла) такой хороший фильм.

Duō(me) kěxī!
多（么）可惜！

Как жаль!

Zhēn yíhàn, wǒ bù néng hé nǐmen yìqǐ qù.
真 遗憾，我 不 能 和 你们 一起 去。

Очень жаль, что я не могу пойти вместе с вами.

Tài kěxī (yíhàn) le.
太 可惜（遗憾）了。

Как жаль!

(Jiǔ) Tíxǐng、quàngào
（九）提醒、 劝告

3. *Напоминание, совет*

Dāngxīn!
当心！

Осторожно!

Dāngxīn(xiǎoxīn diǎnr), bié zháoliáng(gǎnmào) le!
当心 （小心 点儿），别 着凉 （感冒）了！

Смотри, не простудись!

Yào xià yǔ le, bié wàngle dài sǎn(bǎ sǎn dài shang).
要 下 雨 了，别 忘了 带 伞（把 伞 带 上）。

Будет дождь, не забудь взять зонтик.

Qiānwàn bié chídào le.
千万 别 迟到 了。

Смотри, не опоздай.

Nǐ wàng le, jīntiān nǐ bú shì yào qù shàngkè ma?
你 忘 了，今天 你 不 是 要 去 上课 吗？

Ты забыл, что сегодня тебе надо пойти на занятия?

Nǐ(wǒmen)zǒu ba, yào chídào le.
你（我们）走 吧，要 迟到 了。

Иди, ты опаздываешь (пойдём, мы опаздываем).

Qǐng bié xīyān(hē jiǔ、chǎonào、suídì tǔ tán……).
请 别 吸烟（喝 酒、吵闹、随地 吐痰……）。

Пожалуйста, не курите (пейте, шумите, плюйте куда попало...).

Qǐng ānjìng!
请 安静！

Тихо!

Gāi shuìjiào le.
该 睡觉 了。

Пора спать.

Yào ànshí chī yào(dǎ zhēn), hǎohāor xiūxi.
要 按时 吃 药（打 针），好好儿 休息。

Надо вовремя принимать лекарства (делать уколы) и хорошо отдыхать.

Yídìng yào zhùyì shēntǐ(yǐnshí、xiūxi、duànliàn shēntǐ).
一定 要 注意 身体（饮食、休息、锻炼 身体）。

Необходимо обратить внимание на здоровье (питание, отдых, занятие спортом).

(Shí) Ānwèi、tóngqíng
（十）安慰、 同情

И. Утешение, сочувствие

Qǐng bú yào zháojí(nánguò、shāngxīn).
请 不 要 着急（难过、伤心）。

Пожалуйста, не волнуйтесь (переживайте, огорчайтесь).

Bié tài shāngxīn le, yíqiè dōu huì hǎo qǐlái (guòqù) de.
别太伤心了，一切都*会好起来（过去）的。

Не надо так огорчаться, всё будет хорошо (пройдёт).

Wǒ hěn wèi nǐ nánguò (shāngxīn、zháojí、dānxīn).
我很为你难过（伤心、着急、担心）。

Я очень переживаю (огорчаюсь, волнуюсь, беспокоюсь) за тебя.

Wǒ néng bāng nín shénme máng ma?
我能帮您什么忙吗？

Чем я могу вам помочь?

Zhēn zāogāo!
真糟糕！

Какая беда!

Zhēn shì tài búxìng le!
真是太不幸了！

Какое несчастье!

Rén zǒng huì pèng dào yìxiē bú shùnxīn de shì, nǐ bú yào tài fàng
人总会碰到一些不顺心的事，你不要太放

zài xīn shàng (yào xiǎngkāi diǎnr).
在心上（要想开点儿）。

У любого человека бывают неприятности, не принимай это близко к сердцу.

Bú yàojǐn, zhè cì bù xíng, xià cì zài lái, zǒng yǒu yì tiān nǐ huì
不要紧，这次不行，下次再来，总有一天你会

chénggōng de.
成功的。

На этот раз не получилось, ну ничего, в следующий раз ещё попробуй. У тебя обязательно получится когда-нибудь.

Nín bié fāchóu le, chuán dào qiáo tóu zìrán zhí.
您别发愁了，船到桥头自然直。

Не беспокойтесь, всё само собой образуется.

Wǒ hěn tóngqíng nǐ.
我 很 同情 你。

Я тебе очень сочувствую.

(Shíyī) Gūjì、yùliào
(十一)估计、预料

Й. *Предположение, предварительное суждение*

Tā gāi lái le.
他 该 来 了。

Ему пора уже прийти.

Tā huì lái de.
她 会 来 的。

Она придёт.

Wǒ xiǎng, tā bú huì lái (qù) le.
我 想, 他 不 会 来(去)了。

Я думаю, что он не придёт (пойдёт).

Kàn yàngzi, tiān yào xià yǔ le.
看 样子, 天 要 下 雨 了。

По-видимому, будет дождь.

Kànlái, wǒmen zǒubuchéng le.
看来, 我们 走不成 了。

Вероятно, мы не сможем уехать.

Wǒ kàn, bújiànde.
我 看, 不见得。

По-моему, вряд ли.

Gūjì tāmen kuài dào (lái、zǒu) le.
估计 他们 快 到(来、走)了。

Полагаю, что они скоро доедут (приедут, уедут).

Zhè shì nányǐ yùliào de.
这 是 难以 预料 的。

Это трудно предположить.

(Shí'èr) Zànshǎng
（十二） 赞赏

К. *Восхищение*

Tài měi (hǎokàn、piàoliang) le.
太 美（好看、 漂亮） 了。

Как красив(-а, -о, -ы)!

Zhēn měi (hǎokàn、piàoliang).
真 美（好看、 漂亮）。

Как красив(-а, -о, -ы)!

Duō měi (hǎokàn、piàoliang) a!
多 美（好看、 漂亮） 啊！

Как красив(-а, -о, -ы)!

Tā (tā) zhǎngde zhēn měi (shuài)!
她（他） 长得 真 美 （帅）！

Какая она красивая (какой он красивый)!

Zhè jiàn yīfu tài piàoliang le!
这 件 衣服 太 漂亮 了！

Какая красивая одежда!

Zhè shuāng xié de yàngzi duō hǎokàn ya!
这 双 鞋 的 样子 多 好看 呀！

Какой красивый фасон у этих туфель!

Tài kě'ài le!
太 可爱 了！

Как мило!

Miào jí le!
妙 极 了!

Чудесно!

Nǐ zhēn liǎobuqǐ!
你 真 了不起!

Какой (какая) ты молодец!

Hǎo jí le!
好 极 了!

Отлично!

Nín fānyìde zhēn bàng!
您 翻译得 真 棒!

Вы прекрасно переводите!

Nín de wǔ tiàode hǎo jí le!
您 的 舞 跳得 好 极 了!

Вы замечательно танцуете!

Nín chànggē chàngde tài hǎo le!
您 唱歌 唱得 太 好 了!

Вы великолепно поёте!

(Shísān) Bú zànchéng、yànwù
（十三）不 赞成、 厌恶

Л. Неодобрение, резкоотрицательная оценка

Wǒ bù xǐhuan……
我 不 喜欢……

Мне не нравится...

Wǒ tǎoyàn……
我 讨厌……

Я терпеть не могу...

Wǒ yànwù zhè yíqiè.
我 厌恶 这 一切。

Всё это мне опостылело.

Wǒ tònghèn(tǎoyàn、yànwù)zhège rén.
我 痛恨 (讨厌、厌恶）这个 人。

Я ненавижу (не переношу) этого человека.

Wǒ wúfǎ (nányǐ) róngrěn (rěnshòu) tā de xìnggé.
我 无法（难以）容忍 （忍受）他 的 性格。

Я его терпеть не могу. У него отвратительный характер.

Wǒ yǐjīng yànfán(yànjuàn) le!
我 已经 厌烦 （厌倦）了!

Мне уже надоело!

Zhè běn shū bù zěnmeyàng, wǒ bù xǐhuan.
这 本 书 不 怎么样，我 不 喜欢。

Эта книга неинтересная, мне не нравится.

Wǒ bú ài……
我 不 爱……

Я не люблю...

Wǒ zhēn méi xiǎng dào, tā zhège rén zhème wúliáo.
我 真 没 想 到，他 这个 人 这么 无聊。

Я никак не ожидала, что он такой пустой человек.

Zhè zhǒng rén jiào rén kànle tǎoyàn (ěxin).
这 种 人 叫 人 看了 讨厌（恶心）。

Этот человек вызывает у меня отвращение (тошноту).

Tā lìng wǒ yànwù (ràng wǒ nányǐ rěnshòu).
他 令 我 厌恶 (让 我 难以 忍受）。

Он мне надоел (ужасно надоел).

Èr、Chēngwèi
二、称谓

2. Обращение

(Yī) Yìbān guānxì
(一)一般 关系

A. Общие отношения

wǒ	wǒmen	zánmen
我	我们	咱们
я	мы	мы
nǐ	nín	nǐmen
你	您	你们
ты	вы	вы
tā	tā	tāmen	tāmen
他	她	他们	她们
он	она	они	они

yíngyèyuán
营业员

продавец, продавщица

fúwùyuán
服务员

горничная (в гостинице)

служащий (в банке)

официант(-ка) (в ресторане)

служащий (на почте)

guǎnlǐyuán
管理员

администратор

shōuyín(kuǎn)yuán
收银(款)员

кассир(-ша)

tuīxiāoyuán
推销员

коммивояжёр

cǎigòuyuán
采购员

закупщик

shòupiàoyuán
售票员
кассир(-ша)

jiàshǐyuán
驾驶员
водитель

кондуктор (автобуса, троллейбуса и т. д.)

sījī
司机
шофёр

lièchēyuán (chéngwùyuán)
列车员　（乘务员）
кондуктор

lièchēzhǎng
列车长
старший кондуктор

lǐfàshī
理发师
парикмахер

yīshēng
医生
врач, доктор

hùshi
护士
медсестра

hùshizhǎng
护士长
старшая медсестра

jiěfàngjūn
解放军
армеец НОАК

jǐngchá
警察
милиционер

fǎguān
法官
судья

lǜshī
律师
адвокат

dǎoyóu
导游
гид

jiǎngjiěyuán
讲解员
экскурсовод

shīfu
师傅
мастер

tóngzhì
同志
товарищ

dǒngshìzhǎng
董事长

zǒngcái (CEO)
总裁　(CEO)

председатель правления	главный администратор
zǒngjīnglǐ 总经理	jīnglǐ 经理
гендиректор	директор
lǎobǎn 老板	lǎobǎnniáng 老板娘
босс, хозяин	босс, хозяйка
bùzhǎng 部长	júzhǎng 局长
министр	начальник управления
chùzhǎng 处长	kēzhǎng 科长
начальник отдела	начальник отделения
chǎngzhǎng 厂长	xiàozhǎng 校长
директор завода (фабрики)	ректор университета, директор школы
yuànzhǎng 院长	shūji 书记
директор института	партийный секретарь
zhùlǐ 助理	mìshū 秘书
помощник	секретарь
zhǔxí 主席	bàngōngshì zhǔrèn 办公室 主任
председатель	заведующий канцелярией
jiàoshòu 教授	lǎoshī 老师
профессор	преподаватель(-ница)
	учитель(-ница)

| (lǎo)dàye (老)大爷 | (lǎo)dàniáng (老)大娘 | dàshū 大叔 | dàmā 大妈 |

дедушка	бабушка	дядя	тётя
shūshu	āyí	dàgē	dàjiě
叔叔	阿姨	大哥	大姐
дядя	тётя	брат	сестра

lǎoxiōng	lǎodì
老兄	老弟
дружище	дружище

xiānsheng	tàitai	fūrén	nǚshì
先生	太太	夫人	女士
господин	госпожа	мадам	госпожа, дама

xiǎojiě	hángkōng xiǎojiě	(kōngjiě)
小姐	航空 小姐	（空姐）
мисс, барышня	стюардесса	

péngyou	péngyoumen
朋友	朋友们
друг	друзья

xiǎopéngyǒu
小朋友

дружок, мальчик, девочка

xiǎohuǒzi	xiǎonánháir
小伙子	小男孩儿
парень	мальчик

gūniang	(guīnü)	xiǎogūniang
姑娘	（闺女）	小姑娘
девушка	（доченька）	девочка

xiǎoháir	háizimen	xiǎojiāhuo (xiǎozi)
小孩儿	孩子们	小家伙（小子）
малыш	дети	малышка

xiānshengmen	nǚshìmen
先生们	女士们

господа	дамы, госпожи
(gèwèi)láibīn	kèrén(men)
（各位）来宾	客人（们）
дорогие гости	гости

(Èr) Jiātíng guānxì
（二）家庭 关系

Б. *Семейные отношения*

fùqīn(bàba)(diē)
父亲（爸爸）（爹）

отец （папа）（папа）

mǔqīn(māma)(niáng)
母亲（妈妈）（娘）

мать（мама）（мама）

jiějie	jiěfu
姐姐	姐夫
старшая сестра	муж старшей сестры
mèimei	mèifu
妹妹	妹夫
младшая сестра	муж младшей сестры
gēge(xiōngzhǎng)	sǎosao(sǎozi)
哥哥 （兄长）	嫂嫂（嫂子）
старший брат	жена старшего брата
dìdi	dìmèi (dìxífu)
弟弟	弟妹（弟媳妇）
младший брат	жена младшего брата
zhàngfu(lǎogōng)	qīzi(lǎopo)(xífù)
丈夫 （老公）	妻子（老婆）（媳妇）
муж	жена

àiren
爱人

муж, жена

érzi	dà érzi	èr(sān)érzi	xiǎo érzi
儿子	大 儿子	二(三)儿子	小 儿子
сын	старший сын	второй (третий) сын	младший сын
nǚ'ér(guīnü)	dà nǚ'ér	èr(sān)nǚ'ér	xiǎo nǚ'ér
女儿(闺女)	大 女儿	二(三)女儿	小 女儿
дочь	старшая дочь	вторая (третья) дочь	младшая дочь

dú(shēng)zǐ
独(生)子

единственный сын

gōnggong(gōngdiē)
公公 (公爹)

свёкор

érxífur (érxí) (xífù)
儿媳妇儿 (儿媳)(媳妇)

невестка

(жена сына)

yuèfù(lǎozhàngren)
岳父 (老丈人)

тесть

zǔfù (yéye)
祖父(爷爷)

дедушка со стороны отца

wàizǔfù(wàigōng、lǎoye)
外祖父 (外公、姥爷)

дедушка со стороны матери

dú(shēng)nǚ
独(生)女

единственная дочь

pópo(pómǔ)
婆婆(婆母)

свекровь

nǚxu
女婿

зять

(муж дочери)

yuèmǔ(zhàngmuniáng)
岳母 (丈母娘)

тёща

zǔmǔ(nǎinai)
祖母(奶奶)

бабушка со стороны отца

wàizǔmǔ(wàipó、lǎolao)
外祖母 (外婆、姥姥)

бабушка со стороны матери

sūnzi	sūnnǚ	chóngsūn
孙子	孙女	重孙

внук внучка правнук
(со стороны сына) (со стороны сына) (со стороны сына)

chóngsūnnǚ
重孙女

правнучка

(со стороны сына)

wàisūn wàisūnnǚ chóngwàisūn
外孙 外孙女 重外孙

внук внучка правнук

(со стороны дочери) (со стороны дочери) (со стороны дочери)

chóngwàisūnnǚ
重外孙女

правнучка

(со стороны дочери)

(Sān) Qīnqi guānxì
（三）亲戚 关系

В. Родственные отношения

bóbo bómǔ
伯伯 伯母

дядя тётя

(старший брат отца) (жена старшего брата отца)

shūshu shěnshen
叔叔 婶婶

дядя тётя

(младший брат отца) (жена младшего брата отца)

682

gūgu (gūmā)
姑姑(姑妈)

тётя

(сестра отца)

jiùjiu (jiùfù)
舅舅(舅父)

дядя

(брат матери)

yímā (yímǔ) (āyí)
姨妈(姨母)(阿姨)

тётя

(сестра матери)

zhízi (zhír)
侄子(侄儿)

племянник

(со стороны брата)

wàisheng
外甥

племянник

(со стороны сестры)

tánggē (tángxiōng)
堂哥　(堂兄)

старший двоюродный брат

(со стороны отца)

tángjiě
堂姐

старшая двоюродная сестра

(со стороны отца)

gūfu (gūdiē)
姑父(姑爹)

дядя

(муж сестры отца)

jiùmā (jiùmu)
舅妈(舅母)

тётя

(жена брата матери)

yífu (yífu) (yízhàng)
姨父(姨夫)(姨丈)

дядя

(муж сестры матери)

zhínǚ
侄女

племянница

(со стороны брата)

wàishengnǚ
外甥女

племянница

(со стороны сестры)

tángdì
堂弟

младший двоюродный брат

(со стороны отца)

tángmèi
堂妹

младшая двоюродная сестра

(со стороны отца)

biǎogē(biǎoxiōng)
表哥 （表兄）
старший двоюродный брат
(со стороны матери)

biǎodì
表弟
младший двоюродный брат
(со стороны матери)

biǎojiě
表姐
старшая двоюродная сестра
(со стороны матери)

biǎomèi
表妹
младшая двоюродная сестра
(со стороны матери)

Sān、 Shíjiān、shùliàng
三、时间、数量
3. Время, числительные

(Yī) Shíjiān
（一）时间

А. Время

nián	jīnnián	míngnián	hòunián
年	今年	明年	后年
год	этот год	следующий год	послеследующий год
	qùnián	qiánnián	
	去年	前年	
	прошлый год	позапрошлый год	

yì nián	liǎng nián	sān nián	shí nián
一 年	两 年	三 年	十 年
один год	два года	три года	десять лет

niánchū	niánzhōng(niándǐ)	shàng bànnián	xià bànnián
年初	年终 （年底）	上 半年	下 半年

| начало года | конец года | первое полугодие | второе полугодие |

Jīnnián shì èrlínglíngjiǔ nián.
今年 是 2009 年。

Текущий год—2009 год.

zài èrlínglíngjiǔ nián
在 2009 年

в 2009 году

jìdù 季度 квартал	dì-yī jìdù 第一 季度 первый квартал	dì-èr jìdù 第二 季度 второй квартал
	dì-sān jìdù 第三 季度 третий квартал	dì-sì jìdù 第四 季度 четвёртый квартал
jì 季 время года	chūnjì (tiān) 春季（天） весна	xiàjì (tiān) 夏季（天） лето
	qiūjì (tiān) 秋季（天） осень	dōngjì (tiān) 冬季（天） зима
yuè 月 месяц	yīyuè 1 月 январь	èryuè 2 月 февраль	sānyuè 3 月 март
	sìyuè 4 月 апрель	wǔyuè 5 月 май	liùyuè 6 月 июнь
	qīyuè 7 月 июль	bāyuè 8 月 август	jiǔyuè 9 月 сентябрь
	shíyuè 10 月 октябрь	shíyīyuè 11 月 ноябрь	shí'èryuè 12 月 декабрь

zhège yuè	shàngge yuè	xiàge yuè
这个月	上个月	下个月
этот месяц	прошлый месяц	следующий месяц

shàng bànyuè	xià bànyuè
上半月	下半月
первая половина месяца	вторая половина месяца

yí gè yuè	liǎng gè yuè	sān gè yuè
一个月	两个月	三个月
один месяц	два месяца	три месяца

yuèchū	yuèzhōng	yuèdǐ
月初	月中	月底
начало месяца	середина месяца	конец месяца

xún	shàngxún	zhōngxún	xiàxún
旬	上旬	中旬	下旬
декада	первая декада	вторая декада	третья декада

Xiànzài shì sānyuè.
现在是 3 月。

Сейчас март.

zài sānyuè
在 3 月

в марте

rì (hào)	yī rì	shíyī rì	èrshí rì
日(号)	1 日	11 日	20 日
число	первое ч.	одиннадцатое ч.	двадцатое ч.
	èr rì	shí'èr rì	èrshí'èr rì
	2 日	12 日	22 日
	второе ч.	двенадцатое ч.	двадцать второе ч.

sān rì 3 日 третье ч.	shísān rì 13 日 тринадцатое ч.	èrshísān rì 23 日 двадцать третье ч.
sì rì 4 日 четвёртое ч.	shísì rì 14 日 четырнадцатое ч.	èrshísì rì 24 日 двадцать четвёртое ч
wǔ rì 5 日 пятое ч.	shíwǔ rì 15 日 пятнадцатое ч.	èrshíwǔ rì 25 日 двадцать пятое ч.
sānshí rì 30 日 тридцатое ч.	sānshíyī rì 31 日 тридцать первое ч.	

Jīntiān shì sān yuè yī rì (hào).
今天 是 3 月 1 日(号)。

Сегодня первое марта.

Jīntiān shì yījiǔbājiǔ nián sān yuè yī rì (hào).
今天 是 1989 年 3 月 1 日(号)。

Сегодня первое марта 1989 года.

Jīntiān shì jǐ hào? Jiǔ yuè èrshíwǔ hào.
今天 是 几 号? 9 月 25 号。

Какое сегодня число? Двадцать пятое сентября.

jīntiān (rì) 今天(日) сегодня	zuótiān (rì) 昨天 (日) вчера	qiántiān (rì) 前天 (日) позавчера	dàqiántiān (rì) 大前天 (日) поза-позавчера
míngtiān (rì) 明天 (日) завтра	hòutiān (rì) 后天 (日) послезавтра	dàhòutiān (rì) 大后天 (日) после-послезавтра	
yī tiān (rì) 一 天 (日) один день	liǎng tiān (rì) 两 天(日) два дня	sān tiān (rì) 三 天(日) три дня	sìshí tiān (rì) 四十 天(日) сорок дней

yí (gè) zhòuyè	liǎng (gè) zhòuyè	sān (gè) zhòuyè	sìshí (gè) zhòuyè
一（个）昼夜	两（个）昼夜	三 个 昼夜	四十（个）昼夜
одни сутки	двое суток	трое суток	сорок суток

báitiān (rì)
白天（日）

день

zǎochen
早晨

утро

shàngwǔ	zhōngwǔ (zhèngwǔ)	xiàwǔ
上午	中午 （正午）	下午
первая половина дня	полдень	вторая половина дня

huánghūn	bàngwǎn	wǎnshang	yèjiān (yèlǐ)
黄昏	傍晚	晚上	夜间（夜里）
сумерки	закат	вечер	ночь

shàng bànyè	xià (hòu) bànyè	shēnyè
上 半夜	下（后）半夜	深夜
первая половина ночи	вторая половина ночи	глубокая ночь

bànyè
半夜

полночь

xīngqī (lǐbài)	xīngqī (lǐbài) yī	xīngqīsì
星期（礼拜）	星期（礼拜）一	星期四
неделя	понедельник	четверг

	xīngqī'èr	xīngqīwǔ
	星期二	星期五
	вторник	пятница

	xīngqīsān	xīngqīliù
	星期三	星期六
	среда	суббота

xīngqīrì (xīngqītiān、lǐbàitiān)
星期日（星期天、礼拜天）
воскресенье

běn xīngqī　　shàng xīngqī
本　星期　　　上　星期
эта неделя　　прошлая неделя

xià xīngqī
下　星期
следующая неделя

shìjì　　shíbā shìjì　　èrshí shìjì　　èrshíyī shìjì
世纪　　十八 世纪　　二十 世纪　　二十一 世纪
век　восемнадцатый век　двадцатый век　двадцать первый век

xiǎoshí　　yì xiǎoshí　　sì xiǎoshí
小时　　　一 小时　　　四 小时
час　　　　один час　　четыре часа

diǎnzhōng　sān diǎnzhōng　wǔ diǎnzhōng　shí'èr diǎnzhōng
点钟　　　3　点钟　　　5　点钟　　　12　点钟
час　　　　три часа　　　пять часов　　двенадцать часов

fēnzhōng　wǔ fēnzhōng　shí fēnzhōng
分钟　　　5　分钟　　　10　分钟
минута　　пять минут　　десять минут

sān diǎn líng wǔ fēn　　（sāndiǎn língwǔ）
3　点 零 5　分　　　　（3：05）
три часа пять минут　　（три пять）

shí diǎn sìshí fēn　　（shídiǎnsìshí）
10　点 40　分　　　　（10：40）
десять часов сорок минут　（десять сорок）

kèzhōng　　yí kèzhōng　　sān kèzhōng
刻钟　　　一 刻钟　　　三 刻钟
четверть　одна четверть　три четверти

liǎng diǎn yí kè (liǎngdiǎnshíwǔ)
两 点 一 刻　　(2：15)

четверть третьего （два пятнадцать）

sì diǎn sān kè (sìdiǎnsìshíwǔ)
四 点 三 刻　　(4：45)

без четверти пять （четыре сорок пять）

miǎozhōng　　wǔ miǎozhōng
秒钟　　　　　五　秒钟

секунда　　　пять секунд

(Èr) Shùliàng
（二）数量

Б. Числительные

yī (dì-yī)
一（第一）

один（первый）

èr(dì-èr)
二（第二）

два（второй）

sān(dì-sān)
三（第三）

три（третий）

sì(dì-sì)
四（第四）

четыре（четвёртый）

wǔ(dì-wǔ)
五（第五）

пять（пятый）

liù (dì-liù)
六（第六）

шесть（шестой）

qī(dì-qī)
七（第七）

семь（седьмой）

bā(dì-bā)
八（第八）

восемь（восьмой）

jiǔ(dì-jiǔ)
九（第九）

девять（девятый）

shí(dì-shí)
十（第十）

десять（десятый）

èrshí (dì-èrshí)
二十（第二十）
двадцать (двадцатый)

sānshí (dì-sānshí)
三十（第三十）
тридцать (тридцатый)

qīshí (dì-qīshí)
七十（第七十）
семьдесят (семидесятый)

yìbǎi (dì-yìbǎi)
一百（第一百）
сто (сотый)

yìqiān
一千
тысяча

wǔqiān
五千
пять тысяч

bāqiān
八千
восемь тысяч

yíwàn
一万
десять тысяч

wǔwàn
五万
пятьдесят тысяч

bāwàn
八万
восемьдесят тысяч

shíwàn
十万
сто тысяч

wǔshíwàn
五十万
пятьсот тысяч

bāshíwàn
八十万
восемьсот тысяч

yìbǎiwàn
一百万
миллион

wǔbǎiwàn
五百万
пять миллионов

bābǎiwàn
八百万
восемь миллионов

yìqiānwàn
一千万
десять миллионов

wǔqiānwàn
五千万
пятьдесят миллионов

bāqiānwàn
八千万
восемьдесят миллионов

yìwànwàn (yíyì)
一万万（一亿）
сто миллионов

shíwànwàn (shíyì)
十万万（十亿）
миллиард

èrshísān yòu èr fēn zhī yī (èrshísān yòu èr fēn zhī yī)
$23\frac{1}{2}$ （二十三又二分之一）

двадцать три целых и одна вторая
èrshísān diǎn wǔ (èrshísān diǎn wǔ)
23.5　　（二十三　点　五）

двадцать три целых и пять десятых
èr bǐ sān （èr bǐ sān）
2∶3　　（二　比　三）

отношение двух к трём

Sì、 Yánsè
四、颜色
4. Цвета

hóngsè	dàhóng	jiànghóng		júhóng	shēnhóng
红色	大红	酱红		橘红	深红
красный	алый	ржавый (рыжий)		апельсиновый	багровый
	fěnhóng	méiguihóng			
	粉红	玫瑰红			
	розовый	тёмно-розовый			
huángsè	rǔhuáng	qiǎnhuáng		jīnhuáng	chénghuáng
黄色	乳黄	浅黄		金黄	橙黄
жёлтый	кремовый	светло-жёлтый		золотистый	оранжевый
lánsè	wèilán	tiānlán	qiǎnlán		shēnlán
蓝色	蔚蓝	天蓝	浅蓝		深蓝
синий	лазурный	голубой	светло-синий		тёмно-синий
báisè	rǔbái		yínbái		
白色	乳白		银白		
белый	молочно-белый		серебристый		
hēisè					
黑色					

чёрный

lǜsè	qiǎnlǜ	cuìlǜ	píngguǒlǜ
绿色	浅绿	翠绿	苹果绿
зелёный	светло-зелёный	изумрудный	яблочно-зелёный

mòlǜ	cǎolǜ
墨绿	草绿
тёмно-зелёный	травянисто-зелёный

huīsè	qiǎnhuī	shēnhuī	yínhuī
灰色	浅灰	深灰	银灰
серый	светло-серый	тёмно-серый	серебристо-серый

zǐsè	dànzǐ	shēnzǐ	zǐhóng
紫色	淡紫	深紫	紫红
фиолетовый	сиреневый	темно-фиолетовый	пурпурный

mǐsè	lìsè	kāfēisè
米色	栗色	咖啡色
бежевый	каштановый	коричневый